本丛书为
教育部哲学社会科学研究重大课题委托研究项目
“中国共产党百年教育史研究”成果之一

“中国教育现代化2035战略与政策研究丛书”总目

1. 中国教育现代化的形势与任务研究　朱旭东、薛二勇　等著
2. 发展中国特色世界先进水平优质教育的战略与政策　李芒　等著
3. 推动各级教育高水平高质量普及的战略与政策　张志勇、杨玉春　等著
4. 基本公共教育服务均等化的战略与政策　薛二勇　等著
5. 构建服务全民终身学习体系的战略与政策　张伟远　等著
6. 提升一流人才培养与创新能力的战略与政策　周海涛　等著
7. 建设高素质专业化创新型教师队伍的战略与政策　李琼、宋萑、廖伟　等著
8. 推进信息时代教育发展与变革的战略与政策　余胜泉　等著
9. 开创教育对外开放新格局的战略与政策　刘宝存、张继桥　等著
10. 推进教育治理体系和治理能力现代化的战略与政策　余雅风、刘水云　等著

“中国教育现代化2035战略与政策研究丛书”
编写出版委员会

中国教育现代化2035战略与政策研究丛书　朱旭东◎主编

推进信息时代教育发展与变革的战略与政策

余胜泉◎等著

中国教育出版传媒集团
人民教育出版社
·北京·

图书在版编目（CIP）数据

推进信息时代教育发展与变革的战略与政策 / 余胜泉等著. —北京：人民教育出版社，2022.3

（中国教育现代化 2035 战略与政策研究丛书 / 朱旭东主编）

ISBN 978-7-107-36656-7

Ⅰ.①推…　Ⅱ.①余…　Ⅲ.①教育工作－信息化－研究－中国　Ⅳ.① G43

中国版本图书馆 CIP 数据核字（2022）第 040254 号

推进信息时代教育发展与变革的战略与政策

出版发行　人民教育出版社
（北京市海淀区中关村南大街 17 号院 1 号楼　邮编 100081）

网　　址　http：//www.pep.com.cn
经　　销　全国新华书店
印　　刷　北京盛通印刷股份有限公司
版　　次　2022 年 3 月第 1 版
印　　次　2022 年 4 月第 1 次印刷
开　　本　787 毫米 ×1092 毫米　1/16
印　　张　29.75
字　　数　354 千字
印　　数　0 001~1 500 册
定　　价　98.00 元

总序：构建社会主义现代化强国所需要的高质量教育体系

为进一步认真贯彻落实习近平新时代中国特色社会主义思想和党的十九大以及十九届二中、三中全会等重要会议精神，2019年2月中共中央、国务院印发了《中国教育现代化2035》，并要求各地区各部门结合实际认真贯彻落实。

为更好地发挥北京师范大学中国教育与社会发展研究院作为国家高端智库培育单位的决策咨询、政策解读、舆论引领等作用，促进国家重大教育战略与规划的落实和执行，我们决定组织撰写“中国教育现代化2035战略与政策研究丛书”。

《中国教育现代化2035》确定了中国面向未来的教育战略实施目标。到2035年，中国教育要实现现代化总体目标，这个总体目标体现在两个方面：一方面，实现教育自身的现代化，使立德树人的根本任务得以完全落实，使党的教育方针得到全面贯彻，实现教育强国和人民满意的教育的国家和社会目标；另一方面，现代化教育可以支撑起中国国家现代化，尤其为中华民族伟大复兴起到保驾护航的作用。

《中国教育现代化2035》规划了中国面向未来的教育战略实施的进程。到2035年，教育现代化目标的实现过程，既体现在教育的现代化过程中，也体现在不断满足国家现代化需要的过程中。教育现代化的过程是一个不断推进教育优质均衡发展的过程，是一个高质量教育体系不断建构和完善的过程；满足国家现代化需要的过程是一个通过教育促进国家建设社会主义现代化强国的过程。

《中国教育现代化2035》明确了中国面向未来的教育战略实施的方向。到2035年，构建起满足社会主义现代化强国所需要的完备教育体系。党的十九届五中全会审议通过的《中共中央关于制定国民经济和社会发展第十四个五年规划和二〇三五年远景目标的建议》，提出建成富强民主文明和谐美丽的社会主义现代化强国的宏伟目标。这一远景目标是对党的十八大所提出的“全面落实经济建设、政治建设、文化建设、社会建设、生态文明建设五位一体总体布局”的进一步强化。习近平总书记在党的十九大报告中指出，“建设教育强国是中华民族伟大复兴的基础工程，必须把教育事业放在优先位置”，党的十九届五中全会第一次明确提出“建设高质量教育体系”。高质量教育体系是全面建设社会主义现代化强国的关键所在，教育体系要为社会主义现代化强国服务。

一、构建一个促进人的现代化需要的五育并举的教育体系

国家的现代化首先是人的现代化。落实党的教育方针，开展德智体美劳全面发展教育，培养社会主义建设者和接班人，也要基于人的现代化，而人的现代化需要通过“五育”来实现。习近平总书记在全国教育大会上强调，要在党的坚强领导下，全面贯彻党的教育方针，培养德智体美劳全面发展的社会主义建设者和接班人。人的全面发展需要全面发展的教育，为此，需要构建一个五育并举的教育体系。德育、智育、体育、美育、劳动教育是教育的内涵，而不是人的发展的内涵，不是学生发展的内涵。人的发展的内涵是认知和情感发展，是道德和公民性

发展，是个性、社会性与人格发展，健康和安全发展，艺术和审美发展。① 五育并举虽然不是人的全面发展内涵，却是基于和促进人的全面发展。因此，从人的全面发展内涵来看，五育并举，应由道德和公民性教育、社会性和情感教育、脑智教育、健康和安全教育、艺术和审美教育构成。

构建一个促进道德和公民性发展的“德育”体系。在党和国家的教育方针中，“德”是第一位的，事实上，从人的发展的价值来说，“德”必须放在第一位。在中国国情背景下，“德”不仅仅指道德发展，还指思想政治、法制素养，特别是对中国共产党和国家政治制度的认同和忠诚，以及对民族、国家和文化的认同。这里从心理学和伦理学视角来谈道德发展及其教育，把思想政治、法制素养放到公民性发展里来谈。公民性发展是指儿童的公民意识、思维、认知以及公民行为能力的成长过程。它是现代民族国家范畴内的资格身份塑造，也是政治思想意识的形成，又是民族、国家、文化的认同建构，更是法律意义上权利、责任和义务的养成过程。

教育的根本任务是立德树人，这是教育的总目标。根据这个目标，我们要构建促进道德和公民性发展的教育体系。这个体系由基于伦理内容和心理过程的道德教育体系，基于中国历史和国家发展的思想政治教育体系，基于民族认同、国家认同、文化认同的核心价值观教育体系，以及基于权利、责任和义务的法制教育体系构成。

“德育”体系还应促进学生的社会性和情感发展，为此，需要建立一个社会性和情感教育体系作为“德育”体系的补充。虽然社会性和情

① 朱旭东. 论教师专业发展的理论模型建构［J］. 教育研究，2014（6）：81–90.

感教育在传统的德育中也有涉及，但不够系统、不够突出，没有把它作为一个重要的维度彰显出来。我国社会主义现代化建设需要人才，更需要凝聚人才，把各种人才凝聚到实现中国梦这一历史使命上来。而社会性和情感作为人全面发展的重要维度之一，情感是社会团结协作的黏合剂，对凝聚人心、增进身份认同、提升文化自信具有重要作用。因此，社会性和情感教育应在五育并举中占有一席之地。在社会性和情感教育中促进学生社会性的健全发展，增进学生对国家与民族的感情。

构建一个促进脑智发展的“智育”体系。“脑智”主要是指人脑发育和心智发展两个部分，心智与认知密切联系。过去主要强调的智育，虽然在教育中占有重要地位，但主要是从知识和心理角度强调智育的重要性，因而致使脑育并没有得到重视。而大脑是人的智力发展依存的最重要的物质基础和生理基础。从人的全面发展视角来看，健全的、真正的智育应注重脑育。虽然脑科学与教育作为新兴研究领域日益受到国际的重视，但在我们的教育体系中，对脑育仍重视不足。在新的五育并举的教育体系中，我们需要把智育与脑育结合起来，把传统的智育拓展升级为新智育，即“脑智教育”。何谓“脑智教育”？它是指在继承传统智育优点的基础上开展的，基于脑、开发脑、脑智融合的教育。以脑神经学为代表的脑科学将成为脑智教育重要的学科基础，脑育是脑智教育的重要内涵。脑育强调以科学的方法开发脑，以人文精神关爱脑，以教育理念成就脑。

构建一个促进健康和安全发展的“体育”体系。健康和安全教育过去是没有纳入全面发展教育中的，尽管体育承担着健康教育部分，可是体育主要是培养学生的运动素养，促进身体锻炼，但健康教育远不止身体锻炼，而是涉及更广的范围。例如还包括促进身体健康发展的饮食教育等。如果说健康是人全面发展的重要身体基础，那么安全就是人全面发展的重要前提。因此，健康和安全教育也应是全面发展教育的重要内涵。在过去的全面发展教育体系中，安全教育并没有明确列入，尽管学校教育中会涉及安全教育，但不系统，更没有从五育并举的高度来重视安全教育。①

构建一个艺术和审美发展的“美育”体系。五育并举中虽然提到美育，但艺术和审美教育缺乏儿童成长的规律研究。当今受过从幼儿园到高中乃至大学的艺术和审美教育后，却没有掌握一门艺术技能的学生大有人在，因此学生的艺术和审美素养需要大力提高。在五育并举的教育体系中，要重视艺术和审美教育，把艺术和审美教育从娃娃抓起，以提高整体国民的现代审美素养。

构建一个对儿童全面发展起到独特作用的“劳动教育”体系。劳动教育的独特价值不仅在于培养儿童的劳动观念、劳动态度、劳动情感、劳动技能和劳动价值观，而且可以促进儿童的道德和公民性发展、社会性和情感发展、脑智发展、健康和安全以及艺术和审美素养发展。鉴于劳动教育具有促进儿童发展的综合性价值，我们需要构建一个有助于儿童综合发展的劳动教育体系。

上述道德和公民性教育、社会性和情感教育、脑智教育、健康和安全教育、艺术和审美教育是我们对德智体美劳五育认识的进一步深化，由此构建一个为社会主义现代化人才强国所需要的更为全面、更具内涵的五育并举的教育体系，使学生的文明素养、社会责任意识、实践本领、身体素质和心理健康水平等都得到提升，以切实促进人的现代化。

---

① 要构建一个保障儿童身心健康的教育体系，它是由体育、心育和食育构成的，致力于儿童的运动、心理和养生的知识、能力和伦理的培养。

二、构建一个促进社会经济现代化需要的完备成熟的混合教育形态体系

构建社会主义现代化建设所需的教育体系，不仅需要在教育内涵方面五育并举，而且需要一个完备、成熟的教育形态体系，以促进社会经济发展，建设具有社会主义新型工业化、信息化、城镇化和农业现代化特征的经济强国。这个完备成熟的教育形态体系应该由四个部分构成，它们是学校教育体系、家庭教育体系、社会教育体系和三位一体、线上线下结合的教育体系。改革开放四十多年来，我国已经建成了世界最庞大的教育体系，为国家社会主义现代化建设奠定了坚实的教育基础，未来这个体系需要更加完善。

学校教育体系方面，需要从纵、横两个方向进一步完善。纵向方面，需要向两端进一步延伸发展，应抓住早教和老年教育这两个薄弱环节。具体而言，需要填补0—3岁托幼教育体系，通过政府和社会双轨制建立起来，推动义务教育均衡发展和城乡一体化发展，促进学前教育普惠性高质量发展；同时，进一步发展和完善老年大学、老年闲暇教育等。横向方面，学校教育应向多元、开放、特色与提质、升级方面进一步发展。例如，要强调初中阶段的公立义务教育；要打破普职高中教育双轨体系，建立综合、专门、特殊、英才（科技高中、技术高中、艺术高中、精英高中）等具有多样性特征的高中教育体系，尤其要建立科技高中，为建设社会主义现代化科技强国打下基础；要把特殊教育体系转变与升级为全纳融合教育体系。特别是，要大力发展高等专业教育体系。现代化国家建设的过程就是从普通劳动力为主的劳动力市场，向专业性劳动力为主的劳动力市场转化的过程，只有建立专业教育体系，才能满足普通劳动力市场日益向专业性劳动力市场转型与升级的需求。

“作为为专门职业培养专门人才的专业教育，‘专门职业’指向性是其本质属性，其基本特征是实践性、研究性、复合性和终身性，与职业高等教育相比，研究性与复合性是其根本性特征。”① 因此，一方面，要加大人力资本投入，增强职业技术教育的适应性，深化职普融通、产教融合、校企合作，探索中国特色的学徒制，大力培养技术技能人才；另一方面，要将传统的职业高等教育升级为专业高等教育，支撑起现代化国家建设对创新型、专业化、高素质劳动力的要求。要提高高等教育质量，分类建设一流大学和一流学科。我国要构建一个由工程师教育体系、医师教育体系、教师教育体系、律师教育体系、社区管理教育体系等构成的高等专业教育体系，并构建该专业教育体系的目标、课程与教学、师资队伍，加快培养理工农医类专业的紧缺人才。

家庭教育是我国教育形态中一个相对薄弱的体系。为了帮助幼儿扣好人生的第一粒扣子，不仅需要每位家长重视家庭教育，更需要建构适切的家庭教育体系。鉴于家庭的社区性和生活性，家庭教育体系建构需要获得社区的充分支持。“为完善幼儿家庭教育的社区支持，政府需要完善社区支持制度与经费保障机制；社区需要加强重视，丰富支持内容与形式；管理部门需要对社区支持状况加强评估与监测。” ② 也就是说，需要建构社区家庭教育指导与服务体系。此外，针对家庭教育的生活性，需要建构打破现实时空界限的家庭网络教育体系，以实现随时随地都能进行家庭教育。概言之，我们需要以社区家庭教育指导体系和网络

① 徐今雅，朱旭东．“专业教育”辨析——兼论专业教育与高等职业教育的关系［J］．复旦教育论坛，2007（6）：29-34.

② 李晓巍，刘倩倩，王梦柯．幼儿家庭教育的社区支持指标体系：构建与应用［J］．教育学报，2019（2）：66-76.

教育体系为两翼，推进家庭教育体系建构，健全学校、家庭、社会协同育人机制。

相对于学校教育体系，我们的社会教育体系建构显得滞后与不足。社会教育体系需要充分发挥社会文化机构和文化环境的教育作用，协同学校教育与家庭教育，共同致力于为社会主义现代化建设培养人才。如果说学校教育体系更多是一种知识传播教育，那么文化环境则更多是一种文化体验教育。在社会教育体系中，要构建校外教育体系、博物馆教育体系、红色革命基地教育体系，同时还要构建一个公益慈善教育体系或者社会支持公益教育体系。

三位一体的教育形态体系同时应该有线上教育体系。在信息化、数字化、网络化的时代背景下，我国需要大力发展线上教育体系，构建线上线下混合学习体系。线上教育体系，是一种新型的教育体系。与学校教育体系、家庭教育体系和社会教育体系相比，它具有开放性与兼容性。它既能打破家庭教育、学校教育与社会教育的时空局限，又能渗透与融合学校教育体系、家庭教育体系和社会教育体系，促使其他三大教育形态实现数字化升级与完善。

三、构建一个促进人类命运共同体需要的国际教育体系

社会主义现代化强国，不是霸权强国，而是秉承“命运共同体”精神的友善型、文明型强国。它强调“中国梦”与“世界梦”美美与共。我国社会主义现代化强国建设，需要构建促进人类命运共同体需要的国际教育体系。

首先，促进人类命运共同体需要的国际教育体系，是教育强国重要的组成部分。纵观世界，美国、日本等教育强国，都有一整套国际教育

体系，从国际教育理念到国际教育实践，从国际教育法到国际教育政策，从国际学校到国际教育项目，从国际教育引进到国际教育输出，从民间国际教育力量到政府国际教育支持，都体现了一个强国应当具有的国际教育质量。而我国虽然在国际教育方面取得了长足进步，但与世界教育强国的国际教育体系相比，仍存在一定的差距，因此需要大力推进我国的国际教育体系建设。

其次，构建促进人类命运共同体需要的国际教育体系，是现代国际政治强国建设的内在要求。世界教育强国之所以有完备的国际教育体系，是因为它们有国际地位提升的内在需要。而随着我国国际地位的不断提升，我国也需要构建一套完备的国际教育体系。我国已经成为全球最大的出境游输出国，全球最大的消费市场，全球最大的制造“王国”。我国拥有全球最高效、最齐全的产业链集群，全球最具性价比的制造系统。此外，世界还初步形成了对中国力量的依赖，包括从技术到资本再到市场的综合依赖，以及对人力资源的依赖等，但这种依赖还是初级阶段的，必须提质增效，以期实现全球对中国高层次与高质量的依赖。达成这一目标，不仅要讲好中国发展故事，讲好与世界相处的内外关系故事，讲好中国对世界产生影响的故事，更重要的是要加快实施文化国际化战略，实现文化产品的国际输出，同时深度推进企业全球化和国际化，正如习近平总书记提出的，要推动构建人类命运共同体，落实“一带一路”倡议，使中国早日成为国际政治强国。这一切都离不开国际教育体系的整体构建。

我国需要构建什么样的国际教育体系呢？首先，我们需要构建以人类命运共同体为思想依据的国际教育理念。人类命运共同体是一种新型文明观，一种正确的义利观，一种新型国际秩序观。① 它强调人类共在、共存与共发展。它对我国高等教育国际合作具有重要的规范和引领作用。② 不仅如此，它对我国国际教育也具有重要指导意义。以人类命运共同体为指导理念的国际教育，更能彰显我国作为新型文明国家的精神风貌。其次，制定符合我国实际的国际教育法。国际教育法是国际教育发展重要的法律保障。1966年，美国出台了《国际教育法》，该法在美国国际教育史上占有极其重要的位置，为美国国际教育进入制度层面提供了法律依据。我国也需要以人类命运共同体为指导思想，制定一部符合时代要求与国情的国际教育法。最后，构建“引进来、走出去”的双向国际学校教育体系，全面构建矢志影响世界的中国文化传播的教育目标、课程和教学、师资等体系。概言之，我们需要从理念、法规与学校教育体系等一系列维度，建构起完备的、成熟的国际教育体系，以促进人类命运共同体和社会主义现代化政治强国建设。

四、构建一个促进社会主义现代化文化的互联网、人工智能环境下的数字化教育体系

社会主义现代化强国必须是一个文化强国，其核心是学习型强国。学习型强国是对学习型社会建设的继承与发展。学习型社会的本质是以学习求发展。③ 学习型强国也是以学习求发展，但立意更加高远，我国

---

① 徐艳玲，李聪. “人类命运共同体”价值意蕴的三重维度［J］. 科学社会主义，2016（3）：108-113.

② 周作宇，马佳妮. 人类命运共同体：高等教育国际合作的价值坐标［J］. 教育研究，2017（12）：42-50.

③ 顾明远，石中英. 学习型社会：以学习求发展［J］. 北京师范大学学报（社会科学版），2006（1）：5-14.

学习型社会建设主要是基于小康社会建设来谈的，而学习型强国的建设则是站在社会主义现代化强国建设与实现“中国梦”的高度来谈的。学习型强国，具有三个基本特征：学习资源强国、学习力强国、学习文化强国。学习资源强国，强调学习供给侧改革，以丰富、便利、高质量的学习资源，以满足人人皆可学、时时皆能学、处处皆便学的需求；学习力强国，强调国民学习力提升，以满足创新型国家建设需求；学习文化强国，强调愿学、乐学成为浓厚的社会风气，以形成良好的学习文化生态。学习型强国的建设需要构建互联网、人工智能环境下的数字化教育体系。何谓数字化教育体系？数字化教育体系可以概括为“一个中心、两类环境、三个内容库、四种技术、五类用户、六种业务”。“一个中心”即数字化教育云中心；“两类环境”即支持学校教育的数字化校园与支持终身教育的学习型数字化城区；“三个内容库”即学习资源库、开放课程库与信息管理库；“四种技术”即物联网、云计算、大数据、泛在网络四种关键数字化技术；“五类用户”即教师、学生、家长、教育管理者与社会公众；“六种业务”即数字教学、数字化学习、数字化管理、数字化科研、数字化评价与数字化服务。① 从学习视角看，数字化教育体系由数字化的学习资源体系、智能化的学习过程体系、数字化的学习评价与服务体系构成。

为何学习型强国的建设需要建构互联网、人工智能环境下的数字化教育体系？首先，传统的实体空间学习难以满足学习型强国的时代需求。工业化时代的产物——传统实体空间场所学习，主要是通过教室、图书馆、博物馆、剧场、戏院等场所来提供学习资源。这固然能在一定程度

① 杨现民，余胜泉. 智慧教育体系构架与关键支撑技术［J］. 中国电化教育，2015（1）：77-84.

上满足人们的学习需求，但还远远不够。由于实体空间场所具有边界性和时空限制性，因而难以满足学习资源强国的需求。其次，数字化教育体系具有学习资源的数字化、共享化、机会均等化等特征，学习方式的无边界化、无时空限制化、智能化等特征，学习力的数字化、信息化等特征，学习文化的全民化、终身化、民主化等特征，能够为建设学习型强国提供丰富优质的学习资源，大力提升国民学习力，养成良好的学习文化生态。

如何构建互联网、人工智能环境下的数字化教育体系？首先，需要进行数字化教育供给侧改革。我们应充分挖掘和利用先进的信息技术，例如凭借我国5G网络的先进技术，构建一个全民可享用的数字化教育体系。其次，需要优化数字化学习过程，以提升国民数字化、信息化学习能力。“现代技术实现了物联物通，延展了学习空间，空间中的因子组合的多样性，使得学习生态实现了从原生态向新生态的转向。”[①] 新的学习生态催生新的学习能力。最后，需要健全与优化数字化教育的评价和服务体系建设。

五、构建一个促进和谐社会现代化的民办教育体系

社会主义现代化强国，不仅是政府善治强国，也是社会力量强国。这里的社会力量，泛指非政府的参与促进国家发展的积极力量，主要包括自然人、法人（社会组织、非政府组织、企业等）。社会力量是使一个国家充满活力的重要因素之一。社会主义现代化强国，是一个政府与社会携手共进的强国。社会力量在世界各国以不同形式存在，通过社

---

① 沈书生. 学习新生态：建构信息化学习力［J］. 苏州大学学报（教育科学版），2020（1）：1–8.

会力量促进国家发展既是发达国家的历史经验，也是中国社会主义现代化强国建设的重要议题。我国在社会主义现代化建设进程中，应充分吸引、利用社会力量，协同社会力量，促进各项事业的发展，这其中包括教育事业。民办教育是社会力量参与和发展教育事业的集中体现。经过将近四十年的发展，民办教育已经成为中国教育体系的一个重要组成部分，但需要基于中国民办教育的丰富实践构建一个健全成熟的民办教育体系。在构建一个促进社会发展的民办教育体系时，应注重以下几大体系建设。

首先，要构建完善的民办教育法规和政策体系，以支持与规范民办教育为主线，规范校外培训机构。近些年来，我国民办教育虽然取得了较大发展，但相对于公立教育仍然处于弱势地位，甚至被边缘化，因此更需要得到大力支持。只有在有力的政策支持环境下，民办教育才能迸发出更大的活力。如果说支持可以激发活力，那么规范则可以保持活力。因此，吸引民间资金进入教育领域，必须理清“支持什么”与“规范什么”两大根本问题。① 其次，要加强民办学校现代治理制度体系建设。加强非营利性和营利性民办学校作为法人的规章制度建设，加强民办教育制度创新建设，例如基金会办学是一种很好的民办教育制度创新，实现了从自然人与企业法人向基金会办学的转变，体现了非营利民办高校的制度创新。“国际经验表明，基金会不仅是非营利性私立高校的重要办学主体之一和主要资金来源，还越来越多地从战略规划、学科

---

① 周海涛，闫丽雯. 支持和规范社会力量兴办教育的新作为［J］. 教育与经济，2019（1）：3-6.

布局、大学自治、教师发展等方面为其提供专业服务。”① 再次，要建立基于分类管理的民办学校法人治理体系。分类管理是我国民办教育发展的一个重要特征。“对民办教育分类管理有利于我国民办教育管理体制改革和民办教育的发展。”②2017年初发布的《国务院关于鼓励社会力量兴办教育促进民办教育健康发展的若干意见》明确提出“实行非营利性和营利性分类管理”。“2017年9月1日《中华人民共和国民办教育促进法》生效，标志着我国正式步入民办教育分类管理的新时代。”③ 民办学校法人治理体系也需要基于非营利性和营利性这两类民办学校的不同特点，建构其法人治理结构，形成决策、执行、监督相互独立、相互制约的法人治理机制。最后，要建立民办学校风险防范体系，具体包括民办教育领域社会信用体系建设，资产、财务和会计制度设计，信息公开、举办者变更等机制。

六、构建一个促进党对教育工作全面领导的教育治理体系

社会主义现代化强国也是一个治理体系完善和治理能力现代化的强国，它有力地保障了社会主义现代化各项事业的运转。教育事业也是如此，教育治理强国有力地保障了教育体系的有效运转。为此，我们需要构建一个中国共产党全面领导的教育治理体系，以推进社会主义现代化治理强国建设。我们可以在以下几个方面进行构建。

首先，建设教育治理的专业人才体系，为教育治理强国奠定人才基

---

① 刘金娟，方建锋. 我国基金会参与非营利性民办高校办学探索［J］. 复旦教育论坛，2019（6）：41–47.

② 王善迈. 民办教育分类管理探讨［J］. 教育研究，2011（12）：32–36.

③ 周海涛，闫丽雯. 支持和规范社会力量兴办教育的新作为［J］. 教育与经济，2019（1）：3–6.

础。“教育治理是多元主体共同管理教育公共事务的过程。”①现代化教育治理离不开治理主体的治理能力和素养。治理能力越强，往往治理效果越好。因此，需要在党的领导下全面提高相关治理主体的治理能力，使其达到科学化、专业化和人文化的治理水平。例如提升教育局局长的治理能力，实现教育局局长的专业化；提高教育财务人员的专业化、科学化水平。

其次，有针对性地构建一系列保障体系，以保障相关教育体系的有效运行。具体来说，要注重以下几个方面的保障体系建设。构建一个保障教育投入和产出有效的财务分析体系；构建一个保障教育质量的监测、评估、督导、诊断和干预的运转体系，建立学生学习成果评估体系，全面提升人才培养质量；构建一个保障高等教育内部运转的辅助人员体系，进行教育人事制度改革；构建一个保障职业技能质量的国家框架体系，为专业教育提供框架；构建一个保障儿童发展的生涯指导教育体系，突破以传统心理健康为主的体系，为儿童成长保驾护航；构建一个保障教育基础信息准确真实的公开数据体系，为管理、咨询和研究提供数据；构建一个保障教育体系运营的科研体系，建设教育科研课题的问题解决导向体系、数据库体系、管理循证化体系、智库体系；构建一个保障促进深度贫困地区教育发展的自主、陪伴和帮扶、内涵和外延、基础和提升相结合的后扶贫时代的教育脱贫体系，系统构建乡村产业、人才、文化、生态和组织振兴的教育新体系，促进完善民族地区教育质量和水平的保障体系，加大国家通用语言文字推广力度；构建一个高质量的教师教育体系，使其具备高质量的教师教育机构和教师教育者队

---

① 褚宏启. 教育治理：以共治求善治［J］. 教育研究，2014（10）：4-11.

伍；构建一个将现代科技、网络和人工智能应用于教育的辅助体系。

本套丛书是在国家高端智库中国教育与社会发展研究院的指导下，由高端智库主建单位北京师范大学中国教育政策研究院精心组织完成。这套丛书也是教育部哲学社会科学研究重大课题委托研究项目“中国共产党百年教育史研究”（20JZDW006）成果的一部分。今年是中国共产党成立一百周年，我们怀着无限的热情投入到这套丛书的研究和撰写工作中，以此向建党一百周年献礼。担任这套丛书编写工作的主要负责人有：李芒、张志勇、薛二勇、张伟远、周海涛、李琼、余胜泉、刘宝存、余雅风。他们都是中国教育政策研究院的团队首席专家或专家。在组织编写过程中，北京师范大学中国教育政策研究院薛二勇教授、教育部普通高校人文社会科学重点研究基地北京师范大学教师教育研究中心博士后刘丽莎付出了很大努力。本套丛书的编写工作得到了中国教育出版传媒集团、人民教育出版社的大力支持，在此一并表示感谢。

本套丛书主题宏大、体系庞大、价值重大，在研究和写作过程中我们克服了不少困难。由于我们的研究水平有限，难免存在不足之处，敬请读者批评指正。

朱旭东

2021年3月

本册前言

以教育信息化推动教育现代化，是我国长期坚持的教育发展战略。《国家中长期教育改革和发展规划纲要（2010—2020年）》就提出“信息技术对教育发展具有革命性影响，必须予以高度重视”，此后各类重要的教育发展文件，都非常强调教育信息化的战略作用，且认识不断深入。从《教育信息化十年发展规划（2011—2020年）》到《教育信息化2.0行动计划》再到《中国教育现代化2035》，以教育信息化助推教育现代化的思路超越了简单的环境观、工具观和资源观，向着内涵式发展的方向演进，其核心战略要点如下：

（1）教育信息化作为渐进变革的过程，对教育环境的影响从模拟到数字再到智能转型。育人空间的边界和范围获得极大地拓展，不再是单一的物理空间，而是物理空间和虚拟空间的结合。智慧校园是未来教育环境的变革方向，数据是智能的前提，有数据汇集才有智能，必须统筹建立一体化的教学管理平台，加强数据的横向贯通和汇集。当前教育信息化战略超越了简单强调教育装备、网络、终端等硬件环境，强调数字平台，强调生态环境，强调从数字化向智能化转型。

（2）信息化对教育环境影响到一定程度之后，会转变人才培养的方式。通过信息技术，改变以学生听课为主的教学模式，提高学生的主动性、自主性、选择的丰富性，允许多种学习形态融合，教学结构将发生实质转变。教学范式将从知识的传递转向知识建构再到知识创生。教育评价从甄别性、选拔性、贴标签性、评比性的评价，转向促进学生发展的形成性评价。总体而言，传统的教、学、评的人才培养模式都会发生变化，从而实现教育规模化覆盖与满足因人而异的个性化教育需求的目标。提升教育的包容性，教育不仅适合大多数，还要适合两端的学生，既有公平性，又能保障个性化发展。

（3）新的人才培养模式将带动新的教育供给和教育治理模式。要实现学生个性化的发展，需要教育供给丰富、可选择，这就要求教育的服务业态丰富、多元、可选择。教育供给不再由政府单一提供，而是社会、企业、非营利机构相结合。互联网可以穿透学校围墙，使得外部的教育服务能跟学校教育互补，形成统一战线，实现教育创新。在这一过程中，需要对教育公共服务的供给侧进行改革，转变教育资源配置、治理方式，建立现代化的教育治理和质量监测体系。借助信息化、大数据，以人机结合的方式，实现家长、学生、企业、社会等多元主体共同参与，尽早发现潜在问题和趋势问题，提升教育治理水平和决策的科学性。

本书在编写的过程中，引用了大量的著作、文章等各类文献，均对其出处做了详细标记，在此对所有文献的作者及资料的提供者表示衷心感谢！如果有所疏漏，请发电子邮件至yusq@bnu.edu.cn，我们将在下一版本中及时更新。

本书是团队集体协作完成的成果。第一章由余胜泉、崔伟编写；第二章由万海鹏、余胜泉编写；第三章由王阿习编写；第四章由吴斓、余胜泉编写；第五章由马宁编写；第六章由吴砥、王美倩、徐刘杰编写；第七章由柯清超编写；第八章由徐刘杰、余胜泉编写；第九章由杨现民编写；第十章由辛涛、张生编写；全书由余胜泉统稿。在此向所有参与本书工作的人员表示衷心感谢！

本人受邀解读教育信息化促进教育现代化，不胜荣幸。限于时间，疏漏之处在所难免，恳请读者和同行批评指正。

余胜泉

2021年5月

目　录

第一章　面向2035的未来教育

以互联网、大数据、人工智能为代表的新一代信息技术正在飞速发展，成为当今世界各行业变革的驱动力。云网端一体、万物互联、人工智能、第五代移动电话通信标准（5th-Generation，5G，IMT-2020）、云计算等一系列新兴技术正在改变世界的产业模式、运营模式，以及人们的消费结构和思维方式。技术的快速发展为未来教育的发展带来两方面的变革：一方面，以人工智能为代表的一系列智能技术通过与各行业的深度融合实现对传统产业的重构，取代很多简单的脑力劳动，使得未来社会对人才需求发生重大变化，教育必须思考如何培养面向未来的人才；另一方面，信息技术的发展为教育提供了异于以往的信息化生态系统，信息技术不再是游荡在教育边缘的“不速之客”或者补充，而是广泛应用于日常的教育教学活动中，成为教育系统的有机组成部分①，为教育发展带来更多可能性，为教育者提供了更多的想象空间。人类教育体系正经历一次新的教育革命，教育环境、教师角色、教学设计、学习方式及学校和课程均面临重大变化②。在这一时代背景之下，分析未来人才能力素养要求，探索未来教育的发展方向和发展可能，已成为世界各个国家、经济体和国际组织一致的选择。

---

① 余胜泉. 教育信息化生态观与新技术教育应用的科学发展［J］. 基础教育参考，2006，09：4-8.

② 高书国. 第四次教育革命的路径与特征——基于工具创新的教育变革分析［J］. 教育科学研究，2016，7：26-31.

第一节　教育现代化与教育信息化

未来社会是“人—机—物”三元互联的世界，人类社会、信息空间和物理空间融合贯通，相互交织在一起，形成虚实融合的智能社会空间。大数据、人工智能、5G等信息技术将通过改变社会组织形态和人们的工作、认知思维方式，为教育提供不同的生态环境，为国家教育战略的落实带来新的挑战、方法和路径。

一、教育信息化是教育现代化的重要特征

顾明远先生说，教育现代化是以现代信息社会为基础，以先进教育观念为指导，运用先进信息技术的教育变革的过程。① 教育现代化作为社会现代化的产物，是社会现代化的重要组成部分。科学技术的进步和知识总量的急剧增加，使得一个人不能以学校毕业作为学习的终结，而是要不断学习，更新知识，以传授知识为主的传统教学方法已经不能适应形势发展的要求。② 一方面，物理世界与数字（比特）世界交织在一起的生活空间，对个人时空意识、生存方式和语言思维方式产生重大影响。③ 另一方面，传统教育长期存在着学生个性化学习需求难以满足、师资力量分配不平衡、弱势群体难以获得优质教育资源、学生需求与教师供给难匹配等问题。这些都要求教育必须适应时代的发展，反映并满

---

① 顾明远. 教育观念现代化是教育现代化的灵魂［N］. 人民日报，2016-01-31：05.

② 顾明远. 试论教育现代化的基本特征［J］. 教育研究，2012，33（09）：4-10，26.

③ 杨小微，金学成，杨帆. 教育现代化：理论与技术的对话——教育学原理与教育技术学两大阵营的对话［J］. 开放教育研究，2006，12（05）：11-14.

足现代生产、现代科学文化发展的需要；要求教育工作者不仅要关心教给学生什么，而且要关心什么时候教、怎样教。教育现代化的过程也就是教育复杂系统面对社会变化，与时俱进、不断发展与演进的过程。在信息化时代，教育现代化进程中一个不可忽视的事实就是信息技术在教育中的作用和对教育的影响。

邓小平同志于1983年在教育的“三个面向”（教育要面向现代化、面向世界、面向未来）方针中首次提出“教育现代化”的概念。此后，上海、江苏、珠江三角洲首先提出教育现代化问题。① 学界对教育现代化的认识经历了三个阶段的发展，从最开始的“电化教育”或“现代化教育手段——先进的硬件”，到20世纪90年代的“现代”教育思想、理论与以计算机网络为基础的新技术在教育中的普及应用，再到进入21世纪以信息技术为核心的新技术及相应新理念、新思想在教育中的有效应用。②

可以看到，每个阶段对教育现代化的讨论均伴随着对信息技术的发展、应用和认识的变化。如果在互联网、信息化、人工智能快速发展的背景下，教育形态依然保持传统学校、课堂、班级的概念，便无法胜任社会发展要求。信息技术在教育领域的应用正在引起教与学方式的变革。网上学习、移动学习、游戏学习、项目学习、翻转课堂等新型学习方式正在加速知识生产方式、传播方式和内化方式的变革，未来教育在互联网等技术的作用下变得越来越个性化、多样化，学校和教师需要更多关注学生的个性化培养，发掘每个学生的潜质。

---

① 顾明远. 试论教育现代化的基本特征［J］. 教育研究，2012，33（09）：4–10，26.

② 张炳林，宁攀. 教育现代化内涵解读及推进策略研究［J］. 数字教育，2017，3（06）：21–27.

正是因为信息技术对教育带来的众多影响和可能，许多教育研究者均将信息化作为教育现代化的重要特征。顾明远先生对教育现代化概念和内涵进行了深入探索和分析，在1997年提出教育现代化的八个基本特征：广泛性和平等性、终身性和全民性、生产性和社会性、个体性和创造性、多样性和差异性、信息化和创新性、国际性与开放性、科学性和法制性。2010年又补充了教育的信息化和数字化这一特征，并提出："信息化已经成为现代社会的基本特征。教育信息化就是教育现代化的基本特征之一。"认为信息技术引起了教育观念、教育过程、教育模式、教师角色等一系列变革，不仅改变了教育模式，同时为终身学习创造了条件。① 国家教育发展研究中心研究员谈松华认为教育信息化是教育现代化的核心特征。② 褚宏启认为教育现代化发展的理想状态包含教育的人道性、教育的民主性、教育的理性化、教育的法制化、教育的生产性、教育的信息化、教育的国际性7个方面。其中，教育信息化作为教育现代化2.0阶段的新特征，体现了信息时代对教育的直接要求。同时，互联网、大数据和人工智能又为个性化的教与学提供了强有力的技术支持。③

教育现代化是一个复杂的系统和过程，教育信息化同样是一个复杂的系统和过程。对于教育信息化与教育现代化的关系探讨，既需要分析现代信息技术对教育思想、教育制度和教学活动的影响，更需要在应用实践中分析信息技术如何实现与教育教学活动的融合，提高教育质量和

① 顾明远. 实现教育现代化的宏伟蓝图——学习贯彻《国家中长期教育改革和发展规划纲要》[J]. 北京师范大学学报（社会科学版），2010，05：5-13.

② 谈松华. 以教育信息化带动教育现代化[N]. 中国教育报，2015-09-23：004.

③ 褚宏启. 教育现代化2.0的中国版本[J]. 教育研究，2018，39（12）：9-17.

教育效率，推动教育变革，创新教育发展。

二、教育信息化是实现教育现代化的方法和路径

南国农先生曾于1997年率先讨论“电化教育与学校教育现代化建设”的关系问题，指出电化教育是与旧教育弊端做斗争的有力武器，是落实学校“硬件、软件、潜件”建设的保证。① 进入21世纪，学者对信息化在教育现代化中的作用问题展开持续探讨并形成共识：“以教育信息化全面推动教育现代化，促进教育公平、提高教育质量、实现终身教育、优化教育治理，是我国教育事业改革发展的必由之路”。② 习近平总书记在2014年2月主持中央网络安全和信息化领导小组第一次会议时深刻指出：“没有信息化就没有现代化”。③

教育信息化在空间维度可以打破传统非现代教育的物质形态，实现教育空间上的现代性突破。历史上，学生的学习机会被限定在了学校围墙之内。现在，学生借助技术可以跨越与学习资源及专家之间的鸿沟，在任何地点开始他们的学习。陈琳等人就提出，数字教育资源的价值不会因为人数的增多而被稀释，而是享用的人越多其价值越能够得到彰显；通过“公建众享”的数字资源，让更多学习者有机会通过名师的视频学习，可以在不增加投入的情况下实现优质名师资源共享，让我国的教育公平迅速跃上新台阶。④

---

① 南国农. 电化教育与学校教育现代化建设［J］. 电化教育研究，1997，1：3-8.

② 杨宗凯. 以信息化全面推动教育现代化：教育技术学专业的历史担当［J］. 电化教育研究，2018，39（01）：5-11，35.

③ 习近平. 习近平纵论互联网［N］. 人民日报（海外版），2015-12-16：08.

④ 陈琳，陈耀华. 以信息化带动教育现代化路径探析［J］. 教育研究，2013，34（11）：114-118.

余胜泉等人认为利用信息技术促进教学改革的关键在于其对教学系统的变革①。传统的教学系统由教师、学生和教学内容构成，教师通过向学生讲授教材来达到知识传递的目的，它们之间的关系如图1-1所示：这三者之间是一种相对松散耦合的模式，它们之间相互联系的途径是①传授；②接受；③师生交流，它们代表教学活动的基本形式。而在现代教学环境下，则要加入一种新的要素：现代教学媒体。现代教学媒体的介入使得教学系统的基本要素及它们之间的关系发生了一些质的变化，如图1-2所示。对教学内容而言，它是一种表现工具，它可以实现更优化的内容表现；对于教师而言，它是一种教学组织与实施工具，它可代替教师做很多常规的工作，而对于学生而言，它是一种认知工具，不仅可以帮助获取知识，而且可以帮助发展学生的认知能力、扩展学生的认知水平。现代教学媒体的三种主要作用，使得教学系统由松散的耦合系统变成一种紧耦合系统，极大地提高了系统内部要素之间相互作用、相互联系的频率和强度，极大地提高了系统内部各要素之间信息传

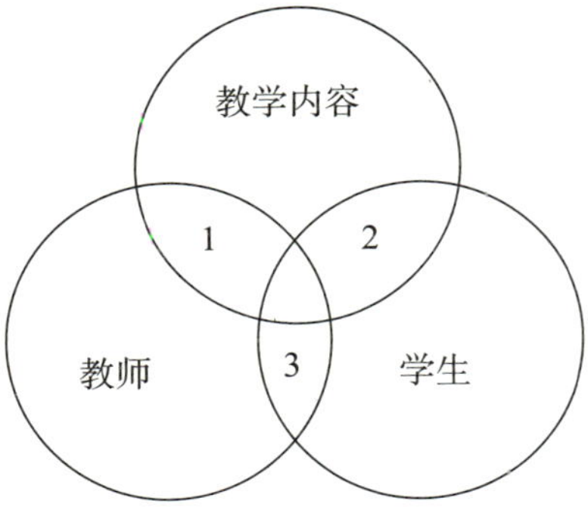

图1-1 传统教学系统

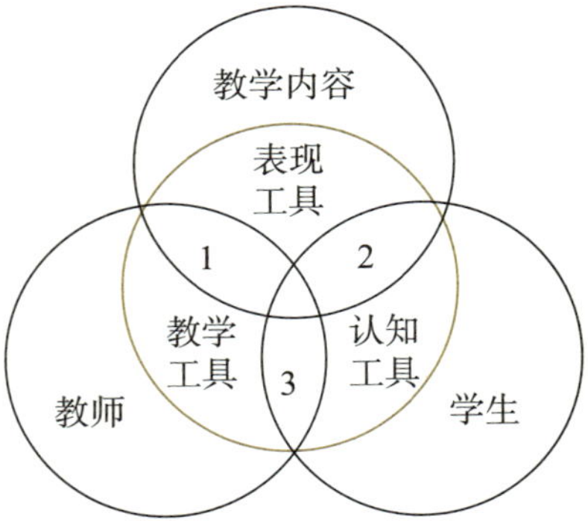

图1-2 现代教学系统

① 余胜泉，陈玲．论教学结构的实践意义［J］．电化教育研究，2005，02：21-26，43．

递和转化的效率，从而从整体上提高教学系统的质量。

信息技术作为20世纪以来人类社会最重大的技术创新，将颠覆性创新引领教育的破框式重建，打造一个开放、复杂的新型现代教育系统，不断丰富和发展教育的现代性，推动教育现代化。需要指出的是，信息技术与教育融合，促进教育变革不是一蹴而就的，而是一个长期的、重大的实践过程。2005年联合国教科文组织（UNESCO）提出了信息技术与教育教学融合发展过程的四个阶段，分别是起步、应用、整合和创新（见图1-3）。

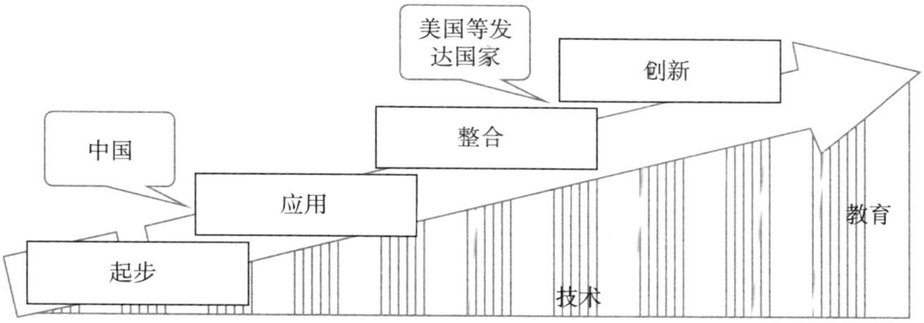

图1-3　信息技术与教育融合发展的四个阶段（UNESCO，2005）①

杨宗凯等人认为，直到2014年我国信息技术与教育的融合发展都是处于初步应用整合阶段，应通过解放思想、制度创新、对外开放、创建协同创新中心等途径推进信息技术与当代教育深度融合，加速国家教育现代化进程。②2018年，杨宗凯进一步提出需要以融合创新、重组创

① UNESCO. Regional Guidelines for Teacher Development for Pedagogy-Technology integration［EB/OL］. http://unesdoc.unesco.org/images/0014/001405/140577e.pdf. 2005-12-31.

② 杨宗凯，杨浩，吴砥. 论信息技术与当代教育的深度融合［J］. 教育研究，2014，35（03）：88-95.

新、数据驱动创新、问题驱动创新及协同创新引领实践，充分发挥信息化在全面推动现代化进程中的巨大效能。

最后，教育信息化是实现教育现代化的方法和路径，是非常重要和关键的方法与路径，但并非是实现教育现代化的唯一重要的因素。教育现代化的实现需要教育体系的全面创新和多方配合。顾明远先生曾就时代变迁中教育的变与不变问题进行过探讨，提出教育环境、培养目标、教学内容、教学模式和师生关系在信息技术的冲击下都发生巨大变化，但教育的本质、学校的功能和教师的职业是始终不变的。有效、合理地利用信息化手段促进教育发展，需要在深刻把握这些变与不变的基础上，立足国家现实和教育规律，继承传统教育的精华，面向未来推动教育发展，实现国家教育现代化目标。

第二节　未来教育的特征

技术革新和社会发展可能带来的教育变革，使得一些国家和组织在对未来教育进行描述时均使用"重新想象"一词。例如，2014年世界教育创新峰会（World Innovation Summit for Education，WISE）出版丛书《重新想象学习》，2017年美国颁布《重新想象技术在教育中的角色》教育技术规划文件。虽然各国研究者对未来教育的分析角度各有侧重，表述方式有所不同，但普遍认为未来教育应呈现出以下特征。

一、全纳、公平、优质的教育

当今世界的综合国力竞争已演变为人才的竞争，人才作为高级生产要素受到各国的普遍重视。为了抢占科技高地，各国都在不遗余力地实施积极的移民政策来争抢全球范围内携带新技术，具备高技能的人才。[①] 然而，人才国际流动频率加快和人才引进代价的大幅度增加，使得各国政府日渐意识到提升国民整体能力和素养、培养自身人才的重要性和紧迫性，追求全纳、公平、优质的公共教育服务已经成为当前，乃至今后相当长时期内各国教育的重大理论、政策和实践的方向。

"全纳"体现了教育的可获得性和包容性，赋予了所有儿童、成人都获得受教育的权利；"公平"体现了教育机会、教育过程与教育结果的公平和全纳，消除在教育入学、参与、维持、完成，以及学习结果中存在的各种形式的排斥、边缘化、不平等、弱势和不公平问题，尤其

① 侯定凯．国际人才竞争和流动的新趋势［J］．法学教育研究，2017，19（04）：253-269，348.

需要消除在性别、弱势群体方面的不公平问题，确保没有一个人掉队；“优质”是发展学习者基本的识字和计算技能，乃至更高级能力的前提，主要体现在满足所有学习者发展所需的教与学方法、优质的教与学资源、卓越的教师、恰当的信息技术，以及安全、健康、考虑到性别因素、全纳且资源充足的教与学环境。

信息技术，尤其是智能技术的发展为实现全纳、公平、优质的教育提供了可能性。

受教育是一项基本人权，全纳教育倡导促进每一名学生平等地参与、学习和发展，代表着教育的理想和目标。信息技术使得教育和学习系统更加包容，使每个人，不分性别、年龄、种族、肤色、族裔、语言、宗教信仰、政治见解或其他见解，不分国籍或社会出身、财产或出生状况接受良好的教育，特别是女童和妇女，以及边缘化人群和社区，有特殊需求的人群、难民、流离失所者和入学机会有限的个体。信息技术支撑下的远程教育和开放教育资源（Open Resources Education，OER）还鼓励内容的创新使用，促进了知识的创造，使教材和其他形式学习内容的质量得到提高并更加容易获取。技术、开放教育资源和远程教育的支持，能够缩小教育机构（包括大学）的教学内容与经济和社会需要之间的差距，提高教育的包容性。①

随着社会物质、精神的极大丰富，教育公平成为社会公平的重要基础，也成为衡量教育现代化发展的重要指标之一。技术为减少学习上长期存在的各种差异提供了史无前例的机遇。借助互联网，扩大优质教育资源的覆盖面，可以部分解决基础教育物化资源配置不均衡的问题，同

① 联合国教科文组织. 仁川宣言［R］. 仁川，2015.

时提高优质教师资源的辐射范围，实现优质教育资源共享，提升教育公平。① 数据收集和大数据分析技术将传统的、以经验为导向的教育治理转变为以证据为基础的教育治理，并通过智能技术，形成人机协同、多元参与的决策模式，提升教育决策的透明度、科学性和预见性。基于人口信息、经济发展数据、地理位置和基础教育质量等多层次多维度的大数据，可以综合评价教育资源配置的合理性，提高教育资源配置的有效性，真正落实教育公平。②

信息技术的发展也为提升教育质量、发展优质教育提供了更多手段和方法。在教与学的过程中，智能技术基于对学习全过程数据的采集和分析，准确掌握学生知识状态，并提供适应性的学习材料，进一步为教学模式变革提供技术支撑；在教育治理方面，数据挖掘技术为教育决策提供坚实证据和质量保障；在教育评价方面，信息通信技术为开展多元化评价与伴随式评价提供了技术基础，包括学习成果档案、电子徽章和同行评估等。智能技术和教育数据科学具有广泛的应用领域（见图1–4），可以从学习者个性化分析，到组织管理分析、系统化的教学改进、早期预警系统等各个方面，揭示教育教学的规律和特点，创新教育理论与方法体系，从而为提升教育质量、发展优质教育提供机会和可能。③

---

① 汪基德，刘革．教育信息化促进基础教育均衡发展［J］．教育研究，2017，38（03）：110–112.

② 王丽娜，余胜泉．现代教育技术与教育特色均衡发展［J］．基础教育参考，2010，07：18–23.

③ Piety P J, Hickey D T, Bishop MJ.Educational data sciences—framing emergent practices for analytics of learning, organizations，and systems[J]. //Pistilli M et al. Proceedings of the 4th international conference on learning analytics and knowledge [C]. Indianapolis, 24–28 Mar 2014: 193–202.

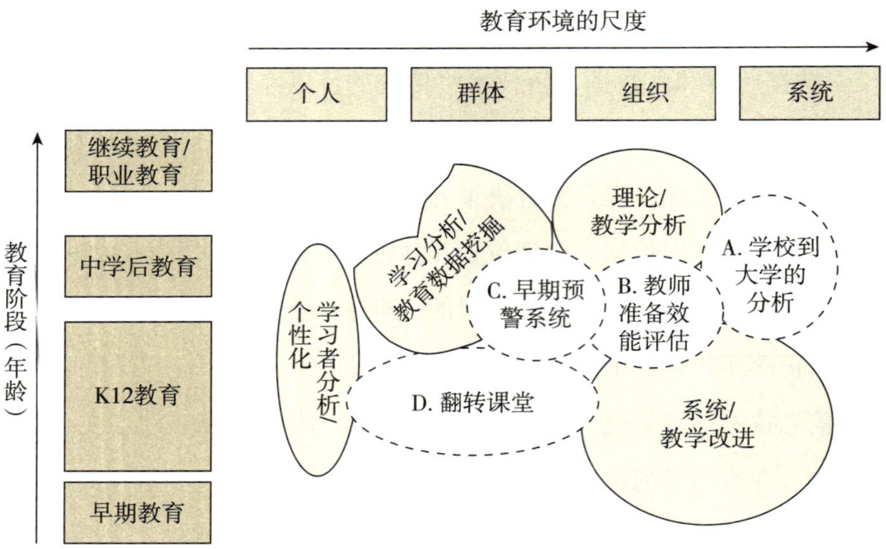

图 1-4　教育数据科学的应用领域

二、个性化、适应性的教育

“如果以爬树的本领判定一条鱼的能力，那这条鱼终身都会认为自己是一个笨蛋。”国家对人才的需求是不同的，学生也存在个性潜质的差异。办学模式单一、学校样态单一、人才结构单一、评价标准单一，使得教育的差别化和个性化供给不足。这种单一教育发展既不能满足国家对多样化人才的需求，也难以充分发挥个人潜能，发掘个人能力。教育需要给受教育者提供更多、更好的教育选择，使优质资源满足不同学习者的需求，契合学习者个性化发展的需求。① 每一个儿童在其原有的基础上获得个性化、适应性的教育服务是未来教育追求的关键价值之一。

① 李希贵. 深化教育改革　加快教育现代化［J］. 教育研究，2017，38（11）：7-10.

受制于数据收集方式和分析方法的限制，以前的教育数据多采用抽样的方式对学习过程中的某一方面进行测试，是一个个时间截面的数据，只代表人的某一时间段、某一方面的特征。信息技术全面融入教育可以提供连贯的、连续的、覆盖师生全学习过程、工作过程的数据。今后学校所有设备和设施、活动都会数字化或物联化，所产生的数据都能实时传递到数据中心，从而获得全样本、全过程的数据。未来，数据将成为学校最重要的资产，是核心生产要素，可能比学校建筑物值钱得多，将成为学校最有价值和最需要投入的地方。

在全面采集学生全学习过程数据的基础上，依据心理学、学习科学等原理与模型，通过描述性分析，可以在了解群体状态的基础上，发现群众学习模式、交流规律，掌握总体发展趋势，可以让教师更准确、更好地对大规模学生群体提供更好的支持；通过诊断性分析，可以发现表象背后深层次的问题，精确定位学习者的问题、症结，进行精准的定向支持；通过预测性分析，可以为学生的综合素质、职业倾向、能力倾向做出辅助判断，帮助学习者深入了解自己，支持学习者适应学校与课程，学习者将拥有越来越多的选择性，选择效果也将逐步优化。未来的学校可以通过教育大数据分析来精确了解学生的认知结构、知识结构、情感结构、能力倾向和个性特征，在此基础上可以提供全面的、个性化的、精准的教育服务。精准的、个性化教育服务供给不仅能够对学习问题进行诊断与改进，还能发现和增强学生的学科优势；不仅能够及时发现学习者的知识盲区、完善学习者的知识结构，而且能够增强学习者的优势与特长。未来将不再是整齐划一、千篇一律的教育，而是在教育大数据支持下有弹性的、适应个性发展的教育。①

人工智能可以使学习方式从统一步调、统一方式、统一评价的班级“集体学习”向个性化学习转变。人工智能通过构筑学生模型，为每个学生精准“画像”，记录学习计划和成长轨迹，识别学生的学习偏好、学习障碍等。学生模型主要包括学习者个体信息和学习者的状态信息。其中，既有相对稳定、影响学习效果的个体特征，如认知特点、学习风格、学习兴趣等；也有随情景和时间变化的动态信息，如领域知识水平、学习主题、情感状态等。

人工智能还可以帮助教师梳理辅导学生的经验，包括资源遴选和路径选择经验等，进而为学生提供个性化教学服务。

信息技术将进一步丰富教育资源的供给，基于移动通信技术与互联网技术的实时通信网络能够实现大规模的社会化协同工作，即时实现各种人力和物力学习资源的汇聚和配置，为教与学提供了新的分工形态。学生和家长可以在技术的支撑下制定个性化的学习课程与活动，以适应学习的个性、兴趣、家长的目标与价值观。学生不仅仅可以选择来自所在学校的教育服务，也可以选择来自学校以外的互联网教育企业、专业社会机构或其他学校所提供的优质教育服务。未来的学校教育或许是自组织的，学校形态或许是一个自组织的智慧学习环境，学生和家长完全可以制定个性化的学习课程和教育服务，完全可以根据学生的能力与特征制订自己的学习计划、学习节奏与学习步调。尊重学习者的个性，具有选择性和适应性是未来教育的典型特征。

① 余胜泉，王阿习. “互联网+教育”的变革路径［J］. 中国电化教育，2016，10：1-9.

三、促进全面发展的教育

教育的中心问题是人的问题，人既是教育的出发点，也是教育的归宿。时代越是向前，人才的重要性就越突出，教育的基础性、先导性、全局性地位和作用就更加凸显。智能技术与教育的融合为人的全面发展提供技术支撑。一方面，智能技术将打破工业时代对效率的强调，对产品整齐划一的要求，更强调对个体的关注和对个性化需求的满足；打破了对基本生存需求的强调，更加关注人的高级心理需求。另一方面，智能技术也将人从简单的、重复性的劳动中解放出来，使人有更多的时间和精力投入到更有创造性的工作中，同时催生出一些围绕人、关注人、维护人、促进人的新型职业，触发人与人之间更富有人性的深层沟通和交流。

很多国家（地区）、组织所勾勒的21世纪人才素养框架也体现出对人的全面发展的强调。如联合国教科文组织提出年轻人应该具备“基本技能”“可转移技能”“技术和职业能力”三类技能；经济合作与发展组织（Organization for Economic Co-operation and Development，OECD）提出未来人才应“能互动地使用工具”“能自主地行动”和“能在异质社会团体中互动”①；欧盟提出“母语沟通能力、外语沟通能力、数学和科技基本素养、数字（信息）素养、学会学习、社会与公民素养、创新与企业家精神、文化意识和表现”；新加坡提出“交流、合作与信息素养，批判性与创新性思维，公民素养、全球意识、跨文化素养”；美国指出“学习与创新技能，信息、媒体与技术技能，生活与职业技能”是21世纪获得成功的技能；俄罗斯认为应从“认知素养、日常生活、文

---

① 滕珺. 21世纪核心素养外国人怎么说［N］. 中国教育报，2016-03-04：006.

化休闲、公民团体和社会劳动素养”五方面来发展和改革教育。我国也提出了未来人才的预期及培养目标。如2016年教育部提出以培养全面发展的人为核心，培养学生的“社会责任、国家认同、国际理解；人文底蕴、科学精神、审美情趣；身心健康、学会学习、实践创新”九大素养。2017年9月，中共中央办公厅、国务院办公厅发文强调在培养学生的过程中重视学生关键能力培养，培养学生的认知能力、合作能力、创新能力、职业能力。

上述未来人才能力素养框架，虽然因经济、文化背景不同，存在关注点和表述上的差异，但基本框架均具有一致性，并为未来人才培养确定了方向。这些内容可归为知识、自我发展、社会与人际三方面，这三方面又分别对应了“世界是什么”“我是谁”“我与外界如何交往”三个层面。①

从知识维度来看，知识回答“是什么”的问题。“知识就是力量”“知识经济”等词句无不体现了知识的重要性。21世纪，知识总量持续增加，知识更迭日益加快，但随着人工智能技术和大数据（搜索引擎）的出现，很多记忆性的知识动动手指即可获取。然而，“我们必须掌握必要的知识”这一点没有改变，对个体理解知识间的逻辑与关联、提升问题解决能力的要求逐步提高。具体来说，未来人才在知识维度上将呈现以下特征：首先，需要具备广度与深度并重的T型知识结构。“T”的一横指知识的广度，要求个体的知识面非常广阔，拥有通识知识、综合性知识和跨学科知识；“T”的一竖指知识的深度，要求个体在特定领域中“钻”得更深，在专业领域掌握更深层次的知识。未来人

① 孙琇园，崔伟．大学人才培养的未来趋势探讨［J］．北京教育（高教），2018，837（11）：10-14.

才的知识结构必然是广度与深度并重的T型结构。其次，需要具备异质文化的理解与交流能力。未来的人才一方面需具有一定的语言、文字知识，如能够“互动地使用语言、符号与文本”“文字沟通”“母语交流、外语交流”“语言表达和文字写作”。另一方面要掌握一定的沟通技巧，学会理解与表达。最后，不断提升个人信息科技素养。未来的信息处理必定是人机协同的信息处理，个体的信息科技素养变得越来越重要。“信息素养、媒体素养、通信技术素养”等已成为国际公认的21世纪核心素养。

从自我发展维度来看，指向个体内在世界，是有关“我是谁”“我要做什么”“我该如何成为更好的自己”等问题。这种对自我的认知与反思构成了“自由自觉”的活动特性。而教育的重要职能就是培养这种特性，引导学生发展自我意识，学会自我发展，使个人成为其自身文化进步的主人和创造者。首先，自我管理能力成为未来人才的必备素养。自我管理能力，是指在自我认识和自我调控的基础上，对人生规划、个人计划进行管理的能力，是一种“主动性与自我导向”的能力。其次，学习与思考能力成为未来人才的必备特征。自学，尤其是在他人帮助下的自学，在任何教育体系中都具有无可替代的价值。随着新一轮科技革命和产业变革，以学习者为中心，终身学习、全民学习的理念日益深入人心，学习与思考能力成为未来人才的典型特征。最后，创新成为未来人才的必备技能。未来对人才创新素养的要求越来越高，创新已经逐渐从一种稀有的技能变成了一种必备的技能。随着智能时代的到来，科技创新和核心技术的突破等，均赖于创新人才的积累，创新能力、批判性思维的培养受到各国的广泛重视。

从社会与人际维度来看，个体是相对社会而言的，社会性是人的本质属性。未来对个体与社会及人际维度的要求呈现如下特征：①越来越强调社会责任感。很多国家在描述核心素养时都提到了社会责任感，如“社会参与”或“责任”“尊重与关怀、正义”。我国自古以来就重视个人的社会责任感，“天下兴亡，匹夫有责”。②越来越强调人际交往能力。因为“构成美好生活的最重要因素并非富有、成功，而是良好的身心健康及温暖、和谐、亲密的人际关系”。人际交往能力一方面是指“社交素养”“建立良好的人际关系的能力”；另一方面是指“与他合作的能力”。我国对关键能力的描述强调要“培养合作能力”，引导学生“学会与他人合作，学会过集体生活，学会处理好个人与社会的关系”。③越来越重视全球意识和人类命运共同体意识。国际社会日益成为一个你中有我、我中有你的“命运共同体”，一种以应对人类共同挑战为目的的全球价值观已开始形成。经济全球化、跨文化的交流与融合、网络的互通和交通的便利，都要求个体必须具有“命运共同体”的全球意识。

未来教育所培养的是全面发展的人，是对从知识、能力素养到价值观，从人际、社会到自我实现的全方位重视；未来教育将向着以人为本、为人服务、促进人的自由全面而富有人性发展的方向发展。

四、融入生活的终身教育

2015年，英国广播公司（British Broadcasting Corporation，BBC）基于剑桥大学的研究给出了702种职业被计算机取代的概率，其中概率超过50%的有563种，超过80%的有262种，超过95%的达83种。[①]2018

① 曾于里. 你的工作会被AI取代吗?［EB/OL］. https://www.jiemian.com/article/1847209.html, 2017-12-28.

年世界经济论坛的调查报告显示人类劳动力和机器人在劳动力市场所占比例不断变化。技能不稳定性正在提高，全球平均技能稳定率（即胜任同样工作所需的核心技能比例）约为58%。也就是说，在2018~2022年，所需的劳动力技能平均转变率为42%。预计到2022年，胜任多数工作所需的技能会发生明显变化，至少有54%的职员需要学会新的重要技能或提升自身的技能。①

面对时代变迁，教育要为人们的生活提供可靠的“指南针”，能够让人们在日益复杂和动荡的世界中找到自己的出路。这就要求教育必须为未来而教，要帮助个体、组织和系统在不可预见的混乱中生存乃至发展。② 正是在这种无法回避的压力下，“为未来而教，为未知而学”成为信息时代教育的显著特征。③ 学习能力的养成是适应快速变化的关键，终身学习显得越来越重要。学习不再只是一种仪式，也不仅是只关联于职业需求本身，学习应该贯穿于人一生中的各个年龄阶段。同时，教育的形式也不只是限于学校，还包括一切正式教育和非正式教育。

信息技术与教育的深度融合使得学习可以突破时空界限和教育群体的限制，为终身教育创造条件。学习将无处不在，泛在学习（Ubiquitous Learning）的时代即将到来，任何人（Anyone）、任何地点（Anywhere）、任何时刻（Anytime）使用任何设备（Any Device）可以获得所需的任何有益信息和知识（Any Knowledge），实现“人人、时时、处处可学”。学习成为一种生活形态，将与工作、生活融合在一起。

---

① World Economic Forum.The Future of Jobs Report 2018. Geneva, 2018.

② 安德烈亚斯·施莱歇．教育要面向学生的未来，而不是我们的过去［J］．全球教育展望，2018，2：03-18.

③ 邢星．为未来而教［J］．人民教育，2017，08：73-74.

未来教育将是融入生活的，更加持续的、终身的、全面的教育。

如何充分利用信息技术、远程教育、互联网、数字化教育资源，满足个人终身学习的教育需求，为人的全面发展创造条件，是需要各国研究和探索的重要领域。我国于2010年5月发布的《国家中长期教育改革和发展规划纲要（2010—2020年）》中提出“到2020年，基本实现教育现代化，基本形成学习型社会”的宏伟目标，要建立灵活、开放的终身教育体系。习近平总书记致2015年国际教育信息化大会的贺信中强调，因应信息技术的发展，推动教育变革和创新，构建网络化、数字化、个性化、终身化的教育体系，建设“人人皆学、处处能学、时时可学”的学习型社会，培养大批创新人才，是人类共同面临的重大课题。

五、人机协同的智能教育

随着人类生存环境越来越复杂，生活节奏越来越快，不确定性因素越来越多，知识和信息的容量越来越大，变化速度越来越快，信息和知识正以指数级的形态加速膨胀。[①] 大数据时代下复杂社会的生存，呼唤着人机结合的教育智能，人类借助智能设备而生存的时代已经到来。人机结合的思维体系是我们未来思维方式非常重要的转变方向。一个人的智力是有限的，但借助手机、电脑、人工智能技术，我们能处理信息和数据的总量，以及应对突发事件的能力将会大幅度地提高。人与电脑的结合可以突破人类个体认知的极限，使得我们能够驾驭超越个体认知极限的复杂性，能够处理超越个人认知能力的海量信息，能

---

① 王晓波. 迈向教师与人工智能协作的未来教育时代［J］. 中小学信息技术教育，2018，01：10-12.

够应对超越个体认知能力极限快速的变化。运用人机结合的思维方式，教育才能够既实现大规模覆盖，又实现与个人能力相匹配的个性化发展。利用外部工具或者智能设备来发展自己的智慧，认知外包现象将成为常态。

借助人工智能等新一代信息技术可以实现传统教育无法提供的新形态教育服务，如自动批改作业、人工智能解题、社交化学习、学习成果动态预测、即时反馈、在线辅导、在线答疑等，一本书、一纸教案的时代已经一去不复返了。美国佐治亚理工学院用国际商业机器公司（International Business Machines Corporation，IBM）的Watson机器人代替助教，为学生授课五个月，学生有任何疑问都可以问这个机器人，其间没有学生发现使用困难或者效果欠佳等问题。

今后人工智能教师将越来越多地融入教育流程中，未来的教育将打破学校、班级建制，学校的育人空间不仅仅是实体的校园空间，网络上的人工智能教育服务将在教育中起到越来越重要的作用。未来的教育将进入教师与人工智能协作共存的时代，教师与人工智能将发挥各自的优势协同实现个性化的教育、包容的教育、公平的教育与终身的教育，促进人的全面发展。人工智能支持下的未来教师角色将发生极大的变化，教师知识型的教学角色将会被人工智能所取代；教师育人的角色将越来越重要。教育将迈向人机协同的智能教育时代。

未来人机协同时代，教师工作的重心不仅是传道、授业、解惑，更需要激发学生的好奇心与想象力，实施促进学生个性化发展的差异化、精准化教育，从而培养具有创新意识、创新思维与创新能力的国际化人才。教师的核心价值不仅需要促进学生的学科知识和专业技能的发展，而且需要促进学生的人文底蕴、责任担当、国家认同、跨文化交往、审美等核心素养的发展。教师的责任不是灌输知识，而是帮助学生挖掘每个人最大的潜质，成为学生的精神导师，发挥培养学生智慧、帮助学生成才、启迪学生心智的智者作用。①

---

① 余胜泉，彭燕，卢宇．基于人工智能的育人助理系统——“AI好老师”的体系结构与功能［J］．开放教育研究，2019，01：25-36.

第三节　未来教育的变革路径

未来需要我们去创造；未来教育不仅仅是一个时间的概念，更是对教育的美好期望，是对教育变革的诉求，也是对教育现代化的一种向往。从这个角度来看，未来教育是变化的、变革的、发展的。美国著名教育家杜威曾说：今天的教育和老师不生活在未来，未来的学生就会生活在过去。理解未来教育的形态应该有一个信念，未来教育是对变革的超越性诉求，虽然它的具体形态可能会千差万别，但是它的发展方向、发展理念又是确定的。

一、教育环境变革

信息技术将通过对教育基础设施、教育内容、教育资源等的改革重塑教育环境。未来校园将以云计算、普适计算、语义网和物联网等智能信息技术为基础，并通过网络互联构建虚实融合、信息无缝流转、智能适应的均衡化生态系统。智能技术，如大数据和学习分析为构建智慧学习环境提供了重要的技术支持，是实现个性化、差异化教学的关键。推进未来智慧学习环境变革的关键要点如下。

（1）实现学习全过程的数字化与互联化，从环境（包括设备、教室等）、资源（如图书、讲义、课件等）到活动（包括教、学、管理、服务、办公等），教育教学业务信息能够实时生成与采集。

（2）促进各种数字化技术与系统互联互通，实现横向互联、垂直贯通，要将基于网络的信息服务融入学校的各个业务领域，实现各种信息系统贯通融合、互联和协作，使信息能在不同业务系统中无缝流转。

（3）形成虚实融合的信息生态环境，技术与教育服务的融合、人与技术的融合、实体空间与虚拟空间的融合，产生基于数据的智能服务新形态，虚拟空间的育人功能与实体空间的功能同等重要。

（4）智慧学习环境能够理解用户的行为与意图，将提供主动适应的服务，能够感知学习者所处的时间、空间、学习状态、学习需求等学习情境，智能推送与学习者所处环境相关的学习资源，用户认知资源聚焦于任务，而非底层技术，技术适应人的工作行为，而不是人适应技术规则。

（5）形成一个全新的智能感知环境和综合信息服务平台，能利用传感器技术监控空气、温度、光线、声音、气味等物理环境因素，实现自动监控与智能调节，为学习者提供健康、舒适的物理环境。

（6）未来的教室将具有开放性、交互性、灵活性，人性化设计、舒适、灵活等特点，将变成虚拟+现实的课堂。虚拟空间的每个化身对应一个实际的学习者，可以在网络空间中参与在线课程、实现互动交流、开展学习活动等。

（7）将计算机无缝地集成到环境中，人们可以在移动中和计算机更加自然地交互，自动适应设备感知环境的变化，按照人们的需求和喜好响应，技术融入教育活动中，师生进行无意识的使用。

二、课程形态变革

信息与知识爆炸的时代，知识越来越具有社会性、微创新性、碎片化的特征，知识的增长速度与折旧率比以往任何社会都要迅速，与此同时知识传播媒介与获取方式均发生了重大变化。课程作为知识的核心载体，其结构、表现形态、实施方式和评价方式等发生巨大变革。未来课程变革关键要点如下。

（1）课程表现形态越来越数字化、越来越立体化，课程越来越多地体现线上、线下融合，大规模开放在线课程（Massive Open Online Courses，MOOC，慕课）将融入学校教育，成为学校常态课程的有机组成部分。

（2）课程内容越来越强调学术性内容与生活性内容的相互融合与转化。未来的课程将通过互联网，更多地连接实际生活，通过项目设计与实施作为载体，将学术性的学科知识转化为可解决实际问题的生活性知识，从而促进学习者的全面发展。

（3）课程实施从班级形态集体授导向尊重学习者自我的活动转型，如翻转课堂、在线个性化课堂等新的课程实施形式。课程实施的空间将从班级、学校扩展到网络空间、网络社区，跨越学校边界的课程协同将是常态。

（4）课程的整体结构从分散走向整合。以技术为中介，促进学生21世纪核心素养培养的、跨学科的、多学科整合的课程将成为课程发展的重要趋势（如STEM教育、创客教育等）。信息、媒介与技术不仅仅是课程实施的手段，在学习过程中培养学生信息技能也成为课程的基本目标。

（5）动态可重组成为课程设计的重要特征。内容组织和课程实施逐步模块化、碎片化。微型课程将嵌入日常生活，并体现出泛在化特征。随着移动设备的普及，基于情境问题动态配置课程将成为现实。

（6）课程将越来越智能化、越来越具有选择性，适应学生个性特征是未来课程发展的重要方向。教育大数据分析能精确地反映学习者的知识结构、能力水平、个性倾向、思维特征，使实施个性化的课程成为可能。大规模开放课程的普及为教育提供了更多的选择。

（7）课程建设的社会化分工更精细。以团队形式建设和运行一门课程将成为一种趋势，不同教师将扮演知识规划、教学设计、技术开发、在线辅导、学习服务等不同的角色。

三、学习方式变革

生于互联网时代的儿童，是信息时代的原住民，他们在适应信息环境的过程中获得了一种技术化的思维方式——人机结合（人与计算机结合）。这一思维方式使学生的学习行为发生变化，触发学习方式变革。学习方式变革关键要点如下。

（1）正式学习与非正式学习互补与融合。通过无处不在的移动网络与智能终端的支持，学习活动由课堂内向课堂外延伸，与学习和教育相关的许多活动都发生在教室之外，课堂外的学习对学生全面发展越来越重要，如自定步调的自主学习、协作学习、社会化学习、游戏化学习、仿真探究学习、泛在学习等，学习行为不仅发生在学校、教室内，还发生在学校外、网络和智能移动终端上。

（2）兼容真实生活体验的情境学习成为学习的重要形态。通过位置感知、二维码、无线射频识别（Radio Frequency Identification，RFID）、近距离无线通信技术（Near Field Communication，NFC）等各种情境感知技术，实现知识与学习者的真实生活、真实环境的无缝融合，促进知识的情境化、社会化迁移运用。

（3）学习分析技术和大数据技术促进个性化学习。数据分析技术使为学习者提供及时的个性化反馈成为可能，利用智能技术全程跟踪记录学习者的学习路径和学习交互过程，并对这些过程性数据进行分析，帮助学习者结合自身需求，选择最好的学习方式和学习路径。

（4）学习将越来越具有选择性，信息获得越来越容易，但知识的获得将更具有挑战性。对海量信息进行加工、分析、处理、表达等方面的信息素养，将成为学习能力的核心要素，并决定学习者能否适应未来的社会。

四、教学范式变革

在互联网时代，任何学习者都可以凭借网络获得丰富的信息资源和广泛的人际互动交流机会，将对教师自身所承担的角色进行新的定位，教学活动要从“教”向促进“学”转变。教师的角色需要从知识传授者转变为依据学生个人特质做知识提供及辅助者，教师要成为学生主动建构意义的帮助者、促进者，课堂教学的组织者，而不是知识的灌输者。通过将信息技术有效地融合到各学科的教学过程来营造一种信息化的教学环境，实现一种既能发挥教师主导作用，又能充分体现学生主体地位的以“自主、探究、合作”为特征的教与学方式，从而把学生的主动性、积极性、创造性充分地发挥出来，使传统的以教师为中心的课堂教学结构发生根本性变革——由教师为中心的教学结构转变为“主导—主体相结合”的教学结构。推进教学范式变革关键要点如下。

（1）教学范式从知识传递到认知建构转型，从“老师教什么”转变成“学生学什么”为主的观念。从注重资源设计、重视讲解转变成重视活动设计，重视引导学生进行自主、探究、合作学习；从机械评价学习结果转变成适应性评价学习结果；从以观察学习行为为主转变成学习活动干预；实现从知识传递到认知建构的转型。

（2）从面向内容设计到面向学习过程设计，学习活动组织将是教学过程的核心。在信息化社会中，儿童的认知方式正在发生根本性改变，传统的教学方式、教学时空的安排、教学内容的设计、教学过程的组织方式已不能满足儿童的学习需求，教学重点需要从面向内容设计转变到面向学习过程设计，既要关注课堂内的学习活动设计，又要精心设计好课堂外的学习活动，将课堂内外的学习活动按照学生的认知特点、能力培养需要有序地衔接起来。

（3）教学要从关注“双基”（基础知识、基本技能）到关注“四基”（基础知识、基本技能、基本思想、基本活动经验）、“四能”（发现问题的能力、提出问题的能力、分析问题的能力、解决问题的能力），乃至学生核心素养方面转变，不仅要使学生掌握基础知识与基本技能，还需要让学生了解学科基本思想、获得基本的学习活动体验，更要培养学生发现问题、提出问题、分析问题和解决问题的能力。

（4）信息化教学将从信息技术中学习（Learn from IT）转型为用信息技术学习（Learn with IT），技术要从扮演教师教学的工具转变为学生学习的认知工具以培养学生的高级能力，富有挑战性、培养学习智慧的智慧教学将成为课堂教学新的重点。

（5）不同的知识内容将采用不同的教学模式，多种模式优势互补的混合式教学将成为主流。固定的学科、固定的课堂时间、固定的考查方式已经无法适应这个多变的时代，未来的教学将采用不同的教学模式（如自定步调的学习、网上研讨、移动教学、仿真教学等），让学生自如自主地从一个学习活动转向另一个学习活动将成为趋势。

（6）教室将全面智能化，日常教学工作形态将全面智慧化，课堂将会出现促进深度学习的交互形态，如课堂即时评价反馈系统、情境感知、增强现实、人工智能等学科交互性的认知工具与技术，智能备课、智能分析、智能批阅、智能推荐，以及个性化指导等将成为新的教学工作。

（7）在线教学（如直播、答疑、远程授课等）将成为新的教学形态，教师的在线教育服务将实现跨学校、跨区域的流转，将成为促进教育均衡发展的重要手段，掌握整合技术的学科教学法将成为今后教师的基本要求。

五、教师发展变革

教师的工作形态、能力结构和专业发展方式都会发生巨大变化。一方面，教师需要形成相应的能力素质来适应新课程改革与教育信息化的要求，正确认识信息技术在教学中的作用并在教学中合理利用信息技术已成为教师必备的能力素养；另一方面，各种通信技术与手段为教师迅速提升自身能力提供了可能，教师技能发展方式不再受制于时间与空间的限制。推进教师专业发展变革关键要点如下。

（1）教师要发展多方面信息能力。信息技术知识教学迁移能力、信息技术与学科整合能力、数字化交往能力、数字化教学评价能力、数字化协作能力、促进学生数字化发展的能力等将成为智能时代数字教师的核心能力。

（2）利用信息技术促进教师发展。包括信息检索工具、表达展示工具、实践反思工具、探究教学工具、教学评价工具、思维汇聚工具、网络教学工具、资源管理工具等，信息工具已被越来越多的教师使用，并促进教师的专业发展。

（3）学科的知识、教学法的知识与技术的知识正在走向融合，整合技术的学科教学知识（Technological Pedagogical Content Knowledge，TPACK）正形成共识。能否很好地融合信息技术知识、学科内容知识、教学法知识，并在多变的教育情境中恰如其分地迁移运用，将成为教师的核心教学技能。

（4）面向实际教学问题、情境化、网络化的精准教研将成为教师教研的最主要形式。利用智能技术，对教师的作品（如课件、教学设计方案、教学录像、公开课）进行诊断与分析，将为教师能力发展提供及时、精准的定向支持。

（5）合作在整个教师发展过程的重要性日益提升。教师主要工作形态将从个体转变为群体协作，教师要能利用数字化网络资源，与同事、专家合作，形成基于数字技术的集体教学知识和多元化的学习共同体。

六、教育治理转型

教育治理将逐步走向“智慧管理”模式。物联网技术能够提升教育环境与教学活动的感知性，大数据技术能够提高教育管理、决策与评价的智慧性，泛在网络技术能够增强跨组织边界的大规模社会化协同，云计算技术能够拓展教育资源与教育服务的共享性。在“数据驱动学校，技术变革教育”的时代，利用技术进行教育管理显得尤为重要。推进未来智慧管理变革关键要点如下。

（1）业务实现全面数字化、可视化与自动化。所有管理业务数据全部数字化，而且可以随业务流程无缝流转，通过可视化界面进行智能化交互，通过智能系统自动响应，将降低信息管理系统的技术门槛，使管理工作更加轻松、高效。

（2）教育业务关键流程的实时监控、动态监测与智能分析。智能技术通过深度的数据挖掘，为管理人员和决策者提供及时、全面、精准的数据支持，能够随时诊断和发现运行过程中的异常状况，实现教育危机预警，并进一步提出更具针对性的改进措施；使教育治理从经验决策转型到数据驱动的决策，从事后补救变革为事前洞察并尽早干预，提升教育治理质量、效率和效果。

（3）实现对教育全方位、随时的远程监督与指导。教育治理从运动式、检查式的督导评估到面向过程、基于常态运行数据的动态、实时评估。

（4）信息技术支持大规模的实时沟通与协作，会促进教育组织内部重构管理业务流程，会促进组织之间进一步社会化分工，学校内部组织管理会越来越扁平化，社会教育服务组织会越来越专业化。

（5）工作与学习情境感知，实现信息、资源与服务的智能推荐，提供个性化、精准的智能服务，从传统的被动服务模式转变为以用户为中心的主动服务模式，从“人找资源”变成“资源找人”。

（6）信息技术拓宽了家长和社会人士参与学校教学、管理的渠道。家庭、学校、社区、社会的协同育人体系将衔接更为紧密，教育要从单一的政府管理向利益相关者共同参与的现代学校治理转变。

七、教育评价转型

以大数据、互联网等为代表的新一代的信息技术为教育评价带来了前所未有的可能。因为教育大数据是全样本、全过程的数据，而教育测量、考试评估、教育实验等是抽样、截面数据。抽样数据基于推测，描述静态的截面，而全样本数据反映事实，描述动态的发展。大数据不是发现确定性的因果关系，而是发现关联性的相关关系。相关关系特别适合发现社会科学中与情景相关的模糊规律，而教育中大量的规律是相关性的规律，特别适合运用大数据思维开展探究。信息技术与教育融合将使教育评价在评价依据、评价主体参与、评价内容、评价发挥的作用等多个角度实现转变。推进评价模式变革关键要点如下。

（1）评价依据从“经验主义”走向“数据主义”。以数据为基础的评价，可以真实地反映学生的成长情况，可以洞察纷繁表象背后的教育问题所在，可以摆脱经验主义的束缚，提供更为科学的教育指南和发展方向。

（2）嵌入学习过程的伴随式评价成为可能。在评价方式上从总结性评价发展为过程性评价，更加重视评价的诊断、激励与改进功能，更加关注学生的个体差异，尊重每个学生的特点，促进学生个性化发展。

（3）互联网作为开放的体系，用户参与建构是其核心特征之一。评价的主体从单一的教师变为师生共同参与，乃至学生的家长、学校管理层都可以加入，使评价更客观、更全面，学生的积极性更高。

（4）通过数据分析，可以改变我们看待分数的方式，探查分数背后的能力与素养。评价内容将由单一的成绩转变为强调以学生为核心，建立以核心素养为导向的教育测量与评价体系。

（5）评价手段由人工到智能化，口语题、作文题、论述题、计算题等传统需要人工批阅的内容，都可以通过网络自动批阅。智能化的评价技术层出不穷，智能评价技术将超越教师批阅水平，达到实用程度，可节省人力、物力、财力，提高评价的科学性、针对性。

（6）评价工具将不仅仅限于试题、试卷，评价内容也不仅仅限于知识是否掌握，评价领域将从知识领域向技能领域，情感、态度与价值观扩展，技术的发展将能够测评学生认知结构、知识结构、情感结构、能力倾向和个性特征。

（7）评价从关注筛选到关注促进发展，实现因人而异的适应性评价，评价后即时提供个性化的、可视化的反馈将是重要的发展方向。

八、学校组织转型

学校是创新型人才培养的摇篮，是有效实现2035教育现代化目标的关键。物联网、云计算、大数据、泛在网络等为代表的信息技术不断成熟，将推动学校教育的主要业务全面数字化、可视化与自动化，所有管理业务数据全部数字化，而且可以随业务流程无缝流转，通过可视化界面进行智能化交互，通过智能系统自动响应，将降低信息管理系统的技术门槛，使管理工作更加轻松、高效。这一趋势将会带来学校组织结构的变革，使得自上而下、金字塔形、集权式的学校组织结构发生变化，学校的组织结构有可能向网络化、扁平化、智能化方向发展，管理结构将是横向的虚拟团队与纵向的科层体系并行。推进学校组织变革的关键要点如下。

（1）学校的“围墙”将被打破，学校的开放是大势所趋。越来越多的教育服务将由其他社会机构提供，基于互联网的教育服务将会替代学校教育的部分知识传授功能。

（2）推动从根本上重新设计的学校。学校根据学生的能力而非年龄、学习时间或者是其他因素来组织学习。学校将为学生提供更为灵活的课程安排，更适合学生的个体需求，而不是按照传统的学期或者固定的课程结构来组织。学校将会把互联网教育融入其中，为学生提供更多的选择性、更多的适应性和更精准的教育。

（3）学校组织结构向网络化、扁平化的方向发展，管理结构将是横向的虚拟团队与纵向的科层体系并行。现有的教学体系与学校管理制度将被重构，构建更加开放、灵活的教学体系与管理制度将成为未来学校组织变革的趋势。

（4）数据与信息将成为一所学校最重要的资产，数据的利用能力将成为学校最核心的竞争力。学校将成为教育大数据生态系统的基石，班级、实验室、课本和课程是最重要的数据平台，要连接各种孤岛式的系统，在教育业务流程中形成无缝的数据流，既使用数据又生成数据，是未来学校组织变革的重点。

（5）学校会像现在重视校园文化建设一样，建设网络学习空间，推动学生带着自己的电子设备上学，这将成为一种流行的趋势。学校也会开始重新设计并制定网络开放政策，建设网络校园文化和网络学习空间，提供虚实结合的跨界教育服务，实现线上线下融合的校园育人环境。

九、教育服务供给变革

信息技术与教育的融合将深入教育服务供给的各个关键环节，提高这些业务的效率，并优化这些业务流程与模式，进而改变教育服务的运作流程、运作规则、运作形态，最终重构教育的生产关系。基于移动通信技术与互联网技术的实时通信网络能够实现大规模的社会化协同工作，即时实现各种人力和物力学习资源的汇聚和配置，为教与学提供新的分工形态。具体体现如下。

（1）教育服务供给将越来越社会化。互联网推进了大规模的社会化协同，打破了社会组织服务的边界，越来越多的组织内部服务被外包，呈现出新的协作架构。教育内容的提供者、教学服务者、资金的提供者、考试的提供者和证书的提供者等都有可能来自社会机构。专业化的公益组织、专门的科研院所、互联网教育企业等社会机构将成为优质教育资源供给的重要来源。学生不仅仅可以选择来自所在学校的教育服务，也可以选择来自学校以外的互联网教育企业、专业社会机构或其他学校提供的优质教育服务。

（2）教育服务供给将越来越个性化。在大数据时代，未来的教育服务将不再是整齐划一的，而是有选择性的、弹性的、适应个性发展的。学生和家长完全可以制定个性化的学习课程与活动，以适应学习者的个性和兴趣；学习者也可以根据自身的能力与特征制定自己的学习计划、学习节奏与学习步调。

（3）教育服务业态趋向虚实融合。人际交往、个性养成、体质健康问题解决等，需要在实体、实在的空间中完成。知识的讲解、传播、分享等，虚拟空间中可以跟实体空间做得一样好，或者做得更好，更有针对性。

（4）教育服务呈现共建共享。虚实融合的育人空间中，每个人既是知识的生产者，也是知识的消费者；知识形态超越静态性和实在性，更具有流动性、情境性、社会性；知识的扩散模型不再是教师通过教材作为中介的单点对多点的传播，而是群体之间、多点对多点的互动、改进和建构，更多体现出知识建构、知识连接的特点；教学从促进知识传递到促进学习者知识建构、知识连接转型。

第二章 智慧化的教育生态环境

纵观人类教育发展史，已经走过了以文字和学校的出现为标志的第一次教育革命、以造纸术和印刷术的发明为标志的第二次教育革命和以班级授课制为标志的第三次教育革命，目前正经历着以互联网和计算机为代表的信息技术所引发的教育系统全面变革的第四次教育革命。[①]第四次教育革命走过了以程序教学、视听传播等为代表的电化教育阶段和以多媒体教学、计算机辅助教学、远程教育和数字校园为代表的数字教育阶段，目前正处在向智慧教育阶段发展与演变的过渡时期。智慧教育是“智慧地球”“智慧城市”“智慧交通”等理念在教育领域中的延伸和具体实践。在教育信息化的背景下，智慧教育是指以发展学生智慧能力为目标，通过利用适当的信息技术构建智慧学习环境（技术创新）、运用智慧教学法（方法创新）、促进学习者开展智慧学习（实践创新），从而培养具有良好的价值取向、较高的思维品质和较强执行能力的智慧型人才（人才观变革，要培养善于学习、善于协作、善于沟通、善于研判、善于创意、善于解决复杂问题的智慧型人才），落实智慧教育理念（理念创新），深化和提升信息时代、知识时代和数字时代的素质教育。[②]

---

① 钟晓流，宋述强，胡敏，等. 第四次教育革命视域中的智慧教育生态构建［J］. 远程教育杂志，2015，33（04）：34-40.

② 祝智庭. 以智慧教育引领教育信息化创新发展［J］. 中国教育信息化，2014，09：4-8.

技术已经不是外加的可有可无的工具，而作为无处不在的基本环境存在，成为智慧教育生态基本组成部分。在这种技术高度融合的生态环境下，人的认知方式、思维方式、教育思想和教学理念都将发生巨大变革。早在2010年，美国教育部教育技术办公室发布的《美国国家教育技术规划》①，就强调技术与教育的深度融合，并提出了技术支持下的智慧教育生态模型，如图2-1所示。

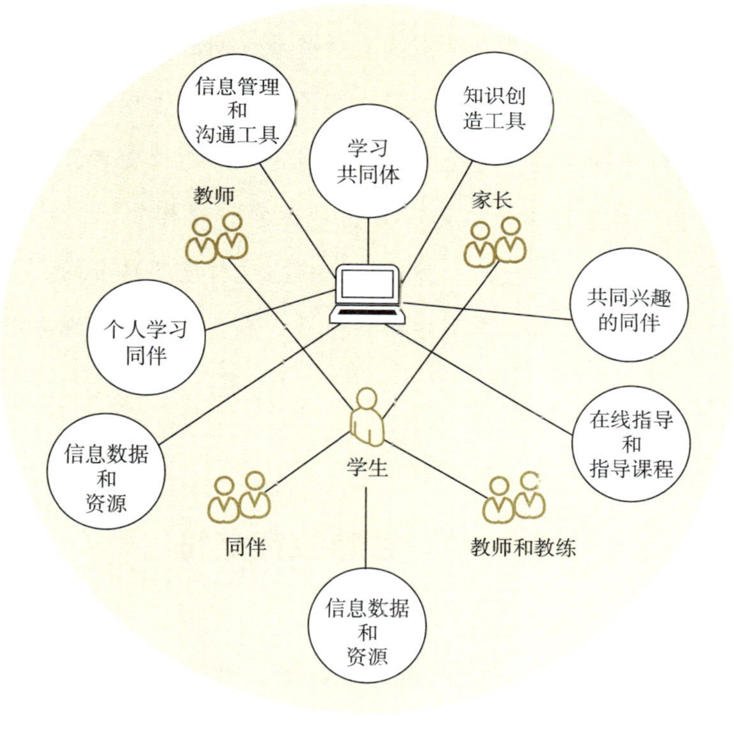

图2-1　技术支持下的智慧教育生态模型

① Office of Educational Technology U.S.Department of Education, Transforming American Education: Learning Powered by Technology——National Educational Technology Plan 2010[R]. Washington, 2010.

在技术支持的智慧教育生态中，技术不再是单独的工具，而是蕴含了许多不同类型的专业资源、人和工具，它们之间以互补的方式协同运作，共同革新教师、学生及其与学习环境之间的相互作用关系，建立并维护了一种创新性、智能型、虚实融合的学习生态圈。在这种学习生态圈中，学生、教师、家长、教育管理者等受益群体将不再是各自独立封闭的社会单元，而是通过知识网络、人际网络等汇聚而成的智慧节点，学习者之间、学习者与教师和家长之间，以及与教育管理者、社会专业人士之间存在着不同于现有形态的互动关系。同时，学习的内容来源和形式也将发生根本性的变革，学习内容不再仅仅源于权威专家，学习内容也不再是静态固化的，每个个体既可能是知识的消费者，也可能是知识的生成者，学生可以泛在地、自由地探索和建构知识，学习知识技能，发展自我人格。学生的主体地位也将在这种虚实结合的、无缝衔接的、富有智能的智慧生态空间中得到凸显，真正意义上实现去中心化的学习生态。

第一节　智慧教育空间

无处不在的智能终端、网络、平台等，将构建无处不在的计算空间。借助云计算的强大能力，虚拟空间与现实空间的界限越来越模糊，人类的教育环境不再只是单纯的物理空间，而是被技术改造的，虚实交织的，无缝流转的物理空间、社会空间和信息空间相互渗透的智能的三元融合世界。人类信息社会正从“互联网+”时代向“人工智能+”时代迈进，智能化将成为未来智慧教育空间的基本属性。

一、智能教育空间的特征

智能空间是一个嵌入了计算、信息设备和多模态的传感器的工作或生活空间，具有自然便捷的交互接口，其目的是使用户能非常方便地在其中访问信息和获得计算机的服务来高效地工作和与他人协同。

智能教育空间、物理空间与虚拟空间的融合，能够自动感知师生的需求，自动提供智能化的服务等。其核心特征可以概括为情境感知、异构通信、无缝移动、自然交互、任务驱动、直观可视、智能管控和自动适应八个方面，如图2-2所示。①

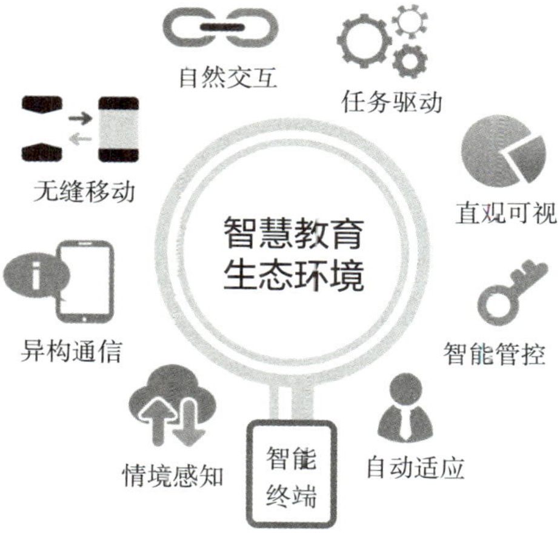

图2-2　智慧教育生态环境的核心特征

（1）情境感知。通过各类传感器及信息自动化采集设备能够自动感知到教育场所的环境信息和位置信息，教育活动的发生、进行与结束的时间信息，学习者的知识背景、知识基础、知识结构、知识缺陷、知识状态，学习者的认知风格、学习偏好，学习者的学习终端类型、学习

① 北京师范大学未来教育高精尖创新中心．人工智能+教育蓝皮书［R］．北京，2019.

需求，学习者的学习情绪如焦虑、烦躁、愉悦等，进而为后续的诊断干预提供信息支撑。

（2）异构通信。智慧教育生态环境中存在不同的媒体、装备、技术，它们之间相互连接，共同遵循统一的相关标准，利用5G等通信网络可以轻松地在跨级、跨域教育服务平台之间进行数据信息的共享，并基于智能云平台融合各类系统的计算资源，实现各类系统的集成及不同系统的设备间的相互通信。

（3）无缝移动。结合虚实场景，支持多种智能终端设备（手机、平板电脑、台式机/笔记本电脑、运动手环等）连接到智能云平台当中，且多种智能终端之间的数据能够实时同步和共享，打破跨终端、跨平台之间的数据壁垒，实现资源与服务的无感获取与无缝切换、学习过程与学习体验的无缝衔接与贯一化设计。

（4）自然交互。智慧教育环境中的智能终端将“消失”在我们的生活中，教与学的交互形式由键盘、鼠标扩充到语音、手势、眼神、动作等自然的方式，以实现人与环境、人与内容资源、人与智能终端之间随时随地互动交流。同时，这种自然交互的过程也将被全程记录，作为后续实施智慧教育管理与智慧决策的相关数据基础。

（5）任务驱动。智慧教育环境中学习者的认知资源只需要聚焦于任务，而不需要关注底层技术实现，智慧教育环境能够主动理解学习者的行为和意图，并主动提供符合场景特点的交流和服务。智慧教育环境展示的是技术主动适应人的工作行为，而不需要人通过自我调整去主动适应技术规则。

（6）直观可视。知识可视化是在科学计算可视化、数据可视化、信息可视化基础上发展起来的新兴研究领域，其应用视觉表征的手段，促进群体知识的传播和创新，帮助他人正确重构、记忆和应用知识，帮助人类更容易调动视觉潜能和脑功能对知识或信息进行识别和处理，提高知识学习与利用的效率和效果。智慧教育环境下的数据、交互控制等主要以可视化的形式进行直观呈现，基于各种图形化的视窗可以直观监测环境中各种应用系统的运行状态、各类教育统计数据的信息，基于良好体验的可视化操作界面直观操作设备和应用系统。

（7）智能管控。智慧教育环境支持下的很多管理行为将变成事件发生前的预警，事件发生的趋势能够提前被洞察，做到在事件发生趋势之前就进行干预，而不是事件发生以后再去补救，从而实现智能控制、诊断、分析、调节和调度等。

（8）自动适应。根据学习者的学习偏好和学习风格、所处的学习情境、已有的能力基础水平及学习目标，适应性推送学习资源、学习认知工具和学习活动服务；根据教师执教班级学生的群体状态，适应性推送班级问题诊断与干预、教学指导与提升服务；根据学校各类教育统计信息数据，适应性推送决策参考的政策或建议。

二、智能空间的技术架构

智慧化教育生态环境中的智能空间将由智能云平台、泛在通信网络、传感设备、智能学习终端四大核心要素构成，其技术架构如图2-3所示。智能云平台是服务引擎，是智能空间的中枢，是学习内容与学习服务的集散地。泛在通信网络提供巨大的数据流量，支持云端一体化智慧学习场景的落地和普及，为无处不在的智能学习终端提供学习内容访问云服务。传感设备则肩负着智能云平台提供的学习服务与智能学习终端承载的学习需求之间互联互通的连接桥梁作用，担负着感知学生学习需求、感知学习服务反馈、全方位和嵌入式无感采集数据的功能。智能学习终端是学习服务的核心载体，其中笔记本电脑、平板电脑、手机、可穿戴设备、电子书包、点阵数码笔、移动云课堂等是技术融合于教育的使者，未来学习体验中心则是概念学习设计中心、体验中心与展示中心，是创新性、前瞻性的学习需求生产中心。

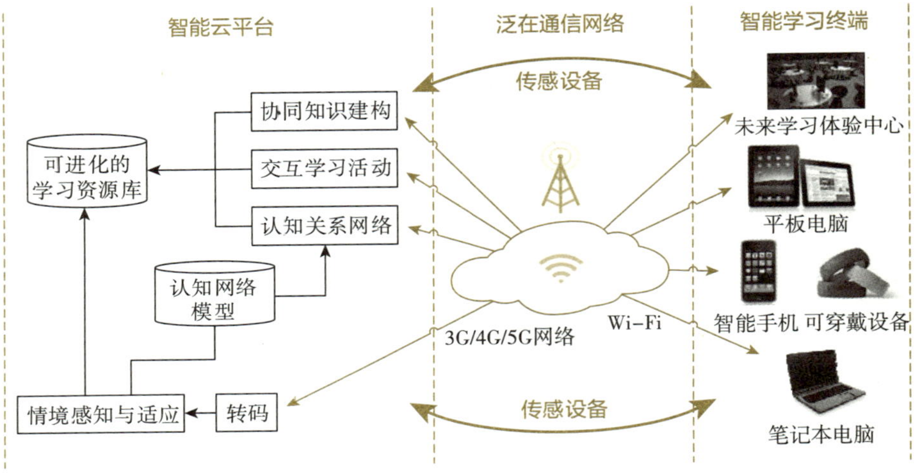

图2-3 智能空间的技术架构

1. 智能云平台

智能云平台基于5G融合基础网络和各类智能技术提供面向智慧教育场景的平台服务能力，包括统一的门户服务、统一开放接口的接入服务、统一的安全认证服务、统一的数据中心服务、云计算与存储的服务能力、大数据分析与决策支持能力、情境感知能力。

统一的门户服务与统一开放接口的接入服务，是指智慧教育生态环境中各级网站群域名的统一分配，门户平台的统一开发、分级部署，信息资讯的分级管理、各级之间信息的自由传递；共建一个用户基础信息数据库和机构基础信息数据库，由上级集中部署、统一管理，实现各个站群、各个应用平台的统一认证、单点登录（退出），同时为每个用户提供个性化的工作空间，在此空间中可以集成本地或者其他各级行政部门、商业机构提供的信息化公共服务。统一的安全认证服务，是指通过统一身份认证系统，实现用户信息、账户、角色、权限的统一，实现统一授权和访问控制，以及用户管理。统一的数据中心服务，是指兼容各类网络连接的统一数据接入，面向底层不同的物联网感知设备、不同的网络传输协议、不同的独立系统数据采集之间能够实现兼容各部分的广域数据接入。云计算与存储的服务能力，是指把各类信息资源、数据、应用等进行分布式调度和管理，并统一作为服务通过互联网提供给用户，实现对单个平台自身有限计算能力、有限信息存储能力、有限信息检索能力的突破，最终实现云平台服务的智能化共享和升级。大数据分析与决策支持能力，是指构建统一的高性能计算中心和完备的数据中心，通过虚拟化和集群的方式实现分析服务的高性能、高可扩展性和稳定性，同时提供深层次数据挖掘服务，为科学决策提供数据分析支撑。情境感知能力，是指在智能云平台中构建基于物联网终端的“人—物—景”的全体系感知系统，消除信息孤岛，建立跨区域、跨校区的智慧感知层，实现对人身份的感知，位置的感知，对水、电、气的感知，对环境的感知，对采集到信息的感知等。

智能云平台作为智慧教育生态环境的重要基础性支撑系统，是各类教育资源汇聚、各类教育数据融合的集散地，宛如生活中的超市一样为各类智能化、个性化教育服务“商品”提供场景调用和展示应用的舞台。

2. 泛在通信网络

伴随科学技术的发展和人类社会的进步，通信技术从古代利用烽火、鸣金、信鸽、旗语等进行通信的方式逐步发展为利用电信号进行有线通信和利用电磁波进行无线通信的方式。尤其是基于电磁波原理进行的无线通信，由于其传播速度快、使用便利等特点，受到了各领域行业的普遍青睐。

具体说来，无线通信技术一般体现为无线宽带技术、蓝牙技术和移动通信技术等三种技术形态。[①] 无线宽带技术主要基于微波宽带和卫星两种方式接入，前者通过特殊的网络来实现近距离的图像、语言的低功率消耗传播，后者则具有相对更稳定的传播性能。蓝牙技术在传输距离上有一定的限制，只能在较短的距离上进行连接，进而实现图片、视频、文字等信息的分享传递。移动通信技术是目前运用最为广泛的无线通信技术，经过几十年的技术创新升级和发展，移动通信制式也从1G的模拟通信时代进入当前全数字、全连接通信的5G时代，如图2-4所示。[②]

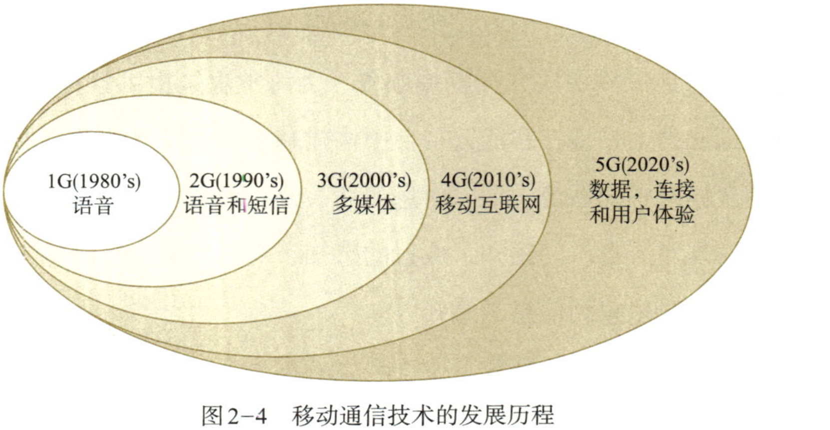

图2-4　移动通信技术的发展历程

① 郗闻. 分析现代无线通信技术的发展现状及未来发展趋势［J］. 通讯世界，2019，26（03）：74-75.

② 方旭，伍尚轩. 无线通信工程的特点、现状、发展研究［J］. 信息技术与信息化，2019，02：113-115.

在1G到4G通信时代，移动通信所提供的服务只停留于满足人们的数字化消费需求，而缺乏对万物互联的整体思考和规划。伴随可穿戴设备、VR、AR等新兴应用的广泛普及以及人们对各类封闭式场景领域的大规模、高速访问和低时延、高流畅体验的数字化变革需求（如智慧校园、智慧交通、智慧医疗等），对当前4G通信技术的多样性、差异化服务能力带来巨大挑战。与4G通信技术相比，5G在接入方式、帧结构、波形、编码等各个方面进行了创新，具有连续广域覆盖、热点容量高、低功耗、大连接、低时延、高可靠等特点，可提供网络切片服务、功能可定制的网络服务、边缘计算服务、大规模天线接入和毫米波传输服务。因此以5G通信网络为基础，构建多网融合的泛在基础网络接入层，可以实现对来自台式机/笔记本电脑、手机、平板电脑、摄像头、可穿戴设备等各类终端感知数据和信息的无缝、高效、实时传输，建立智慧教育生态环境的全体系物联网。

3. 传感设备

无线传感器网络是在自组网基础上发展起来的一项技术，其不同于一般的通信网络，无线传感器网络的任务不是通信，而是要实施对周围环境的监控。无线传感器网络通常由具有感知、计算和通信能力的一组传感器节点组成，这些节点部署在要监视的区域中，采集指定的环境参数，如光线强弱、噪声、温度、湿度、振动、化学浓度、烟雾浓度等，并将采集的数据发送到汇聚节点供下一步的分析，其大致的工作流程如图2−5所示。

传感设备是物联网实现万物互联互通的关键，因为其能够进行信息的全方位精准采集、数据的可靠及时传输，甚至有些还具备进行数据的智能化分析和处理功能。在教育领域，传感器技术是一种面向教与学过

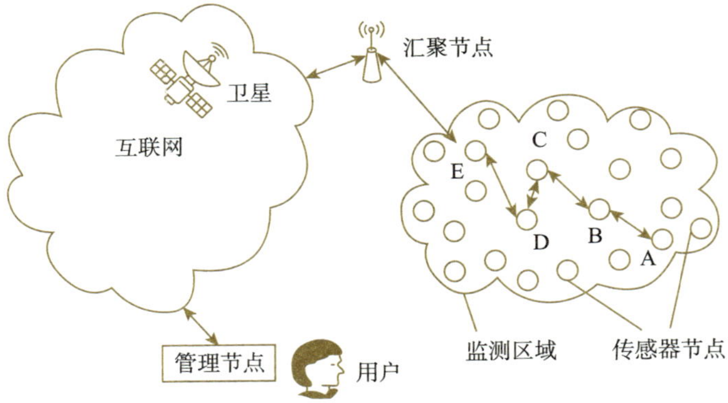

图2-5　传感器网络工作流程

程的，用于实时数据获取、显示和分析的集成化软硬件系统。[①] 随着科技的进步和发展，传感器的表现形态越来越多样、体积越来越小、性能越来越高，并能够无缝嵌入教与学的各个环节，突破传统数据采集的场景与传输的范围，实现对高危性数据、全过程性学习数据的无感采集。比如，对于一些物理、化学、生物教学实验，常常出于对安全性的考虑导致学生无法亲身实践体验，那么有了传感器之后，我们便能通过远程控制实验器材或反应的方式来采集实验数据，实现实验教学方式的转变，既保证学生对实验过程体验的真实感，又能确保学生的人身安全。另外，在实施课堂教学评价的过程中，我们同样可以借助传感器来自动采集课堂教学中学生全过程的表现性数据，帮助教师时刻了解学生的课堂参与程度，并利用这些数据对学生进行有针对性的教学评价与指导，从而达到对课堂教学过程的科学监控。此外，传感器还能实施如对学生体质健康状况（体温、血压、心率等）的实时监控、楼宇烟雾、温度和

① 孙丹儿，韦斯林. 国外科学教育中传感器技术教学研究及启示［J］. 远程教育杂志，2012，30（05）：50-55.

湿度等的全时探测、外来陌生人员的精准识别、校园安全隐患的及时预警、教与学情境的精确感知和识别等。

应该说，传感设备不管是在教与学的过程环节和评价环节，还是在外部环境参数监控方面，都为我们提供了实时准确、真实可靠的数据支撑，其作为实施智慧教与学、校园智能管理、安全消防、教育智能机器人开发过程等不可或缺的重要组成部分，是构建智慧教育生态环境的基础性部件。

4. 智能学习终端

伴随移动终端和网络通信技术的发展，智能手机、平板电脑、笔记本电脑等各种移动终端和智能手环、智能眼镜、体感设备等可穿戴终端价格变得越来越低廉，体积变得越来越小，性能变得越来越高，外观变得越来越生活化，交互过程和体验变得越来越自然和亲切。这些智能终端既是连接教育服务需求与教育服务供给的桥梁，又是开展智能化教与学的基础媒介，更是采集智能化教与学过程中完整学习过程数据的重要载体。

平板电脑作为一种便携的智能移动终端设备，以其良好的互动性、丰富的应用程序和网络化服务已成为学生开展智慧学习的重要媒介。通过平板电脑，学生可以阅读电子教材和数字资源、使用各种学习应用程序（Application，App）、随时随地访问远程在线学习资源、开展探究活动任务；同时学生使用平板电脑过程中所产生的各种互动交流时序数据能够被记录和收集，为进一步的多元化深层次分析评价提供数据支撑，从而发现学生存在的不足和学习潜能。比如在课外利用平板电脑开展泛在学习，随时随地快捷获取所需要的学习资源；在课外利用平板电脑开展自主学习，借助平板电脑中的各类数字化辅助学习资源进行课程内容自学和复习；利用平板电脑在课堂开展小组协作学习，针对活动主题，借助平板电脑开展各类学习资源的搜索；利用平板电脑在课堂开展实验探究，借助平板电脑中的各类仿真软件，模拟物理、化学等各种常态下难以实施的理化实验，如图2-6所示。

图2-6 基于平板电脑的智慧学习

电子墨水屏，即使用电子墨水的屏幕，是一种新型的电子纸显示技术和新形态的智能屏幕终端，在智能交通、零售、物流、教育、医疗和智慧城市等领域具有广泛的应用前景。电子墨水屏革新了传统信息显示的方法，在通电时可以改变颜色，显示变化的图形图像。与传统的计算机显示屏相比，电子墨水屏具有保护视力、强光可看、无辐射、全视角阅读、省电等优点。利用电子墨水屏，可以进行长时间阅读，文字无闪烁，字号可自由缩放；可在阳光照射下不反光，支持户外强光下阅读；使用安全，避免一般电子产品对人体的辐射伤害；可以达到接近纸张的效果，清晰度高，阅读视角接近180°；文字一旦印刷以后，便能长期停留在屏幕上，在进行阅读的时候不耗电，只有在翻页刷新的时候才耗电。目前，基于E-Ink公司[①]的电子墨水屏显示技术已经应用于美国亚马孙公司推出的Kindle（见图2-7）、北京易迪欧（EDO）科技有限公司的E600系列、汉王科技股份有限公司推出的汉王N系列电子阅览器等学习阅读终端，成为学生和教师开展分级阅读的重要助手，让学生在阅读的过程中只需专注于学习内容；同时，结合数字手写技术，研发了兼具舒适阅读和原笔迹手写体验的电子学习终端，实现了零延迟数字书写体验，让整个书写过程接近于在黑板或在普通纸张上的书写过程，帮助学生和教师进行高效的笔记记录，成为智慧教育生态环境下理想的显示屏。基于电子墨水的多屏显示控制是其未来的重要发展趋势，即可在多个显示屏幕中，各个屏幕的显示内容、范围等根据某一内在的关联关系进行动态联动，并保证信息的同步性、实时性。当任何一个屏幕的显示内容或

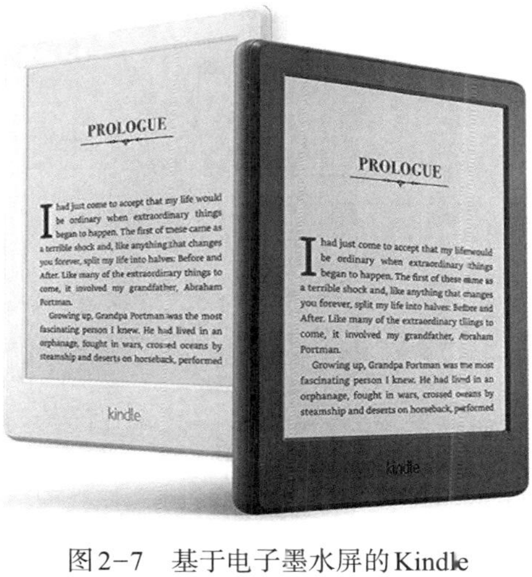

图2-7 基于电子墨水屏的Kindle

① E-Ink.https://baike.baidu.com/item/E-Ink/7169449.

控制指令变化时，其他屏幕的显示内容也随之改变，实现各个显示屏幕之间的数据、图像等信息的有效、同步传递，达到各个屏幕协同工作的效果。

当前线下的纸笔学习环境依然占据了教育教学过程的大部分时间场景，因此对纸笔学习环境下学习数据的自然采集将是智慧教育生态环境构建中不可或缺的内容。目前一些学校已经开始利用数码笔来采集学生最自然状态下的纸笔学习环境中的学习数据，其结构如图2-8所示。① 数码笔与普通笔的外形和使用方法完全一致，所不同的是数码笔内置有高速摄像机，学生在进行书写时数码笔中的压力传感器可以把笔尖的信息传递到摄像机，从而实时记录和采集书写笔迹的轨迹，实现自然状态下的书写过程行为数据采集，最终为学生的学习状态和教师教学提供诊断信息。

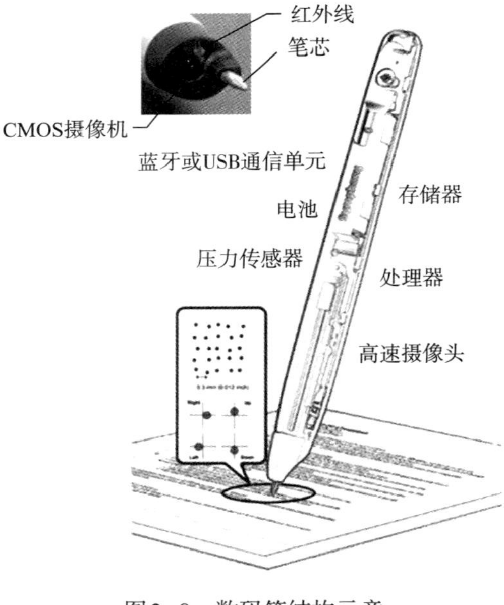

图2-8　数码笔结构示意

① 李葆萍，周颖. 基于大数据的教学评价研究［J］. 现代教育技术，2016，26（06）：5-12.

同时，眼动仪和各种可穿戴设备也都是采集学生课内外学习数据、日常行为数据、生理健康数据的重要手段。例如，通过眼动仪能够实时记录学生学习过程中的眼动轨迹，进而从记录的轨迹中提取学生的注视点、注视的时间和频次、眼跳方向和距离、瞳孔大小等信息，从而为学生的内在认知过程、信息加工能力、学习兴趣及态度等的分析诊断提供支撑。通过手环等各种可穿戴设备可以实时地记录学生的位置信息、运动数据信息和身体健康体征信息等，并随时将这些信息与学生的学业表现关联，用来分析、诊断和预测不同类型学生在不同身体状况和外部环境下的学习表现和发展潜能。

教育机器人，也称为教学机器人，是面向教育领域专门研发的以培养学生分析能力、创造能力和实践能力，具有教学适用性、开放性、可扩展性和友好的人机交互等特点的机器人，像人一样进行思考、互动和交互是教育机器人未来的发展目标。① 教育机器人作为一种新兴的学习交互终端，可以通过与学习者合作学习、优势分工的方式来共同参与、完成具有创造性的作品，可以作为学习同伴的角色帮助学习者开发智力、学习知识并满足其情感依赖方面的需求，还可以扮演导师的角色，帮助特殊学习者、群体矫正其行为以使其更好地融入社会。

北京师范大学未来教育高精尖创新中心利用自然语言处理、情感识别、知识图谱及知识追踪等人工智能技术，自主研发了陪伴型辅助教学

---

① 黄荣怀，刘德建，徐晶晶，等. 教育机器人的发展现状与趋势［J］. 现代教育技术，2017，27（01）：13-20.

机器人——“智慧学伴”①，如图2-9所示。通过采集学生的全过程学习数据，“智慧学伴”教育机器人可以对学生的学习状态进行准确分析和可视化展示，并通过个性化推荐与激励机制，为学生提供高质量的学习资源，提高学生的学习效果，提供更愉悦的学习体验。“智慧学伴”教育机器人可以直接应用于包括家庭在内的相对独立的自主学习环境中，通过加强教学的开放性、可扩展性及人机交互性，有效提高学生的学科能力与综合素养。“智慧学伴”教育机器人采用经典的自决理论作为基本设计原则，在学习过程中为学习者提供更好的学习体验与学习激励。该理论可以通过对学习者自主性、能力感、社交关联性三种基本心理需要的满足，增强人的内部动机，同时促进其外部动机的内化。

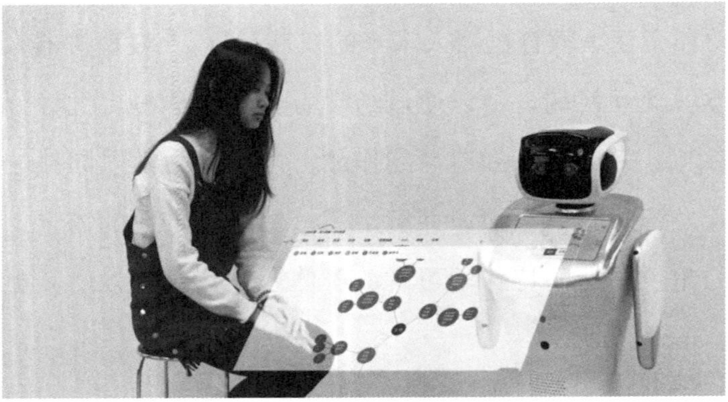

图2-9 “智慧学伴”教育机器人

交互式智能音箱是一个音箱升级的产品，具有人性化的操控和功能交互等特征，其核心技术是利用人工智能相关技术实现对接收到的外部

---

① 卢宇，陈鹏鹤. 人工智能赋能教育：教育机器人［J］. 人工智能，2019，3：103-109.

语音信息进行识别、加工、处理和输出。通过自定义智能音箱的唤醒词，可以让智能音箱成为“私人定制”的交互式音箱；通过声纹识别即可识别说话人的身份，并针对性地做出反应；只需语音交互而不必动手操作，进一步解放了用户的双手，拓宽了使用场景。比如，对于盲人等特殊教育群体，由于受视觉限制，盲人群体的学习空间、生活空间变得非常有限，而通过借助交互式智能音箱，盲人群体可以利用语音方式实现对学习过程中的各类智能设备、生活中的各类家用电器进行方便地操控，带来极大的交互便利，成为盲人群体学习和生活中的智能助手。如图2-10所示为百度智能音箱，这种基于语音交互且带有屏幕的交互智能音箱，未来将成为智慧教育生态环境中的常规性学习终端，让师生在教与学过程中可以更加关注学习内容本身，而不需要去熟悉与智能音箱相连接的其他各类新型学习终端的操作。

图2-10　百度智能音箱

科技的进步发展孕育了一代又一代的智能终端设备，智能终端体积将越来越小、功率损耗越来越低，将更加融入，甚至“消失”在我们的学习、生活、工作过程中，并以一种自然静默的方式为我们提供消费教育服务的入口，同时在使用的过程中也变得越来越懂人类，从而实现真正意义上扩展和延伸人类的智慧。

三、智能空间支持下的学习

无处不在的智能终端与无处不在的网络技术融入教育环境后，将为教育教学提供全新的生态机制，建立学习者与技术之间的新型人机关系，实现学习者与技术最优化的智能整合，并从根本上变革学习理念和学习方式，让整个教育生态环境充满智慧。无处不在的智能设备和计算能力，无缝链接人、物、机之间的相互联系，时刻满足学习发生的各种可能性，智慧教育环境下的学习将是泛在化（Ubiquitous）的，即U-Learning（泛在学习）。

泛在学习强调任何人在任何时间、任何地点、基于任何计算设备获取任何所需的学习资源，享受无处不在的学习服务。实际工作和生活中，当我们在任何时候、任何地点遇到了任何问题或需求时，都可以利用情境感知智能终端设备感知需求，并将需求信息通过无处不在的通信网络发送到智慧教育云计算平台中，智慧教育云计算平台根据用户需求及用户的个性化信息在知识关系空间中进行无缝检索、聚合、计算、变换，并找到最适合用户需求的学习内容，同时将内容附加的学习服务和知识关系网络转换为用户智能终端支持的格式，推送给用户。学习的发生、学习需求及学习资源无处不在，学习者在实际中遇到的任何问题都可以得到智慧空间随时随地的支持，学习与生活、工作融为一体，生活本身就是学习。

智慧教育生态环境下的泛在学习将表现出连续性、社会性、情境性和适应性等核心特点。

（1）连续性。连续性主要表现在以下两方面：一方面是实现了物理空间上的连续性，泛在学习是嵌入式的学习，学习融合于工作、生活和网络之中，学习者可以在多个空间实现无缝切换；另一方面是实现了正式学习和非正式学习的连续性，是跨情境边界的，既具有正式学习的特征，能够很好地支持学校的学历教育和参加工作后的继续教育，又具有非正式的特性，还是在工作、生活或社交等非正式学习时间和地点联接或内化知识的学习形式。泛在学习是一种能够将正式学习与非正式学习相联接、个人学习与社群学习相融合、课堂学习与网络学习优势互补的融合学习形态。

（2）社会性。学习是共享和构建个体认知网络和社会认知网络的过程，个人的知识组成了内部的认知网络，智能学习空间中的情境学习资源与其他学习者构成社会认知网络，学习者在情境交互过程中完善和改进自己的个人认知网络，同时也构成社会认知网络的一部分，分享和构建了社会认知网络。

（3）情境性。情境感知是泛在学习的核心要素，泛在学习关注物理和社会场景与个体的交互作用，强调基于真实情境的学习，强调从学习者的周围收集环境信息和工具设备信息，并为学习者提供与情境相关的学习活动和内容。与建构主义对学习者个体知识建构的强调不同，泛在学习将关注的焦点由学习者本身转至整个学习情境，认为学习者所处的情境网络及其中的学习活动是协助并支持学习者达成学习目标的关键所在。因此，在开展泛在学习时要通过移动技术以自然的方式模拟真实与逼真的情境与活动，以反映知识在真实生活中的应用方式，为理解和经验的互动创造机会。

（4）适应性。泛在学习是基于学习者自身需求的，使人们能获得很多能立即应用到实践当中去的知识和技能。它是因时、因地、随需而发生的，是一种自我导向的过程，是一个适量学习（just in enough）的过程，在学习者最需要的时候为他们提供知识信息，而不论他们处在什么样的场所。智能空间能够自动感知学习者需求情境，适应性呈现学习内容与学习服务。

第二节　典型智慧教育环境

云网端一体化的智慧教育空间在具体领域的体现，形成了典型的智慧教育环境，如智慧校园、智慧教室、智慧实验室、智慧钢琴室等。

一、智慧校园

智慧校园旨在利用物联网、情境感知、云计算、普适计算、大数据分析等关键技术，通过搭建综合服务平台、集成校园各类信息资源，为学校的教学、科研、管理和生活提供智能化、个性化、适应性、定制式的支持服务。其核心特征可概括如下：（1）数字化、网络化和互联化是基础。智慧校园是建立在数字化和网络化的基础上，通过将校园内的建筑、教学仪器设备、教室、桌椅板凳、图书等设备与校园网络之间建立无缝互通的网络连接，赋予物以智能，实现智慧校园中人与物之间的互联。（2）集成化、智能化和个性化是核心。“互联网+”时代的智慧校园集成了校园内外的各种信息服务平台，采用标准化的接入和服务模式，实现不同设备之间的智能化联通，并向各个层面的人员提供个性化的支持服务。（3）泛在化的情境感知、分布式的云计算和定制式的分析服务是关键。为了实现智慧校园的目标，需要具有强大的物联网感知技术进行泛在化的情境感知，获取教学、学习、管理等过程中的全部数据信息，利用分布式的云计算技术和存储功能，完成对数据信息的综合分析，同时允许各层面人员定制个性化的分析服务需求。

智慧校园也是基于互联网的信息化、智能化环境，是人机结合（人与互联网、人工智能等新兴信息技术紧密结合）的新型教育环境。教育教学环境拓展为三维数字化学习共享空间，实现了实体空间与虚拟空间的融合。三维空间包括：（1）物理空间，整合集成了数字化教室、各种终端设备、教育教学器具；（2）资源空间，整合集成了各种云端资源、学科工具和教、学、研资源；（3）社交空间，整合集成了网络学习空间、虚拟学习社区、协作学习与协同工作平台、管理评价与服务平台。通过物理空间、资源空间与社交空间的无缝整合，实现了线上线下打通、实体课堂虚拟课堂一体化的混合式教学环境，为学生提供了立体化、智能化、虚实融合的信息化学习环境与资源体系，支持个性化自适应学习、差异化教学，支持以学为主的、互动式、研讨式教学。信息技术必将促进一个网络化、数字化、智能化的教育环境，其中所有教育资源得以联接，架起一个全新的、开放的平台，并孕育出先进的教学理念和方法。

智慧校园的构建可采用基于“基础设施层、数据支撑层、平台能力层、业务应用层、用户层”五位一体式架构体系，如图2–11所示。通过一套多种技术制式的泛在基础网络、基于物联网络和感知终端设备的基础设施层，汇聚校园基础数据库和校园大数据规划的数据支撑层，五大能力的平台能力层，覆盖校园安全、校园管理、校园服务、校园生态的业务应用层，从而为学生、教师、家长、教育管理人员、技术人员提供智能化的支持服务和解决方案。

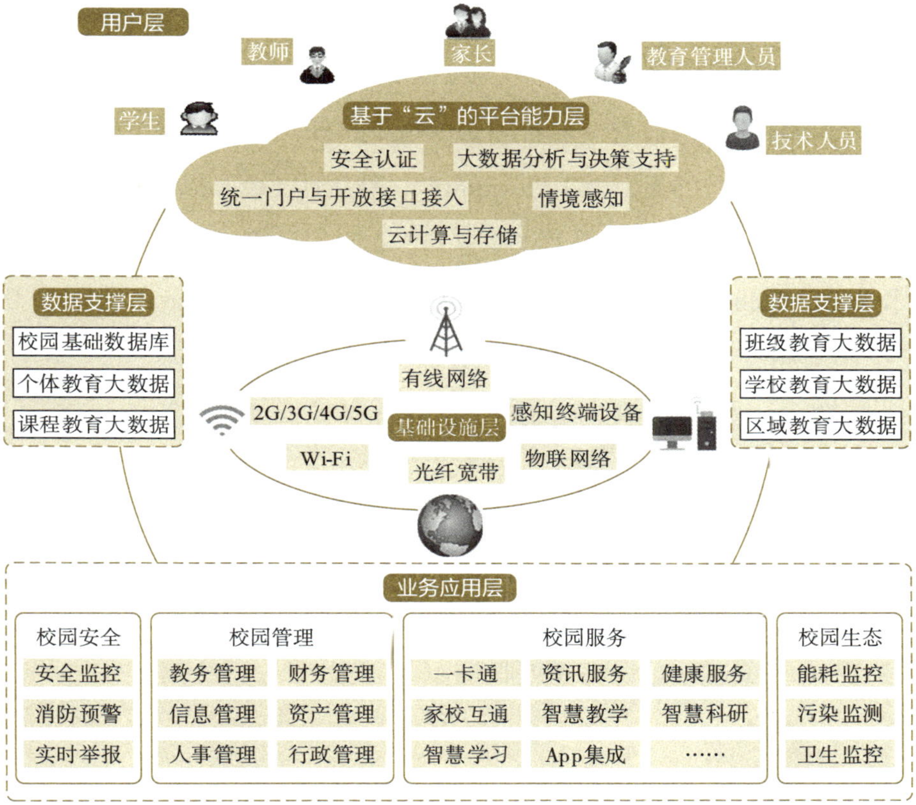

图2-11 智慧校园体系架构

二、智慧教室

教室是教与学活动发生的主要场所，对学生知识建构和情感培养有着重要的作用。随着信息技术的发展和教与学理论与实践的推进，课堂教学逐步由“单一的教师讲授”向“自主、合作、探究”的学习方式转变，智能化的未来教室是发展方向。智慧教室的发展与建设均体现了“以学为中心”的教育理念，教室的设计与空间布局着重围绕加强学生交互，开展灵活性的教学活动与学习活动，帮助学生学习等要点展开。

在智慧教室的建设上，要将先进的科学技术与现代教育理念相结合，融入教室整体环境设计中，在教学理论上使用系统理论、学习理论、教学论、传播理论、学科教学理论等作为指导思想，在空间设计上注意教室（学习）空间的灵活性（Flexibility）、舒适性（Comfort）、感官刺激（Sensory stimuli），强调学习空间色彩、布局等方面的重要性；强调技术支持（Technical support）和非中心化（Decentralization）；强调学习空间要能够支持共同学习和知识共建。

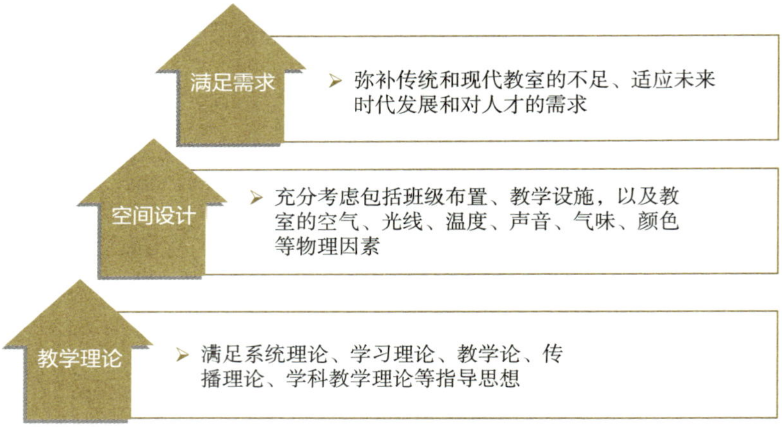

图2-12　未来教室的建设理念

在未来智慧教室的建设与实现上，我们需要在教学理论、学习理论、学生认知规律、学生身体健康发展等各种理论指导下，对教室格局、设施装备、空间位置、教室功能等做出科学的布局和规划。因此，在建设未来智慧教室时以下几点需要我们考虑并得以满足：

（1）打破传统教室格局，空间设计感和未来感强，富有创意。

（2）设施先进齐全，智能化、人性化、交互性强，便于更新和维护，具有高度可持续性。

（3）高速无线网络覆盖，资源丰富、开放、渠道多样、易于获取和共享。

（4）教室功能多元化，适应性强，适合不同教学方式灵活应用。

（5）桌椅等设计符合人体工程学，安全环保，有益于人体健康。

（6）良好的安全及儿童健康友好性，完备的安全保护系统作为保障。

案例2-1　新加坡克信女子中学：COTF未来教室

新加坡克信女子中学（Crescent Girls'School）被选中成为新加坡未来学校中的一所，学校通过通信技术来促进联通性、互动和合作，促进学生课堂内外的学习。学校的新加坡未来教室3.0（Classroom of the Future 3.0，COTF 3.0）项目致力于将教室空间打造成一个融合动力学、4D（four-dimensional，四维）沉浸式技术、语义搜索和学习分析等二十多种新技术的智能互动空间，以提供令人兴奋的新鲜学习可能，并力图通过信息技术促进在教育领域的创新应用。新加坡COTF未来教室主要体现了以下三方面的特征：一是协作性，设计用来联通社区，进行多方位互动群体思维的空间；二是灵活性，支持小组协作、演讲汇报、自主学习等；三是激励性，激励和鼓励学习，重视教室自然环境的设计。

COTF未来教室主要传递一种“处处是学习场所，学习不受时间、空间限制”的学习理念，学校的每个学生都拥有一个平板电脑，或一个B4纸张大小的电子书包，它将学生的学习和生活融合在一起。学生可以利用平板电脑直接将资料传送到同学或者教师的平板电脑上，一起讨论功课，也可以通过视频与不同国家的学生分享专题作业成果。未来教室里设置了多个情境，教室桌面设置有触控式的大屏幕，学生只要将电子书包放置于桌子附近，其电子书包就会自动联接到大屏幕上，方便其与其他学生交流、互动和组成小组等。COTF 3.0另一个有趣的特色是4D沉浸式技术支持体验式学习，它在锻炼学生的人际交流、自我监督及问题解决能力等方面发挥着积极作用。此外，论坛、博客等技术也被用来支持学生的合作学习。

同时，智慧教室的设计将充分考虑人体工程学原理，实现“人—机—环境”的和谐。① 教室的设计与空间布局将着重围绕加强学生交互，开展灵活性的教学活动与学习活动，帮助学生学习等要点，并将先进的科学技术与现代教育理念相结合，融入智慧教室中，在教学理论上使用系统理论、学习理论、教学论、传播理论、学科教学理论等作为指导思想，在空间设计上注意教室（学习）空间的灵活性、舒适性、感官刺激，强调学习空间色彩、布局等方面的重要性；强调技术支持和非中心化；强调学习空间要能够支持共同学习和知识共建。

在以人体工程学为中心的教室环境下，将人体工程学应用到教室空间设计中，并体现出以人为中心的设计理念，如图2−13所示为北京师范大学设计并创建的未来智慧教室。在这样的教室环境下，各种技术和设备不是随意安放在教室中，而是充分考虑了温度、光线、湿度等，并伴随学习内容、学习活动而改变。课桌可以随意移动和拼接。教学形式更加多样化、和谐化、智能化。

智能化是未来教室发展的基本方向，早在2013年IBM就预测未来

---

① 江丰光，孙铭泽. 未来教室的特征分析与构建［J］. 中小学信息技术教育，2014，9：29−32.

图2-13　北京师范大学未来智慧教室

的教室将能够读懂人。[①] 智慧教育生态环境中的智慧教室将能够自动感知学习需求，为学生提供智能化的指导，具体说来，智慧教室将具备以下特征：

（1）感知适应。智慧教室能够通过人脸识别、摄像头捕捉等技术，自动感知学习者的信息特征和学习需求，并对学习者的动作等进行分析和跟踪。

（2）虚实融合。未来教室不再是单纯的物理空间，而是被技术改造了的虚实结合的空间。这种虚实结合的空间最终有两个发展方向：①计算技术越来越强大，现实越来越多的迁移到虚拟世界中；②技术正嵌入现实物理空间，成为我们日常学习的有机组成部分。当前，技术正悄无声息地嵌入日常环境的方方面面，我们的生活出现了越来越多的穿戴式设备、嵌入式设备、智能感知设备等。计算机集成环境中，我们可以在移动中和计算机更加自然地交互，技术会“消失”在我们的生活

① DEAN TAKAHASHI.IBM reveals its top five innovation predictions for the next five years. https://venturebeat.com/2013/12/16/ibm-reveals-its-top-five-predictions-for-the-next-five-years/. 2013-12-16.

中，我们将会无意识地使用技术，而且这些技术设备可以自动感知环境变化，自动感知人类需求，并根据人的喜好做出回应。在这种双向情况下，我们的教室不再只是单纯的上课空间，而是虚拟和现实结合在一起的虚实融合的学习空间。

（3）远程协同。未来教室将是跨学校、跨区域、可随时随地接入的，能够实现远程交流、协同与合作。以双师课堂为例，远程教师通过网络远程上课，本地教师结合个人特点进行针对性的辅导，实现了本地教师与远程教师的无缝协同，实现远程代入性的课堂。

（4）数据驱动。未来教室中，我们的数据是在学生学习过程中自然生成、自然采集的。比如点阵智能笔就可以在书写的同时记录学习数据，实现在不改变书写的情况下采集学生学习过程数据，以实施发展性的评价。同样地，在教室中我们还可以采集课堂信息、作业信息等，对学生的学习轨迹、知识状态等进行全方位的发展性评价，从而正确定位学生学习障碍，及时给予个性化、有针对性的反馈和评价。

（5）智能管控。未来教室是能够实现智能管控的，即在事情还没有发生之前进行智能预警，而不是等破坏性事件发生之后再补救，从而监控教育状况，提高安全管理水平，实现可视化管理，降低教师管理负担。

（6）人机融合。未来教室将是人与机器人的协同工作的场所。借助机器人的智能服务和个性化陪伴等功能，未来教室将能够更好地弥补传统课堂中教师有限的精力，帮助实施个性化教育。同时，还可通过表情识别、动作识别、学习提醒等相关功能，从超越人类而更为客观的角度深入理解和帮助学生。

（7）自然交互。未来教室可以不仅是通过鼠标、键盘来交互，而是以语音、手势、体态、眼神、姿态、脑电波等更为自然的形式与教室中的各种智能设备互动与交互。事实上，未来教室里的交互会越来越多地体现自然形态的交互，包括多感官、多种形态数据的融合。

三、智慧实验室

智慧实验室是专门服务于科学教学（如物理、化学、生物等学科）的专用教室。利用传感器，数字化实验系统能够探测、感受外界的信号，物理条件（如光、热、湿度、温度等）或化学组成，并将探知的信息转化成数字信号来输出，弥补了传统实验的缺陷，充分体现了数字化实验集数据记录、数据分析和自动控制等功能于一体的优势，实现了实验数据采集的数字化和自动化、数据处理和数据分析的智能化，很好地解决了传统科学实验中“定性实验多，定量实验少；验证实验多，探究实验少”的问题。智慧实验室为有效实现信息技术与科学教学的整合提供了新的平台，为学生探究科学规律提供了新的契机。

在智慧实验室环境下，通过使用不同的教学资源就能够灵活地开展多种类型的教学活动和实验活动，如高精度实时采集数据、数据可视化呈现、自动记录数据、分析处理数据、生成实验报告、教师演示实验、分组实验、分组讨论等，如图2-14所示。

智慧实验室主要由传感器、数据采集器、信号发生器、实验设备、计算机和数据采集分析软件系统构成。该环境还可以扩展多种设备，如扩音器、视频展示台、互动反馈系统、液晶书写屏、中控、多网合一、录课软件等，具体情况见表2-1。

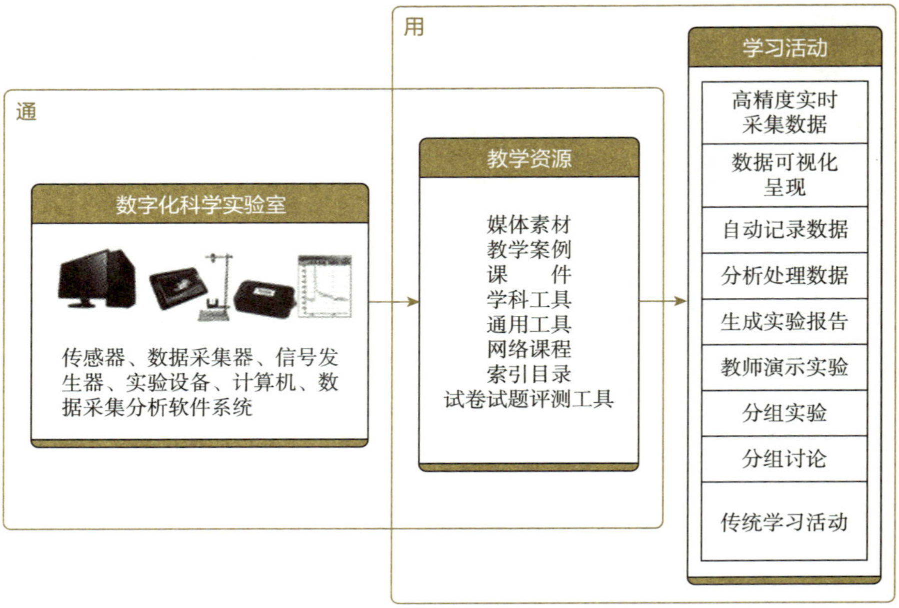

图 2-14　智慧实验室的构成及教学应用

表 2-1　智慧实验室的功能

功能	描述
环境构成	传感器、数据采集器、信号发生器、实验设备、计算机、数据采集分析软件系统等
基本功能	1）全数字化实验系统。借助数字实验设备，将过往仅能定性观察的实验转变为定量记录与分析，加深学生对实验原理的理解，提高认识水平。 2）高精度、快速呈现实验结果。借助数字实验设备，在实验数据采集的同时自动以数据表、图像等形式呈现实验的结果。同时，数字实验设备具有传统设备无法比拟的精确性，实验结果更加科学、可靠。 3）自动记录数据。无须手动对实验数据逐个记录，节省教学时间，使学生可以将更多的时间与精力用在实验分析及重复实验探究的过程中。 4）数据分析处理功能。对通过数字实验室硬件设备自动采集记录得到的数据，以及在常规实验中手动录入的数据，进行多种形式的处理和分析。 5）提供教学实验模板，让数字实验设备能方便、广泛地应用在日常学科实验教学和学科科研活动之中

续表

功能	描述
可扩展功能	1）扩音器。通过添加扩音器设备，将教师或学生的声音清晰、自然、无失真地再现出来，使教师的讲授更加轻松、自然，扩大了授课教师的活动范围，学生可以更加清楚地聆听教师的讲授。 2）视频展示台。实现对实物教具、学具、学生作品等物品放大展示的功能，便于呈现事物的细节，以及在此基础上师生展开讨论、评价等活动。 3）互动反馈系统。学生对教师的问题可做出即时回答，教师能立即得知并统计学生的评测结果，为课堂的教学决策提供依据。 4）液晶书写屏。利用专用的书写笔代替鼠标操作电脑，使教师或者学生获得全新的操作体验。 5）中控。实现对投影机、电动幕等设备的集成控制和远程控制，其中多媒体网络中控，这种中控系统的网络化发展使中控兼具了设备控制和设备管理功能。 6）多网合一。在摄像头、视频采集卡/视频服务器、IP机顶盒/PC机/视频服务终端等硬件的支持下，实现音/视频的并发点播、双向电视教学、校园网、校园电视台等各项功能。 7）录课软件。一种简单易用的课堂授课/培训内容录播工具。配合视/音频采集设备，可将教学/培训中的音/视频场景、Microsoft Office PowerPoint（PPT）演示文稿、电脑操作等内容录制为一体化的多媒体课件

由于不同的学科需要的实验室功能不同，需要的实验器材和设备不尽相同，因此在智慧实验室的建设方面要考虑学科特征，考虑不同实验的功能需求，根据实验人数、实验室空间标准、设备标准等要求，设计智慧化的物理实验室、化学实验室、生物实验室和数学探究实验室等的功能组合和器材需求。

如智慧数学探究实验室是以图形计算器为核心，融合其他相关教育技术和产品，如个人计算机（Personal Computer，PC）、投影仪、数据采集仪、传感器（物理、化学、生物等）、课堂管理软件、教学云技术服务等构成，并兼具灵活方便的可移动特征。智慧数学探究实验室如图2-15所示。

图2-15　智慧数学探究实验室

利用计算机代数系统（Computer Algebra System，CAS）可实现推理，体现思维过程；动态几何通过抓移、旋转、采集数据、拼接等动作，进行多维分析，猜想结论；联系课堂知识与实际生活，研究各种表示法，发现数据的统计规律，通过构建模型、随机模拟实验，理解和预测理解实际生活中的现象。

数学实验室以“图形计算器+传感器+采集器”为构建要素，秉持数学建模思想，通过图形计算器与物理、化学、生物传感器的连接，实现对更广泛学科知识的综合探究。表现在要求学生提出假设、采集数据、建立模型、得出结论，在实验过程中通过运用图形计算器的图形、数据分析等功能，展现、拟和并验证实时实验数据。

实验室的编程软件应能帮助学生进行自主编程，包括联系生活中的数学图形，利用日常数据进行数学的推理和探究。编程结果模块化并进行二次开发，能更有效地节约时间，并提供不同的研究思路，从而方便其他学生在现有主题探究基础上的再探究和再创新。

四、智慧钢琴室

近年来，音乐课信息化教学得到了较大发展，但多侧重于教师的多媒体展示，学生亲手练习操作的手段依然薄弱，教与学的互动成为音乐课信息化发展的新方向。目前，常见的音乐教学方法主要有以下几种类型。

（1）讲授法：以语言形式获得间接经验的方法，即教师运用口头语言向学生解释乐理知识。教师处于绝对主动地位，学生被动聆听，缺乏参与感，其“灌输”的特点备受诟病，效果较差。

（2）演示法：以直观形式获得直接经验的方法，即教师运用多媒体电教手段，将知识点直观展示给学生，辅助学生对知识点的理解，形式上优于讲授法，但学生仍处于被动地位。

（3）练习法：以实际训练形成技能、技巧的方法，即教师指导学生亲身实践，通过主动的操作掌握、巩固知识点，并转化为实际的技能，是最符合音乐课特点的教学方式。

钢琴作为一门音域宽广的和声乐器，无疑是学习音乐最好的媒介，它可以为儿童打开音乐世界的大门。通过学习弹奏的技法、乐理、和声、曲式、复调、配器、音乐史，可以了解很多作曲家的故事与中西方音乐的发展进程，丰富人生。本节将以Find智慧钢琴为例，对智慧钢琴室进行简单介绍。

（一）智慧钢琴室简介

传统的音乐教室通过采购传统的电钢琴或者电子琴开展钢琴教学（见图2-16），一方面，教师无法精准地掌握学生的学习情况及学生对曲谱的掌握程度；另一方面，教师也无法准确地判断出学生的学习行为。随着我国信息化教育的推广和普及，越来越多的学校希望可以有数据对学生的学习行为及教师的教学行为有统计分析，形成学校自己的大数据。由此，智慧钢琴室作为一项普及型教学设施在各个大中小型音乐院校得到了广泛推广，并且开始发挥非常重要的作用。特别是越来越多的非音乐类院校也都开始搭建智慧钢琴室来提高学生的综合素质。在多人教学模式下，智慧电子钢琴有着传统钢琴无法比拟的灵活性、实用性。不但在手感、音色上包含了传统钢琴的所有特点；而且，多台电钢琴配合外围设备组成的教学系统结构合理、操作灵活，还可结合视频同步画面的方式达到最佳教学效果。

图2-16　教师进行钢琴辅导

智慧钢琴室中学生琴的数量可以视教室面积和教学需求而定。Find智慧钢琴独有的“一琴两人”设计，可以将一台钢琴切换为左右按键发声完全相同的两台钢琴，一间音乐教室中可容纳至少40名学生同时上课（常规音乐教室可布置20台以上学生用琴），实现以班级为单位在Find智慧钢琴教学平台上进行传统音乐课或钢琴教学活动（见图2-17）。

让学生成为音乐“创客”。Find智慧钢琴可以对弹奏行为进行完整地记录，并自动生成乐谱，不断激发学生的创作欲望。小小作曲家们可以充分发挥自己的音乐才能，谱成一曲曲美妙的乐章。Find智慧钢琴具有强大的电子音源，可以模拟各种发声乐器，如小提琴、沙锤、架子鼓等（见图2-18），一群兴趣相投的小朋友聚在一起，人手一台智慧钢琴，可以集体演奏出一曲复杂的多乐器乐曲。在此过程中，学生不仅获得了乐趣，更培养了团队协作精神和交际能力。

图2-17　Find智慧钢琴音乐室立体效果图

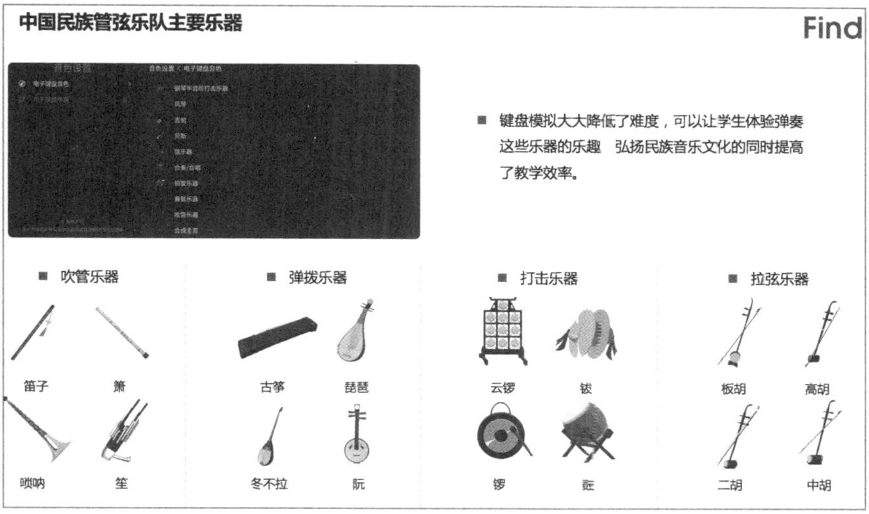

图2-18　智慧钢琴软件界面

方便教师录制音乐“慕课”。Find智慧钢琴提供了开放式的资源整合平台，音乐教师可以利用平台提供的课件制作工具，根据自己的教学计划和教学安排，充分利用琴键兼具操作键的技术，自主制作所需的互动式多媒体课件（见图2-19），强化学生对知识点的理解和掌握，用于音乐教研活动的课件评比，激发教师创新教学方式、积极钻研教学方法的饱满热情。

图2-19　教师自主制作所需的互动式多媒体课件

（二）智慧钢琴室功能特点

借助传统的音乐教室，很难开展集体钢琴课，Find智慧钢琴解决了这一弊端，让钢琴课真正成为“音乐创新实验室”。智慧钢琴室中纳入了海量的曲谱资源、鉴赏资源、音乐课程资源、钢琴课程资源，可以为音乐教育创造更高标准、更多内容的教学形式。除此之外，可以借助钢琴家多角度演奏视频和琴键自动弹奏联动，完全还原精细技法，为师生带来一场场音乐会般的听觉和视觉盛宴。钢琴屏幕还可外接到电视机、投影仪或电子白板上，通过多机位摄像机让全体学生看清教师弹奏时体态和指法的精细动作，从而更好地领会钢琴的弹奏。

1. “一对多”器乐辅助

教师琴采用机械发声的传统钢琴，用于集体欣赏；学生琴采用智能电钢琴，学生弹奏时佩戴高保真耳机，只能听到自己的钢琴发出的声音，避免了相互干扰，使课堂教学有序进行（见图2-20）。利用钢琴的器乐辅助功能，不仅可以加深对音乐课知识点的掌握，还可以组织钢琴课外活动兴趣班或系统的大班课钢琴基础培养，创造条件，让更多的学生有机会学习钢琴。

图2-20　学生利用智能电钢琴自主学习钢琴

2. “现场版”音乐鉴赏

音乐鉴赏需要完美的音色，仅靠通过音响播放缺乏足够的感染力，而高水平的演奏对一般的音乐教师来说比较困难。教学过程中的所有曲目均由国内著名的音乐家弹奏录制，钢琴自动记录弹奏的全部过程，包括琴键按动的轻重和节奏，并在教师琴和学生琴上自动完整呈现，就像音乐家在教室中现场弹奏一样（见图2-21）。

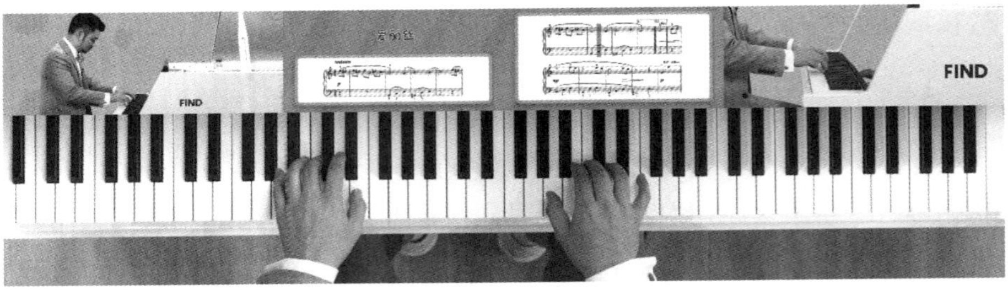

图2-21　教师利用智能钢琴弹奏

3.“可视化”弹奏示范

教师现场弹奏场景（远程名校名师或Find配备的标准课程）通过多角度摄像机拍摄弹奏细节，并同曲谱按需组合成多种模板，实时传送至学生琴的屏幕上，精细的手部动作和肢体语言一览无余，学生琴的琴键会和教师琴同步自动弹奏，完成教学示范过程（见图2-22）。

图2-22　教师利用智慧钢琴演奏示范

4.“交互式”教学组织

教师琴和学生琴联网，实现教师琴根据教学过程的安排对学生琴可控可放，既有媒体展示环节，又有学生自主练习、测验答题等互动环节；钢琴的自动判断、智能纠错和游戏闯关功能实现了人和琴之间的互动（见图2–23），保证了学习效果。

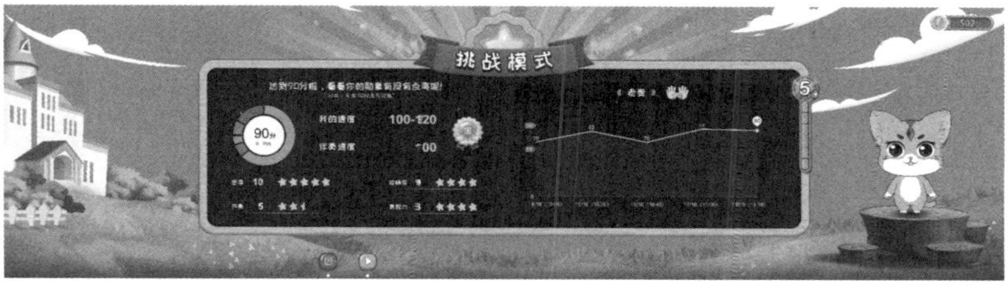

图2–23 教学软件界面

5.“云平台”教学资源

依托中国九大音乐学院音乐教育专家，遵循新课标，提供多种版本中小学音乐课本的辅助教学课件，涵盖教学过程中涉及的所有曲目及知识点；示范弹奏、名曲鉴赏、教学设计、随堂测验等，以丰富且可交互的多媒体形式，全面升级教学手段。

6.“大数据”评价分析

学生弹奏和测验时，钢琴会自动判断是否正确，系统通过大数据统计分析，得出每个学生的成绩，并形成班级排名。经过一段时间的积累，针对学生的学习状况出具详尽的总结报告（见图2–24），指导学生查缺补漏，从而跟上教学进度。

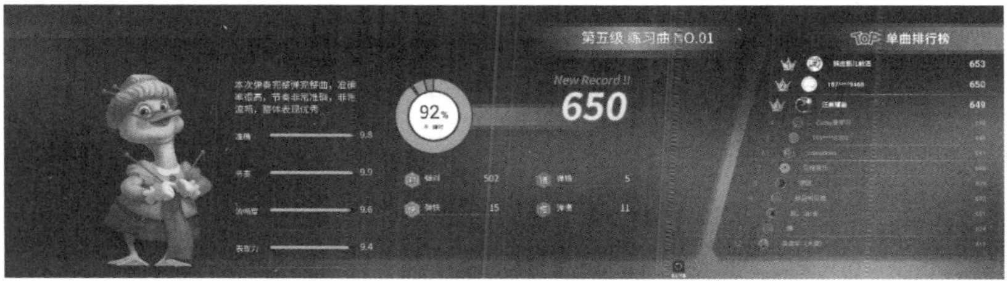

图2–24 学生学习状况分析报告

第三节　智慧资源与服务

智慧教育生态环境可以为教育战略目标的落实提供创新性的服务，在学习资源汇聚、教师的教学、学习者的学习、教育管理者的决策、学习过程评价中发挥了重要作用，通过无处不在的网络访问和服务供给为教师和学习者提供个性化教学的信息化环境，实现更加高效的教育业务流程。

一、生成与进化的学习资源[①]

智慧教育生态环境中的学习资源内容将是开放、进化的，允许学习者在学习过程中为学习资源贡献独特的内容，既成为学习资源内容的消费者，也成为学习资源内容的生产者，真正实现学习资源的生成与进化。

"进化"是事物由简单到复杂，由低级到高级逐渐发展变化的过程，它涵盖了事物各方面进步的变化。学习资源的进化不是一个自组织系统，需要借助外部的机制进行约束和激励，因此需要遵循一定的原则。围绕泛在学习环境下的新型资源组织模型——学习元，北京师范大学余胜泉教授团队从内容进化、关联进化两个维度对学习资源进化模型进行了构建，并综合应用语义基因、基于规则的推理、关联规则挖掘等技术展开了资源动态语义关联进化的实践探索，获得了较高的关联准确性。内容进化，是指学习资源通过开放的组织方式吸引多个用户参与内

① 余胜泉，万海鹏. 支持课程大规模开放的学习技术［J］. 中国电化教育，2014，07：7-18.

容的协同编辑，随着时间的推移和用户智慧的汇聚，资源的人际信息不断丰富，资源的版本不断升级，最终形成含有过程信息标注并能满足不同用户需求的学习资源。关联进化，是指学习资源在生长的过程中不断与其他资源实体建立语义关系，如相似关系、上下位关系、前驱关系等（见图2-25）。资源之间的语义关联可用于可视化知识导航，引导学习者总体了解某个领域的知识关系，并根据知识的内在逻辑组织成结构化的课程。不论是内容进化还是关联进化，两者的核心都是通过学习资源的个体进化来实现整个课程的进化。内容进化和关联进化推动课程建设主要呈现出由预设固化到生成进化，从面向内容到面向学习过程，从聚焦内容到社会认知网络，从静态资源库到动态知识共同体的发展趋势。

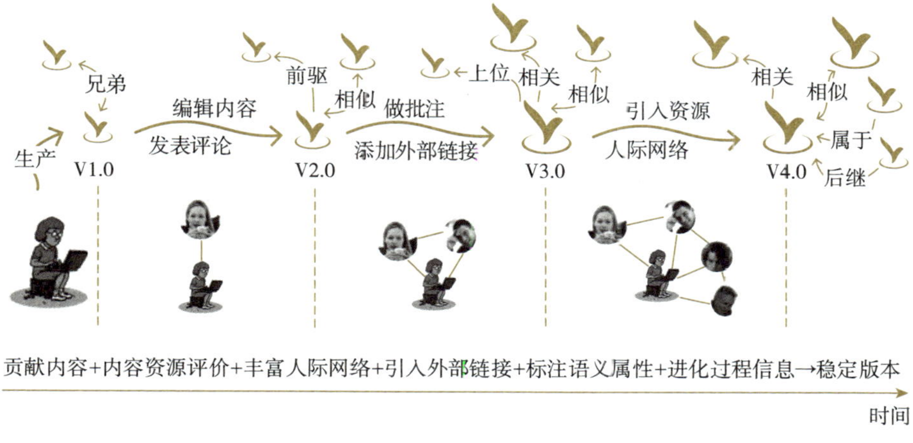

图2-25　内容进化与关联进化

二、适应性课程服务

当前的课程往往是静态封闭、一成不变的，总是以固定的顺序引导学习者去学习与当前学习内容相关的其他主题资源，同时最终呈现给学习者的主题资源也往往是具有相同的内容、相同的学习活动、相同的学习顺序，而完全忽视了不同学习者之间的差异，进而导致了认知负荷超载、学习迷航等现象的发生。伴随普适计算技术、语义技术、学习分析技术等的发展，智慧教育生态环境下的课程将提供线上线下相融合的适应性服务，具体包括课程内容的适应、课程结构顺序的适应、课程学习评价的适应、课程学习的过程适应，如图2–26所示。课程还将越来越开放，不仅仅是课程访问的开放，还包括课程建设开放、课程评价开放、课程管理开放、课程访问开放、学习过程开放、适应机制开放等。

首先，课程打破当前固化、静态、封闭的局面，课程内容的来源不

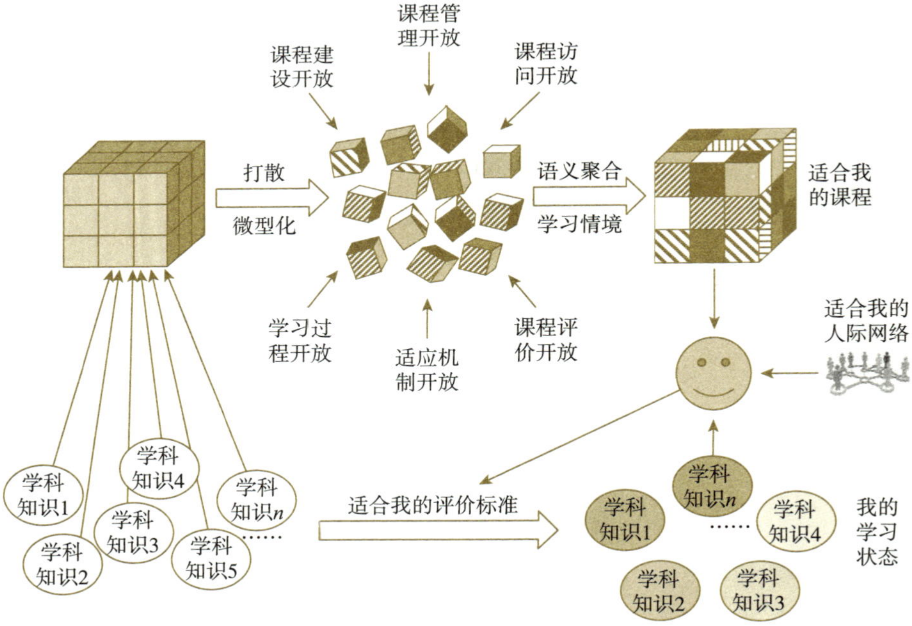

图2–26 线上线下融合的适应性课程

局限于教师，允许学习者、教育科研机构等共同参与课程建设；同时，课程学习过程、管理模式变得开放自由，课程内容经过单元化和碎片化处理，与学科知识点体系之间建立了语义化关联。随后，根据学习者的不同学习需求以及所处的学习情境，课程支撑平台自动提供或由学习者自主选择学习的评价标准、学习时间、学习方式以及学习过程。最后，随着学习过程不断开展，根据不同学习者的学习评价标准形成该学习者关于课程知识点的学习掌握状态，进而根据学习者的掌握状态进行学习者需要学习的内容单元（不同的学习者学习内容的单元数量不同）、内容单元的学习序列（不同学习者学习内容单元的顺序不同）以及与当前学习者学习状态最匹配的人际网络（包括与学习者知识结构和状态最接近的学习者同伴、学习需要相同学习者中学习状态最优的专家型学习者）的语义聚合和重组，并最终以符合学习者学习风格、学习情绪和学习情境，适配学习者学习终端的方式向学习者进行动态可视化呈现。

三、智能教与学助理服务

传统的教与学中，教师作为内容的讲授者、知识学习的引导者，承担了学习者学习过程中包括内容设计、课堂讲授、辅导、评价、改进的绝大多数工作，而在其自身的职业发展过程中也面临复杂的学习、教研问题。智慧教育生态环境中，智能教与学助理服务将为教师完成上述业务提供重要的辅助，同时也将成为学生学习过程中重要的智能伙伴。

北京师范大学未来教育高精尖创新中心在智能教与学助理服务领域做了系列前瞻性研究的布局，启动了AI Teacher的国际合作研究项目——人工智能教师[①]，探索智慧教育生态环境下基于人工智能的教师服务，希冀在智能云平台的支持下，为每个教师和学生提供基于云的智能教与学助理服务，具体包括自动出题与作业批阅助教服务、学习障碍自动诊断与及时反馈的分析师服务、问题解决能力测评的素质提升教练服务、学生心理素质测评与改进的辅导员服务、体质健康监测与提升的保健医生服务、综合素质评估与形成性报告的班主任服务、个性化智能教学的指导顾问服务、学生个性化问题解决的智能导师服务、学生成长发展生涯的规划师服务、精准教研中的互助同伴服务、个性化学习内容生成与汇聚的智能代理服务、数据驱动的教育决策仿真计算，如图2-27所示，最终为减轻教师压力和工作量、为学生的个性化和适应性学习提供实质性的支持。

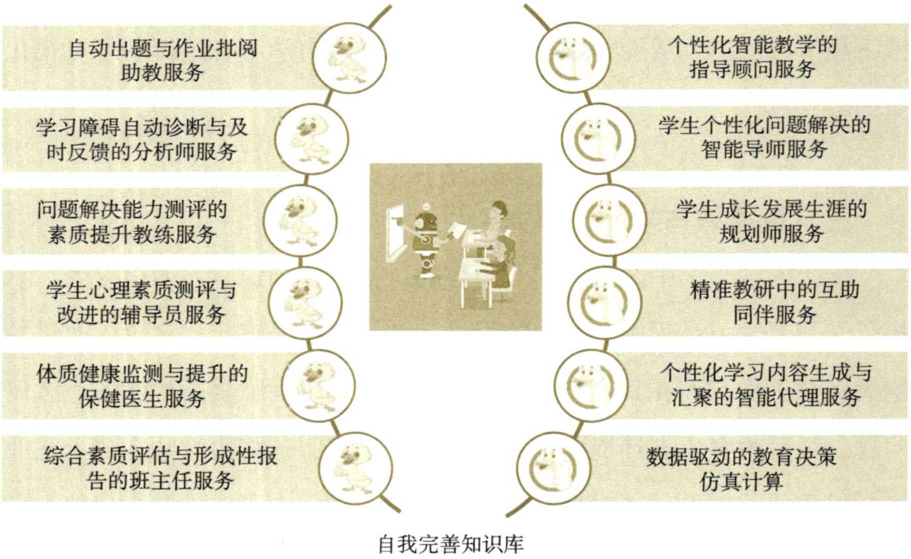

图2-27　智能教与学助理服务

① 余胜泉. 人工智能教师的未来角色［J］. 开放教育研究，2018，24（1）：16-28.

四、智慧教育管理服务

教育管理是教育的核心业务，在信息技术革命的冲击下，传统教育管理正逐渐向智慧教育管理方向发展，过去以手工为主的管理操作将转移到以信息技术为基础、以可视化智能交互界面为依托的智慧管理平台上。

智慧教育生态环境下，教育业务的网络化和数字化将变得常态化。智能云平台将对教育业务中涉及的教育基础设施、教育信息系统、教学活动管理、资源配置，以及一些教育热点和难点问题进行动态监测与分析，进而提出具有针对性的改进措施。同时，基于构建智慧教育生态环境的各种视频监控、物联网、射频识别、全球定位等技术，将各种教育装备与互联网连接起来，实现智能化识别、定位和实时监控管理与对比分析，对学校的安全运行状况进行实时监控与预警。

北京师范大学未来教育高精尖创新中心借助自主研发的大数据智能平台，将语义网、人工智能、物联网、认知神经测评与教育需求相结合，携手北京师范大学各学院优质教育教学团队资源，研发了覆盖“学、教、育、评、研、训、管、服”的全场景产品体系，在教育各场景的常态化应用中采集相关数据，为大数据支持的教育管理提供支持和决策服务①,具体应用模式如图2-28所示，主要包括系统支持层，能够采集教学、学习、综合素质、管理等场景数据的各类设备和应用程序；数据汇聚层，将采集到的数据进行分类加工和存储；建模分析层，根据建立的模型对数据进行深入分析，生成用户画像，并针对不同业务角色进行可视化数据分析；应用落实层，为不同的业务场景，针对不同的教

① 余胜泉，李晓庆. 区域性教育大数据总体架构与应用模型［J］. 中国电化教育，2019（01）：18-27.

育角色，提供不同的数据与业务相结合的应用模式，辅助管理者进行学校或区域的教育治理。

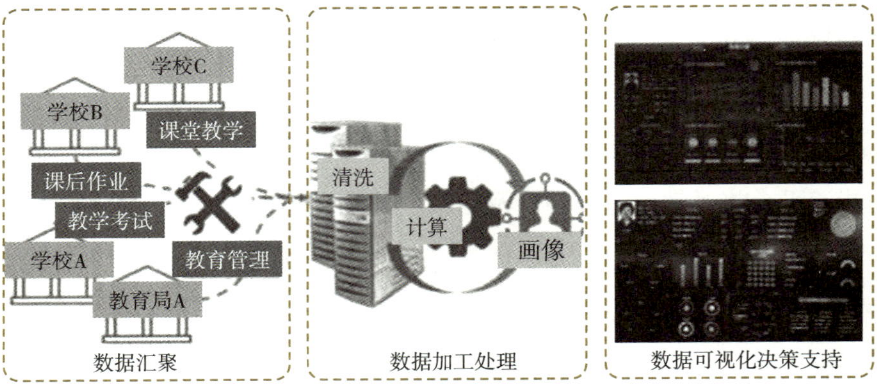

图2-28　基于大数据的教育管理体系

五、智慧教育评价服务

智慧教育生态环境下，教育评价将逐步由人工评价向计算机辅助评价发生转变，智慧教育评价服务将成为主流和趋势。充分考虑学习者的个体特征、认知风格差异等因素的测评机制，依据个人特征与能力不同而实施的适应性评价将成为开展智慧教育评价的常态化模式。同时，智慧教育评价服务将更加注重对学习者知识结构与能力的可视化表征，为学习者提供反思和自评的机会，进而增加学习者对所学知识、学习困难和学习过程的反思意识。其中，知识地图、学习认知地图便是实施知识结构与能力可视化表征的重要形式。

知识地图描绘了各类学科课程中的知识点及其相互关系，其中知识点既是课程微视频内容的基本单元，也是学生进行学习的最小单位，每个知识点均与特定的课程内容进行关联；知识点之间的关系则主要是上下位的层级包含关系，为学生的学习和教师的教学提供了基本的学习序列。例如，萨尔曼·可汗创立的可汗学院，就是通过其在线平台中的练习测试仪表盘模块可视化呈现学习者的知识地图的，如图2-29所示①。可汗学院（Khan Academy），是由孟加拉裔美国人萨尔曼·可汗创立的一家教育性非营利组织，主旨在于利用网络通过视频形式进行免费授课。目前，网站的视频资源主要涵盖了小学到高中知识，涉及数学、科学、经济、人文、计算机等学科。借助知识地图，学习者可以很直观地看到完整专题知识结构和各知识之间的联系；还可以使用知识地图的缩放功能，通过“地图放大”来查看更详细具体的知识点名称，通过“地图收缩”来查看知识点的结构及其相互间的关系。除了表征学科知识结构及其之间的联系外，在知识地图展示界面和左侧导航中，平台还会根据学习者对知识点的学习状态以不同颜色对知识点进行标注，对于未完

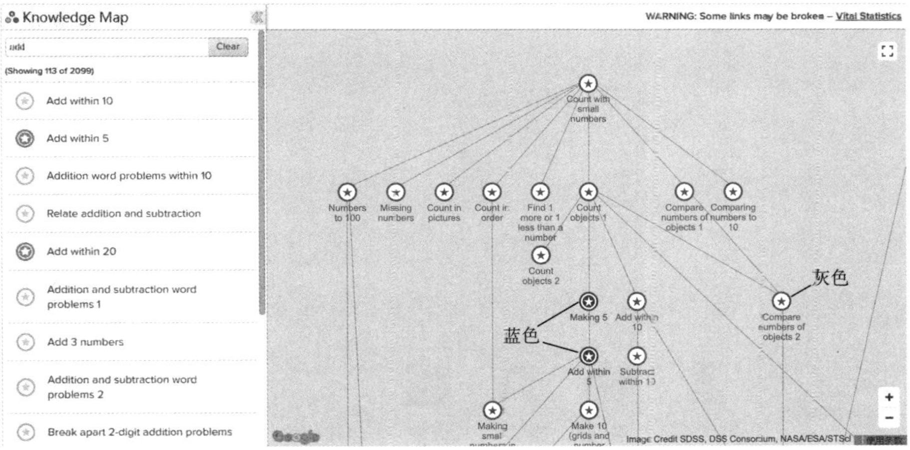

图2-29　可汗学院知识地图

① Knowledge Map. https://www.khanacademy.org/exercisedashboard.

成学习的知识点显示为灰色，对于已完成学习的知识点显示为蓝色。

学习认知地图不仅能够表征已映射过程数据的知识学习状态，推理挖掘未掌握知识的学习路径；还应该能够预测缺乏过程数据的知识学习状态，形成符合认知特性的资源和人际网络推荐，是知识可视化的一种重要表征形式。基于学习认知地图功能特征的考虑，北京师范大学未来教育高精尖创新中心自主研发设计了学习元平台的学习认知地图概念模型，如图2-30所示，包括知识点内容、知识点之间的关系、学习认知状态、知识点簇下知识点间关系权重、学习路径和服务推荐六方面的内

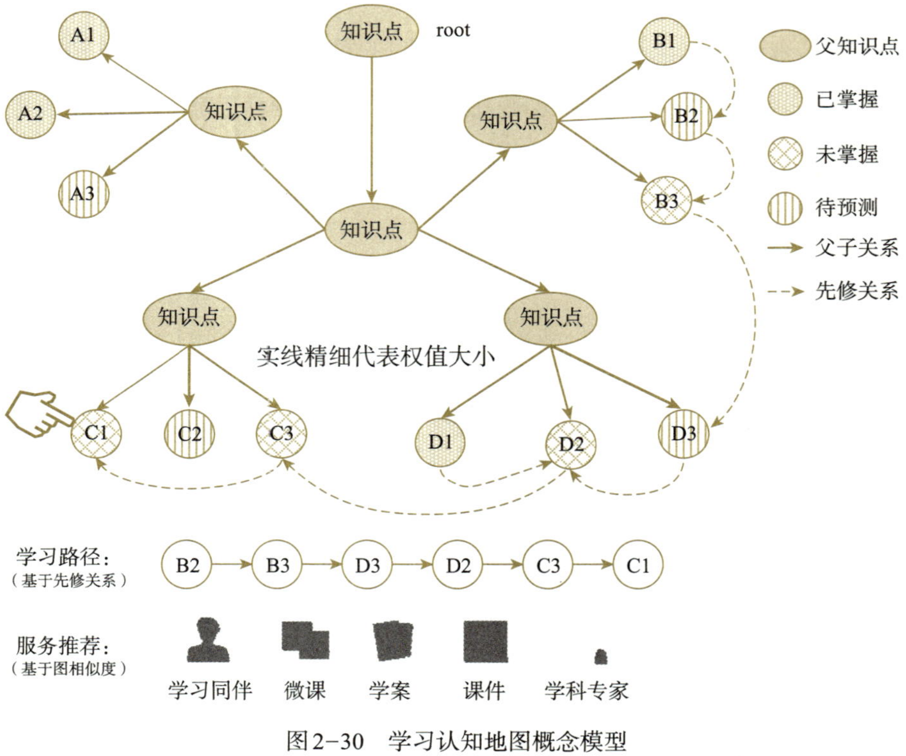

图2-30　学习认知地图概念模型

容。[①]同时，基于学习元平台研发了可用于表征学习者在线学习过程知识结构和认知状态的学习认知地图，为智能教育评价的展示方式提供参考和借鉴。学习认知地图，一方面可以帮助学习者规划学习路径、推荐与知识点建立关联的学习资源和学习活动；另一方面可以帮助学习者寻找知识点背后的学科专家，以及与学习者学习步调最一致的学习同伴。

教育生态环境是教育组织和影响教育组织生存与发展的各种因素及其关系所构成的整体，以互联网、教育大数据、人工智能为代表的新一代信息技术的发展促进了基于网络的智慧教育生态环境的建设。智慧教育生态环境强调技术与教育服务的融合、人和技术的融合、实体的空间和虚拟的空间融合，形成一个技术完全融入“学习”的智能化教育信息生态。智慧教育生态环境的构建是一个复杂的系统工程，需要充分发挥政府教育部门的相关政策制度的保障作用、企业行业的创新引领作用、科研机构和院所的前瞻性科学研究导向作用，以及一线学校的落地实践作用，需要多方共同参与、携手构建智慧教育生态环境要素，最终形成良性循环发展的智慧教育生态圈。

---

① 万海鹏，余胜泉．基于学习元平台的学习认知地图构建［J］．电化教育研究，2017，38（09）：83-88，107.

第三章　智能时代人才培养模式

创新型人才是当今世界最重要的战略资源。大力培养创新型人才，已成为各国实现经济发展、科技进步和国际竞争力提升的重要战略举措。但是面对全球科技日新月异的发展和我国经济转型升级的新要求，我国的创新型人才培养模式、人才分布等方面存在突出问题。当前具有工业化时代烙印的、流水线式的、以知识传授为主的教育体系，已无法满足创新型国家建设的人才需求。随着5G技术、大数据与学习分析等技术的快速发展与普及应用，人类社会逐渐进入智能时代。智能时代对人才培养模式提出了更高的要求，需要教育领域以互联网为基础设施和创新要素，变革旧的知识表征与传播方式、教学范式与学习方式，进而构建智能时代的新型教育生态体系，培养智能时代所需的多样化、个性化、创新型和国际化的人才。

第一节　知识表征、传播与获得方式变革

智能时代是信息与知识爆炸的时代，知识越来越具有社会性、微创新性、碎片化的特征，知识的增长速度与折旧率比以往任何社会都要迅速。与此同时，图形、图像、视频等多媒体技术、可视化分析技术等的快速发展与普及应用，使得知识的呈现方式、知识传播媒介与知识获得

方式均发生了重大变化，包括知识呈现方式的可视化、知识传播方式的富媒体化、知识获得方式的多元化特征。

一、可视化知识呈现方式

知识的外在呈现方式深刻地影响着学习者对知识的认知、理解，也影响着知识本身的传播、生存和发展。[①] 在智能时代，基于大数据与学习分析技术，采用丰富的可视化技术对知识对象及其属性、关系进行表征。例如，基于概念图技术可以表征学习者的知识结构体系，发现学习者知识结构优势与劣势，及时为学习者提供个性化学习活动、学习资源、学习同伴与专家指导；基于认知地图技术可以使学习者的认知特点与规律可视化，发现学习者的认知障碍，为其提供最佳的认知路径；基于点阵图的可视化技术，可以透视学习者的学习过程，发现学习需求，聚焦关键问题，为学习者提供清晰、直观的分析报告，便于学习者量化、反思自我的知识结果。对教育者和管理者而言，利用知识可视化技术能呈现教学难点、洞悉学生错误行为背后的原因、识别学习者个体差异、发现学习者群体存在的典型问题与规律、实现教育危机及时预警。

二、富媒体化知识传播方式

在智能时代，知识传播方式将从主要以文字为载体的传播方式逐渐转变为文字、图形、图像、视频、音频、虚拟现实等多种媒体的传播方式。基于富媒体的知识传播能够将知识以生动、形象、贴近现实的形式

① 顾小清，权国龙. 以语义图示实现可视化知识表征与建模的研究综述［J］. 电化教育研究，2014，5：45-52.

传递给学生，更有助于学生理解与体验。[①] 例如，教师可以采用几何画板工具讲解演绎抽象的数学知识，发现数学问题的本质；采用虚拟现实技术可以为学生创设逼真的学习情境，引导体验知识形成的过程。以富媒体为载体的知识传播，使得知识越来越具有社会性，知识更具有流动性、情境性、社会性等特征，知识的传播方式不再是教师通过教材作为载体的单点对多点的传播，而是群体之间，多点对多点的互动、改进和建构，更多地体现出知识建构、连接的特点。

三、多元化知识获得方式

智能时代知识的获得方式更加多元化，从以教师为主体的知识获得方式转变为基于互联网技术从专家、教师、学习同伴、家长等多元主体的知识获得方式。基于5G技术、大数据与学习分析技术，突破时空界限，创建连接学科领域专家、教师、学习同伴与家长等多元主体的教育公共服务平台。通过教育公共服务平台与相关社交媒体，学习者可以随时随地获得个性化的学习资源，获得多样化的认知工具与适应性的教育服务，辅助学习者进行知识获取和知识建构，并激发学习者的知识创生。此外，教育公共服务平台为学习者提供交互工具，支持并促进学习者相互之间的交流，使学习者能够寻找具有相同兴趣爱好的学习同伴，在协作工具支持下组建学习共同体。在基于智能技术的教育公共服务平台中，专家、教师、学习同伴、家长等都成为学习者获得知识的渠道。

智能时代伴随着学习环境的变化，知识的呈现方式、传播方式与获得方式，以及学生的认知方式均已发生巨大变化。学生的认知方式不仅

---

① 张治，李永智．迈进学校3.0时代——未来学校进化的趋势及动力探析［J］．开放教育研究，2017，23（4）：40-49.

仅是知识传递或个体知识建构的过程，还是社会性交互、认知网络联接与共享的过程。这种知识获得方式与认知方式的转变呼唤基于智能技术的新的教学范式的转型与学习方式的变革。

第二节　教学范式转型

随着移动互联技术、大数据与人工智能技术的发展与普及，学生的认知方式、学习环境、生活环境均已发生翻天覆地的变化。认知方式与教育生态环境的变化将倒逼学校的教学模式、学习方式发生系统性变革。因此，为了更好地培养智能时代所需的各类创新型人才，更好地服务于立德树人、推进教育改革与发展，教育领域需要以培养学生的21世纪核心素养为目标，以互联网为代表的现代信息技术为基础设施和创新要素，研究促进学生21世纪核心素养发展的新型教学范式、促进自主、探究、合作学习方式培养的新型认知工具与策略，以期构建有效提高学生核心素养的创新教学模式与学习方式，设计与开发促进学生深度学习的认知工具（见图3-1），进而推动信息技术与课堂教学的深度融合。

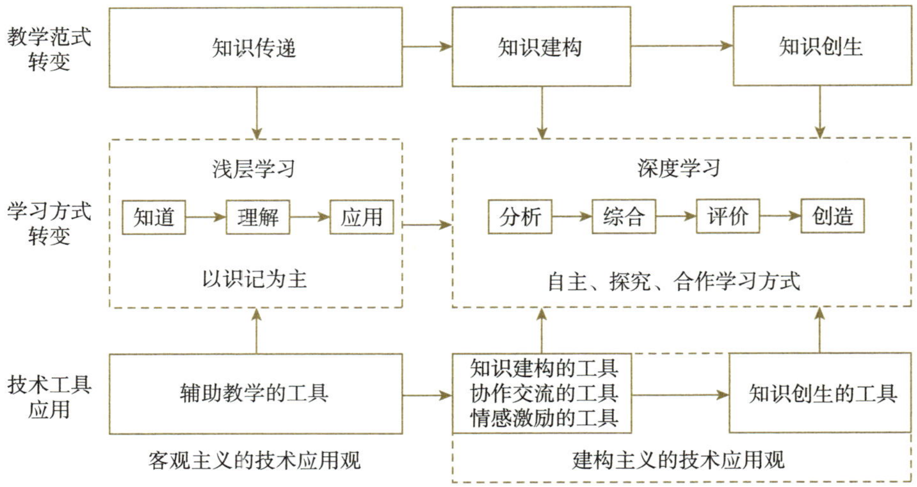

图3-1　技术促进教学范式与学习方式转变

一、从知识传递、知识建构到知识创生

教学范式依据特定的学习理论与教学理论。随着学习理论的发展，教学范式也随之发生变化。如在行为主义和客观主义理论盛行时期，产生了以客观主义理论为指导的知识传递教学范式。知识传递教学范式认为知识是确定的、系统的，教师的职责是忠实地传递知识，学生则是被动地接受知识，而不能参与知识的发现与建构；把教学过程看作是一种将知识作为现成结论直接“告诉”学生的知识传递——接受过程，学生是被动接受式学习。这种知识传递教学范式关注的是教师如何教，如何高效地传递书本知识，忽视了学生如何学，如何探究知识的发生过程和自主建构认知结构，因此不利于培养学生的实践能力和创新精神。

以建构主义为指导的知识建构教学范式对此持反对态度，建构主义理论认为知识不是通过教师传授得到的，而是学习者在一定的情境即社会文化背景下，借助其他人（包括教师和学习伙伴）的帮助，利用必要的学习资料，通过意义建构的方式而获得的。因此，为了促进学习者更好地建构知识，知识建构教学范式强调在真实的问题情境中，借助社会交往与周围环境的交互，通过信息技术作为知识处理和加工的认知工具，解决真实问题、习得技能，学生自我控制学习进程，自我建构学习目标；强调教师的角色从知识传授者转变为依学生个人特质做知识提供及辅助者的角色，教师要成为学生主动建构意义的帮助者、促进者，课堂教学的组织者，而不是知识的灌输者。以知识建构为主的教学范式给予学习者充分的学习自主权，有利于培养学习者的自主、探究、合作学习能力；能够最大限度地发挥学生的积极性、创造力和主动性，是创造能力培养的最佳途径，适合于复杂知识的理解，高级认知技能和社会技能的形成。

知识创生教学范式强调在创造中学习或基于创造的学习，认为这是学习者真正需要的学习方式；主张创客教育的实施方式和基于项目的学习，要以一个特定的任务为中心，使学生能在完成任务中进行学习，从而培养学生解决实际问题的能力；倡导在教育实施过程中通过协作、交流与共享深化对知识的意义建构；特别关注要培养学生的动手能力和解决实际问题的能力，从而把青少年培养成具有创新意识、创新思维和创新能力的人才。①

案例3-1 基于学习元平台的开放共享课教学实践②

"教育技术新发展"是北京师范大学教育技术学专业的博士学位专业课，主要面向2011级、2012级教育技术专业的25名博士生，同时也向对该课程感兴趣的其他群体开放，比如计划报考教育技术学专业博士或硕士研究生的同学，还有10多名教育技术专业的硕士生、访问学者旁听。课程采用"教授轮流课堂授课+基于学习元平台开展网络教学"的开放授课方式。开课教师作为主持者，每周邀请不同的教授进行课堂授课和网络教学。每名教授授课1~2次之后，邀请授课教授参与学习元平台的网络教学。每次授课前一周左右，助教与授课教授联系，向其介绍学习元平台及如何利用平台开展网络教学。基于学习元平台的"教育技术新发展"课程群如图3-2所示。

在课程创建方面，不再由单一教师参与，而是课程团队参与建设，普通学习者也可参与创建课程内容，即课程内容创建权限是开放的，教

① 何克抗. 论创客教育与创新教育［J］. 教育研究，2016，4：12-40.

② 陈敏，余胜泉. 基于学习元平台的开放共享课设计与应用研究——以"教育技术新发展"课程教学为例［J］. 开放教育研究，2013（4）：49-59.

图3-2 基于学习元平台的“教育技术新发展”课程群

师的角色也是开放的。在课程教学方面，首先它允许任何用户通过任何学习终端进入课程开展学习。与传统班级授课不同的是，它的学习者不是固定不变的，而是面向所有用户开放的。课程创建者不仅向学习者提供学习内容，还要设计与内容相匹配的学习活动。学习者一方面通过阅读学习内容；另一方面通过参与相关的学习活动，在参与的过程中加深对内容的理解与思考，体现“做中学”。此外，通过教师手动建立知识与知识之间的联系构建起知识网络，学习者通过查看知识网络实现对知识关系的整体把握，体现“联系中学”。在进行教学时，平台向学习者提供与该课程相关的人际网络和社会认知网络，帮助学习者从中发现知识领域的专家、学习者，促进学习者与他人进行交流，实现“交流中学”。

在学习评价方面，它一方面允许教师基于过程性信息创建评价方案，设定评价标准，对学习者的学习情况进行评价；另一方面允许学习者对自己或他人的作业、作品进行打分和评论。除此之外，学习者也可利用平台提供的反思工具反思自身的学习情况，通过行动和反思共同创造新知，实现“反思中学”。

鉴于高校班级概念较为弱化，本次实践利用学习元平台的学习社区建立了一个虚拟的网上班级，即学习共同体。社区成员在社区中就该课程的相关问题开展讨论、交流、共享资源。主持教师和助教作为共同体组织的主要管理者和协调者。利用学习元平台的学习社区模块，主持教师创建一个“教育技术新发展”的学习社区作为学习共同体空间，学习者可申请加入，在社区中就课程相关事宜开展讨论、交流、共享资源。

二、开展混合式教学，实现不同教学模式的优势重组

在建构主义学习环境下，教师与学生的角色定位被重构。学生成为主动建构知识，甚至是创造知识的主体；教师从知识的传递者转变为学习的组织者和协同者。这意味着教师应当在教学过程中采用全新的教学模式（彻底摒弃以教师为中心、强调知识传授、把学生当作知识灌输对象的传统教学模式）、全新的教学方法和全新的教学设计思想。①

1. 打破传统教学结构，整合多种教学模式的混合式教学成为主流

传统的教育模式更加关注学习的结果，以考试成绩来衡量学生的学习成效，缺乏对过程的关注，造成了学生生活体验严重匮乏。混合式教学模式打破传统课堂教授式的教学结构，融入在线学习的自定步调和学习路径的优势，整合线上内容学习和课堂活动开展。

有人开始尝试用创新的学习模式来重新定义学校：新的学校体系挑战固定学科，尝试更多的跨学科课程设计，将各个课程链接起来；新

---

① 余胜泉，路秋丽，陈声健. 网络环境下的混合式教学——一种新的教学模式［J］. 中国大学教学，2005，10：50-56.

型学校挑战固定的课堂时间，实施基于项目/挑战的教学模式，开展融合多种教学模式的混合式教学，去除人为间隔学习活动的“上/下课铃声”，让学生自如自主地从一个学习活动转向另一个学习活动；而传统的考试测验也降到最低甚至取消，取而代之的是学生的独立研究和项目展示。因此，未来的教学将采用不同的教学模式（如自定步调的学习、网上研讨、移动教学、仿真教学等），多种教学模式优势互补的混合式教学将成为主流。

2. 教学活动的多样化设计，实现不同教学模式的优势重组

混合式教学，不仅仅是课堂教学和在线教学的混合，更是对课程及各教学单元进行教学目标分析，明确单元类型（概念、逻辑、元认知等），根据不同知识类型作不同设计。依据课程内容特点，创设有丰富资源的学习环境，其中包含许多不同情境的应用实例和有关的信息资料，激发学习者参与交互式学习的积极性，在交互过程中完成对问题的理解和对知识的应用。

教学模式的多样化选择，其蕴涵的教育价值取向和学习理论基础不同，在教学功效方面也表现出不同的价值。例如，课堂授受式教学模式能产生较高的学习效率，对高级能力的发展和知识创新方面来说就比较欠缺，文献导向的自我学习模式有利于培养学生学习、思维、发现问题和解决问题的能力，但是不利于形成系统化、结构化的知识体系。可以说，整体教学目标的实现，有赖于各种教学模式综合发挥作用。以教学目标、教学环境、学科和内容特点为基础，选择合适的多种教学模式来完成一门课程的设计是混合式教学模式（见图3-3）实施的初衷。

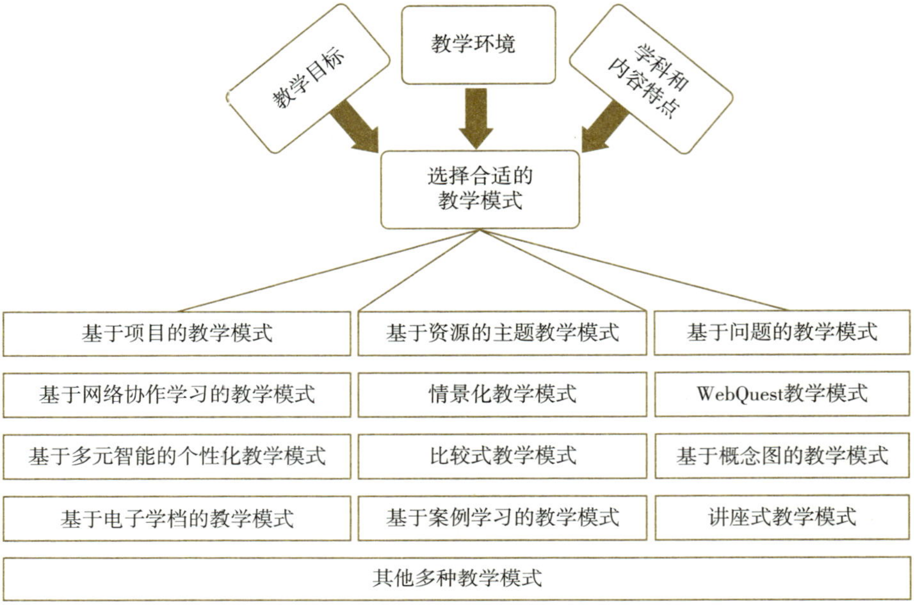

图3-3　多种教学模式的混合式教学

支撑多种教学模式的根基是序列化的教学活动，多样化的教学活动设计帮助教师实现多种教学模式，每一种教学模式都有自身相对固定的活动逻辑步骤和每一阶段应该完成的教学任务。以活动为导向的多种教学模式的混合式教学实现了教学过程的重组，最大限度地发挥与教学内容相匹配的教学模式的优势。

三、基于教学过程的活动设计

现代社会信息爆炸，知识增长与折旧迅速，每一个人学习的时间和学习的容量是有限的。我们如何以有限的时间、有限的学习能力、有限的大脑存储空间来应对无穷无尽的信息和知识？信息时代下的学习者是数字土著，他们在适应信息环境的过程中自然地适应技术及其规则。他们的认知方式也随之发生根本性的改变。人机合一的分布式思维是信息时代的基本认知方式，人和智能设备协同思考和协同思维。知识传播已经不是教学的首要目的，传统的教学方式、教学时空的安排、教学内容的设计、教学过程的组织方式已不能满足学生的学习需求，关注教学过程的体验学习将成为重要形态。在知识建构和知识创生的新型教学范式的引领下，以活动为中心，在“做中学”成为教学过程设计的理论依据，教学重点需要从面向内容设计转变到面向学习过程设计。

学习是人类的一种认知活动，活动是教与学的实现机制。在狭义范畴下，活动一般指注重学生参与的各种由教师引导开展的具体学习过程。[①] 教师、学生、教学内容、教学媒体是教学系统的四个核心要素，在以教为主的教学模式中，教学内容的设计与组织是教师教学的重点，学生的主要任务是按照教师的要求，在固定的时间、固定的空间内被动地接受知识。在信息化社会中，学生的认知方式正在发生根本性的改变，传统的教学方式、教学时空的安排、教学内容的设计、教学过程的组织方式已不能满足学生的学习需求，教学重点需要从面向内容设计转变到面向学习过程设计，既要关注课堂内的学习过程设计，又要精心设计好课堂外的学习，将课堂内外的学习按照学生的认知特点、能力培养需要有序地衔接起来。

我国部分较发达的城市已颁布相关的实施方案，例如，《北京市实施教育部〈义务教育课程设置实验方案〉的课程计划（修订）》[②] 中指

① 杨开城. 以学习活动为中心的教学设计理论：教学设计理论的新探索［M］. 北京：电子工业出版社，2005.

② 北京市教育委员会. 关于印发《北京市实施教育部的课程计划（修订）》的通知. 北京，2015.

出：中小学各学科平均应有不低于10%的学时用于开设学科实践活动课程。在内容上可以某一学科为主，开设学科实践活动，也可综合多个学科内容，开设跨学科综合实践活动；在学时上可与劳动技术、信息技术、研究性学习、社区服务和社会实践活动等统筹使用，也可以与地方课程、校本课程统筹使用。学科实践活动课程由区县、学校具体统筹安排，要做到因地制宜、灵活多样。

四、智能化、情境化学习体验

物联网技术、增强现实技术、可穿戴技术、传感技术等创新技术的发展，以及便携式移动手持设备的普及，为智慧型学习环境的建构提供了技术和设备上的保障。在平板电脑和智能手机等手持式移动设备越来越普及、移动网络大范围覆盖等大教育背景下，学习方式发生了巨大变革，学习不再是知识的简单传递，知识情境化是当前学习者的诉求。基于情境的感知学习可以桥接真实生活、真实环境与书本上的知识体系。移动互联技术带给学习者最大的好处就是可以脱离传统的教室和PC机，在真实的学习情境和问题情境中完成学习任务，解决问题，达到学习目标，提高知识迁移和问题解决的能力。在移动网络环境下，学习者可以通过移动设备收集和记录真实的数据或传送学习内容，促进学习。学习中的情境交互，可以更好地促进学习者的认知活动。今后，兼容真实生活体验将成为学习的重要形态，正规与非正规的学习方式将会互补融合。智能终端的智能感知、增强现实、无缝通信、便携移动等功能可为学生课外探究提供支持和帮助，能够很好地支持探索和发现学习。通过提供位置感知、二维码、RFID、NFC等各种情境感知技术，支持学习活动向课堂外延伸。智慧教室是最典型的一种智慧教学环境，基于物联网技术集智慧教学、人员考勤、资产管理、环境智慧调节、视频监控及远程控制于一体，是多媒体和网络教室的高端形态。[①]

智慧教室可以减轻学习者认知负载，从而可以使学习者用较多精力在较大的知识粒度上理解事物之间的内在关系，将知识学习上升为本体建构。智慧教室是一种能感知学习情景、识别学习者特征、提供合适的学习资源与便利的互动工具、自动记录学习过程和评测学习成果，以促进学习者有效学习的学习场所或活动空间。

案例3-2 基于情境感知技术的移动学习体验

本案例来自广州市荔湾区某小学，是一节小学五年级的科学课。教师以“植物的分类方法”为主题，利用情境感知技术，采用合作学习的方式设计了一节生动的植物科学课，充分发挥了移动学习的优势，让学生在户外真实情境中获取植物的知识。教师首先将学生分为7个小组，提出户外探索任务。小组人员分工为技术员、观察员、记录员、汇报员等不同角色。学生分组在校园内寻找各种植物，观察后用平板电脑扫取植物旁的二维码，获取植物信息，如图3-4所示。由记录员整理植物特征，按照组内规定的分类标准进行植物分类，形成概念图。同时，记录小组对植物的分类方法。

回到教室，学生再把在户外学习过程中的观察记录、形成的概念图等学习内容进行汇报与展示，通过概念图的梳理能够系统地呈现知识，同时通过小组的体验式角色扮演，保证每个人都参与到学习中，如图3-5所示。

---

① 黄荣怀，胡永斌，杨俊峰，等. 智慧教室的概念及特征［J］. 开放教育研究，2012，2：22-27.

图3-4　学生扫码学习植物特征

图3-5　学生上讲台进行汇报与展示

在真实的生活场景中，学习者通过带有感知技术的移动设备和无线网络，感知自己周围环境中事物（学习目标）发射的知识和信息，沉浸在数字内容与真实世界交织的信息环境中，进行身临其境的学习。本案例将情境感知技术与科学课堂完美融合，让学生在真实情境中自然采集信息。与传统课堂相比，能够更加激发学生的学习兴趣。此案例的应用也为技术与课堂的深度融合提供了样例，技术的使用需要配合教学的设计，以促进深度学习的发生。

五、多元参与、及时反馈教学互动方式

随着智慧教室建设的不断完善，课堂将会出现促进深度学习的交互形态，如课堂即时评价反馈系统、情境感知、增强现实、人工智能等学科交互性的认知工具与技术，智能备课、智能分析、智能批阅、智能推荐，以及个性化指导等将成为新的教学工作。传统的“以教为中心”的课堂教学中，单一的师生对话是其主要的互动形式，这种互动形式参与度低、互动反馈不及时、缺少个性化。

当前，随着课堂及时互动反馈系统（Interactive Response System，IRS）、智能移动设备、情感计算、脑机接口等技术的不断涌现，极大地改变了课堂教学互动形式、缩短了互动时间、提高了课堂互动的参与度，关键是教师能够及时地了解每一个学生的认知情况、学习兴趣、态度，为开展个性化教学奠定了较好的基础。

移动设备的情境感知能力是指集成更多的传感器、探测器、采集器，通过这些电子化的微型感知设备，捕获用户、设备、场所、问题、应对策略方法等真实世界的信息，以及将我们所处生活环境中各种人类感官不能直接感受到的信息采集到方寸大小的移动设备中，进入数字化的虚拟世界，经过计算、处理，变成人类学习、决策的参考知识，在一定程度上联通虚拟世界和现实世界，通过虚拟世界的知识学习来增强人对现实的理解和驾驭能力。

部分手持式设备利用了群组红外技术和多媒体技术进行课堂教学信息反馈（见图3-6），使所有学生广泛参与教学活动；在课堂上，通过学生人手一个手持式设备，以及一个与计算机联机的接收器就可以进行随堂测验活动或游戏比赛活动。它打破传统教师讲、学生听的课堂学习生态，提高师生间的互动，教师也能马上诊断学生的学习情况，及时补

救教学效果。系统还提供学生学习进度报告，协助教师及家长监督学生的学习。

图3-6　课堂即时反馈模拟图

教师可以利用智能备课系统进行电子备课。智能备课系统根据教师的授课计划，自动将备课可能用到的课件、素材、教案等资源推送到教师的备课空间。教师通过备课工具，方便地将选中的多个课件进行重组改造，快速生成新的教学课件或课程。学生进入教室时，使用智能签到系统，以手机扫描、指纹验证等多种方式签到。课堂教学中，教师可以使用视频会议子系统开展异地同步互动教学；课程录播子系统自动记录教学全过程，为学习分析提供基础数据；通过课堂应答子系统及时获得教学反馈，开展针对性地教学；监控每一位学生的学习过程，了解其学习进展与困难，进行个性化的指导。师生之间、生生之间可以通过各种学习终端开展及时、流畅、深度的互动。学生所有学习过程的数据都将自动存储到电子档案袋中，通过数据挖掘与统计分析等手段，对学生开展全方位、立体化的评价，包括学习成绩、学习态度、学习风格等。①

① 杨现民. 论我国数字化教育的转型升级［J］. 教育研究，2014，5：113-120.

在新一代信息技术的有效支持下，教育服务也呈现出网络化、智能化的特点。基于数据实现个性化智能服务，需要转变传统的被动服务模式，发展以用户为中心的主动服务模式，即由智慧服务系统根据用户的学习工作情景、兴趣习惯与需求提供个性化的智慧服务。通过智能感知获取情景、学习者的相关数据，采用关联规则挖掘、聚类模式等数据挖掘方法，获取用户的个性化模式，动态、实时、自动地实现个性化智慧服务。

案例3-3 基于智慧学伴的复习课教学

北京市通州区某中学初二物理“运动和力”复习课是在“‘互联网+’助力通州区教育深综改”项目支撑下开展的，是基于北京师范大学未来教育高精尖创新中心研发的智慧学伴App开展的复习课（见图3-7），授课中主要实施了6个活动。

图3-7 学生使用平板电脑进行课堂教学活动

活动1：复习课课前学情分析——前测

为了在复习课课前整体把握学情，该班学生首先使用智慧学伴App进行单元微测，如图3-8所示。本次复习课的教学设计中的学情分析是依据学生课前使用智慧学伴测试数据结果分析而形成的。

图3-8 学生使用智慧学伴进行单元微测

前测报告结果显示学生的学习理解能力和实践运用层面的题目平均得分率为68%，而对于创新迁移能力层面的题目平均得分率偏低，为57%，说明新授课后对力和运动知识的掌握整体处于一般水平。

活动2：教师引导学生小组讨论知识树的构建

由教师补充，师生共同完成知识树的构建，通过章节知识树的建立，学生轻松地将孤立的知识点衔接起来，同时对本章内容有一个系统的认识，如图3-9所示。

图3-9 教师引导学生小组讨论知识树的构建

活动3：教师创设问题，学生分组实验探究并组内讨论达成共识

在此环节教师巧妙地过渡和衔接，适时地设置各种生动有趣的问题，调动学生学习的积极性、主动性，让学生成为学习的主人，营造一种良好的学习探究氛围。教师没有将本章所有内容都设计成探究性的，而是将最值得选择的内容，即本章内容中最具有核心和基础地位的概念和规律性知识设计成探究性的，因为学生真正理解了这样的知识，就等于掌握了本章知识的主干，形成了扩充和扩展自己知识结构的能力，达到掌握知识、应用知识的目的，从而提高了学生自主探究、自主学习的能力。学生小组探究之后学生代表发言如图3-10所示。

图3-10 学生小组探究之后学生代表发言

活动4：鼓励学生自己提出问题，自己探索、研究、解决问题

基于活动3的实验探究和小组代表发言，这时课堂的探究氛围非常好，此时学生开始质疑，学生在质疑中发现问题、在探究中提出问题并独立解决问题，同时培养了学生的思维能力和实践能力，使学生逐步实现由学会到会学的转变，从而实现了能力的晋级。结果表明，每个学生具有的学习发现、丰富知识和经验的潜能在一定条件下都是能够被激发

和释放出来的。学生自己提出问题，自己猜想假设，展示自己的设计方案，从自主学习的过程中体会到学习的乐趣和学习带来的成就感。

活动5：课堂实时练习

整堂课中教师手里无需教材和教案，只需一个平板电脑，教师创设的问题都是“甩”到投影仪（通过PPT）和学生平板电脑上的。学生的学习掌握情况第一时间对教师做出反馈，反馈高效、实时，教师“以学定教”，实现个性化教学指导。

活动6：复习课教学效果评价——后测

此活动中学生使用手机智慧学伴App进行复习课后测，由前测和后测的数据分析可知，经过复习课后学生在不同学科能力对应的题目得分率明显上升，尤其是学习理解能力层面题平均得分率高达82%，说明该复习课取得了良好的教学效果。

本案例中，教师基于智慧学伴App测试数据分析的学情精心设计合理的学习活动内容并运用一定的信息技术，让复习课既生动、有趣，又取得了很好的教学效果，真正实现了教师教得轻松、出彩，学生学得主动、精彩。

六、促进认知工具与学科教学深度融合

长期以来，信息化教学遵循的是从信息技术中学习（learn from IT）的技术应用观，即客观主义的技术应用观。这种方式是让技术像教师那样去“教学”，起一种替代教师的作用，学习者学习技术呈现的知识，技术的作用就是传递要教授给学习者的知识，这种方式是从“人灌”到“电脑灌”。技术的真正作用在于充当学习者建构知识的工具，以拓展学习者建构知识的能力，通过使用技术工具来发展高级能力，学习者是

用信息技术学习（learn with IT），即建构主义技术应用观。

建构主义技术应用观认为，以互联网为代表的新一代信息技术可以作为学习者的知识建构工具、协作交流工具、情感激励工具，可有效地促进学生的协作学习，支持知识意义的社会性建构，利用技术进行探索和发现，有利于学习者理解和思考现实世界，促进抽象知识与现实世界的联系，发展创新和实践能力；技术可以作为知识表征的工具，可以变化知识表征形式、表达不同观点，有利于表征观念的深层复杂性，拓展看问题的视角，为同一知识提供多种理解视角，促进学习者思维模式的发展，从而培养深层次的批判性思维能力；技术可以作为设计和分析的工具，能够更好地组织观点，体验过程，理解信息、解释信息，有助于学习者反思所知及其过程、建构知识和促进高级思维。

在智能时代，分布式认知、碎片化认知是当今学生的基本认知方式。作为促进学生知识与技能获得的学科认知工具，必须从仅仅作为教的工具向支持学生随时随地学习的工具转变。为此，需要依据学生的基本认知方式，设计与开发一批促进学生知识建构与知识创造的认知工具（包括不同系统支持下的移动学习 App），落实课程改革所提倡的培养自主、探究、协作的能力，在促使学生更好地理解知识的前提下来培养学生的创新能力和实践能力，实现开放式的、知识与综合能力并重的深度学习。

七、在线教学直播等新教学形态

传统的课堂教学往往受到时间和空间的限制，而直播、远程授课等在线教学则打破了时空的阻碍，通过网络实现了现场课与异地学生的联系，使学生在远程环境下也可以进行师生和生生互动。远程网络直播教学可以同时向异地多个教学点进行现场直播和监控，实现将高质量的课程同步到多个地区，并从多个异地教学点获得学生的反馈，打破了传统远程网络教学中单向传播的局限性。在远程直播教学中，授课教师在校本部授课，学生异地听课学习，实现异地协同学习[①]，教师的教学、学生的提问、教师的答疑等均可以通过技术手段进行录制，学生可以根据需要重复播放、反复学习，有助于提高教学成效，同时一对多的教学模式也节约了教学成本，减少了人力和物力资源的浪费。[②]

① 倪元利. 对中学远程直播教学的若干思考［J］. 当代教育论坛，2011，2：31-32.
② 林铁城，林超. 福建省远程网络直播教学实践的探索——以“阳光高考名师讲堂复习指导”为例［J］. 福建教育学院学报，2015，10：124-127.

第三节　学习方式变革

在智能时代，学习内容的来源、学习方式发生了根本性变革，每个人既是知识的消费者，也是知识的生产者。学校和教育机构不再是封闭的社会单元，而是通过网络汇聚，形成集体智慧聚变的节点，是一个充满活力、人性化和高度社会化的地方；不再是静态知识的仓库，而是开放的、流动的、社会性的、分布的、连接的智慧认知网络与个性化发展的空间。这种虚实跨界融合的生态环境不是一个割裂的学习空间，而是通过网络连接全球社会的、连接学生日常生活经验与未来生活，学习也不仅仅发生在教室和学校里，而是终身的、全面的、按需获得的。[①]

一、未来学习特征

未来的学习将越来越具有选择性，信息获得越来越容易，但知识的获得将更具有挑战性。对海量信息进行加工、分析、处理、表达等方面的信息素养，将成为学习能力的核心要素，将决定学习者能否适应未来的社会；兼容真实生活体验的情境学习将成为学习的重要形态；正式学习与非正式学习正在互补与融合，通过无处不在的移动网络与智能终端，支持学习活动由课堂内向课堂外延伸；学习分析技术和大数据技术可以全程跟踪记录学习者的学习路径和学习交互过程，使得为学习者提供及时的个性化反馈成为可能。[②]

---

① 余胜泉. 技术何以革新教育——在第三届佛山教育博览会“智能教育与学习的革命”论坛上的演讲［J］. 中国电化教育，2011，7：01-25.

② 余胜泉. 互联网+教育：未来学校［M］. 北京：电子工业出版社，2019.

1. 发展核心素养的学习

当今世界，政治多元化、经济一体化发展趋势增强，各国都在努力发展自己的综合国力。当代大学生更是肩负着民族振兴的历史重任。要想使中国立足于世界民族之林，必须主动融入世界。这就要求我们既要有国家意识，又要有全球意识。因此，培养学生的全球意识、沟通与合作能力等21世纪核心素养势在必行。

全球意识，又称世界意识或国际意识，是指以全球的视野去观察、认识、理解世界，并以辩证唯物主义和历史唯物主义的观点去分析人类历史的过去、现在和未来，并在此基础上形成关于人类共同命运、本国在世界中的地位和作用，以及个人对人类、民族、国家的权利和义务的意识。全球意识的培养需要从以下几方面进行：培养人类共同利益意识、培养国家平等意识、培养开放竞争意识、培养国际规则意识、培养国际理解意识。① 与此同时，21世纪需要的是“高情商的沟通合作者”，沟通与合作能力是新世纪对人才的基本要求之一。有效的沟通与合作，就是人们在社会中相互交流时通过各种方式将自己的信息、思想和情感准确无误地表达出来的过程，是人们展现自我、促进发展必须具备的一种素质。随着培养目标的转变，学习方式也将发生深刻变化。培养学生全球意识、沟通与合作能力等21世纪核心素养的学习方式将变为主流。

2. 无边界学习

在智能时代，我们急需一种开放的、无时空限制的教学环境和教学方式来提高教育质量和促进教育公平。然而，目前我们的教育体系还停留在“封闭”模式，即提倡由学生来适应固化的学习教学方式。这种方

① 熊东萍，苏华. 全球化下的大学生全球意识教育［J］. 江西教育科研，2005，12：26-27，29.

式强调统一性，要求所有学生在相同长度的时间段内，以相同的学习方式学习相同的学习内容，并未重视学生的个体特征。而实际上，这种“围墙”学校在智能时代已受到严重冲击，逐步从“学生适应学校”模式向“学校适应学生”模式转变，即学生将冲破“围墙”的限制，获取全世界的优质资源，并且根据个人能力和兴趣来选择甚至定制课程，同时学习场所不再局限于教室围墙之内，进一步延伸到工作、生活、社交等非正式场所，学习者在做中学，在学习活动中接受知识、发现问题、解决问题。学习不再局限于教室，而是教室和围墙之外的有机融合。

围墙之外的学习包括社区学习、网络学习、场馆学习等。以场馆学习为例，场馆一般是指各种与科学、历史和艺术教育相关的公共机构，不仅包括科技馆、博物馆等封闭场所，也包括动物园、植物园等露天场所。场馆学习就是发生在以上公共机构中的一种围墙之外的学习。① 场馆中的学习行为，是发生在真实的或虚拟的场馆情境中，以学习者为中心的自主性学习，学习者对其学习目标、学习行为、学习路径拥有完全自主的控制权。② 场馆的学习作用不仅仅是将重点放在支持课堂教学上，场馆作为一种新兴的学习环境，提供了比传统学校环境更为多样的学习途径和方式，对推动深度学习有积极意义。③

---

① 伍新春，曾筝，谢娟．场馆科学学习：本质特征与影响因素［J］．北京师范大学学报（社会科学版），2009，5：13-19.

② 许玮，张剑平．场馆中的情境学习模型及其发展［J］．现代教育技术，2015，9：05-11.

③ 李志河，师芳．非正式学习环境下的场馆学习环境设计与构建［J］．远程教育杂志，2016，06：95-102.

案例3-4 WATCH：为儿童创造联结的科学学习经验①

WATCH（Watsonville Area Teens Conserving Habitats）是美国蒙特利湾区水族馆与沃森维尔地区的三所高中建立的长期合作项目，致力于培育当地年轻人的栖息地保护意识与能力。自2006年开始启动，迄今已经为超过300名高中生提供了参与整合的学校课程、建立领导力、培育职业技能，参加本地保护生态行动的机会。

WATCH项目为期一年。在为期两周的暑期课程中，学生们参与一系列实地远足活动，直接接触当地的生态系统：关注本地的环境问题、建立社区服务意识，并与自身职业发展进行关联，学生实地考察如图3-11所示。在第一周，他们需要学习并实践关键性的科学技能——观察、探索、数据收集、沟通，学会基本的科学技术工具的使用。对派扎罗河流域进行探索，与相关的科研人员与专家见面，了解基本的环境问题与可能的解决方案。在第二周，学生将置身于利用水域开展相关人类活动的主题活动中，以团队为单位提出实施方案，从而将所学习的科学知识与栖息地保护的实际困难联系起来。

在正式的学校学习中，学生们以小组为单位，就环境主题开发出本组的研究项目。通过接触水族馆工作人员、学校教师、蒙特利海湾水族馆研究所和加州大学圣克鲁兹分校的社区导师、本地栖息地的利益相关者，学生们得以获取科学知识、项目指导与实践经验。在课堂内，学生们主要从特邀发言人和教师那里学习相关科学内容，开展小组讨论与团队相关工作。在周末的校外活动中，学生们将进入各自项目的研究场

---

① 陈舒，裴新宁. 正式与非正式科学教育组织的协作——美国K-12科学教育的经验与启示［J］. 全球教育展望，2016，1：84-93.

地，实地收集并分析数据。在学年结束时，他们将向同学、家长及公众汇报其项目成果。在成功地参与并完成整个项目后，学生们将得到毕业所需要的社区服务时间，还将获得用于继续深造的奖学金。

图3-11　学生实地考察①

作为整合性的科学课程，WATCH项目成为学校教育与非正式教育组织建立紧密合作的典范。其充分利用了非正式教育的给养（学习者为导向、协作性学习、拓展的人际关系、基于实境地点、动手操作的物件等）拓展传统的学校教育之可能，又利用学校教育的优势（学期年限、固定的团队工作地点、学术性的知识传授）为非正式的科学学习活动提供保证。它有效拓展了学校的传统科学教育，将本地丰富的科学教育资源成功地整合到学校教育之中，为发展高中学生对科学问题本质的认识、科学知识的理解、科学实践能力提供了宝贵的经验。

3. 体验性学习

近年来，随着智能技术在教育中的影响不断加深，以及先进教育理

① Teen Programs Home.Watsonville Area Teens Conserving Habitats [EB/OL]. http://www.montereybayaquarium.org/education/teen-programs/watsonville-area-teens-conserving-habitats-watch. 2019-05-10.

念的深入人心，学习不再局限于学校内，而是延伸到家庭、图书馆、科技馆等非正式场所和各种社会情境中，在各种社会情境中学习者开展一系列有意义的活动。教育研究者发现学习者在上述情境下开展的活动相比于传统的学习活动，更加真实，学生的体验感更强。在促进对知识的理解、激发学习主动性、培养批判性思维等方面有积极影响，并且在基于实物的学习方面具有其独特的作用。[①] 因此，兼容真实生活体验的学习在学生核心素养的发展过程中占据重要地位。

体验学习是从做中学，或是通过参与活动获取经验，进而实现知识的积累。体验学习除了强调经验本身，更重要的是通过系统的学习方法有意识地将经验转化为可利用的知识、技能，即从经验中建构意义，从具体的经验中提取出抽象的知识，作为日后问题解决的参照。体验学习强调经验的反思，系统地学习、提取知识和建构意义。

兼具真实生活的体验学习融合了正式学习和非正式学习，在学习过程中，学习者主动与真实的环境交互，在交互学习过程中表现出以下特征：情境性，体验学习在开始之前根据学习目标、学习内容和学习者特征选择或创建一个情境，当学习者在这个情境中通过与真实世界交互获取经验时，教师作为引导者和监督者指导学习者通过观察、反思和概括从经验中提取能够运用在新的情境中；参与性，体验学习不是孤立的个体经验，有意义的经验是学习者在与学习相关的情境中，主动地参与到活动中；主体性，体验学习是一种以学习者为中心的学习方法，学习是在学习者自己的行动和对行动结果的反思中发生的，因此，学习者的感受、学习方式都需要关注；反思性，经验是通过主动参与获取的，而经

---

① 许亚锋，王周秀，马健. 基于体验学习的未来课堂的设计与应用［J］. 电化教育研究，2013，05：73-79.

验的内化和升华则是通过反思实现的。体验学习的精髓在于利用系统的学习程序把具体情境中的经验升华为抽象的、普适的、可应用的知识。

4. 正式与非正式学习方式融合

21世纪是知识经济时代，学习已经不再是阶段性的活动，而是伴随人一生的行为，融入人们生活的各个阶段。①《人是如何学习的》的主编John Bransford指出：关于人类学习的研究，开始进入了一个整合的十年，即正式学习、非正式学习和内隐学习研究的交互融合。②可以看出，正式学习与非正式学习的互补融合已经成为当前学习方式的发展趋势。

非正式学习是相对正式学习而言的，其发生的场所和时间灵活多变，它和正式学习最重要的区别在于，正式学习是由外界发起、组织的，而非正式学习是由学习者自我发起、自我调控、自我负责的学习，主要是指做中学、玩中学、游中学，如沙龙、读书会、聚会、打球等，正式学习与非正式学习的比较见表3-1。③可以看出，非正式学习发生的形式丰富多样，带有社会性和协作性，学生往往是在与社会交互的过程中，通过经验、交流、合作等多种方式获取知识，获取知识的过程可以是有意的，也可以是无意的。

---

① 余胜泉，毛芳. 非正式学习——E-Learning研究与实践的新领域［J］. 电化教育研究，2005，10：19-24.

② 赵健. 创建多姿多彩的学习生态：美国非正式学习领域的发展情况与案例分析［J］. 世界教育信息，2011，7：30-34.

③ 余胜泉. 人工智能教师的未来角色［J］. 开放教育研究，2018，24（1）：16-28.

表 3-1 正式学习与非正式学习的比较

名称	正式学习	非正式学习
时间	时间局限	时间弹性
场所	教室、讲堂	餐桌上、休息室、办公室
主导	教师、评价、赏罚	学习者
过程	系统的、有组织的	自然发生的，融于工作、生活的
主体	个人为主	社会性

作为两种不同的学习方式，正式学习和非正式学习各有优势。正式学习系统性强，有明确的指向性，可以帮助人们获得逻辑性强的、知识结构完整的系统知识。而非正式学习弹性大，随意性强，可以随时随地发生，内容丰富，更加接近学习者的学习兴趣。因此，两者之间可以进行一个很好的融合与互补。实际上，很多教师和学者已经意识到这一点。他们开始在学校的正规教育之外，利用新时代的移动设备，通过游学、社会实践等多种做中学、玩中学的非正式学习方式，不断弥补正式学习中欠缺的部分，创建正式学习和非正式学习环境的无缝对接，共同引向无缝学习，使得学习者能够体验更加个性化的泛在学习方式，构建更加完整的知识体系。可以很乐观地预见，在未来的教育领域，正式学习和非正式学习互补融合的无缝泛在学习趋势将会更加明显。

案例3-5 基于增强现实的《未来之书》

增强现实的教育系统具有将抽象的学习内容可视化和形象化，支持泛在环境下的情境式学习，提升学习者的存在感、直觉和关注度，使用自然方式交互学习对象，以及把正式学习与非正式学习相结合的特点和功能。①

北京师范大学现代教育技术研究所团队制作了若干与教育相关的案例，并将这些案例集成在一本书籍——《未来之书》上，如图3-12所示。他们选取了中学物理中的单摆、牛顿第一定律、牛顿第二定律等实验进行虚实结合的展示，通过一台计算机和一个摄像头，识别书上的标记，就能在书本上浮现虚拟的三维场景，是一本真正虚实融合的三维立体交互书，如图3-13所示。学习者只需通过简单的设备，即能直观感受到平面书籍中所描述的实验场景，增强了学习的兴趣。

图3-12 《未来之书》首页

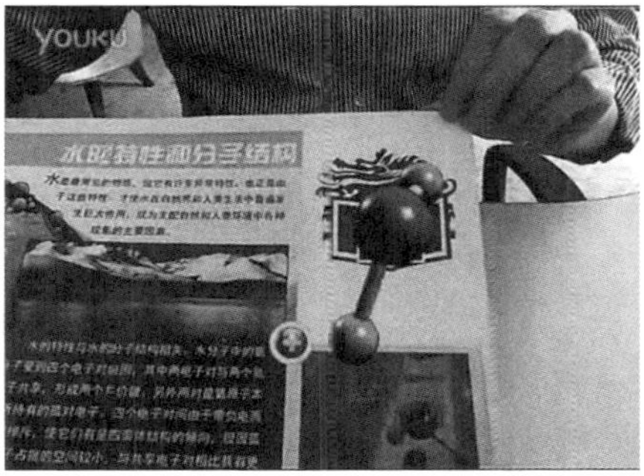

图3-13　书上浮现的虚拟化学分子模型

5. 个性化学习

人类教育发展史主要历经了从个别的原始教育走向个性的农耕教育，从个性的农耕教育走向班级授课式的规模化教育，从规模化教育走向分散化、生态化、生命化、网络化的个性化教育的三次根本性变

① 蔡苏，王沛文，杨阳，等. 增强现实（AR）技术的教育应用综述［J］. 远程教育杂志，2016，5：27-40.

革。[①]《国家中长期教育改革和发展规划纲要（2010—2020年）》指出："树立多样化人才观念，尊重个人选择，鼓励个性发展，不拘一格培养人才""坚持以人为本、全面实施素质教育是教育改革发展的战略主题""牢固确立人才培养在高校工作中的中心地位，着力培养高素质专门人才"。《教育信息化十年发展规划（2011—2020年）》在基础教育信息化发展水平框架中提出，学校教育教学方式的变革要在学生多样性、个性化学习方面的改变上取得突破。可以看出，当前我国教育信息化的发展已经进入以有效支持教与学、促进学生个性化发展为核心诉求的新阶段，促进学生个性化发展成为当前我国教育信息化发展的价值取向。[②]

个性化学习，是指以学生的个性差异为基础，强调学习过程要针对学生的个性特点和发展潜能采取恰当的方法、手段、内容、起点、进程、评价方式等，帮助学生各方面获得充分、自由、和谐的发展，以促进学生个体发展为目标的学习范式。[③]个性化学习的特征及其内涵见表3-2。[④]

① 周洪宇，鲍成中．扑面而来的第三次教育革命［N］．中国教育报，2014-05-02：007.

② 武法提，牟智佳．电子书包中基于大数据的学生个性化分析模型构建与实现路径［J］．中国电化教育，2014，3：63-69.

③ 李克东．网络环境下的个性化学习．http://www.docin.com/p-1199857000.html.2014-12-19.

④ 孔晶，郭玉翠，郭光武．技术支持的个性化学习：促进学生发展的新趋势［J］．中国电化教育，2016，4：88-94.

表 3-2　个性化学习的特征及其内涵

个性化学习特征	内涵
学习目标差异化	学生自主制定或在教师的指导下制定要完成的学习内容和实现的学习目标，强调学生的自主性
学习内容定制化	在整体学习内容一致的前提下，可以针对学生的实际情况和兴趣导向，有所侧重地依据学习目标进行个性化学习内容的定制
学习方法自主化	教师根据学生的学习兴趣和学习能力，多方面考虑学习因素、学习安排和学习目标，重新设计整个学习过程
学习环境泛在化	弹性的、随时随地的学习，包括学校之外的学习，如在线学习、混合学习、社区学习，或教师、专家提供的其他途径的学习过程
学习成果多样化	成果展现是最能体现个性化学习的部分，学生学习成果的表现形式无须统一标准和格式，为学习者提供充分的表达观点和展示成果的机会
学习评价即时性	个性化的学习评价能够充分考虑到学生的个体差异，通过多样化的评价手段，针对不同特点学习者的学习活动开展过程性评价，能够帮助学习者实现个性化的发展

未来环境中教学和学习方式的变革已经成为必然，技术则是走向个性化教育教学的重要支撑。近年来，随着大数据、云计算等技术的快速崛起，以及“互联网+”等相关理念的涌现，为推动传统教育向精细化、多样化、个性化方向的发展提供了相关平台和技术支持。如网络技术的发展为资源共建共享提供了条件，使每个人都能够享有平等的获取资源的机会；大数据、学习分析技术和各种自适应学习系统的出现，能够帮助学生实现自我量化、自我管理，从而有目的、有步骤地开展个性化学习；基于大数据的学生行为数据的深度挖掘与分析，能够帮助教师对学生形成更加清晰和深入地了解，从而对学生的个性化发展提供有针

对性的指导①。可以看出，关注个体特征的个性化学习已经具备相关政策和技术支持。个性化学习作为Terry Heick提出的21世纪学习的9大特征之一②，将成为未来学习方式发展的方向。

案例3-6 支持个性化学习的资源推荐平台

北京师范大学未来教育高精尖创新中心设计与研发的泛在学习环境下的学习资源模型，即学习元平台③，与普通的学习资源相比，聚合了人际网络、语义网络、学习活动等综合性信息，能为解决当前学习资源推荐中存在的问题提供良好的支持。学习元平台的推荐模型在思路上考虑整个学习流程，在技术上基于本体的综合性推荐模型，充分考虑了资源间的语义关联，利用过程性信息对资源推荐候选集进行筛选，从而保证推荐资源的质量，如图3-14所示。

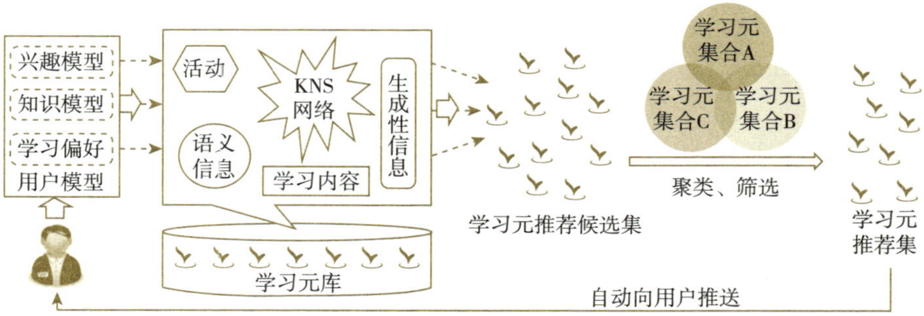

图3-14 学习元个性化推荐模式

① 孔晶，郭玉翠，郭光武. 技术支持的个性化学习：促进学生发展的新趋势［J］. 中国电化教育，2016，4：88-94.

② Terry Heick.9 Characteristics of 21st Century Learning [EB/OL]. http://www.teachthought.com/the-future-of-learning/9-characteristics-of-21st-century-learning/，2015-11-13.

③ Yu, S., Yang, X., Cheng, G., & Wang, M. From Learning Object to Learning Cell: A Resource Organization Model for Ubiquitous Learning [J]. Educational Technology & Society. 2015, 18(2) : 206–224.

由于学习元平台是一种特殊的结构化资源，不仅包括学习内容，还包括学习活动、人际资源等，故向用户推荐个性化的学习元，其实也就是将个性化的学习内容、学习活动和人际资源同时推荐给了该用户，利于用户在学习所需知识的同时通过参与相应的活动进而加深对知识的了解，通过与相关用户的交互消除学习时的孤独感，吸取他人经验，促进社会性学习。此外，该模型考虑到泛在学习与其他学习的不同，将资源库中的资源推荐方式和学习系统中资源的推荐方式结合起来，从用户兴趣、已有知识和学习偏好三方面进行推荐。

二、未来的学习方式

智能时代，随着知识的呈现方式、传播方式与获得方式的转变，未来将会出现基于互联网的新型学习方式。例如，基于网络学习空间的自主学习方式、基于网络主题资源的探究性学习方式、多点联通的社会化学习方式和情境化与游戏化学习方式等。

（一）基于网络学习空间的自主学习

网络学习空间（Cyber Learning Space）是一种基于互联网的虚拟学习环境。① 一般认为，广义的网络学习空间，是指运行在任何平台载体之上，支持在线教学活动开展的虚拟空间，而狭义的网络学习空间特指运行在专门的教育服务平台之上，支持在线教学活动开展的虚拟空间。随着人工智能、移动互联网、富媒体、移动终端、虚拟现实等技术的发展，智能时代的学习场所已经从物理学习空间拓展到网络学习空间，因而网络学习空间备受国内外教育和研究机构，以及政府组织的重

① Weller M.Virtual learning environments: Using, choosing and developing your VLE [M]. London: Routledge, 2007.

视。[1] 2015年11月，刘延东副总理在全国第二次教育信息化电视电话会议上再次提出“十三五”期间“网络学习空间人人通”要更加普及、深入，要统筹推进实名制、组织化、可管可控的网络学习空间，足以看出国家对于网络学习空间的重视。近年来，随着互联网与人工智能等技术的发展，网络学习空间的建设也呈现出以下两个新的特征：[2][3]

1. 支持学习者个性化的学习

每个学生的学习方式、学习策略、学习认知是存在差异的，传统的学习空间很难能够根据学生的特点为学生提供个性化的学习支持，因此导致学生的学习效率低下。而网络学习空间能够为每位学习者提供“一对一”，甚至“多对一”的个性化教育服务，通过精准化的资源服务推送、个性化的学习结果诊断，以及学习路径的引导，能够高效地支持学生的按需学习，增加学生的“获得感”和“成长感”，实现每位学生的全面发展。

2. 实时采集学生的数据

随着大数据在教育领域中的运用，学生学习数据的采集和挖掘成为可能。学校通过打造网络学习空间来记录学生的学习过程，如学生浏览学习平台的时间、学生测验的情况、在平台上发言的情况、运用什么学习工具和学习策略来解决问题、对哪种类型的资源呈现方式比较青睐等，并通过运用各种数据采集技术（点阵数码笔、拍照搜题、可穿戴设备、物联网、情境感知与视频监控等）实时采集学生的学习行为数据、

---

① 胡永斌，黄如民，刘东英．网络学习空间的分类：框架与启示［J］．中国电化教育，2016，4：37-42．

② 杨现民，赵鑫硕，刘雅馨，等．网络学习空间的发展：内涵、阶段与建议［J］．中国电化教育，2016，4：30-36．

③ 张子石，金义富，吴涛．网络学习空间平台的规划与设计——以未来教育空间站为例［J］．中国电化教育，2015，4：47-53．

身体状态数据与心理健康状态数据，通过对学生各种数据的分析和挖掘建立学生的学习地图，分析学生的学习行为、学习方式、学习风格与学习环境偏好等，精准地为学生制订个性化的学习方案。

案例3–7　智慧学伴

北京师范大学未来教育高尖创新中心自主研发的智慧学伴平台，通过汇聚学生的学科素养、心理健康、身体发育、问题解决等方面的大数据，利用科学建模进行学生画像，将知识与能力的结构可视化分析，形成学生学习问题的诊断与改进，学科优势的发现与增强。

智慧学伴平台除了为学生提供基于学科能力和核心素养的核心概念所对应的视频和在线测试进行学习外，还为学生和教师提供了详细的知识图谱（见图3–15），帮助学生了解知识结构和自己的能力水平，辅助教师了解学生个体和群体的发展状况。智慧学伴平台中的各学科知识图

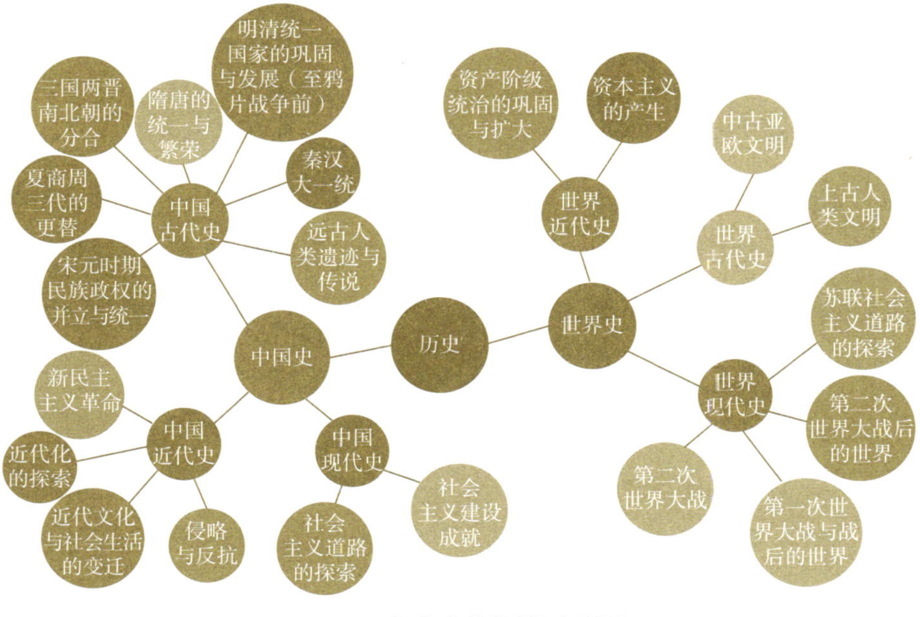

图3–15　智慧学伴学科知识图谱

谱涵盖了各学科从小学到高中的核心概念，各知识节点均有北京师范大学各学科学院专家团队制作的学习微课和配套练习。同时，知识图谱有很好的反馈体系，学生通过观看视频和完成练习，如达到评定标准，则可以点亮知识图谱上的相应节点，并且节点颜色会随着知识点掌握情况随时变化，形成不同学生群体和个体的各级各类知识图谱。通过可视化的知识图谱，学生可以建立自己的可视化认知网络，以多点联通的方式进行自主学习，提高个性化学习的体验和效果。

（二）基于网络主题资源的探究性学习

探究性学习是根据学生的知识学习与能力发展需要，从学科领域或现实生活情境中选择蕴含学科知识的实践性问题或者探究性小课题，在教师的指导下，学生通过认真思考、主动探究和协作交流等活动，主动地去获取知识、应用知识、解决问题，从而促进学生更好地达到课程标准的要求、实现知识的深化理解和迁移、培养学生探索精神和发展学生创新能力的学习方式。

探究性学习模式，是指在教学过程中，要求学生在教师指导下，通过以“自主、探究、合作”为特征的学习方式对当前教学内容中的主要知识点进行自主学习、深入探究并进行小组合作交流，从而较好地达到课程标准中关于认知目标与情感目标要求的一种教学模式。认知目标涉及与学科相关的知识、概念、原理与能力的理解与掌握；情感目标则涉及感情、态度、价值观与思想品德的培养。在实施信息技术与课程深层次整合过程中，各学科知识与能力（如阅读、写作、计算、看图、识图、实验和上机操作等能力）的培养，以及健康情感、正确价值观与优秀思想品德的形成，都可通过探究性学习模式使之逐步落实。[①] 探究性学习模式通常包含创设情境、启发思考、自主探究、合作交流与总结提高等五个环节。

案例3-8　神奇动物在哪里

北京师范大学未来教育高精尖创新中心自主研发的“神奇动物在哪里”项目式学习课程，较好地体现了探究性学习的理念。该项目创设了任务情境——撰写一份保护野生动物的倡议书。围绕这一情境，学生探究学习大自然中的动物及其相关文化，探索动物的有趣特征，了解中国传说中的神兽文化和《山海经》，学习动物仿生科学，了解我国保护动物的行动，引导学生分析动物濒危的原因，形成自己的观点；然后完成学习任务，学生首先从一个大的任务目标出发，大的任务被拆分成一系列小任务，在完成任务中学习科学知识，同时锻炼写作能力、表达能力和辩证思维。该项目为学生营造了一个有趣的学习科学的探究环境，如图3-16所示。

图3-16　探究项目“神奇动物在哪里”

① 何克抗，吴娟. 信息技术与课程整合的教学模式研究之三——“探究性”教学模式［J］. 现代教育技术，2008，18（9）：05-10.

首先，该项目以图文并茂和线上虚拟仿真实验的形式介绍项目背景，以揭秘《神奇动物在哪里》电影中的各种动物形象原型为探究线索展开项目式学习，旨在引导学生在真实的问题情境中运用相关知识和能力解决实际问题；其次，明确需要探究解决的问题，例如，电影《神奇动物在哪里》中的神奇动物有什么特点，与之相比，我国的文化奇书《山海经》里的神兽有什么特点，动物奇妙的护身术是什么仿生科学，为什么要保护濒危动物等；再次，学生进入具体任务的探究情境中，需要完成的任务是写一份保护野生动物的倡议书，倡议书的内容包括：我们要了解什么法律，怎样保护环境，为什么要拒绝食用和饲养野生动物，我们应该怎么呼吁社会保护野生动物；最后，撰写倡议书，学生需要设计倡议书的内容框架、决定使用什么图片、如何排版，最重要的是用可信的数据支持自己的观点。在整个学习过程中，学生独立自主完成学习任务，开展同伴交流。最后反思自己的观点，思考同伴提出的不同意见，并考虑修改方案。

（三）多点联通的社会化学习

社会化学习的概念分为广义与狭义，广义的概念是指任何根植于社会、产生于交往之中的学习；狭义的社会化学习特指在互联网进入Web 2.0时代后，人们借助Web 2.0技术进行网络学习。社会学习理论由美国当代著名心理学家班杜拉提出，认为人的行为由认知、行为、社会环境三方面互相作用，强调社会因素对于学习的重要性；[①] 狭义的社会化学习的理论基础是加拿大学者乔治·西蒙斯提出的联通主义学习理

① 高申春. 人性辉煌之路：班杜拉的社会学习理论［M］. 武汉：湖北教育出版社，2000.

论。[①]社交网站的不断发展，人们的学习打破了学校有形的围墙，扩展到无形无界的网络空间中，接触到更多的学习内容、学习群体，融入更大的时空中。国内知名网站，如知乎、豆瓣、沪江等也开展了一系列社会化学习的尝试，并取得了一定的成果。学习者通过网络社交平台，与虚拟的在线教师、共同的学习爱好者和各领域专家沟通交流，获取多方面、多角度、多层次的知识，而不再局限于书本与教师传授，从而达到更高层次的认知。

（四）情境化、游戏化学习

在如今智能手机和平板电脑普及的移动互联时代，教育资源越来越多，然而学习成效并没有因为技术的发展和资源的丰富得到较大地提高，即信息技术对教育领域的改变远不及其对经济、医学等其他领域的改变。提高学习者的学习效果和能力一直都是教育领域关注的重点，也是教育改革的聚焦点。学习动机作为影响学习效果的重要因素，受到研究者们的普遍关注。基于数字的游戏化学习和情境感知的学习可以使得学习活动具有趣味性，使学习者获得真实学习体验和情绪上的满足，从而加强学习的内在动机。同时学习者只有将所学知识应用到真实情境中，才能真正达到成长的目的。

在激发学习动机以提高学习参与度方面，技术可以通过开发教育游戏，并在教育游戏中嵌入学习反馈，从而引起学习者的注意和兴趣。通过学习分析和大数据等技术为学习者推荐资源和学习路径，实现自适应学习或个性化学习，使得学习者的学习动机能够保持，持续努力。技术可以为学习者创设情境，通过在情境中的真实体验来加强对知识的记

---

① 王志军，陈丽. 联通主义学习理论及其最新进展［J］. 开放教育研究，2014，5：11-28.

忆、理解和应用，使得学习者积极参与到学习过程中。因此，有效的学习应该是能够激发学习者内在动机的有趣的、知识情境化的学习方式。

（五）多学科融合的STEM教育

传统学习模式将不同学科知识以割裂的方式呈现，不利于学生对跨学科知识的把握。而现实生活中，学生遇到的很多问题都是综合性的，需要综合运用不同学科的知识加以解决。在信息技术的支持下，STEM（Science，Technology，Engineering，Mathematics，科学、技术、工程和数学）教育应运而生。STEM教育中的科学、技术、工程与数学四门学科的教学必须紧密相连，以整合的教学方式培养学生掌握知识和技能，并能进行灵活迁移应用解决真实世界的问题。融合的STEM教育具备新的核心特征：跨学科、趣味性、体验性、情境性、协作性、设计性、艺术性、实证性和技术增强性等。①

STEM教育强调学生要具备一定的技术素养，强调学生要了解技术应用、技术发展的过程，具备分析新技术如何影响自己乃至周边环境的能力。在教学中，它要求利用技术手段激发和简化学生的创新过程，并通过技术表现多样化成果，让创意得到分享和传播，从而激发学生的创新动力。STEM教育主张技术作为认知工具，无缝融入教学各个环节，培养学生善于运用技术解决问题的能力，增强个人驾驭复杂信息、进行复杂建模与计算的能力，从而支持深度学习。

（六）促进学生个性发展的创客教育

“创客”的概念起源于美国，是指能够依据创意付诸实践进行创新的、具备一定科学素养、热衷实践、乐于分享的人。21世纪以来，互

---

① 余胜泉，胡翔. STEM课程的跨学科整合模式与基本取向［J］. 开放教育研究，2015，4：13-22.

联网网络社区平台的开放，各种开源硬件、开源软件、社交网络的飞速发展，成千上万的创客从草根中来，到大众去，迅速形成了创客运动，在短短数年内就逐渐席卷全球。创客运动与教育的融合，正在积极影响着现有的教育教学形态。自2014年开始，国内越来越多的大学、职业技术院校和中小学也开始加入创客运动，如浙江省温州市于2014年成立青少年创客教育协会，随后承办中国青少年创客教育联盟论坛；北京师范大学教育信息化协同创新中心于2015年7月举办首届中小学创客教育课程与师资建设高级研修班等。

坚持以立德树人为开展创客教育项目的统领原则。学生是创客教育活动的主体，而制造实体的作品是创客行动的重要目标。同时，创客行动的最终目标不仅是要能创造出“实体作品”还要产出“精神产品”，这也是创客教育的核心特征与最终目标。我国素质教育的目标是要把广大青少年都培养成“创新人才”，即具有创新意识、创新思维（即创造性思维）和创新能力等三方面素质的人才。①②

通过创客项目的推进，尊重学生个性发展需求，通过基础知识和基本技能的传授，把青少年都培养成能利用各种技术手段与方法创造出“实体作品”和“精神产品”的创客，在动手创作的过程中，帮助学生形成和提高信息技术素养，以及高层次的思维能力，使其具备较强的学习和创新动力，身心品德行为等各方面表现优异，让学生能够具备跨学科和团队协助解决问题的能力。

① 何克抗．创立中国特色创客教育体系——实现“双创”目标的根本途径［J］．中国教育学刊，2017，2：50-54.

② 何克抗．论创客教育与创新教育［J］．教育研究，2016，4：12-24.

案例3-9 广州市荔湾区“中国特色创客教育”项目

广州市荔湾区作为坚持开展北京师范大学现代教育技术研究所何克抗教授引领的基础教育跨越式发展创新试验研究（以下简称“跨越式”）项目12年的课题区，在12年间培育出一大批具有一定创新能力的学生，也涌现出众多具有先进教育教学观念、高水平信息化教学能力、丰富的信息化教学经验的跨越式名师，同时也形成了数十所信息化水平建设极高的课题示范学校。在此基础上，借助国家当前对创新人才的需求，为了培养具备动手实践、创新能力的未来创客，从教育发展的角度出发，通过创客运动带动创客文化的发展，促进教育创新，继而带动校园文化创新，最终促进荔湾区实现新阶段的跨越式发展。

为了能正确地倡导与实施具有中国特色的创客教育（见图3-17），跨越式项目从如何培养与落实创新人才必须具有的创新意识、创新思维

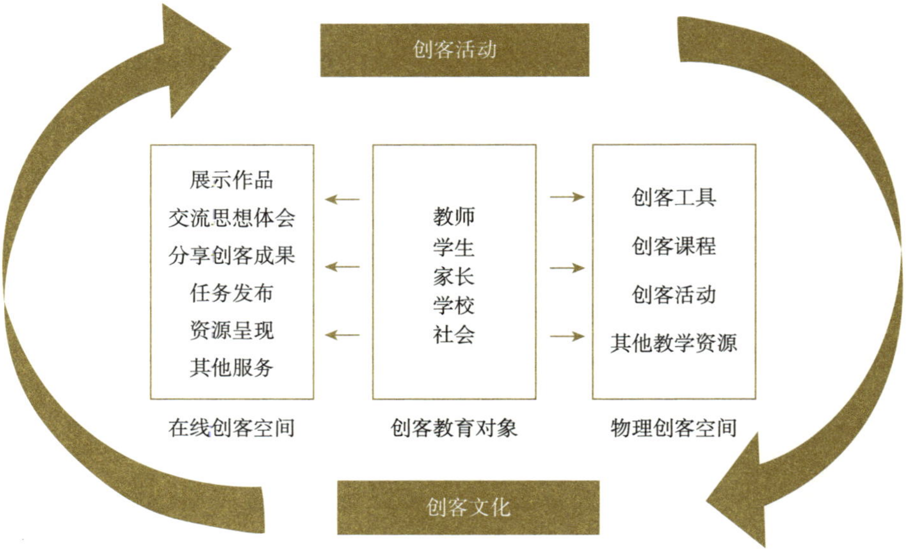

图3-17 创客教育的开展方式

和创新能力等三方面素质入手，按照其承载创造活动、支持创意产生与现实转化、鼓励互动与协作等特征，借鉴西方国家的创客理念、模式可操作经验，整合同时期国内学者创建的理论和实践模型，开展具有中国特色的创客教育。

首先，跨越式项目组对荔湾区开展基于创客项目进行前期调研，选取试点开展创客项目实验学校。其次，围绕创客项目组建区、校两级的创客教师和管理团队，组织教师以“继续教育”的方式参与创客教育项目的专业培训，并通过学科教研员、学校教师和创客专家团队等多方协同进行创客课程的备课和活动的设计。对于物理实践区域和虚拟空间区域，创设线上与线下相结合的两类创客空间，根据两类不同创客空间具体的服务内容对其进行划分，即在线创客空间以提高各种支持服务为主，物理创客空间负责项目实践。最后，创建一系列由校级竞赛，再扩展到面向区级和国家级的创客活动，逐步形成完整的创客项目实施经验，逐渐培育创客文化。

在项目实施过程中，面对一定的课程内容，开展不同的创客活动，选择相应的创客工具和载体；依托现行课程的知识点为基础，设计创客课程、构建创客教学模式；面向不同形式的创客活动，采取面向不同受众的创客形式：面向学生的成果展示和创客竞赛、面向家长的亲子活动、面向社区的科技普及展、面向创客文化交流的创客论坛等。

中国特色创客教育的最终目标与落脚点是要培养出具有创新意识、创新思维和创新能力的创新人才。学生不仅要能通过创造实体作品体现出创造能力，还要在这一过程中培育和践行创新思维和创新意识，即学生应具有“为什么创新”和“为谁创新”的创新意识，并培养出“能够有效形成创新的思想、理论、方法及设计”的创新思维。

第四节　推进智能时代人才培养模式变革

为推进信息技术与课堂教学的深度融合，破解制约我国教育发展中的难题，大幅提升我国教育质量，学校、政府、企业与家庭等相关者需多方联动，协同建设智能化教学环境，提供优质数字教育资源和软件工具，鼓励发展性评价，探索建立以学习者为中心的创新教学模式和促进学生21世纪技能发展的学习方式。推进智能时代人才培养模式变革的政策建议有以下八个方面。

一、环境与机制

大力推进技术与教育的深度融合、人和技术的融合、实体的空间和虚拟的空间融合，形成一个技术完全融入“学习”的和谐教育信息生态。通过将信息技术有效地融合于各学科的教学过程来营造一种信息化教学环境，实现一种既能发挥教师主导作用，又能充分体现学生主体地位的以“自主、探究、合作”为特征的教与学方式，从而把学生的主动性、积极性、创造性较充分地发挥出来，使传统的以教师为中心的课堂教学结构发生根本性变革——由教师为中心的教学结构转变为“主导—主体相结合”的教学结构。①

利用信息技术开展启发式、探究式、讨论式、参与式教学，鼓励发展性评价，探索建立以学习者为中心的教学新模式，倡导网络校际协作学习，提高信息化教学水平。

---

① 何克抗. 新课改 新课堂 新跨越——教育系统如何实现信息技术支持下的重大结构性变革［J］. 现代远程教育研究，2013，4：03-08.

转变教师的角色，在信息化社会中，教师的角色需要从知识传授者转变为依学生个人特质做知识提供及辅助者的角色，教师要成为学生主动建构意义的帮助者、促进者，课堂教学的组织者、帮助者，而不是知识的灌输者。

鼓励学校依据课程标准安排课程计划，规范课程内容深度、广度和进度，不赶进度、不增难度，尊重教育规律和学生成长规律，促进学生全面健康成长。

将课程自主权下放到学校，鼓励学校根据学科、课型等积极开展长短课、大小课相结合的课程实验，周总学时的时长不得超过相应年级规定的学时总量即可。

二、无缝式学习

自带设备学习（Bring Your Own Device，BYOD）是实现随时随地无缝式学习的必要条件之一。建立支持无缝式学习的信息化教学环境，提供支持学生知识建构的多样化认知工具。加强大学—政府—学校（U—G—S）协同，以及跨学科教师的协同。在信息化教学环境的支持下，根据知识内容和社会生活提炼综合性问题，确定教学目标，从学生知识建构的角度设计具有自主、探究、合作特征的课内、课外活动，建立正式学习与非正式学习之间的联系，完整记录并分析教学活动中的数据。

三、教学环境建设

建设智能化教学环境，提供优质数字教育资源和软件工具，教学环境是信息技术变革教育的首战场，是创新教学模式、优化教学流程的基础。使用情境感知、虚拟仿真等先进技术建设未来教室、探究基地等智能化、情境化、高互动的联通学校内外的教学环境，以环境转变推进教学变革。配置支持创新教学的先进教学工具和资源（包括智能可穿戴设备、3D打印机、游戏化教学软件等），以工具和资源为基础引导教师转变教学理念，创新教学模式，落实教学变革。

设计与开发基于学科知识点的、具有可探究、操作交互友好、支持即时评价反馈的教学资源与工具库，建立多样化的教学模式与案例库。资源的设计与开发者可以依据知识本体搭建资源平台，个性化地为学生推送学习资源；教师可以依据知识地图判断学生的知识及认知盲点，便于开展学习路径分析，从而及时地了解学情、修正教学方法；学生可以依据知识地图准确定位，快速查找所需的学习内容，从而较好地提高学习兴趣及学习效率。

四、智能监控和可视化分析

建立国家、地区、学校、班级层层相连的教学管理系统，全面、系统地获取教育教学的过程数据和结果数据，打通各级各类教学管理系统，实现学习者个人信息的持续跟踪记录和多系统互通共享。

建立教育管理信息标准体系，制订教育管理信息标准，规范数据采集与管理流程，建立以各级各类学校和师生为对象的国家教育管理基础数据库。整合各级各类教育管理信息资源，建立事务处理、业务监管、动态监测、评估评价、决策分析等教育管理信息系统。

强调以数据分析为基础的教学管理，实现教学管理的科学化、智能化。融合多种技术工具，对教育教学各个环节实行智能监控，利用可视化分析技术对学生个体、班级群体、学校整体，以及区域乃至国家整体的教学质量进行可视化分析，为教育教学管理制度的建立和完善提供依据、指引方向。

五、注重发展“四基四能”

新课程标准提出把数学教学中的“双基”发展为“四基四能”，要求学生不仅要获得基础知识与基本技能（“双基”），还要拓展基本思想与基本活动经验；并要求培养学生发现问题、提出问题、分析问题、解决问题的能力，也就是“四能”。将数学教学中的“双基”拓展为“四基四能”，体现了对教学价值的全面认识，在教育信息化革新学习方式的时代，要在各学科、各阶段全面发展学生的“四基四能”。

发展学生的“四基”，要求关注学生学习的过程，强调学生的主体作用。学生不再是知识的被动接受者，而是知识的主动建构者。在学习探索的过程中，学生能够发现书本上不曾出现的新方法、新观点、新途径，知道以前不曾知道的新东西，学生很容易获得成功的体验，并逐渐积累创新和创造的经验。发展学生的“四能”，要求强调知识的情境化和社会化，为学生营造贴近他们真实生活的情境，激发学生的学习兴趣，达到产生领悟、建构知识的目的；要注重知识与社会的联系，通过在教学实践中创设一定的情境使学习社会化，让学生在真实的社会化情境中去发现问题、提出问题，进而分析问题、解决问题。通过这种社会化的体验学习，学生在学校教育中能够提前体验到社会的运作方式，学会处理现实社会真实存在的一些问题，达到学以致用的目的，逐渐提高自己的社会生存能力。①

---

① 余胜泉．互联网＋教育：未来学校［M］．北京：电子工业出版社，2019．

六、促进学生深度学习

深度学习的实现需要充分发挥教师的引导作用，在具体的信息化教学实践中教师应充分利用信息工具促进学生深度学习。技术支持的深度学习需要充分发挥信息技术作为学习工具，特别是认知工具的作用，学习者与信息技术之间的关系是智能伙伴关系，深度学习需要学习者利用信息技术主动完成知识构建，同时深度学习重视自我评价和反思，信息技术可以作为评价工具促进反思。①

信息技术在学习中的应用很广，在学习中，学习者可以通过信息技术收集和存储信息、加工处理信息、传达思想与共享资源，以及交流信息解决问题，这是利用传统学习工具很难完成的。因此教师应充分发挥信息技术作为认知工具的作用，激发学习者学习兴趣，批判性地获取知识，并将知识运用到具体情景中，实现有意义的学习。认知工具，是指促进学习者发展批判性思维、创造性思维和综合思维能力的各种软件系统，主要包括数据库、电子报表、语义网络、专家系统、多媒体建构工具等。比如电子表格软件能帮助学习者从数据中获得更为丰富的信息，多媒体软件为学习者提供生动、形象的学习内容，思维可视化软件可以组织和表征知识，帮助学习者拓展思维、建立新旧知识点间的联系。

七、智慧教育应用模式

探索泛在、灵活、创新的智慧教育应用模式，支持“人工智能+教育”的深入科学研究，加强“政企学研”多方合作，协同推动教育人工智能快速发展，让人工智能真正赋能教育。开展区域性创新行动，先行

---

① 杜娟，李兆君，郭丽文. 促进深度学习的信息化教学设计的策略研究［J］. 电化教育研究，2013，10：14-20.

先试，积累经验、构建模式，探索机制。

通过开展智慧教育应用示范，带动实践创新，搭建教育信息化发展的桥梁。推动人工智能在教育领域的规模化应用，构建跨媒体应用示范系统，提升教育的智能化水平。通过开展智慧教育应用示范，拓展创新应用的广度和深度，促进产业良性发展，促进教育问题的解决。利用智能技术支撑人才培养模式的创新、教学方法的改革、教育治理能力的提升，构建智能化、网络化、个性化、终身化的教育体系。

第四章　智能技术与教育评价

教育评价具有十分重要的引领作用，教育评价的变革会影响教学理念、培养目标、教学行为、学习行为、教育管理者行为等。随着智能时代的到来，未来社会对人才培养提出了新的要求。世界各国纷纷提出本国学生面向21世纪的核心素养和关键能力，更加关注人的全面、个性化发展，强调高级能力如合作解决问题的能力、批判性思维、创造性思维等的培养，传统的以结果为导向的教育评价无法满足对这些能力和素养的评价需求，不利于面向未来社会人才的培养，因此迫切需要变革传统的教育评价方式，发展具有时代性、指导性、前沿性和创新性的教育评价。以大数据、人工智能技术、5G技术等为主的新一代智能技术支撑下的教育评价，能够实现全方位、全过程、全员的数据采集，实时进行数据分析、判断和推理，及时生成个性化反馈报告，大数据与教育评价的融合使得教育数据丰富化，评价方式多样化、评价标准个性化、评价主体多元化，促进教育评价趋向动态性、全面性、发展性、客观性和智能性，为变革传统教育评价方式和培养面向未来社会的人才带来了新的契机。

第一节　当前教育评价面临的挑战

技术的进步和时代的发展对教育目标和人才培养模式提出了新的要

求，当前教育评价的目标、理念、标准和方式方法已经不能满足新的需求，面临着时代、技术、社会等不同方面的压力和挑战。为此，首先要明确当前教育评价中存在的典型问题与挑战，清晰未来的发展方向，梳理变革的思路，采取相应的行动和对策，发展与时俱进的教育评价，以服务于教育的变革与创新。

一、当前教育评价存在的典型问题

以结果为导向的传统教育评价标准单一，评价方式单一，评价主体单一，只注重学习结果和学习者知识层面的发展，在这种结果导向的评价方式的影响下，学生只会死记硬背，模仿操作，而不知道如何迁移知识和解决实际问题，无法培养出适应未来社会需求的人才，时代的发展和社会的需求迫切需要变革当前的教育评价方式。

1. 结果导向的评价理念限制了教育的创新与变革

当前我国仍然以考试成绩作为获取升学资格和进行人才选拔的唯一标准或主要参照依据，例如小升初考试、期中期末考试、中考、高考等，这种“一考定终身”式的教育评价让教师、学生和家长一味过度追求考试成绩，导致重分数轻能力，重知识轻素养等现象，与一直以来倡导的重视学生德智体美劳全面发展，培养学生高级能力的创新教育理念背道而驰，不利于面向未来人才的培养。

2. 知识为主的评价标准没有关注能力和素养的发展

当前教育评价以结果为导向，以纸笔测验为主要形式，尽管增加了人机测试的形式，但仍是测评学生对教学内容的掌握情况，而不包括如数字素养、情感状态、心理变化和高级能力等水平。长此以往，这种单一的以课本知识为中心的评价标准将造成学生只知道死记硬背课本知识，进行浅层次的学习，而不会自主探究问题、主动建构知识和发生深层次学习，不利于批判性思维、创新性思维和解决问题能力的发展和提升。

3. 以纸笔测试为主的评价方式忽视了对教与学过程的评价

像学生的高级认知能力、思维发展水平、学习态度和情感等这些内隐状态的变化是一种连续的、动态的和不断发展的过程，需要有大量的过程性教育数据的支撑，而以纸笔测试为主的传统的教育评价方式只能搜集到结果型的数据，这些有限的数据仅能反映出学生对某个知识点的掌握状态，而无法表征学生能力和素养的动态变化过程，因此当前的教育评价方式缺乏对教与学过程的评价，教师不能及时关注学生各种能力的发展、心理情感的变化等，不利于学生个性化的全面发展。

4. 单一评价主体导致评价结果的片面化和主观化

当前教育评价的主体仍以教师为主，教师最终决定学生的评价结果，掌握着学生的升学命运和毕业与否，由于缺少过程性数据的支撑，教师仅从自己的所见所想所感以及学生的学业水平做出简单评判，忽视了学生其他方面如人际交往、思想品德、社会参与、道德情感等方面的表现，这些需要借助多元视角和多类过程性数据去推理和判断，因此这种单一评价主体的评价方式容易导致评价结果的片面化和主观化，容易导致唯分数论，不利于学生进行正确的自我认知和全面发展。

二、当前教育评价面临着巨大挑战

教育信息化的发展促进教育现代化的步伐，教育理念的不断更新、社会对面向未来人才培养的期望，加上技术的突飞猛进，使得当前教育评价面临着巨大挑战，包括理念方面的挑战、技术方面的挑战等，挑战也带来了新的思路和机遇，为教育评价的发展与创新带来新的视角与突破口。

1. 教育评价理念与实践相脱节

早在2010年发布的《国家中长期教育改革和发展规划纲要（2010—2020年）》（以下简称"《纲要》"）提出："关注学生不同特点和个性差异，发展每一个学生的优势潜能""探索促进学生发展的多种评价方式"等，呼吁教育的培养目标及评价方式要向多元、个性和发展的方向转变。而当前教育评价仍以结果为导向，教育评价的内容决定了学校的教学内容和学生的学习内容，由此导致重知识轻能力等现象，无法践行关注每个学生的个性化发展的教育理念，因此迫切需要与时俱进地制定教育评价制度和体系，从根本上改变理念与实践相脱节的问题。

2. 教育评价方式存在技术壁垒

当前教育评价方式仍以纸笔测验为主，虽然已经有大量技术的投入用于采集教与学过程性数据，以实现过程性和伴随式评价，但仍停留在探索和试验阶段，还未进入常态化应用阶段，在技术方面还存在大量问题亟待突破，例如数据标准尚未统一、评价模型复杂多样等，造成各种各样的评价方式、支撑数字化评价的软/硬件设施和资源层出不穷，系统之间孤立，大量过程性数据的堆积和无效使用等，严重制约教育评价方式的创新与发展。

3. 教育评价视角具有单一性

当前评价主体以教师为中心，参照的评价标准单一，使用的方式有限，不利于开展科学、客观和多元的评价，不能全方位地关注每个学生的成长过程，因此需要联合学生、家长、社会等多元力量参与评价，使得评价结果更具有多视角性，能够更为全面、客观地反映出学生的个性特点，充分挖掘学生的潜能和特长，促进每个学生的个性化发展。

4. 数字健康问题和数据伦理问题的困扰

与传统的纸笔测试方式相比，新技术的支撑能够快速、高效地采集教与学全过程数据，比人工方式简单、快捷，但由此引入的电子设备可能会对学生的身心健康产生负面影响，因此需要联合高校、科研机构、医院等单位共同开展相关方面的研究，以期在最小化负面影响的范围内实施高效地数字化测试。此外，由于数据的过度采集和数据安全存在隐患的问题可能导致师生隐私被侵犯，因此需要切实重视数据伦理问题，建立健全相关的政策、法律和道德规范来保护师生的数据隐私和相关权利。

三、未来教育评价的发展方向

我国《国家中长期教育改革和发展规划纲要（2010—2020年）》指出："改进教育教学评价。根据培养目标和人才理念，建立科学、多样的评价标准。开展由政府、学校、家长及社会各方面参与的教育质量评价活动。做好学生成长记录，完善综合素质评价。探索促进学生发展的多种评价方式。"《纲要》指出，教育评价在理念、内容、方式等方面的变革方向①，这一转变不仅需要理念的改变，而且需要技术的支持，比如评价需要根据不同学生的特点去制订不同的培养目标、方案和与之匹配的评价方案，需要多位评价主体的参与，全面搜集学生学习过程中产生的多种类型的信息，如果采用传统方式评估不仅费时耗力，而且容易出现偏差。

---

① 戚业国，杜瑛. 教育价值的多元与教育评价范式的转变［J］. 华东师范大学学报（教育科学版），2011，2：11-18.

随着互联网技术的飞速发展，尤其以大数据和人工智能为代表的新兴技术进入教育领域，能够为教育评价的理念和方式的转型带来前所未有的可能，推动了以纸笔测评为主、结果导向型的传统教育评价在评价依据、评价主体参与、评价内容、评价发挥的作用、评价方式等多个方面的变革与创新。主要表现在以下几方面：①

1. 评价依据数据化

在评价依据方面，由“经验主义”评价走向了“数据主义”评价。以大数据为基础的评价，可以反映真实的学生，可以洞察纷繁表象背后的教育问题所在，可以摆脱经验主义的束缚，对学生做出精准判断，为教师教、学生学、管理者的管理等人员提供更为科学的指南和导向。

2. 评价主体多元化

在评价主体参与方面，由“单个主体”评价走向了“多元主体”评价。互联网技术实现了评价主体的多元化，从过去由教师决定最终评价结果变为教师、学生、家长、管理者、社会公众等多元主体共同参与评价，使得评价结果更为全面、更加客观。

3. 评价内容全面化

在评价内容方面，由关注学生知识层面的发展转向关注面向未来的核心素养和关键能力的发展。传统的评价方式关注学生对所学知识的掌握情况，而忽视各种能力的发展，例如问题解决能力、合作能力、实践能力和创新能力等，而大数据技术可以实时采集学生在学习过程中产生的各种数据，通过数据分析和挖掘来表征学生的核心素养和关键能力的发展情况，知识掌握的程度不再是评价学生个体学习情况的唯一标准，

① 余胜泉. “互联网+”时代的未来学校［M］. 北京：电子工业出版社，2019.

从而促进学生的全面发展。

4. 评价方式智能化

在评价方式方面，由基于纸笔测试的人工评价方式向基于数据的智能化评价方式转变。互联网技术、云计算、大数据、人工智能、物联网等技术的发展实现了数据驱动的教育教学环境，借助各种移动终端、传感器等实时搜集学生的过程性数据，实时进行数据分析和报告，可以节省大量的人力、物力和财力，达到即时性评价和反馈。而且，智能评价避免了教师在评价时带有的情感和情绪因素影响，以及保持教师在评价过程中的一致性，提高了评价的科学性、针对性。

5. 评价功能多样化

在评价发挥作用方面，由选拔知识型人才的单一功能向诊断、激励、改进、发展等多元化功能转变。传统的评价方式仅呈现学生的知识掌握情况，服务于知识型人才的选拔功能，而数据驱动的智能化评价方式基于教育教学全过程数据的收集、分析、判断和推理能够多维度地呈现学生个体在知识、技能、情感、能力等方面的发展情况，及时报告学习问题并提供个性化反馈，促进学生个性特色发展与基础全面发展；帮助教师精准诊断教学过程中的问题，提供有效的教学指导和推送学习资源，促进教师进行教学改进和创新。

第二节　教育大数据驱动的教育评价

大数据驱动的教育评价，是指在以大数据和人工智能为主的新一代技术的支撑下，以促进学生核心素养和关键能力发展、培养面向未来的创新型人才为导向，实现对教育全过程、全方位、全员的数据采集，通过对数据实时分析、判断、推理，呈现面向多主体的个性化报告，实现精准定位教育教学问题、深入挖掘教育教学规律，科学预测教育教学发展趋势，制定高效、合理的教育决策，实现以评促学、以评促教和以评促管。

一、教育大数据

大数据技术融入社会的各行各业，正在不断改变着人类思维、工作、学习和生活的方式，随之而来对未来人才的需求也发生巨大变化，大数据与教育的结合成为教育变革的必然趋势，教育评价的变革促进教育的改革和创新，对于提高教育教学质量具有重要意义，因此基于大数据的教育评价是智能时代教育变革的关键点。

1. 大数据的概念

维克托·迈尔－舍恩伯格等认为大数据是“当今社会所独有的一种新型的能力：以一种前所未有的方式，通过对海量数据进行分析，获得有巨大价值的产品和服务，或深刻的洞见”。①

麦肯锡公司在2011年对大数据进行定义，认为大数据是指数据量极大，以至于无法使用常规数据软件进行获取、存储、管理和分析的数

① 维克托·迈尔－舍恩伯格，肯尼斯·库克耶. 大数据时代：生活、工作与思维的大变革［M］. 盛杨燕，周涛，译. 杭州：浙江人民出版社，2013.

据，具有数据量大、数据多样和数据产生速度快等特征。①

国际数据公司（International Data Corporation）提出，“大数据是具有5V特征的数据集，即具有海量的数据规模（Volume），多样的数据类型（Variety），快速的数据流转和动态的数据体系（Velocity），具有现实世界的真实性（Veracity），巨大的数据价值（Value）的特征”。②

维基百科指出，大数据产生之初是一个信息技术（Information Technology，IT）行业的术语，被定义为所涉及的数据量规模巨大到无法通过人工在合理时间内达到截取、管理、处理并整理成为人类所能解读的信息。③

国内学者杨现民等指出，大数据不仅是一种技术，还是一种能力，即从海量复杂的数据中寻找有意义关联、挖掘事物变化规律、准确预测事物发展趋势的能力。大数据更是一种思维方式，即让数据开口说话，让数据成为人类思考问题、做出行为决策的基本出发点。④

综上，大数据是一个包罗万象的海量数据集，是一种自动化实时数据采集和处理的技术，是一种能够寻找关联、发现规律、预测发展的能力，是一种开启数据化、智能化时代的全新思维方式。随着信息技术的突飞猛进，大数据已经渗透到各个行业和领域，发挥着巨大的作用。

---

① McKinsey Global Institute.Big Data: The Next Frontier for Innovation, Competition, and productivity [EB/OL]. https://www.mckinsey.com/business-functions/digital-mckinsey/our-insights/big-data-the-next-frontier-for-innovation, 2011-04.

② Hamish Barwick. IIIS: The ‘four Vs’ of Big Data [EB/OL]. https://www.computerworld.com.au/article/396198/iiis_four_vs_big_data/, 2011-08-05.

③ Wikipedia.Big Data. http://en.wikipedia.org/wiki/Big_data.

④ 杨现民，唐斯斯，李冀红. 发展教育大数据：内涵、价值和挑战［J］. 现代远程教育研究，2016，1：50-61.

2. 大数据的特征①

大数据的核心特征概括为“5V”（Volume，Variety，Value，Velocity，Veracity），如图4-1所示。

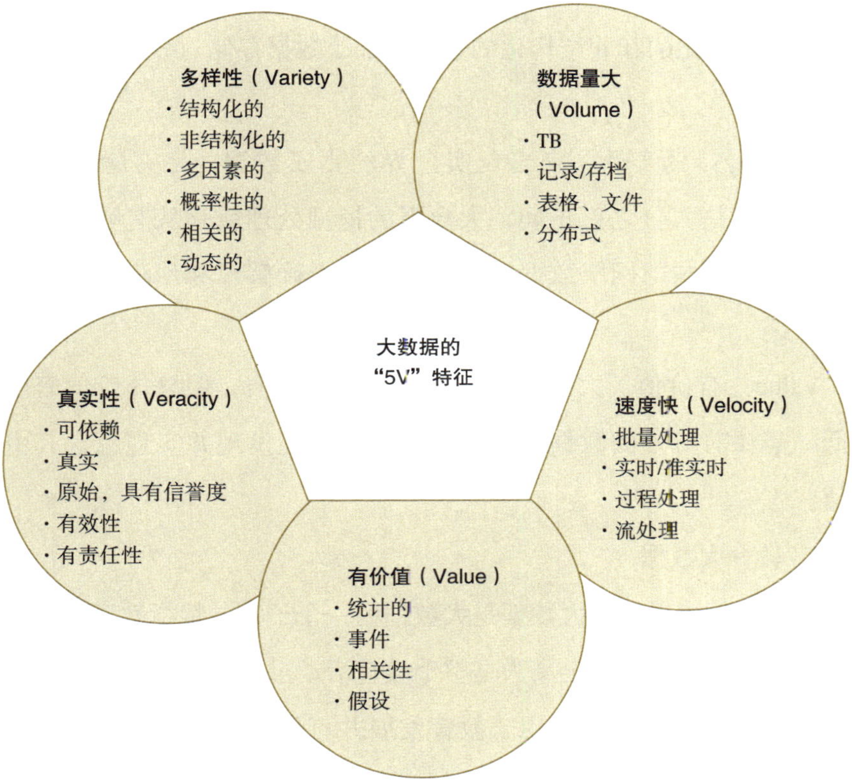

图4-1 大数据的“5V”特征

Volume：数据量大。包括采集、存储和计算的量都非常大，一般情况下，大数据是以PB、EB、ZB为单位进行计量的。

Velocity：速度快。指数据产生以及数据移动的速度日益加快，由

① IshwarAppa, Anuradha.A Brief Introduction on Big Data 5Vs Characteristics and Hadoop Technology [J]. Procedia Computer Science，2015, 48: 319-324.

此数据的处理、存储和分析速度也随之增快。如社交媒体每秒迅速产生大量数据。

Variety：多样性。数据类型多样，通常都不是结构化的，90%的数据是以非结构化形式存储，并且数据常被存储在不相关联的数据库中，大量结构化的和非结构化的数据增加了数据存储、分析和处理的复杂性。

Veracity：真实性。来自现实世界的真实数据，是有噪声干扰的数据，并不是百分之百正确，大数据的挖掘处理就是从有噪声的、海量的、相互关联的网络数据中提取出能够准确解释和预测现实事件的过程。

Value：有价值。大数据具有巨大的潜在价值，但总体价值密度比较低，需要对海量的数据进行挖掘分析，才能发现并实现蕴含其中的价值。

3. 教育大数据

杨现民等指出教育大数据是大数据的一个子集，特指教育领域的大数据，并将教育大数据定义为是整个教育活动过程中所产生的以及根据教育需要采集到的，一切用于教育发展并可创造巨大潜在价值的数据集合。①

章怡等认为，教育大数据，是指在信息技术支持下，教与学的各个环节所产生的各种类型的结构化、半结构化和非结构化的具有大数据特

---

① 杨现民，唐斯斯，李冀红．发展教育大数据：内涵、价值和挑战［J］．现代远程教育研究，2016，1：50-61.

征的数据集，它是信息技术环境下教与学的行为轨迹产物。①

张洪孟等将教育大数据界定为：学习者以学习为目的，在互联网学习环境中借助一定媒介，与外界交互过程中所产生的数据，主要包含学习行为数据、学习内容数据、虚拟社会网络关系数据和学习管理数据。②

可见，教育大数据是教育领域中的大数据，它应该具备大数据的一切特征，只是应用的范围缩小到教育场景中，而教育是一项复杂的活动，其中数据纷繁复杂，国内外专家和学者又从不同视角对其进行了分类：

美国Knewton教育公司将教育大数据分为两类：一类是有关学生基本信息的数据；另一类是基于学生学习活动用以提升学习效果的数据，包括学习交互数据、推断的内容数据、系统范围数据和推断的学生数据。③

徐鹏、王以宁等认为，教育领域中的大数据有广义和狭义之分，广义的教育大数据泛指所有来源于日常教育活动中人类的行为数据；狭义的教育大数据是指学习者的行为数据，它主要来源于学生管理系统、在线学习平台和课程管理平台等。④

由此可见，当大数据技术应用到具体的教育场景发挥作用时，需要

① 章怡，牟智佳. 电子书包中的教育大数据及其应用［J］. 科技与出版，2014，5：118.

② 张洪孟，胡凡刚. 教育虚拟社区：教育大数据的必然回归［J］. 开放教育研究，2015，2：45.

③ Ferreira, J. Big Data in Education: The 5 types that matter. http://www.knewton.com/blog/ceo-jose-ferreira/big-data-in-education/, 2013.

④ 徐鹏，王以宁，刘艳华，等. 大数据视角分析学习变革——美国《通过教育数据挖掘和学习分析促进教与学》报告解读及启示［J］. 远程教育研究，2013，6：12.

根据不同的教育场景、特定功能、教育教学需求等借助不同的技术手段、工具采集和处理数据，以更好地服务于教育教学。

二、大数据为教育评价变革提供新思路

1. 大数据促进教育评价的智能化

大数据使得教育评价从人工走向智能，节省了大量人力、物力、财力。传统的教育评价方式常常需要依赖大量的人力、物力和时间去进行搜集、整理、批阅、汇总有限的数据资料等，评价的结果具有一定的局限性、主观性和片面性，而大数据实现了教育教学全过程数据的实时采集、分析和呈现报告，并根据报告结果精准定位问题、找出教育教学规律、智能化推送个性化反馈和改进意见等，一改传统教育评价的速度慢、耗时长、费资源、反馈单一等缺点，教育评价更加智能化、人性化。

2. 大数据推动教育决策的科学化

大数据使得教育评价从主观走向客观，实现精准、科学的教育决策。传统的教育评价方式搜集到的数据有限，只能展示学生知识层面能力的发展，无法对学生的学习风格、个性特征、发展趋势进行判断，因此，教师只能依赖自己的教学经验进行主观诊断、分析和决策。大数据能够收集到全部的数据，记录下学习者的行为动作、情感变化和心理状态等数据，通过多种来源、多种类型数据的汇集、分析、判断、推理，教师能够全方位地了解学生的生活、学习等状况，做出更为客观、合理的决策，而且大数据是连续的，不断积累的，越来越多的数据可以不断提高分析结果的准确性。除了教学方面，在教研、管理等方面基于大数据能够更加全面、客观地反映出教师的专业发展状况或者某个地区的教

育发展水平，实现科学诊断教育教学问题、挖掘教育教学发展规律，为制定精准、科学的教育决策奠定基础。

3. 大数据更加关注教育的微观层面

大数据使得教育评价从宏观走向微观，更加关注个体的过程性、个性化和差异性的发展。传统的教育评价关注学生的学业成绩，尤其是知识掌握情况，关注学校的升学率、班级考试的优秀率和不及格率等，评价一直停留在表面的、宏观的教育现象，关注学生的学习结果，无法更深入地去挖掘教育教学规律和透析微观层面的个体发展路径，无法关注学生的个性化发展过程。而大数据实现了实时收集学生学习过程中产生的所有数据，包括学习时间、学习内容、学习活动、人际交互、学习投入与情感投入等各类数据[①]，能够更为全面、清晰地展现学生的学习过程和细节表现，使得评价更为科学、客观，更加关注学生个性表现、差异特征和动态发展的过程。

4. 大数据实现评价主体的多元化

大数据使得教育评价的主体由单一走向多元，有利于培养面向未来的综合型创新人才。传统的教育评价的主体以师生为主，评价趋于主观性，容易导致教师为中心、知识为中心的教育方式，不利于学生个性化发展。大数据为多元主体提供参与评价的入口，教师、学生、家长、管理者、教育利益相关者、社会人士等都可以实时关注学生的学习过程给予评价，系统可以汇聚多方评价结果进行综合评价，评价标准、评价视角变得多元化，使得评价结果更加公平、公正、合理和客观，这种多元主体参与的评价方式更有利于促进教育不仅关注课本知识，而且

① 余胜泉. 互联网+时代的未来学校 [M]. 北京：电子工业出版社，2019.

关注社会、关注生活和关注未来，更有利于培养面向未来的综合型创新人才。

5. 大数据扩大教育评价的影响范围

大数据使得教育评价结果的影响对象变得多元化，实现以评促教、以评促学和以评促管。传统的教育评价主要考查学生对教授知识的掌握情况，评价结果主要面向师生。而大数据能够实时动态搜集教育教学全过程数据、分析和挖掘，并将报告结果呈现给不同主体（包括学生、教师、家长、管理者等）：学生能够看到自己多项能力的发展状况，能够及时查看自己的薄弱点和需要改进的地方，根据系统的反馈信息及时补缺补差，同时结合自身的发展情况制定个性化发展方案；教师能够精准诊断教学过程，快速定位存在的问题，发掘教育教学存在的规律①，对学生的发展进行判断和预测，快速提升教育教学效率，同时针对性地发现自己存在的问题并及时改进和调节；家长能够实时了解自己孩子的发展状况，促进家校合育，为孩子的健康成长提供更好的支持；管理者能够全面掌握某校、某区、某市等不同区域的连续时间内的全部教育教学数据，基于对数据的分析、对比、关联等全面掌握不同区域教育教学发展状况，依据数据分析结果制定科学合理的教育决策，能够从基于经验的主观判断走向基于数据的客观诊断，实现教育教学资源的合理配置和教育的可持续发展。由此，通过大数据扩大评价结果的辐射范围，实现了以评促学、以评促教和以评促管。

---

① 余胜泉，李晓庆. 区域性教育大数据总体架构与应用模型［J］. 中国电化教育，2019，1：18-27.

三、教育大数据驱动的教育评价的通用模型

教育大数据驱动的教育评价系统涉及四个层次：第一层，数据采集层，即对学业评价的相关数据进行采集；第二层，实时分析层，即对采集到的数据进行分析追踪；第三层，结果发布层，即形成评价报告，得到教师考评、学生自评、班级纵向和横向比较数据；第四层，质量提升层，即针对评价报告，教师、学生和家长的后续工作①，教育大数据驱动的教育评价系统框架如图4-2所示。

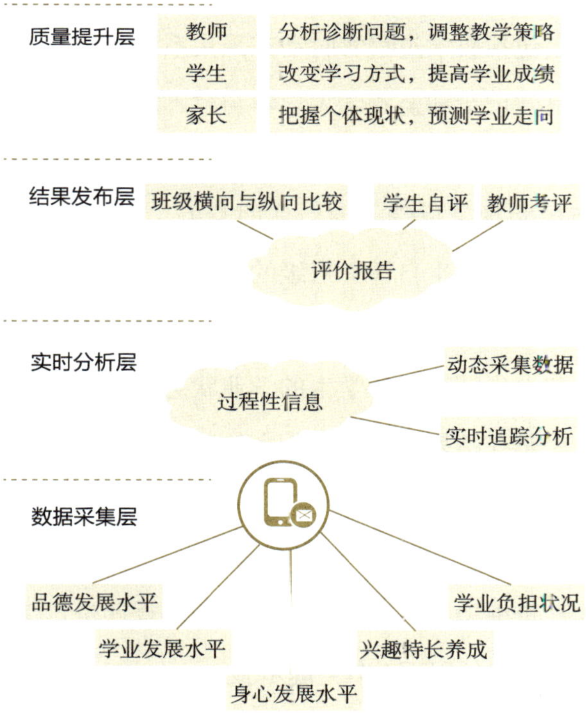

图4-2　教育大数据驱动的教育评价系统框架

① 杨现民，田雪松．互联网+教育：中国基础教育大数据［M］．北京：电子工业出版社，2016.

数据采集层是学业评价需要采集的关键性内容，一是学生品德发展水平，含行为习惯、公民素养、人格品质、理想信念四个关键指标；二是学生学业发展水平，含知识技能、学科思想方法、实践能力、创新意识四个关键指标；三是学生身心发展水平，含身体形态机能、健康生活方式、审美修养、情绪行为调控、人际沟通五个关键指标；四是学生兴趣特长养成，含好奇心求知欲、爱好特长、潜能发展三个关键指标；五是学生学业负担状况，含学习时间、课业质量、课业难度、学习压力四个关键指标。

实时分析层包括教学过程实时动态采集系统和教学资源使用实时追踪系统，可以有效记录和监测学生学习与教师教学过程中的信息，让教师随时发现学习者的学习状态及教学过程中存在的问题。

结果发布层实现了反馈及时、实时交互、个性化的现代网络化发布，通过教师考评、学生自评、班级的横向与纵向比较等全方位、多元化的评价方式，对学业成绩形成评价报告，精确反馈学生学业质量进步状况，让家长和学生随时了解学生的学业状态。

质量提升层是在结果发布的基础上，教师能够分析诊断问题，及时进行教学反思与教学策略调整；学生可以改变学习方式，提高学业成绩；家长可以把握学生现状，预测学业走向。

基于上述评价框架，教育大数据驱动的教育评价，学业评价过程模型如图4–3所示。包括以下9个关键步骤：

（1）确定学业评价内容。确定好学业评价内容，才可以有针对性地对学生学业进行评价。

（2）数据采集。根据需要的数据，对学业评价相关体系内容进行采集。

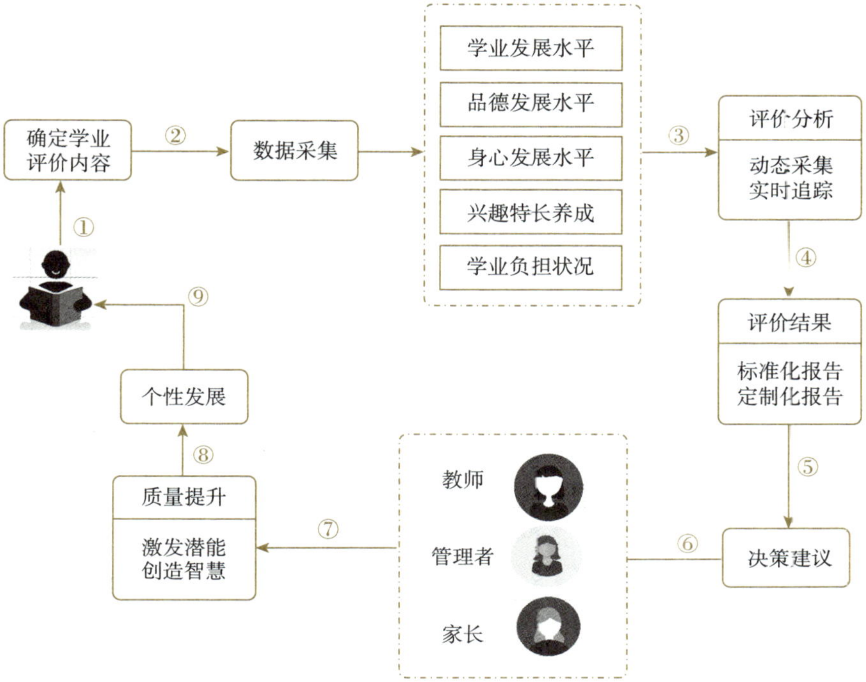

图4-3　学业评价过程模型

（3）评价分析。收集学习中的过程性数据，并对这些数据不断进行动态采集和实时追踪。

（4）评价结果。分析数据后对数据整理，形成标准化和定制化的报告。

（5）决策建议。根据分析结果，对教师、家长和管理者提出相应的建议，促进学生更好地学习。

（6）教师等关键角色讨论分析建议报告，形成改进行动方案。

（7）质量提升。提供实施建议，激发学生的潜能，创造智慧。

（8）个性发展。多种评价模式，从多方面提高学生能力，促进学生个性化发展。

（9）学生在整个学业评价过程中，不断促进个人发展。

案例4-1 美国MTC评价体系

MTC（Mastery Transcript Consortium）是前美国私立高中协会主席斯科特·鲁尼（D.Scott Looney）组建的高中联盟，汇聚了包括道尔顿学校、斯宾塞学校、菲利普斯学院等近百所美国顶尖私立高中。MTC认为SAT（Scholastic Assessment Test）、ACT（American College Test）等测试并不能全面体现学生的综合能力，在考试中获得高分的学生不一定就是优秀的人才，美国大学如果据此选拔人才在一定程度上有失公正。因此，MTC集合了一批来自顶尖私立高中的教育专家，研究并发明了一套全新的高中生评价体系——A New Model。MTC评价遵循三项核心原则：①不要求评价的标准化，学业表现、测试结果和学分成绩只针对单个学校，不同学校之间不会统一标准；②没有分数，字母等级（或数字等级）将不会被使用；③保持一致性，成绩单必须简单易懂，所有联盟学校的成绩单格式保持一致。

A New Model不含分数，也不评级，而是持续追踪、记录和评估学生的八项能力，即分析和创造性思维；口头及书面表达；领导力及团队合作能力；信息技术及数理能力；全球视野；高适应性、主动探索、承担风险；品德和理性兼顾的决策能力和思维习惯。MTC评价模式与传统的评估模式有很大不同，MTC评价模式是以课程内容为导向，档案最终通过客户端软件展现，可以单击进入每一项具体查看学生高中期间的相关资料，包括作业、报告、考试、活动、老师评语等各种材料。

四、教育大数据驱动的教育评价的一般流程

基于大数据的教育评价的实践要实现技术和理论两个层面的不断融合与创新，在教育评价理念的指导下，发挥大数据技术的优势力量，助力突破教育评价中存在的问题，以及应用各种挑战，同时借助技术的力量不断探索和发现新的教育教学规律，促进教育评价理念的不断更新和发展。

1. 总体规划

大数据实现了教育教学全过程、全样本、全方位的数据采集，由于采集的工具手段不一，导致数据来源广泛，数据类型多样，数据结构复杂，加上数据统计分析的方法多种多样，不同区域、学校等收集到的数据之间如何互通共享是一个影响基于大数据的教育评价长远发展的技术难题，因此需要国家制定相关政策和规定统一数据标准实现数据共享共通。因此，需要全面贯彻落实《国家中长期教育改革和发展规划纲要（2010—2020年）》对教育管理信息化建设的总体要求，遵循“两级建设、五级应用”建设模式，进行基于大数据的教育评价平台的总体设计和规划，即建设国家和省两级数据中心，统一同步开发国家、省、地市、县、学校五级系统，同时对各省、地市、县、学校开放数据接口①，保证通过各级教育机构采集的数据类型、结构一致，系统之间的数据能够相互调用和无缝对接。此外，国家和权威机构制定统一的数据标准，为数据采集工具的制造公司提供可参考的技术标准，以保证通过不同设备和工具采集到的数据类型和结构统一，保障不同来源的数据的有效性与可用性，提高数据利用的效率，形成一个良性的数据采集—分

---

① 张鹏高，张生，李宣宣. 基于大数据的教育质量综合评价［J］. 中国教育信息化，2015，5：12-14.

析—报告的互联互通系统。

2. 设计教育评估框架

评估框架好比教育评价的一把标尺，决定着教育评价的目标、依据、内容和功能，影响着教育管理者、教师、学生等不同角色的思想观念和行为动作。我国不同地区、不同学校的教育教学情况存在差异，对教育评价的功能和目标也不尽相同，因此开展基于大数据的教育评价的实践之首是根据具体需求制定科学、合理的评估框架，以规定后续要采集的数据类型、数据统计分析的方法、数据报告的呈现方式等。另外，教育评价对国家、省、市、区、校、个体等不同层次的评价内容也存在差别，在制定评估框架的时候都需要具体情况具体对待。例如，对省、市、区、校进行整体的教育质量、进展、特色等评价，对教师的教学质量、教学能力、教学风格、教学态度等评价，对学生德智体美劳发展水平的评价。

由于过去技术的局限性，传统教育评价搜集到的数据片面，只能实现简单的、有限的数据分析和评价功能，因此也导致评价标准过于单一，过分强调学生知识层面的发展，忽视学生核心素养和关键能力的发展，不利于培养面向未来的综合型创新人才。而大数据时代的到来突破了技术的局限，能够实现全方位、全样本、全员数据的采集，可以记录教育教学全过程数据，能够关注到每个学生的个性化发展和细微变化，使得传统教育评价标准迫切需要改变。

评估框架的制定既要符合国家教育方针及相关政策文件的要求，又要遵循教育自身的规律和学生的身心发展规律①。2013年6月，教育部

① 张生. “互联网+”时代我们需要什么样的教育评价［J］. 中小学信息技术教育，2015，12：16-18.

颁布了《关于推进中小学教育质量综合评价改革的意见》，提出了五大方面含20个关键性指标的评价体系：①学生品德发展水平，含行为习惯、公民素养、人格品质、理想信念四个关键指标；②学生学业发展水平，含知识技能、学科思想方法、实践能力、创新意识四个关键指标；③学生身心发展水平，含身体形态机能、健康生活方式、审美修养、情绪行为调控、人际沟通五个关键指标；④学生兴趣特长养成，含好奇心求知欲、爱好特长、潜能发展三个关键指标；⑤学生学业负担状况，含学习时间、课业质量、课业难度、学习压力四个关键指标。该评价体系可为制定基于大数据的教育评价的评估框架提供参考依据。

此外，中美两套核心素养体系在公立校体系和培训机构具有很强的认可度，对评估框架的制定具有借鉴意义。中国学生发展核心素养框架以科学性、时代性和民族性为基本原则，以培养“全面发展的人”为核心，分为文化基础、自主发展、社会参与三个方面。综合表现为人文底蕴、科学精神、学会学习、健康生活、责任担当、实践创新六大素养，具体细化为国家认同的十八个基本要点，如图4-4所示。“美国21世纪核心素养”框架以核心学科为载体，确立了三项技能领域：学习与创新技能、生活与职业技能和信息、媒体与技术技能，如图4-5所示。可以参照核心素养框架，针对不同学段学生的差异化个性特征进一步细化各学段学生核心素养发展的具体外显特征，包括在知识技能、行为表现、思想观念、道德情感、心理状态等方面的外化表现，以明确要搜集哪些数据。

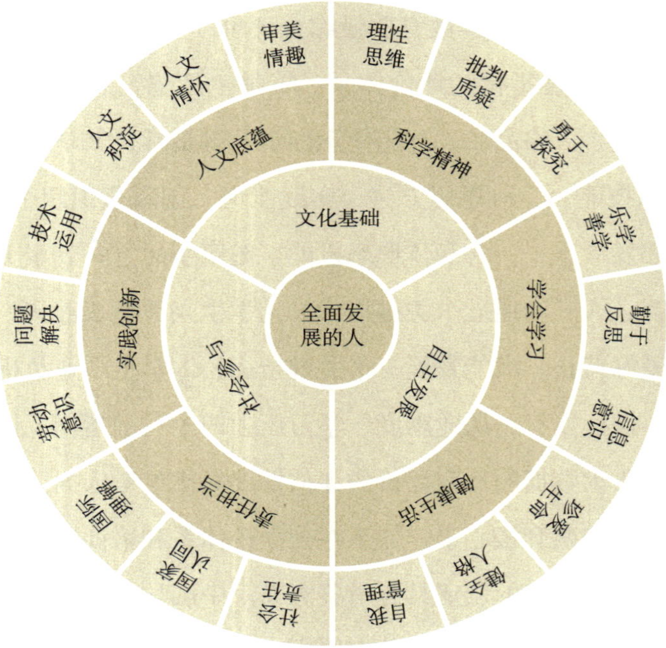

图4–4 中国学生发展核心素养①

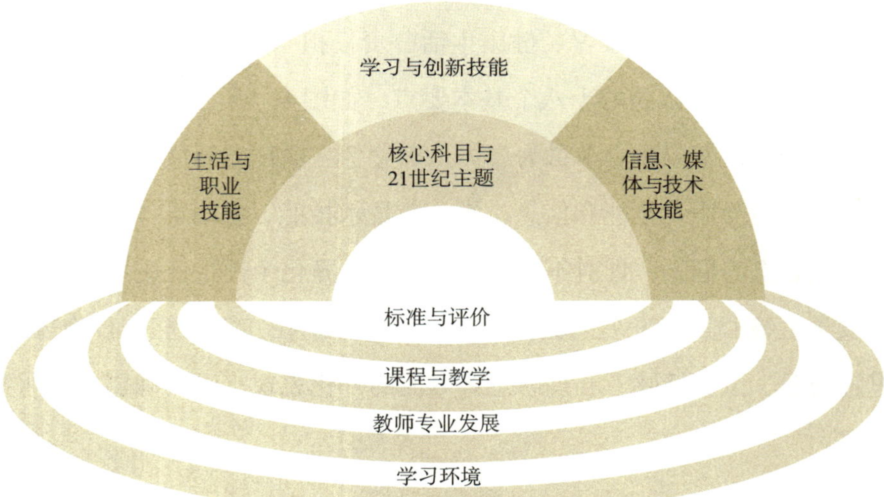

图4–5 美国21世纪核心素养

① 林崇德. 中国学生核心素养研究［J］. 心理与行为研究，2017，15（02）：145–154.

3. 构建数据环境

大数据时代，数据的采集变得智能化和数字化。借助各类技术手段、智能设备、移动终端等可以实时采集教育教学全过程数据，因此基于大数据的教育评价的实践离不开特定的软硬件设施和物理环境的支撑，需要打造数据驱动的教育教学环境，以保证能够实时采集学生学习过程的所有数据。一般数据驱动的教育教学环境包括硬件环境和软件环境。硬件环境是为教育教学场所搭建数据采集的物理环境，包括准备网络环境，安装摄像头、各类传感器以全程捕捉学生的身体动作、表情变化等，提供各类智能设备或移动终端以记录学生的学习轨迹，例如点阵笔、智能平板电脑、答题器、可穿戴设备等，随时随地采集学生在学习过程中产生的各类信息等。软件环境指与各类硬件设备相匹配的各种系统或平台，例如在线学习平台、在线答题系统、App等，记录学生输入的学习信息、操作轨迹等，并能够实时给予学生个性化反馈和结果报告等。

在打造数据驱动的教育教学环境之前，首先要明确数据的来源，根据数据来源和评估框架的要求才能确定要搜集的目标数据，并根据具体需求打造物理环境，安装数据采集装置和设备。教育教学全过程的数据来源丰富，杨现民等从宏观层面对教育大数据的来源进行了总结，主要包括四大来源：①在教学活动过程中直接产生的数据，比如课堂教学、考试测评、网络互动等；②在教育管理活动中采集到的数据，比如学生的家庭信息、学生的健康体检信息、教职工基础信息、学校基本信息、财物信息、设备资产信息等；③在科学研究活动中采集到的数据，比如论文发表、科研设备运行、科研材料采购与消耗等记录信息；④在校园生活中产生的数据，比如餐饮消费、上机上网、复印资料、健身洗浴等记录信息[①]。万海鹏等从微观层面将要采集的教育大数据分为四类：①学习情境信息，主要包括学习者初始能力水平、学习终端等影响学习者获取和运用知识的一切要素；②知识建构信息，主要包括学习内容与学习资源的编辑、审核、批注、分享和传播等对学习内容和学习资源进行再创造的数据；③学习行为信息，以学习活动为核心，主要包括浏览学习内容与资源、参与学习活动、完成学习任务等过程性的行为数据；④学习结果信息，主要包括学习时长、测试成绩等成果性数据[②]。

4. 数据采集与转换

在数据驱动的教育教学环境中实现对数据实时采集和存储，数据采集技术种类繁多，邢蓓蓓等对教育大数据的采集技术进行总结，共包括4大类、13种常见的数据采集技术[③]：

（1）物联网感知类技术。该类技术主要包括物联网感知技术、可穿戴设备技术和校园一卡通技术。其中，物联网感知类技术主要用于采集设备状态数据，可穿戴设备技术主要用于采集个体生理数据与学习行为数据，校园一卡通技术则主要用于采集各种校园生活数据。

（2）视频录制类技术。该类技术主要包括视频监控技术、智能录播技术与情感识别技术。其中，视频监控技术主要用于采集校园安全数据，智能录播技术主要用于采集课堂教学数据，情感识别技术主要用于

---

① 杨现民，唐斯斯，李冀红．发展教育大数据：内涵、价值和挑战［J］．现代远程教育研究，2016，1：50-61.

② 万海鹏，李威，余胜泉．大规模开放课程的知识地图分析——以学习元平台为例［J］．中国电化教育，2015，5：30-39.

③ 邢蓓蓓，杨现民，李勤生．教育大数据的来源与采集技术［J］．现代教育技术，2016，08：14-21.

采集学生学习过程中的情感数据。

（3）图像识别类技术。图像识别类技术是人工智能的一个重要领域，是指利用计算机对图像进行匹配、处理、分析，以识别各种不同模式的目标和对象的技术，主要包括网评网阅技术、点阵数码笔技术等。其中，网评网阅技术主要用于采集学生考试成绩数据；点阵数码笔技术主要用于采集各种作业、练习、考试数据。

（4）平台采集类技术。该类技术主要包括在线学习与管理平台技术、日志搜索分析技术、移动App技术与网络爬虫采集技术。其中，在线学习与管理平台技术主要用于采集各种在线学习与管理数据；日志搜索分析技术主要用于采集运维日志与用户日志数据；移动App技术主要用于采集各种移动学习过程数据；网络爬虫采集技术主要用于采集教育舆情数据。

由于数据来源较多，数据采集工具不同，因此采集到的数据类型繁杂，格式不一，存在大量的结构化的、半结构化的、非结构化的数据，需要进行格式转换、数据清洗和预处理等一系列操作，例如文本分析、编码分析、语义分析、语音识别、图像分析等技术，转换成可以进行挖掘和分析的数据，并基于数据集成交换标准进行融合与管理，以实现教育全过程数据的实时收集、有机集成和全周期管理。①

5. 数据分析

教育大数据的分析既要综合运用传统的数据分析方法与工具，又要合理采用专门针对大数据处理的新方法与新工具。常规分析方法与工具包括：统计分析与可视化、聚类、预测（决策树、回归分析、时序分

① 余胜泉，李晓庆. 区域性教育大数据总体架构与应用模型［J］. 中国电化教育，2019，1：18-27.

析）、关系挖掘（关联规则控制、序列模式挖掘）、社会网络分析、文本挖掘等。大数据分析方法与工具包括深度神经网络分析、异步大数据分析、网络图模型分析、基于云模型的大数据典型相关分析（Canonical Correlation Analysis，CCA）方法、计算智能方法等。

根据评估框架的需要及面向对象的具体需求，选择相应的数据统计分析方法和算法等进行数据分析。一般有面向群体的数据挖掘和面向个体的数据建模两种分析思路。数据挖掘主要面向群体，通过对数据聚类、分类、离群点、关联、相关性、判别、比较、偏差等参数的分析，了解群体的整体水平，形成面向不同群体的分析报告和面向某区域的教育质量与教育资源地图。然后，根据区域的总体质量及个体的需求特征，汇聚相应的资源服务，形成可供个体选择的资源与服务池。数据建模主要面向个体，通过分析个体的教育大数据，形成学习者个体的知识地图与能力地图，知识地图上展现不同核心概念的能力水平和学科素养水平，能力地图反映学生体质健康与心理认知能力。此外，通过建模分析，形成一个学习诊断与分析报表，全面反映学生学习各方面的情况，同时表征个性化的学习需求。①

6. 数据报告

基于数据分析的结果，以图、表、数据报告等可视化的形式生成一系列面向不同群体的数据报告，报告有多种形式，根据评价对象不同，有学生报告、教师报告、家长报告和管理者报告等；根据评价范围不同，有个人报告、班级报告、年级报告、全校报告、全区报告等；根据评价单位不同，有针对单次课程报告、整门课程报告、学期报告、学段

① 余胜泉，李晓庆. 基于大数据的区域教育质量分析与改进研究［J］. 电化教育研究，2017，7：5-12.

报告等；根据评价跨越的时段不同，有过程性报告、结果性报告等。数据报告能够为不同角色展示他们需要的信息，例如帮助教育管理者、决策者等全面而客观地了解教育的发展现状、趋势和改进方向，以进行科学的教育决策，帮助教师了解自己的教学水平、质量和学生的学习状态及过程，精准定位教学问题，及时改进和调整教学，帮助学生了解自己在知识、技能、素养等方面的发展状况，发现自己的优势和不足进行针对性地提升，帮助家长了解自己孩子的发展状况、兴趣爱好和情感行为状态，以更好地了解孩子的性格特点，帮助他们培养兴趣和进行职业发展规划等。

7. 智能推荐服务

大数据基于数据分析的结果包括基于数据挖掘的群体分析和基于数据建模的个体分析，通过智能推荐引擎从汇聚教育资源与服务的数据库中精准推荐学习资源、学习活动与学习服务。例如，根据学生的数据报告中呈现的不足为其推荐相关资源或者匹配相关专家为其提供个性化学习资源和在线指导。

第三节 基于大数据的学科教学评价

教育部在2016年发布的《考试招生制度改革要求》中指出，要“深化考试内容和形式改革，着重考查综合素质和能力”。这一要求明确指出要扭转应试教育重知识轻能力的片面性，强调学生的全面和个性化发展，由此需要进行教育变革与创新，尤其是具有导向作用的教育评价的改革，包括评价理念、评价标准、标准体系等的改变，通过借助大数据技术，实现全面采集学生在学科教学测评过程中微观层面的过程性数据，包括学生的点击行为、停留时间、交互动作、在线讨论等，通过对这些过程性数据的分析与挖掘，精确得出学生对学科知识点的掌握情况、对不同学科的兴趣及学科核心素养等，综合客观地反映出学生的学科能力，帮助发现个体的学科优势和薄弱问题，及时提供相应的反馈信息与适应性资源，在全面提升学科能力的同时实现个性化发展，基于大数据的学科教学评价为培养面向未来人才提供智能化和个性化的教育服务。

一、基于大数据的学科教学评价的思路

以新一轮中高考制度改革为导向的教育变革强调学生全面和个性化成长，基于大数据的学科教学评价力求在关注学生对学科知识的掌握和发展学科核心素养的基础上，能够帮助每个个体发现自身的学科优势与兴趣，助力个性化成长和未来的职业发展。由此需要评价指标体系、采集学生多模态数据、构建模型、生成可视化报告和完成个性化推送，可以从以下几方面开展实践。

1. 制定学科能力评价体系

基于大数据的学科教学评价需要评测学生学业成绩、学科核心素养和个性化能力，包括评价学生知识点掌握情况、发现学科优势和兴趣特长、诊断学科薄弱项和挖掘个性化能力，评价的内容具有复杂性和多样性，因此首先需要制订具有科学的、多维度的学科能力评价体系，以指导后期测评工具、测评内容等设计与开发，需要基于不同学科的知识点、学习目标、学科的核心素养、面向21世纪的关键能力等具有权威性的参考资料，从知识、能力、态度、情感等层面制定多层次、多维度的学科能力评价体系，将学生的各种外显行为或状态特征与相应的指标体系进行关联，定义编码规则和能力计算规则，为后期数据采集、编码、分析和报告奠定基础，以实现综合、全面和客观地反映学生个体的学科能力和个性化潜力。

2. 采集学生的多模态数据

测评学生的学科能力综合了学生的知识结构、思维水平、学习兴趣、学科素养和关键能力等多个维度的表现，对这些方面的评价基于学生个体在学习过程中呈现出多样化的行为动作、生理状态、情绪变化等多模态的数据，因此需要一个智能化的学习环境，借助多种技术手段和工具，实时采集学生学习过程中生成的多模态数据，例如学生的面部表情、身体动作、在线答题行为、语音信息、人工制品等。

3. 数据分析与模型构建

基于学科能力评价体系生成数据分析框架，利用数据挖掘技术对收集的数据进行处理和分析，分为面向群体和面向个体两个层面，前者通过数据分析构建出群体模型，反映不同规模不同范围内群体的学科能力表现，例如某个班、某个年级、某个学校或某个地区的学生群体的表现，总结群体特征和探索教育规律，教师、教育管理者、国家政策制定者等不同角色提供具有实际参考价值的数据报告，影响学校、区域、国家教育改革和政策制定的方向；后者则基于数据的分析和挖掘构建出具有区分度、关联学科能力的各方面表现的学生模型，呈现学生个体的知识地图、凸显学科优势和不足，进行问题诊断和分析，表征能力变化和发展过程，帮助学生发现自身特长、兴趣和未来的发展方向，提供个性化的学习干预和支持。

4. 提供个性化教育服务

通过面向不同群体的数据挖掘，生成面向不同对象的可视化报告，为教师、学生、家长、管理者等不同角色提供不同视角解读数据分析的结果，提供所需要的教育信息。与此同时，基于学科能力评价体系，将不同方面的知识点、技能点或能力点关联不同的学习资源或人际资源，基于数据分析结果，为师生智能化提供反馈信息和推送个性化资源，包括活动、工具、资源、反馈意见、改进建议和人际资源等，为其提供个性化的教育服务，促进教师教学的改善和学生学习能力的提升。

二、基于大数据的学科教学评价的典型案例

北京师范大学未来教育高精尖创新中心（以下简称“高精尖中心”）一直致力于利用学生学习全过程的大数据分析，帮助学生发现并提升优势学科、诊断和补救劣势学科，以适应新型的学生评价机制，实现个性化、差异化的学生发展目标。在北京市教育委员会的支持下，高精尖中心建立了一个智能教育公共服务平台（即智慧学伴），拟汇聚北京市全市130多万中小学生连贯的学习数据，为学生构建在线自我诊断的体检中心和化验室，并基于大数据分析进行课程资源的精准供给、学习服务

的精准推送。该智能公共服务平台的设计理念可概括为“全学习过程的数据采集、知识与能力结构的建模、学习问题的诊断与改进、学科优势的发现与增强”①。

（一）平台服务整体架构

智慧学伴平台从整体上采用在线交互—个性建模—精准推荐的思路，平台整体架构如图4-6所示。

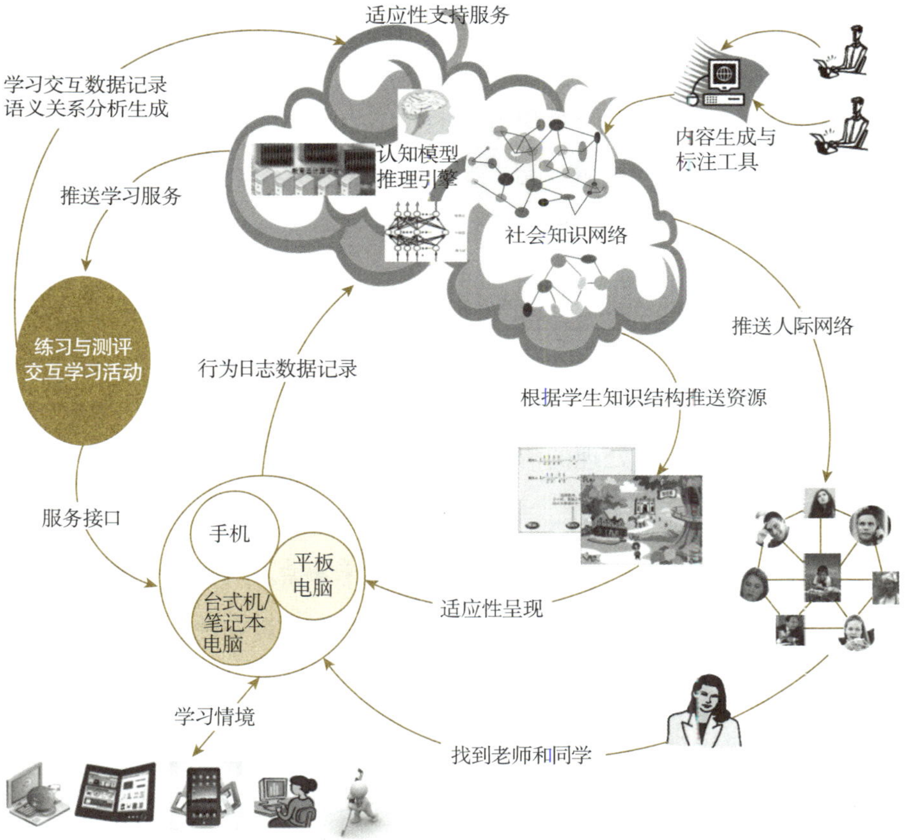

图4-6　智能公共服务平台整体架构

① 余胜泉，李晓庆. 基于大数据的区域教育质量分析与改进研究［J］. 电化教育研究，2017，7：5-12.

智慧学伴平台以练习测评、学习交互、作品分析等作为数据汇聚的主要方式，采集学生学习过程中产生的各种数据。智慧学伴平台内的教育资源内容、学习活动等都进行了编码和标注，交互产生的学生数据将被记录并传到云端。通过解码和分析，可自动构建或更新学习者的认知模型①。

通过数据分析，智慧学伴平台可以为学生提供三种个性化的服务。①为学生推送个性化的教学服务，学生可进一步开展测评或参加其他在线学习活动。②根据学生知识结构推送学习资源。推送的学习资源不仅是根据学生的知识网络状态筛选而来的，还能适应性地呈现于各种用户终端，如手机、平板电脑、台式机/笔记本电脑。③为学生推送人际网络。根据测评和诊断的结果，智慧学伴平台将为学生推送人际网络，学生可以借助人际网络在互联网上找到老师和同学，并借助学习设备进行自主的泛在学习。

（二）平台系统数据流程

智慧学伴对数据处理的流程主要包括学习过程数据采集、学习数据分析、学习知识空间构建、学习内容与服务推荐、多元格式展示等部分，如图4-7所示。学生的学习过程数据采集点主要包括知识点学习、作业与诊断练习、网络学习活动和交流互动等；对各种数据进行分析之后，构建包含学习者的知识结构、能力结构、学习偏好和兴趣的学习者模型，并通过可视化的知识地图与能力地图展现出来。个性化推荐引擎根据学习者模型，在语义化知识库、社会认知网络数据库中选择更符合学习者需求的学习资源与服务和人际网络，为学习者提供个性化的学习

---

① 余胜泉，李晓庆．基于大数据的区域教育质量分析与改进研究［J］．电化教育研究，2017，7：5-12.

服务。服务将根据终端自适应呈现，学习者可以自由选择资源与服务。学生在智慧学伴平台上的学习行为不断产生数据，数据驱动个性化服务，最终形成面向学习者的闭环服务。

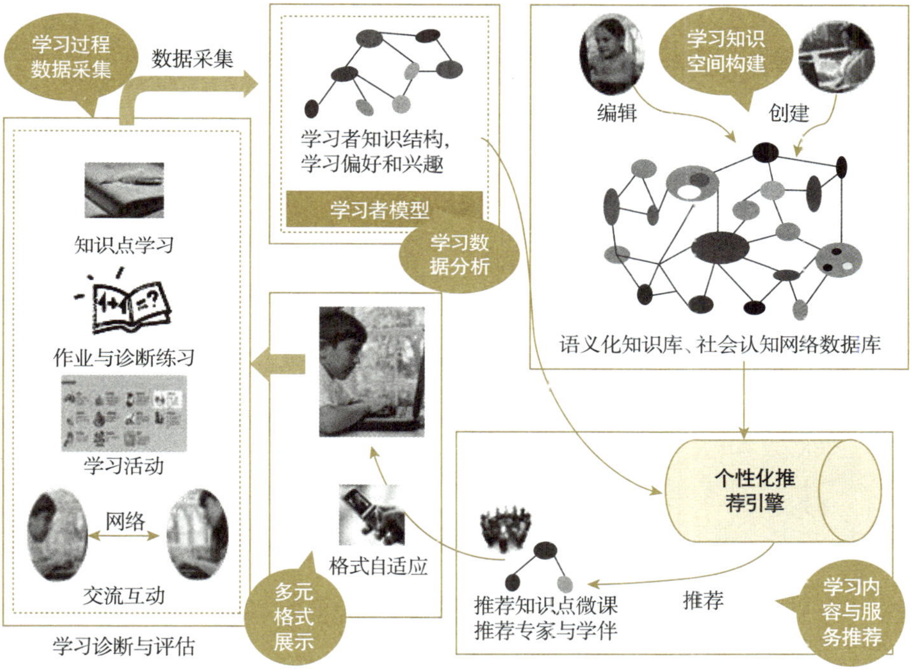

图4-7　智慧学伴数据处理流程

（三）大数据分析和服务框架

大数据分析和服务框架主要环节包括信息采集、数据化处理、数据挖掘、数据建模和智能推荐引擎，如图4-8所示。

1. 信息采集

前端通过交互追踪、语音识别、体感互动、情境感知等普适计算技术，采集学习过程的数据，学习过程包括诊断测试、平时作业、综合实践、在线学习、在线交互等模块。

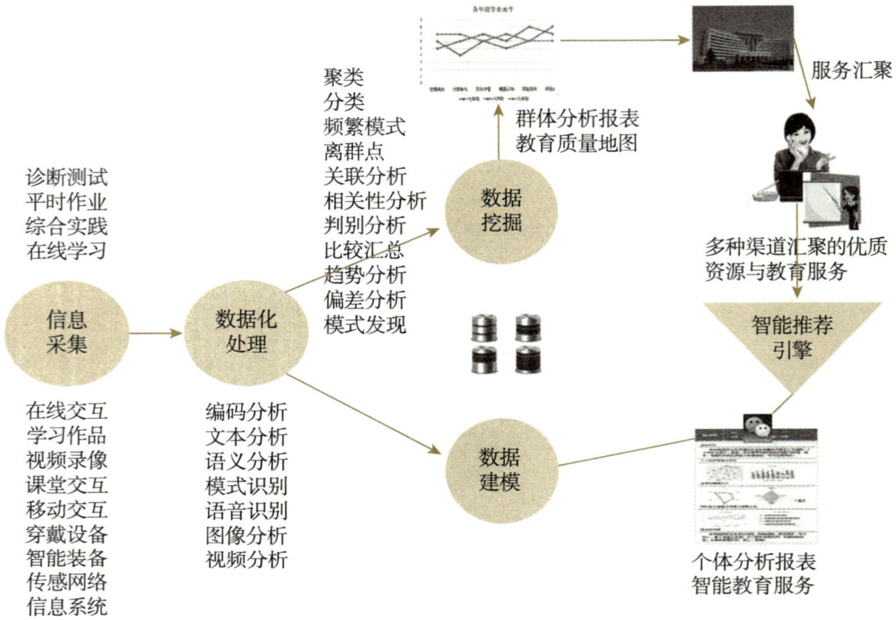

图4-8　大数据分析和服务框架

2. 数据化处理

为了后续的数据分析，必须把采集到的信息数据化，提取关键特征，数据化处理包括编码分析、文本分析、语义分析、模式识别、语音识别、图像分析、视频分析等模块。

3. 数据分析

如图4-9所示，数据分析有两条主线：①面向学习者个体能力的数据建模，构建个体特征、发现个性需求；②面向群体的数据挖掘，构建群体特征、发现共性需求。

（1）学习者个体能力数据建模框架。为了更好地评测出学生的真实水平，智慧学伴平台设计了包含四个层次、九个方面、300多个指标的个体能力建模框架，如图4-9所示。学生个体能力建模框架从学科领域核心知识、学科核心素养、通用心理和认知能力、体质健康四方面来描述学习者，具体包括人格特征、心理健康、认知能力、学习品质、学科素养、学科知识、体质健康、教育环境和发展倾向这9个方面，共有300多个表征的指标，是描述学习者发展、发现学生个性的基本依据。①

图4-9　学生个体能力建模框架

（2）群体数据挖掘框架。大量个体数据汇聚后可形成群体数据，智慧学伴平台形成了面向班级、学校、行政区域、省市等层面的群体数据挖掘框架，如图4-10所示。

群体数据挖掘框架主要包括学业成就、能力素养、综合素质、体质健康和实践活动。学业成就是汇聚不同群体的学科表现，给出面向班级、学校、行政区域和省市四个层面的群体学科测评报告，为教育决策提供依据；能力素养是分析学生的学业表现所得出的学生学科能力和

① 余胜泉，李晓庆. 基于大数据的区域教育质量分析与改进研究［J］. 电化教育研究，2017，7：5-12.

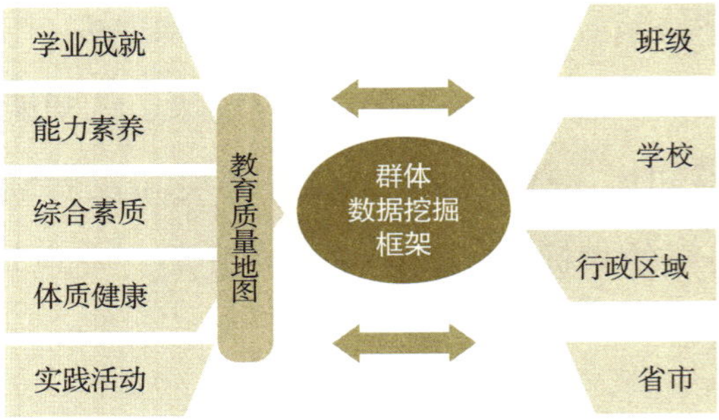

图4-10　群体数据挖掘框架

学科素养，为在群体内有效挖掘能力型人才提供数据支撑；综合素质针对国家考试招生制度改革层面，对学生的综合素质进行诊断，包括学生思想品德、学业水平、身心健康、艺术素养和社会实践等过程性内容；体质健康包括学生的体质健康和运动技能发展水平两方面，通过汇聚群体数据，形成群体体质健康监测数据报告；实践活动是区域实践活动动态数据报告，根据不同群体的选择和参与情况形成实践活动报告和建议。以上五项面向群体的报告汇聚于教育质量地图上，形成面向各类群体、各个管理层级的教育服务，让大众拥有较高的教育获得感。

4. 智能推荐引擎

个性化学习智能推荐引擎是智慧学伴平台的核心组成之一，该引擎可以为教师、资源提供者以及学习者提供精准且适当的资源组织形式和获取途径，提供完整的个性化学习支持，包括学习内容和活动推荐、学习工具与策略推荐、学习专家与同伴推荐等，实现个性化学习服务推送。

学习资源与学习服务的智能推荐引擎要借鉴双向适应的原理，从学习者模型和学习资源组织两方面的相互联动角度，实现基于数据驱动的、感知学习过程情境的、持续性的自适应。基于数据驱动的自适应关键在于研究如何从用户兴趣、已有知识、动态能力和学习风格等角度出发进行课程资源推荐，并基于内容相似度和链接结构相似度进行目标资源的筛选和聚类。感知学习过程情境的自适应关键在于研究如何获取和表征学习者当前所处的情境信息，并与资源情境本体进行适应匹配，实现对学习内容、学习策略、学习活动、知识专家、学习路径和学习服务的推荐。持续性的自适应关键在于研究如何利用学习过程中的核心数据完成对学习者在线课程知识节点学习状态的计算、实现对知识掌握水平的客观、动态、连续表征。同时，由于学习是一种持续发展的过程性活动，因此在持续的自适应中需要考虑学习者知识结构、能力的变化，持续性地引导学习者进入下一个最适合的学习活动、为学习者找到与其当前知识和能力水平最匹配的学伴。

学习资源与学习服务的智能推理引擎需要对学习过程中学习者表现出的个性特征（知识结构、学习情境、学习风格、学习情绪、与知识的学习交互等）进行语义建模，构建学习者的个性特征本体模型，设计多重影响要素的自适应聚合推理引擎，实现学习资源与服务的适应性推送。

（四）平台功能介绍

智慧学伴平台面向北京市中小学生，提供在线测评、创意作业、个性化诊断报告与学习资源包智能推送等教育服务，帮助学生实现学科能力与核心素养的测评与分析、学科优势的发现与增强，并构建学生认知模型。智慧学伴平台首页如图4-11所示。

智慧学伴平台在教师端有诊断工具、在线批阅、学习分析、精准教学、开放辅导五个主要的功能模块，辅助教师日常教学；学生端包括在

图4-11　智慧学伴平台首页

线诊断、能力建模、查优鉴短、精准学习四个功能模块。“在线诊断”是学生在线学习的体检中心和化验室，在这个模块学生可以从以下多方面诊断自身情况。“能力建模”共包含能力素养和知识地图两个功能。当学生完成测评后，平台会在这两个板块给出测评结果，并以清晰、直观的图表展现。在“查优鉴短”模块中平台精准提炼出学生的学科优势和问题，从而实现为学生中考提供预测，共包括问题发现与优势分析两个功能。

学科各核心素养表现情况反映了学生个人的优势和短板，平台以直观的雷达图呈现学生的学科各核心素养表现情况，帮助学生及时诊断。如图4-12所示为某学生在一次语文总测中的核心素养表现情况。

如图4-13所示，该报告图呈现的是该学科核心内容主题的能力表现，分别以不同的颜色代表学生在不同核心内容主题的表现。

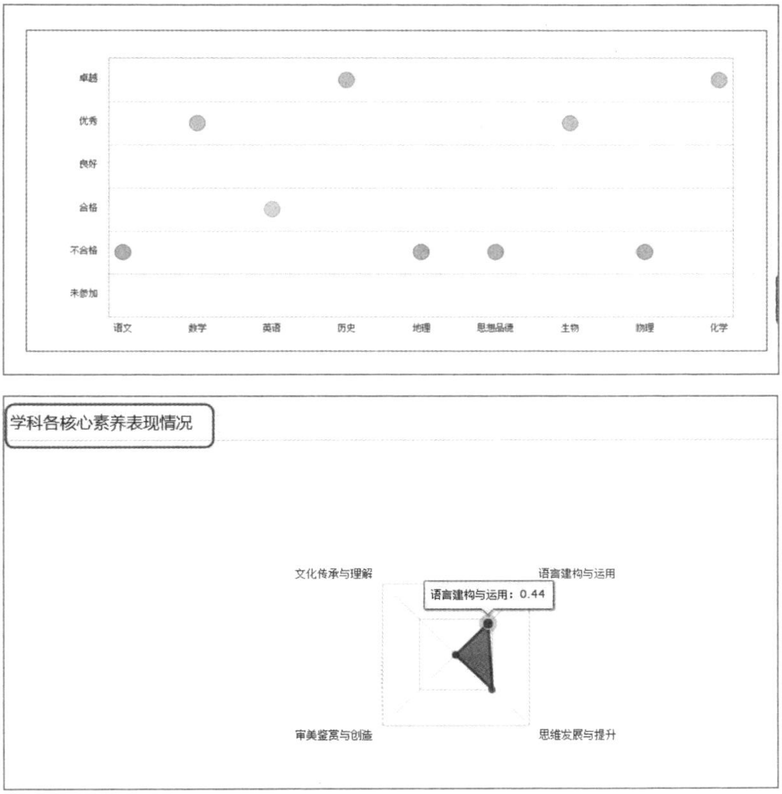

图4-12　学科各核心素养表现情况

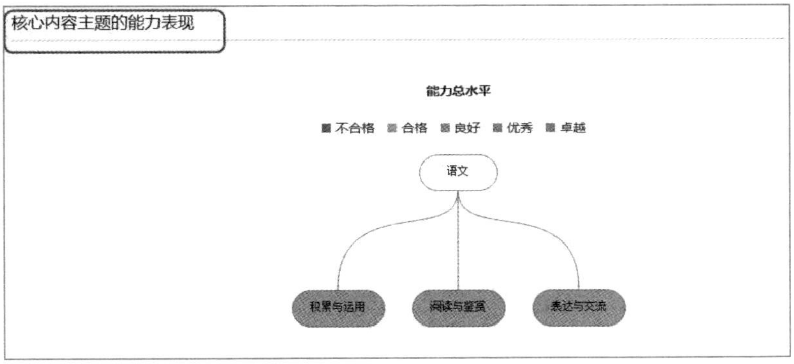

图4-13　核心内容主题的能力表现

将学生在该核心内容主题的能力表现细化，呈现学生各个指标的得分率，如图4-14所示。另外，平台会基于学生的错题诊断出学生的薄弱知识点，推荐相应的单元微测试题，以便更好地诊断学生薄弱知识点到底在哪里，从而进一步改进；显示学生在这个指标的错误试题，推荐相应的微测。同时，学生还可看到学校、行政区域学生在这个指标的平均得分率，整体把握自己的能力表现。

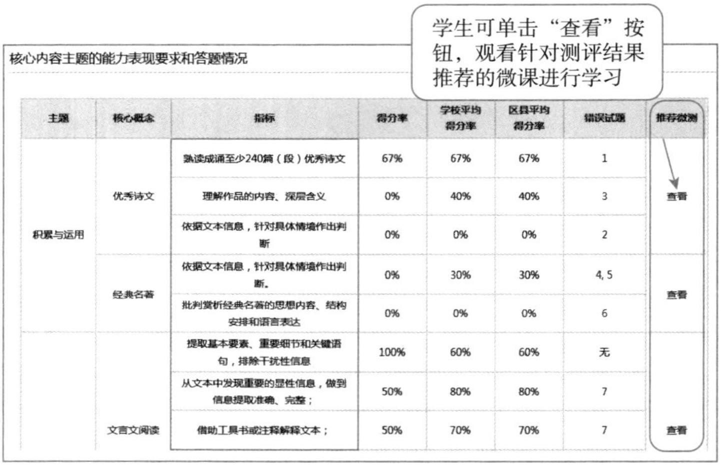

核心内容主题的能力表现要求和答题情况

主题	核心概念	指标	得分率	学校平均得分率	区县平均得分率	错误试题	推荐微测
积累与运用	优秀诗文	熟读成诵至少240篇（段）优秀诗文	67%	67%	67%	1	查看
		理解作品的内容、深层含义	0%	40%	40%	3	
		依据文本信息，针对具体情境作出判断	0%	0%	0%	2	
	经典名著	依据文本信息，针对具体情境作出判断。	0%	30%	30%	4, 5	查看
		批判赏析经典名著的思想内容、结构安排和语言表达	0%	0%	0%	6	
	文言文阅读	提取基本要素、重要细节和关键语句，排除干扰性信息	100%	60%	60%	无	查看
		从文本中发现重要的显性信息，做到信息提取准确、完整；	50%	80%	80%	7	
		借助工具书或注释解释文本；	50%	70%	70%	7	

图4-14　核心内容主题的能力表现要求和答题情况

智慧学伴平台还能够对学生学习状况进行跟踪分析，过程性记录学生的学习行为，体现出大数据的优势。“智慧学伴”中的“知识地图”便是通过“点亮”学生所学习过的核心概念，并根据学习效果显示不同水平的一种网状知识地图。这样的知识地图可以直观地展现班级整体或学生个体的学科强项与弱项。知识地图中的不同颜色分别对应不同的能力水平，包括卓越、优秀、良好、合格、不合格和未学习六项，并且每一个圆圈都能通过单击链接到相对应的微测与学习资源，如图4-15所示。

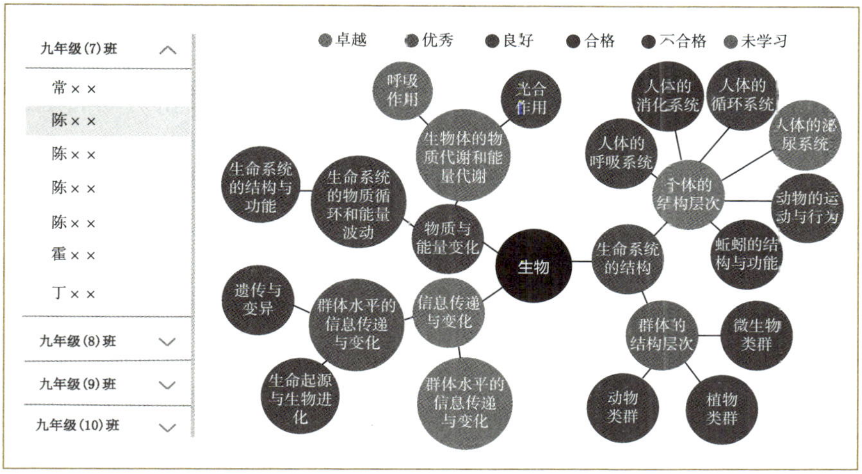

图4-15　某同学在生物学科不同核心概念的能力水平

（五）区域教育大数据的应用模型

推进教育大数据应用要将学生放在数据应用的正中心，汇聚学生的学科素养、心理健康、身体发育、问题解决等方面的大数据，并在区域教育行政部门的牵头下前行，在学校和研训部门的多角色支撑下助力数据的深度应用，同时大数据也能更好地服务家庭，促进家校协作，如图4-16所示。

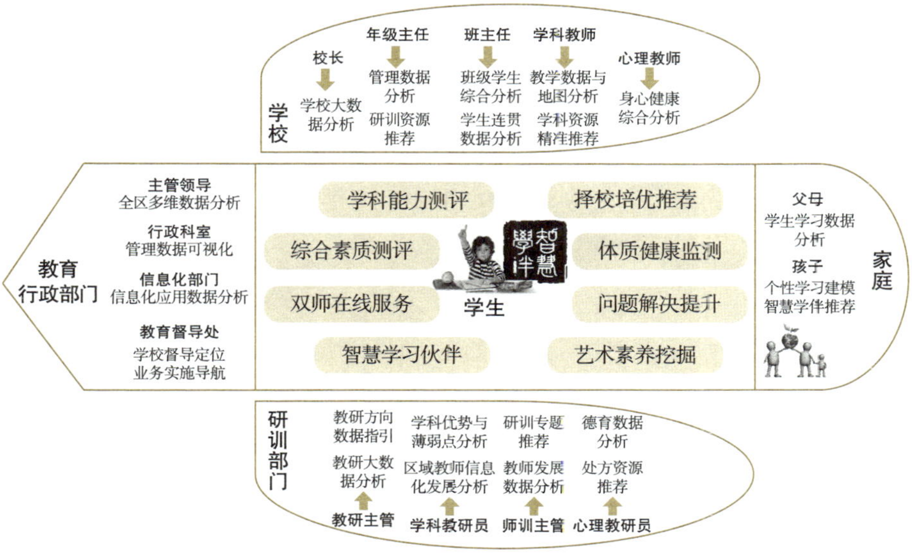

图4-16　区域教育大数据服务与应用模型

区域教育大数据的应用可以使得家庭、学校、研训部门、教育行政部门之间，以学生数据为纽带，形成促进学生发展的紧密协同关系，能够有效提升区域教育质量。

1. 学生全面发展的数据汇聚

数据来源是区域大数据应用最重要的部分。在该应用模型中，由区域组织学生开展基于互联网的学科在线诊测，通过对学生学习数据的汇聚，对学生的知识和能力结合进行系统建模，建模数据类别主要包括学科能力测评、综合素质测评、双师在线服务、智慧学习伙伴、择校培优推荐、体质健康监测、问题解决提升、艺术素养挖掘等八个方面。数据汇聚的形式是作业、测试、问卷、体测、听课、线上行为、脑电波、问题解决等。通过后续的数据建模，可了解学生的能力素养和知识图谱，并通过大数据的分析为学生提供精准资源和在线教师及学伴服务，为个性化自主学习做好支撑。从区域提升的视角，学校的管理和学科教研实现定向改进，为更好地提升区域教育质量提供可行方案，图4-17是学科能力诊测大数据汇聚与应用的闭环流程。

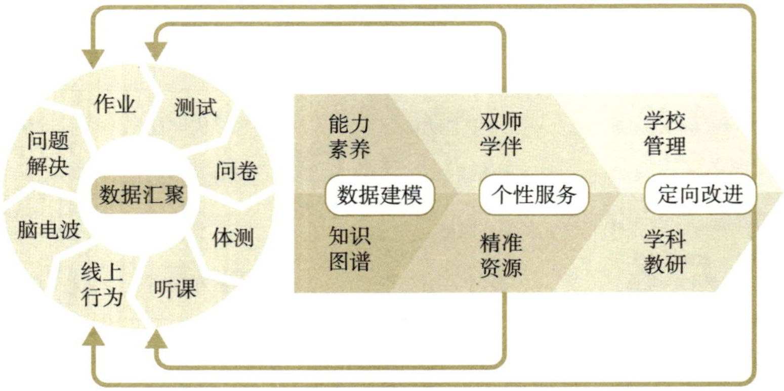

图4-17　学科能力诊测大数据汇聚与应用的闭环流程

2. 行政部门领航的大数据项目驱动

在大数据应用模型中，教育行政部门是“领路人”，在教育大数据落地中发挥着不可替代的作用。行政领航主要体现在面向主管领导、行政科室、信息化部门、教育督导处等层面的具体服务。

（1）全区多维度数据分析支撑行政领导宏观决策。大数据的战略意义在于“通过海量数据的交换、整合和分析，发展新的知识、创造新的价值，带来大知识、大科技、大利润和大发展”。行政主管领导一般指区教育局局长或教育委员会主任等区域教育发展方向的掌舵者，大数据应用主要体现在宏观数据服务支撑决策上，包括教育质量地图、区域教育质量监测、区域资源配置、区域教育公共服务、教育发展规划制定等业务。全区多维大数据汇聚会形成区域教育可视化质量地图，质量地图包括各校教学质量热力图、学校升学率、学校师生比、教师组成结构等多维数据，帮助决策者定位区域不同层面质量问题，实现目标管理；全区多维数据分析可以支撑行政领导开展区域资源配置决策，如学生学业大数据反馈出来的区域师资不均问题，可通过区域层面的宏观调控，优化教师配置；依托区域大数据显现出来的教师群体信息分析、学生群体来源分析、学校发展建议分析等内容，可以支撑区域制定未来发展规划。

例如，衡量学校及区域教育质量的关键是培养对象的质量。通过智慧学伴教育数据不断的汇集，班级数据、年级数据、学校数据可汇聚形成区域教育质量地图（见图4-18），管理者、研究者可全面了解本地区在应对教育改革上的优势和问题，依据教育质量地图采取针对性的改进措施，形成适合本地区的教育质量改进方案。通过对教育大数据进行多维度、多层次、多群体、多因素的分析来评测教育质量水平，可以发现区域的共性问题，提供教育决策支持。

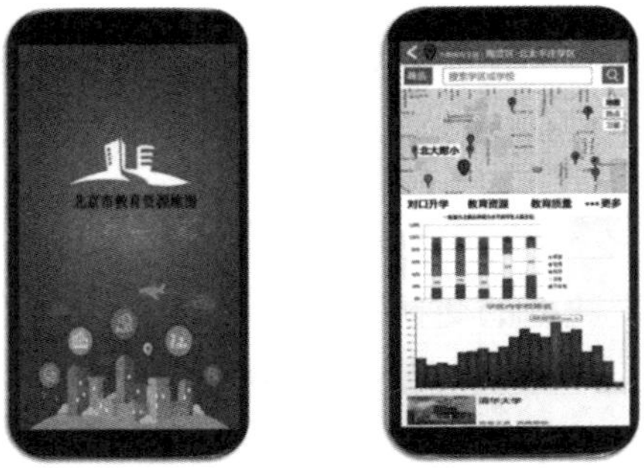

图4-18　教育质量与教育资源地图

（2）管理数据可视化助力行政科室业务针对性推进。管理大数据可以服务区域中教科、小教科、人事科、教研室等不同业务直管部门，成为行政科室业务的加速器，实现数据支撑学籍异动、学段质量监控、教师能力提升培训等业务。由于社会人员的流动，高频的学籍调动带来了更多的转学、借读等，学生的流动成为教育行政管理者的难题，智能平台和数据分析可以帮助行政管理者记录区域所有的学籍变动数据，行政科室可依据统计分析，及时制订出学籍变动的解决方案；历年学生中考大数据不仅揭示了学生发展的当时水平，更能通过多年连续大数据发现中学教育的发展走势，指导中学教育的发展改进；各个教师班级的教学质量数据，可以为师训部门组织教师专业培训提供参考。学生的能力发展数据、素养提升数据、师生关系数据的交叉分析，可以让管理者更清晰地看到教师发展背后的问题，教师成长得到进一步地支持。

（3）信息化数据应用分析助推信息化部门建设。《教育信息化2.0行动计划》（简称“《行动计划》”）已于2018年由教育部正式发布，《行动计划》提出教育信息化从融合应用向创新发展演进，全面提升师生信息素养，将信息技术和智能技术深度融入教育全过程。可见，信息化部门不再局限于建网络、买设备，而是能借助大数据更有效地开展教育环境建设和解决教育资源均衡。信息化部门要保证区域大数据应用的基本网络和设备条件，更要关注师生大数据产生后对其业务的支撑，师生在线学习行为大数据会生成区域、学校、班级等层面的信息化行为报告（见图4-19），这可以大大提升信息化部门的管理效率，实现精准定位，有效跟进。教育资源均衡不仅体现在信息化软硬件的配备上，更要体现在直接获得的服务层次上，要及时通过数据，了解到不同师生获得服务的机会，并及时调整信息与服务资源。

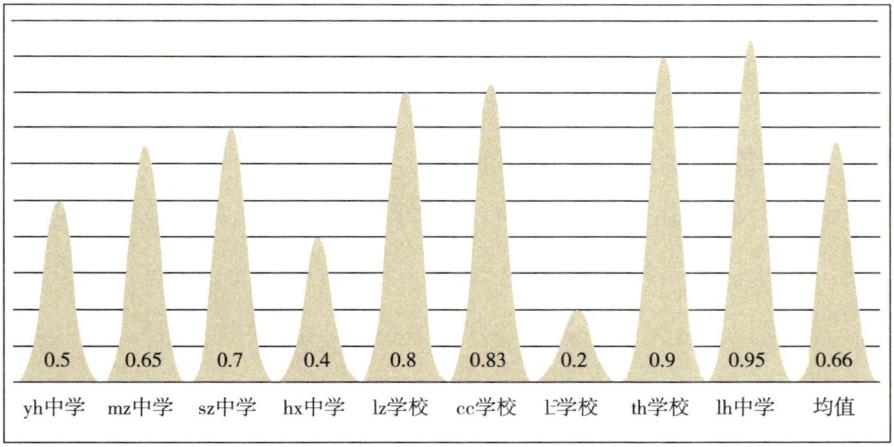

图4-19　某区各个学校语文教师月上线率

（4）大数据助力教育督导精准化。教育督导的主要职责包括常规教育督导，监督、检查和指导学校的教育领导和管理，对办学效益进行评估等，以前的督导主要体现在看某一个阶段的横截面。大数据提供了督导的新视野，可以看到发展和演化的历史过程，更好地开展评价导航，实现办学高效。还可以快速定位表象背后的关键问题，如通过大数据分析可发现某个区域某些学校的两级分化拉大，教育督导服务时可以直接督导该类问题的解决，直接定位到评价的关键环节，找到分化的原因，督导学校制定相应的改进措施。

（六）大数据推动学校管理和教学走向智慧

1. 大数据支撑学校行政智慧管理

智慧学伴平台大数据分析为校长和主任等教育行政人员提供了智慧管理的依据，可以依托数据进一步聚焦到学校发展共性个性问题、学生发展心理倾向、典型班级分析等业务上。大数据可以积累学校层面的教学数据、师生数据、班级数据，学校随时了解本校各学科在全区的相对位置，也可实现同类学校之间的灵活对比分析（见图4–20），方便了解学校的共性问题，在共性的基础上，学校可以进一步透过数据分析问题产生的原因，聚焦到个体问题解决上，根据问题确定管理与改进措施。教育大数据能帮助学校识别典型班级，通过全校全年级的数据分析，发现不同年级或班级的学生能力素养、学习行为表现，依托数据发现异常班级，定向跟进，技术化解潜在管理问题。通过学校心理综合素养大数据，学校可以更好地开展德育教育，如心理健康、网络成瘾、师生关系

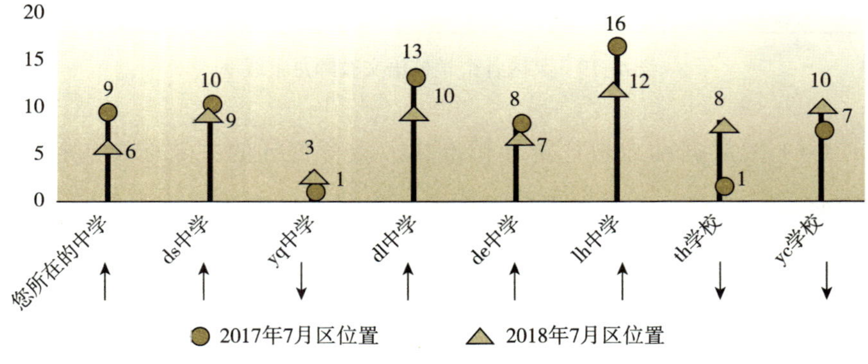

图4–20　同区各校学科大数据对比分析

优化等，既可以从学校整体视角改进，也可定位到不同个体，进行定向干预，最大限度地促进每一位师生的身心健康发展。

2. 大数据支撑教师精准教学

大数据可直接助力教师精准教学，解决教学无据、学困生学困根源不明等问题。精准教学核心是通过学习数据分析，为每个学习者提供适合其最邻近发展区的学习服务与指导，通过学习行为数据的分析，教师可以精确了解学科教学是否达到目标、学生是否真正掌握知识或技能。智慧学伴平台可以通过对学生个体学习情况进行跟踪记录与分析之后，对学习情况建模，展现学生结构化知识地图，也可以展现全班整体教学薄弱点的教学地图，给予教师可视化的教学参考，让教学更有依据。图4-21是三个阶段利用大数据，帮助地理教师提炼出来的教学薄弱点，可供教师复习使用。学科学困生始终是教师教学面对的挑战，智慧学伴平台可以帮助教师精准定位学困生的学习障碍点，清晰了解学困形成的原因，从而制定解决问题的路径。

地理学科	得分率		
核心概念	上学期期末	下学期期中	下学期期末
地图	67%		
地球	72%		
中国水系与水文	59%		
中国自然灾害	57%		
中国天气与气候	63%	43%	90%
中国的地形	61%	67%	33%
中国人口	62%		56%
中国的地域位置与分布	47%	55%	57%
中国的资源、环境与可持续发展		59%	78%
中国文化与旅游		79%	92%
中国经济		55%	58%
中国区域差异与区际联系		63%	73%

图4-21　地理教师薄弱教学点大数据自动汇聚

3. 大数据支持发展性诊断与评估

该块服务主要包括学科知识、学科素养测评、心理与认知能力和体质健康测评。学科测评是以学生日常学习的每个学科为抓手，从学科能力和学科素养两方面进行编码，设计了基于过程性和总结性的微测和总测测试工具。多样化总测、微测报告的叠加形成了学生的个体学习地图，为诊断真实的学生，提供个性的服务做好了铺垫。综合素质测评是检测学生综合能力的方式，主要包括心理健康、学习品质、教育环境和青少年发展潜力等。经过测评分析，学生了解了自己各方面的综合表现。基于大数据的体质健康监测可以让学生了解自己的健康状况，学生借助体质健康监测手环，可了解到自己的心率、血氧、加速度等健康数据。目前，该模块服务已全部在通州落地，服务学生的未来发展。综合素质报告样例如图4–22所示。

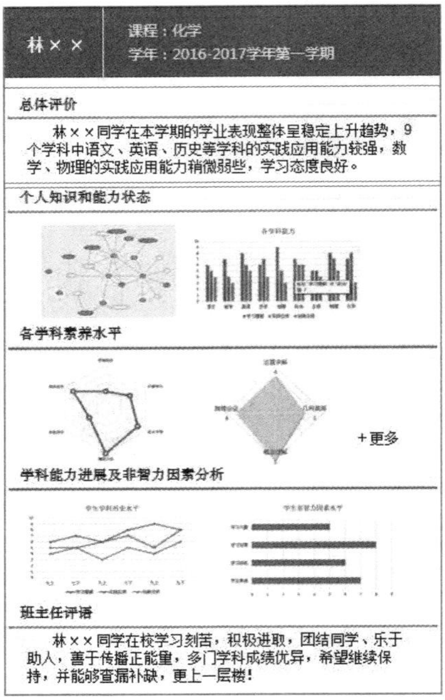

图4–22 综合素质报告样例

4. 大数据支撑班主任智能班级管理

面对一个班的几十名学生，每个学生个性特征、学习问题各异，班主任想做到因人而异的指导与干预，往往心有余而力不足，传统管理的低效更是让班主任知难而退。通过多侧面、多形态的数据收集，如生理数据、心理数据、学习过程数据等，进行多层次、长周期的数据分析与挖掘，班主任可以完整了解每一个学生的显性或隐性问题，尤其是单亲等特殊家庭可能带来的学生成长问题，精准定位问题，明晰管理重点。学生各有差异，所表现出来的学科优势也大相径庭，大数据支撑下，班主任可借助数据了解学生学科优势与学科短板，更好地帮助学生进行中高考选科，实现最优化的组合。通过心理健康数据，班主任还可以了解学生因家庭环境、人格障碍等引发学困的问题，从而更好地协同家庭共同解决好学困问题。

（七）大数据支撑研训部门转型

1. 大数据支撑研训主管人员深入把脉研训方向

在传统的研修形式下，研训主管了解培训成效和教师专业成长情况的渠道是下属工作汇报或专题交流，工作效率较低，时间周期较长，信息也缺乏准确性。大数据可以让研修决策更加专业和高效，解决研修无依据、教研活动无思路等问题，促进区域教研转型。智慧学伴平台依托大数据，可以将各学科的区域性共性问题可视化，指示教研业务推进的方向。基于数据，可以根据各个学科校际能力差异、全区各个学科教师的发展水平不同而合理配置研训资源；通过汇聚区域层面多个学段的学业大数据，分析不同学段学科发展薄弱点，可提升教研的精准性，如小学毕业后的科学学科数据与学生初中地理、物理、生物等学科数据的关联分析等，可以方便区域层面配置调整学段衔接的教研活动设计。

2. 大数据支撑教研员教研活动设计

教研员是教师教学的专业指导者，区域教学研究的组织者，教师专业发展的促进者，国家和地方改革政策的转化者，课程改革的推动者。在区（县）教研工作中，教研员既要承担本区域的教学教研指导工作，又要承担本区域教师业务培训和教师职业能力提升工作。教研员日常的主要教研组织包括公开课研讨、专家培训、案例研磨等。智慧学伴大数据可以帮助教研员实现教研转型，带领教研员走出固有经验引领，主要表现在数据指引教研优势与薄弱点、区域教师信息化发展分析等。根据数据指引，教研员参考全区各校数据，基于连贯的多学科大数据发现学科教学的核心问题，如图4-23为学生提问数据汇聚后凸显出来的核心知识点问题，不同学校学科教师的发展短板也可通过数据显现等。区域教师信息化发展分析，是指教研员可以更好地管理区域本学科的教师，了解每位教师的在线情况，了解教师的专业投入度和学科资源应用大数据，并可根据区域教师群体的需求灵活调整教师教研计划，实现对教师业务能力的提升。

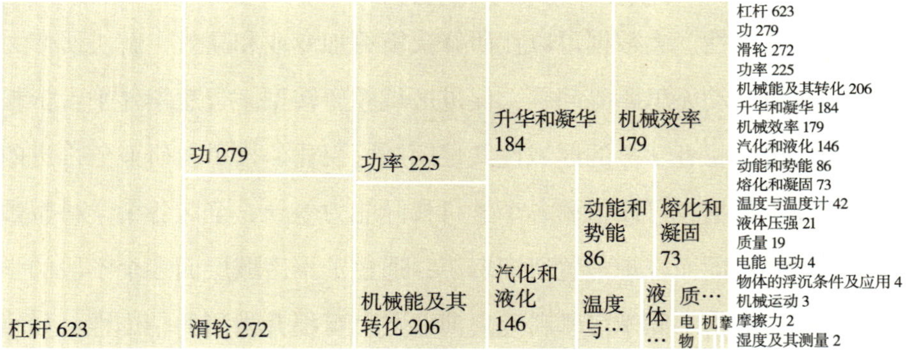

图4-23 学生提问大数据支撑关键内容教研与复习

（八）大数据支撑家校多维协同实现高效助学指导

要教育好孩子，家长必须和学校保持紧密联系，家校双方密切协作，家庭教育与学校教育紧密结合，这是实现育人目标的重要途径。在大数据助力区域发展系统中，家庭是大数据应用的重要场景，父母可以借助数据开展精准助学、基于数据实现更好的家校协同。大数据平台能够将家长和孩子连接起来，家长能够通过数据看到孩子发展的真实表现，借助大数据给孩子提供真正需要的助学指导，而不是盲目地报各种辅导班。如家长利用微信绑定孩子智慧学伴的教育账号，就可以了解到孩子的各种学业表现数据，可以精细知悉孩子的学习优势和问题，为后续的精准助学提供参照。

同样，孩子在家里也可以快速感知自己的学习问题，并获得个性化的资源推荐服务、双师在线服务，还可以和大数据推荐的学习伙伴开展更有效的同伴学习，通过互联网和大数据，孩子可获得更多的学习小伙伴，延展了现实的学习圈。

综上所述，大数据应用模型从区域教育质量提升的关键角色着力，提供了面向行政领导、校长、班主任、教研员和家长等角色的具体服务，解决了不同角色的关键问题，这是将数据资产最大化利用的抓手，也是大数据系统性解决区域问题的重要武器，更是大数据能够落地的关键所在。

第四节　基于大数据的STEM学习评价

STEM教育强调学生能够综合利用各学科的知识与技能解决实际生活中存在的真实问题，注重对学生批判性思维、跨学科问题解决能力、创新思维等高级能力的培养，符合我国新一轮的教育改革要求和面向未来人才培养的需求。因此，STEM教育被纳入国家战略发展政策中，呼吁社会、学校、个人广泛关注STEM教育、创新人才培养。

2016年，教育部在《教育信息化“十三五”规划》中进一步要求：“有条件的地区要积极探索信息技术在‘众创空间’、跨学科学习（STEM教育）、创客教育等新的教育模式中的应用，着力提升学生的信息素养、创新意识和创新能力，养成数字化学习习惯，促进学生的全面发展，发挥信息化面向未来培养高素质人才的支撑引领作用。”2018年5月，《中国STEM教育2029创新行动计划》正式启动，该行动计划强调：“希望能够培养创新思维和科学探究的能力，通过注重学习过程的测量改变评价方式和创新培养模式。”可以看到，在推进STEM教育进程中，重视学生核心素养和关键能力的培养，并且关注对STEM学习过程的测量以促进评价方式的改进和培养模式的创新。

大数据技术实现对教育大数据进行全方位、全员的采集，为STEM学习过程的测量和人才培养模式提供了新的思路。通过采集STEM课堂中学生学习过程中产生的一系列数据，包括学生的课堂行为表现、不同学科的知识掌握情况、问题解决过程、社会参与程度、实物作品、问卷调查等数据，从多角度展现学生STEM学习的过程性表现，基于微观层面的个体数据分析呈现个体核心素养、学科素养、高级能力等方面表现，多维度立体化地展现面向未来的关键能力和核心素养，同时为创新STEM教育教学方式和人才培养模式提供改革方向。

一、STEM 学习评价的思路

STEM教育强调培养学生面向未来的能力和素养，它以类似的真实问题或者项目为基础，让学生通过学习、探究、合作、设计、实践和验证等过程解决问题或完成“人工制品”，体验知识获取、内化和外化的过程，并在过程中锻炼问题解决能力、合作能力、表达能力、沟通能力和创新能力等。

培养学生面向未来的能力和素养是一个循序渐进的过程，因此对它们的测评是一个较为复杂的过程，测评结果不再是一个稳定的结果型的数据，而是一组具有动态性、发展性和连续性的变化着的数据集合，能够展现出能力和素养在一段连续的时间内的发展状况。但是，目前大多数的STEM课程的评价常常以结果为导向，基于学生最后的作品进行评估，评价依据、评价主体比较单一，即使有些课程中会增加生生互评、学生自评等方式，但是这些评价方式的主观性较强，难以客观地表征出学生的各项关键能力和核心素养的动态发展过程，导致学生只会死记硬背书本知识和操作模仿，没有真正理解问题解决背后所蕴含的学科知识与科学原理，高级能力和核心素养也得不到提升。STEM学习评价需要实时收集能够表征学生的学习过程，证明学生的学习真实、有效地发生的各类证据和过程性数据，客观呈现学生的能力和素养的动态发展过程。

因此，需要借鉴基于证据的学习理念开展基于大数据的STEM学习评价实践。基于证据的学习是为解决特定学习问题而运用一些证据验证假设、发现并得出解决问题方案的一种学习范式；该范式同时强调基于证据来呈现学习结果并由此证明学习活动及学习成效已经发生[①]。当学生开展STEM学习时，从接触到一个综合问题或项目到最终形成问题解决方案或完成一件“人工制品”，这期间会发现、生成或运用各种各样的证据，通过收集各种各样的证据，会实时客观地记录学生的知识理解水平、行为表现、情感状态、心理过程、能力素养的动态变化过程。通过这种客观的过程性表征方式，教师不再需要凭借主观的感觉或判断去预估学生的学习状态，而能够多维度、多方位地观察学生能力素养的变化，根据学生的问题和需求及时采取教学干预手段，以促进学生各项能力素养的发展，同时基于这些证据帮助教师开展形成性评价和表现性评价。

二、基于大数据的STEM测评系统

由北京师范大学未来教育高精尖创新中心研究团队和北京寓乐世界教育科技有限公司合作研发的基于大数据的STEM测评系统是一款用于支持智能化STEM教学和测评的服务平台。该系统基于大数据技术和移动设备采用一对一课堂教学模式，通过线上线下相结合的方式收集学生学习过程中的所有数据，经过数据转换、分析、推理等为教师、学生、家长和管理者提供多维度的测评结果报告，实时反映课程教学效果报告和学生多项能力的发展情况，为教育决策提供数据支持。

如图4–24所示，该测评系统主要由学校/机构端、教师端和学生端

---

① Natasha L.Parkes，Jennifer Brasch.Nursing Grand Rounds: A Strategy for Promoting Evidence–Based Learning Among Pediatric Nurses [J]. Journal of Pediatric Nursing. 2015, 30: 338.

三大部分组成。学校/机构端是一个集管理功能于一身的独立实体，可以完成参与STEM教学的教师和学生的管理工作，根据业务需求制定教学计划。在课上师生使用移动终端设备基于互动教学系统进行互动，系统实时收集学习活动中产生的学习证据，并进行数据转换、分析和推理，最后形成个人课程报告。经过一段时间的学习，系统将生成学生历次课程报告，并根据历次课程所收集的证据形成学生的知识掌握情况和能力发展情况的趋势图。

图4-24　基于大数据的STEM测评系统师生端

如图4-25所示，教师通过教师端在课前了解自己的排课情况；上课期间利用互动课堂组织学生学习活动，随时拍摄课中的动态记录学生

图4-25　基于大数据的STEM测评系统—教师端

的学习行为和状态；实时对学生的课堂表现进行评价，包括表扬、提醒和批评；进行课堂活动流控制；对学生作品进行评价；下课后教师可以查看自己本次课的课程报告，通过学生个体和学生群体来了解本堂课程的教学情况和学生的掌握情况。

如图4–26所示，学生通过学生端在课前查看课程表；上课期间学生在教师引导下参与各项互动活动，包括查看课件、回答问题、完成任务和填写问题等；下课后学生可以查看自己本次课的课程报告，通过个人报告来了解自己本节课程的掌握情况、课堂行为表现，以及各项能力指标达到的水平。

图4–26　基于大数据的STEM测评系统—学生端

1. STEM教育量化分析框架

该系统首先在STEM教育课堂上对学生整个学习过程中的学生行为、阶段成果、作品成果、随堂自评、教师评价等多维数据进行收集。如图4–27所示，在STEM教育量化分析框架下，通过对教与学过程中全部数据的采集、量化分析与挖掘从而生成可视化报告。一方面分析学

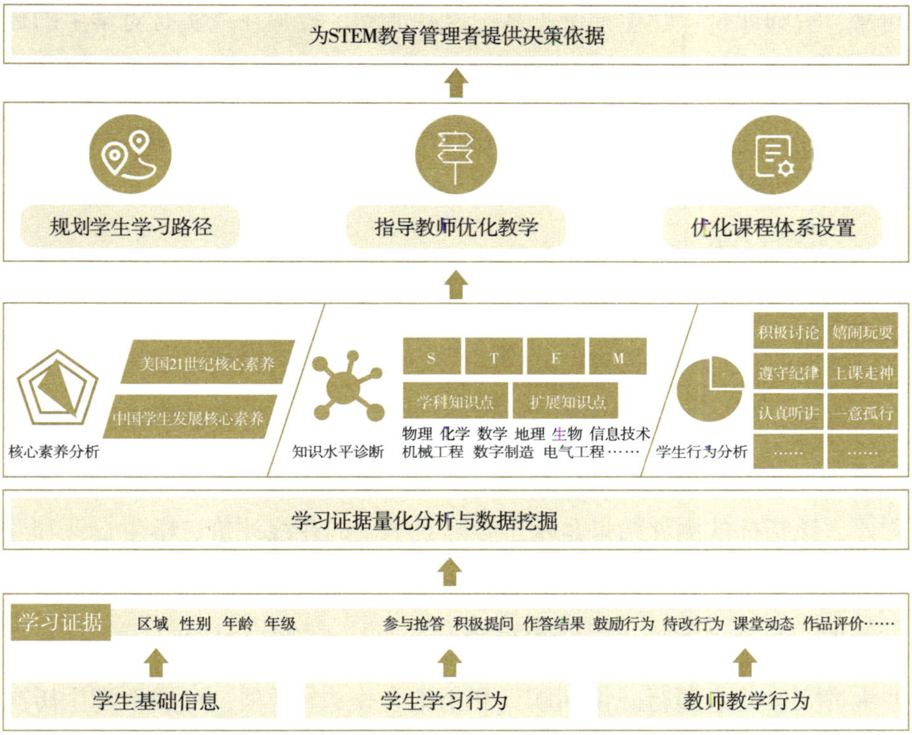

图4-27　STEM教育量化分析框架

生的学习过程和学习结果，帮助教师明辨教学和学习问题，为教师针对学生的实际情况制订个性化的教学活动做出准确的教学决策提供依据。另一方面通过数据分析学生特征、学习需求、学习行为、学习路径、学习结果等来判断学生当前状态，预测学生将来的学习结果，为学生提供个性化的学习支持服务，帮助学生实现个性化学习，揭示学习行为模式，有效帮助教师和学生改善教和学。

2. 数据收集

课前，教师可以在移动设备上进行备课，添加不同类型的学习活动。教师的活动包括课堂考勤、互动问答、测验练习、成果展示、调查问卷、教师评价、学生评价。基于这些活动，教师在线实时对学生的行为进行奖惩、课堂评价和记录学生学习过程。学生活动包括知识检测、活动响应、作品记录、自我评价和同伴评价。基于这些活动，系统会实时收集学生学习过程中产生的数据。

3. 数据分析

该系统围绕核心素养、课堂行为、知识掌握水平和工程思维水平四个方面对收集到的数据进行分析。

其中，核心素养是参考中国学生发展核心素养和美国21世纪核心素养两套较为成熟的核心素养测评框架，从多个细分维度进行全方位地测评，该指标的测评结果是基于教师对学生的在线评价、学生自评和互评、在线调查问卷的数据生成的。课堂行为记录包括奖励和有益提醒两大方面，包含勇于探索、积极提问、乐于分享、条理清晰、积极讨论、发生冲突、一意孤行、说话聊天和拒绝合作9个子项，可展示学生历次课程后汇总的奖励行为与待改善行为之间的占比关系，通过教师的评价侧面体现学生整体的课程参与积极度情况和教师的行为评价情况。在知识掌握水平上，根据STEM教育的特色囊括了物理、数学、地理、化学等与基础教育（Kindergarten Through Twelfth Grade，学前教育至高中教育，K12教育）相匹配的知识主题，同时为了体现与学校教学内容的关联性，该测评系统选取了K12教育阶段与STEM教育关联密切的学段学科构建了知识图谱，每节课基于学生在线答题情况可视化展示学生的知识能力，方便学生了解自己当前的知识薄弱点，也有利于教师后续开展针对化的教学。工程思维水平是STEM教育测评的一个重要方面，工程思维过程包括确定问题、调查研究、方案设计、方案实施、测试评估和展示分享。在课程设计的时候，教师根据课程特点确定会涉及工程思维中的某几项或者全部项，该指标的测评会基于学生参与学习活动的完成情况和问卷调查结果进行评分，以雷达图的形式进行可视化呈现。教师根据结果对工程思维水平偏低的学生进行重点关注，提供个性化的指导和帮助以提高学生的工程思维水平。

4. 数据报告

每次课程结束以后，系统基于学习证据和评估方案自动生成班级报告（见图4–28）和学生个人报告（见图4–29）。班级报告形象、直观地为教师呈现本节课的课堂概况和整个班级群体在课堂行为、知识掌握水平，以及最终体现出的能力素养水平表现，方便教师了解学情和进行课后反思。个人报告可以帮助学生快速了解自己本堂课的参与情况、课堂表现、知识掌握水平、工程思维和核心素养的发展情况，及时给予学生反馈，让学生及时发现不足和需要补习的地方，以针对性地进行课后复习和专项提升。

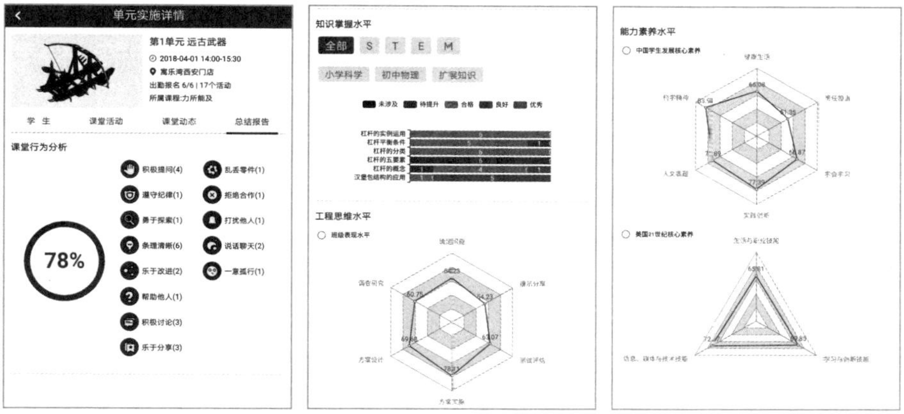

图4–28　班级报告

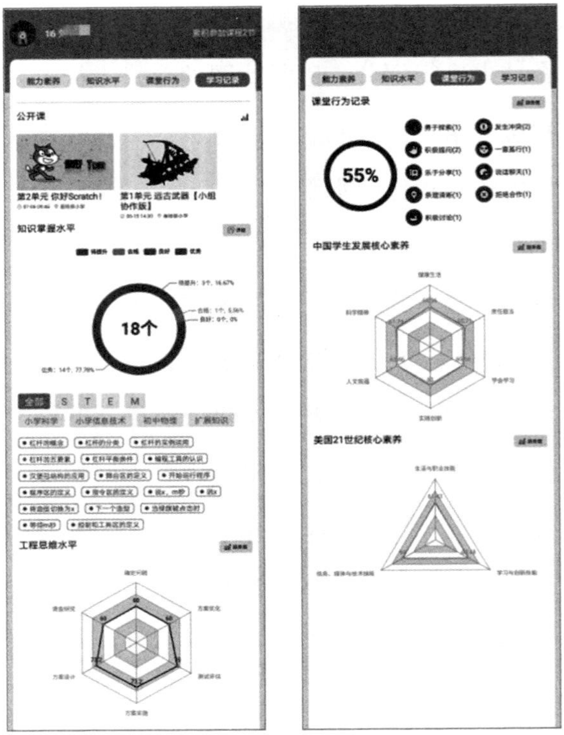

图4-29　学生个人报告

案例4-2　基于大数据的STEM测评案例——《远古武器》

证据导向的STEM教学案例——《远古武器》，在课堂实施过程中教师和学生使用基于大数据的STEM测评系统作为教学辅助工具，实时采集学生学习过程中的各种学习证据。

本节课面向小学三年级的学生。前一节课学习了杠杆的相关知识，本节课则利用杠杆原理设计一个投石器，其中不仅考查学生对杠杆原理的掌握情况，还有学生的合作能力、动手能力、创新能力等，一共包括七个学习活动：课堂签到、课前回顾、导入新课、方案设计、方案实施、展示分享和课堂小结。这七个学习活动环环相扣，体现出解决问题的思路，同时注重知识的内在逻辑，帮助学习者理解任务背后的学科原理，以及建立起知识与生活之间的联系。首先通过课前回顾帮助学生回忆先前学到的知识与问题解决的经验，对本堂课的学习有一定的支持作用；然后引入新课——制作投石器，介绍其包含的学科知识——杠杆原理，在了解了该原理的基础上，又带领学生认识投石器的关键部件，即体现杠杆原理的结构；接着学生分组设计投石器的草图；根据草图制作实物，测试改进，在制作和测试过程中进一步能够熟练运用所学的杠杆原理，加深对其理解；展示分享，该环节促进学生对杠杆原理和投石器之间联系的建立；最后在教师的引导下，思考并总结杠杆原理与投石器之间的关系，同时主动寻找和发现生活中应用了杠杆原理的物体，在所学的知识与生活之间建立联系（见图4-30）。

图4-30 《远古武器》教学案例

课前教师在基于大数据的STEM测评系统上创建课堂，设置好七个学习活动，并在每个活动中添加相应的学习内容和任务，课上包括线下活动和线上活动。学习证据的收集有两个渠道：在线下活动中需要师生手动将各种学习证据上传到系统中；在线上活动中系统可以实时采集学生学习过程中的所有学习证据，包括具体活动、每个子活动蕴含的知识内在逻辑关系，以及要收集的学习证据。

通过收集学习活动中各种学习证据，最后生成可视化的学生个人报告。

第五章　智能时代教师专业发展

教师是社会进步和教育变革的推动者。教师专业发展（Teachers' Professional Development），是指教师的专业成长或教师内在专业结构不断更新、演进和丰富的过程。在这一过程中，教师需要不断地进行探索和反思，拓宽专业知识面，不断提高专业水平，实现专业成长。2018年3月，教育部等五部门印发的《教师教育振兴行动计划（2018—2022年）》中指出，目前教师培养培训质量仍不能完全满足建设高素质专业化创新型教师队伍的需要。可见，教师专业能力的提升成为亟待解决的问题。

人工智能、云计算等新技术的飞速发展，给人们的工作和生活带来了全新的体验，技术进步对教师专业发展提出了新的机遇和挑战。美国在国家教育技术规划NETP 1996—NETP 2016中明确提出教师专业发展目标："教师应具备技术使用能力""教师要充分利用信息化手段得到更加有效、更高质量的教师专业发展机会""教师需要获得参与课堂研究、案例剖析、教育改革的机会，促进其专业发展""建立教师个人职业生涯学习网，发展具有在线教学技能的师资力量""发展一支善于进行在线、混合式教学的教师队伍"，使教师真正成为课堂信息化教学的引导者、组织者和促进者。可以看出，一方面，智能时代来临，科技对教师的能力提出了挑战；另一方面，智能技术高速发展为教师专业发展带来了新的途径和手段。教师如何凭借智能技术谋求自身的专业发展，则成为教育信息化中关键的一环。

智能时代的教师专业发展，是指在教育信息化的进程中，借助信息技术，特别是以技术作为内容、环境、途径、手段和方法，促进中小学教师不断完善专业知识、教学技能和职业态度等方面系统的、动态的过程，以帮助教师信息化教学，提高专业素养，提升教育教学质量。

第一节　智能时代教师面临的挑战

智能时代移动互联网、人工智能、云计算、虚拟现实、泛在网络等新理论、新技术的出现与日趋成熟，无论是对于教师的教，还是学生的学都产生了革命性的变化，给教育界带来了深刻的影响。智能时代的发展对于教师专业发展既是机遇，也是挑战。

一、智能时代教师专业发展的必要性

1. 传统人才观的转变

社会的进步、科技的发展、教育的改革是一个永恒的话题。21世纪，我们步入了新的智能时代，信息也无形中成为权力和财富的代表。一个国家的竞争力，与信息技术的发展、信息占有情况、知识丰富程度成正比。与此同时，智能时代的育人思想也发生了质的变化。在智能时代，需要的是基于核心素养的创新型人才，能够在繁杂的信息中准确辨别、并高效利用信息来分析问题、解决问题，并生成具有新价值的信息。

在智能时代，基础教育的育人目标也出现了显著的变化，学生不仅要掌握基本的学科技能，更要在学习过程中学会合作、学会学习，具备

终身学习的能力和意识，这无疑颠覆了千百年来传承的育人观。特别是在近几年来大数据时代的变革下，教育面临着更为深刻的变革，传统教学模式、教育理论被颠覆，言传身教的个别化精英式教学与传统大众式教学的界限越来越模糊，因材施教真正意义上成为可能。大数据时代教育理念、教育内容，乃至教育方法都出现了新的变化，强大的概念软件、互联网、开源软件等，为师生提供了灵活、自由的探索空间，求知领域也被极大扩展，复杂的师生互动被大数据系统记录下来，打破了以往的信息时空界限，学校与教育、学习与生活之间不再孤立。大数据无疑为基础教育提供了更为广阔的思维和空间，传统人才观发生了颠覆性的转变。在这一背景下，与时俱进地实现教师专业发展是一个必然选择。

2. 智能教育环境的要求

为了满足新时期人才的需求，1999年我国开始全面推行素质教育改革，2005年制定了基础教育新课程标准，2014年提出了“核心素养”的要求，2017年教育部颁布的课程标准对学生的学科素养与高级思维能力提出了更高的要求，2018年《教育信息化2.0行动计划》将“信息素养全面提升”列为推动教育信息化2.0发展的“八大行动”之一。上述种种都是为了适应新时期人才培养需求而提出的举措。要达到理想的育人目标，传统封闭式的学习模式很难满足学生的需求。全国掀起以信息技术为背景的教育改革，校校通、教育信息化、现代远程教育工程初见成效，以互联网、多媒体为主的现代化信息技术将各个学段的教育资源整合起来，只要借助网络，学生便可以享受丰富的学习资源，为“自主”“探究”“合作”提供了有益的支持，不仅发挥出了教师的主观能动性，也发挥出学生的创造性、积极性，从“以教为中心”转化为“以学为中心”。

任何先进的教育技术都需要教师、学生的合理应用方可发挥出理想的作用。如果教师的专业发展滞后于智能时代的发展，那么必然会影响教与学的质量。2018年，中共中央、国务院《关于全面深化新时代教师队伍建设改革的意见》提出：到2035年，教师综合素质、专业化水平和创新能力大幅提升……教师主动适应信息化、人工智能等新技术变革，积极有效开展教育教学。然而，纵观当前基础教育的现状来看，依然有部分教师面对新技术停滞不前，学校投入的教学设备闲置，优质的信息资源无法得到有效的利用，学生学习自主性被曲解，核心素养的精神未得到有效落实，因此，教师专业发展刻不容缓。

3. 提高创新能力的有效渠道

创新是保持教师专业活力的一项关键性因素，也是促进教师可持续发展的必由之路，与教育大国相比，我国教师在创新能力、创新意识方面还有待提升，当前的师范教育体系也严重抹杀了教师队伍的创造性，教师受制于繁重教学压力的影响，常常忽视创新能力培养的重要性，且当前的教学评价指标多以成绩为主，教师也只是严格要求学生来记忆、背诵，忽视了创新能力的锻炼。为了改变这一现状，必须要采取有效的方式促进教师的专业发展，提高他们的创新意识和创新能力。

二、智能时代对教师专业发展的要求、机遇与挑战

（一）理解、把握教学环境

“教育信息化”的概念提出由来已久。在信息化时代，教和学的模式都发生了深刻变化。当前新的教材不仅支持文字与图像，还能够构建包括动画、声音、视频在内的三维情境，为教育者、学生提供了丰富多样的资源支持。学生可以根据兴趣、经验、爱好来开展自主学习，把控

进度与课程内容；教学模式也渐渐脱离传统时空的界限，对于教师而言，则要发挥出组织者、引导者的作用，为学生构建乐于探究、乐于参与的学习环境。从教师专业发展出发，教师必须要准确理解、把握好教学环境，方可适应智能时代的育人要求。

1. 学会科学应用信息技术

信息技术时代改变了传统信息的分布模式和状态，通过网络，学生可以轻松获取大量信息，教师也不再是学生唯一能够求助的专家。因此，智能时代的教师不仅是教育者，更是学习者，信息技术的应用改变了传统的师生关系，对教师、学生的角色进行重新定位。在授课活动中，教师要掌握信息技术的具体应用方式，学会应用信息技术来准备教学内容、设计教学活动、开展小组讨论、指导学习活动、评估学习效果等。要做到这一点，只有专业知识是不够的，教师需要具备过硬的信息能力和信息素养，方可胜任智能时代的教学需求。

2. 灵活应用信息技术完成教学要求

要成功发挥出信息技术在教学中的价值和作用，教师要灵活掌握各类信息技术，能针对不同内容的要求灵活应用教学方法，懂得信息技术对学生学习的影响，分析教学活动中的种种问题，处理学习需求，科学应用技术来提高学生的学习能力和动机，找到适宜的方法为学生课后学习提供支持。信息化教育强调“开放”“自由”，简单的传播、灌输已经不再适用于新的形势，因此，教师需要掌握科学的方法，利用信息技术来支持教学，同时，在信息化教学环境中，教学过程也变得更加难以掌控，对教师的管理能力、协调能力也提出了更高的要求。

（二）智能时代教师专业发展的机遇

1. 政府大力扶持

对于利用信息技术推动教师的专业化发展，我国政府予以了大量政策、资金支持。早在2002年，教育部就印发了《教育部关于推进教师教育信息化建设的意见》（以下简称“《意见》”），《意见》中肯定了教育信息化对于教育推动的价值，突出要逐步建立教师教育信息化网络教育体系。在2012年，教育部印发了《教育信息化十年发展规划（2011—2020年）》，明确提出了教育信息化的发展任务和方向，旨在大力促进教学、信息技术之间的融合。2016年，教育部印发了《教育信息化“十三五”规划》，提出要实现远程教育、在线教育之间的结合，进一步深化教育教学、信息技术的发展。2018年，教育部等五部门印发的《教师教育振兴行动计划（2018—2022年）》中提出：“充分利用云计算、大数据、虚拟现实、人工智能等新技术，推进教师教育信息化教学服务平台建设和应用，推动以自主、合作、探究为主要特征的教学方式变革。”

2. 丰富的教师专业发展资源

在传统意义上，教师专业发展的资源主要源于面对面的授课与文字资料的传递，缺乏知识专业教师发展的有力资源和工具。而在智能时代下，出现了大量教师在线专业发展平台，其中既有专家、学者的教育内容，也能够通过更新、整合大量吸收最新的学习资源和教学资源，教师只要通过网络，就能够便捷地共享这些资源。信息化时代不仅丰富了教师自身的学习资源，而且带来了大量优质的教学资源，成为教学准备工作的“原材料”。智能时代丰富的动画、声音、图片、视频替代了传统意义“黑板+粉笔”的授课模式，在提高教师课程教学能力的同时，也提高了学生的参与度。而智能时代下各类社交软件、网络备课室、网络论坛等，也让师生之间的距离变得更近，为教师的专业发展提供了由专家、同行进行指点的机会，从多角度、多方面促进了教育质量的提升与教师队伍的专业化发展。

3. 时间与空间限制的突破

在传统意义上，为了促进教师的专业化发展，需要腾出专门的培训时间，接受集中培训，对于日常教学任务繁重的教师而言，要抽出时间来参加培训，给他们造成了巨大的负担。在智能时代下，通过网络教育平台，教师可以充分利用业余时间充实自己学术知识、完善自我知识建构，进而提高自身的专业化发展水平。新型培训模式突破了传统培训在时间、空间上的限制，解决了教育资源分享的排他性问题，能够将大量教师集中在同一个平台中，实现资源共享，发挥出规模效应。

4. 在线学习共同体的形成

从情境学习理论角度而言，社会性是提高个体学习质量的重要部分，对于教师的专业发展也不例外，在教师专业发展过程中，“学习共同体”的作用也是不言而喻的。在传统的模式下，教师的学习共同体大多局限在本校中，成效并不好。而智能时代解决了传统教师培训缺乏互助群体与交流机制的问题，通过各类信息技术的支持，各级管理者、教师、研究者都可以不受身份、地域的限制参与进来，构建在线学习共同体，打破了传统培训的封闭性，在网络平台中，教师可以根据自己的学习、兴趣需求，加入在线公共社区，与同人一起分享教学经验和教育资源，与共同群体互动与反思，促进自身的专业发展。

（三）智能时代教师专业发展的挑战

1. 对传统学习观念的挑战

在智能时代下，教师不仅要借助信息技术和工具来支持自身的专业化发展，还要强化情感、认知方面的投入。从“被动适应”转向“主动参与”，从“个体工作”到“群体协作”，从“显性过程”到“隐性过程”，从“知识接受”到“知识建构”，从“了解信息”到“培育智慧”。长久以来，一些教师习惯了传统面对面授课模式，特别是资历较长的老教师，在智能时代下间接的交流模式对于他们而言容易产生交流障碍，打击了他们参与学习的积极性，甚至出现了一系列的消极问题；另外，部分教师对传统交互式的学习模式过于依赖，这对智能时代教师的专业发展带来了挑战。在传统的教育理念下，经过系统设计的正式学习才是真正的学习，而在智能时代的新型学习模式则被称为非正式学习活动。

2. 对管理模式的挑战

教师的专业发展是一项社会化产物，并不仅仅是“个人”“组织”的问题，要发挥出教师专业发展的规模化效应，那么需要构建出支持跨区域操作的在线学习平台，这无疑与当前我国区域化的教育管理模式形成了冲突。因为各个地区使用的教材不同，经济发展水平不同，所以教师的教学能力、认知水平自然也会存在差异。一刀切的在线学习平台容易由于上述因素的影响出现“空间外溢效应”，这对于管理模式也提出了新的挑战。

3. 对教师传统角色定位的挑战

智能时代无疑也对教师传统的角色定位带来了新的挑战，要取得理想的育人效果，教师要对自己重新定位，成为学生学习的审视者、反思者，转变传统意义下教师的角色，从“知识供给者”转向“知识管理者”，倡导以学生为中心的合作化、个性化学习。在新的时代，教师必须要意识到自己身份的转变，对教育对象进行重新定位和审视，构建全新的师生关系，既要满足教育规律的要求，又要符合智能时代的特征；既要跟上教学进度，又要满足学生的情感需求和人文关怀需求。同时，教师要对自己的教学活动进行主动反思，通过观察、对比、分析完善自身的知识架构，提高职业发展能力。

4. 对原有知识体系的挑战

在智能时代下，要求教师深入研究，成为一名学习能力过硬的研究者与学习者。智能时代的教育模式跨越了时空限制，学生获取知识的来源不再仅仅是教师，师生之间也不是“一杯水”与“一桶水”的关系，智能时代的发展出现了“弟子不必不如师”的情况，这是对教师原有知识体系的挑战。要满足智能时代学生的学习需求，教师必须要更新思维、加强学习、勤于思考、开拓创新，突破学科专业界限，培养跨学科思维，在多变的教育情境中恰当地迁移运用整合技术的学科教学知识（TPACK）能力。教师要以智能时代的教学创新作为己任，能够在一线教学中发现并提出具有研究价值的科学问题，利用自身的各种有利条件开展教育研究工作，提高科研能力，促进专业发展。

5. 对创新与创造能力的挑战

智能时代也对教师创新能力、创造能力带来了新的挑战，智能时代不同于以往任何一个时代，“创新”是其生命力。在教育方面，也要时刻以创新为基本。作为教师，要紧跟时代的发展洪流，在教学方式、教学理念、教学内容、教学手段等多方面进行创新，为学生呈现出积极的创新意识，发挥出自身言传身教的作用。

第二节　智能时代教师核心能力与素养

为适应信息化时代的发展，学习者需要具备收集信息、处理信息、整合信息、表征信息和利用信息创造性地解决问题的知识和能力。此外，批判性和创造性思维、复杂的问题解决能力，以及社会参与意识对于学习者来说也尤为重要。而教师对于学生上述知识和能力的形成与发展发挥着不可磨灭的作用。为确保学习者能够发展上述知识和能力，教师必须具备相关的能力和素养。那么，智能时代教师应该具备哪些核心能力和素养才能适应终身发展和信息化社会发展呢？众多国家与研究者都给出了自己的答案，本书选取较为有代表性的三个能力框架，分别是联合国《ICT-CFT》框架、中国《中小学教师信息技术应用能力标准》和TPACK框架做详细的介绍。

一、联合国ICT-CFT能力框架

（一）《ICT-CFT》框架制定背景及发展

鉴于信息与通信技术（Information and Communications Technology，ICT）对于教育的重要作用，联合国教科文组织与思科（Cisco）、英特尔（Intel）、微软（Microsoft）、美国国际教育技术协会（ISTE）和世界知名专家合作，于2008年发布了第一版《教师信息和通信技术能力标准》（UNESCO ICT Competency Standards for Teachers，《ICT-CST》标准）。《ICT-CST》标准包含了框架政策、能力框架模块、实施细则三个部分。框架政策解释了项目的缘起、结构和方案；能力框架模块解释了如何根据教育发展的三个阶段和教师工作的六个方面，创建一个具

有18个教师能力模块的框架；实施细则对每个模块进行了详细说明。

经过三年多的应用及世界范围内的学科专家和用户的反馈，2011年，联合国教科文组织将2008年发布的《ICT−CST》标准的三个组成部分合并，并对框架结构和内容等进行了一定的修订和发展，在第36届大会上发布了第2版《教师信息与通信技术能力框架》(UNESCO ICT Competency Framework for Teachers,《ICT−CFT》框架)，如图5−1所示。

图5−1　联合国教科文组织颁布的《教师信息与通信技术能力框架(ICT−CFT)》2011版

2016年，联合国教科文组织对《ICT−CFT》框架在全球的应用情况进行审查。审查发现，2008—2016年,《ICT−CFT》框架对于各国制定ICT促进教育的政策、制定与ICT融入教育有关的教师标准、制定国家评估教师ICT能力水平和分析培训举措的标准，以及教师专业发展课程的设计等均有正向影响。[①] 基于全世界用户对于《ICT−CFT》框架的用户友好性、其提出的18种能力的相关性和适切性的反馈，联系信息、通信技术领域和教育的新发展，联合国教科文组织对2011年提出的第2版《ICT−CFT》框架进行修改，并于2018年发布了第3版《教师信息与通信技术能力框架》(见图5−2)。与第2版框架相比，这一版本对“2030年可持续发

① UNESCO. UNESCO ICT Competency Framework for Teachers [R]. Paris, 2018.

展议程”做出了回应。此外，还纳入了“开放教育资源”“全纳教育（Inclusive Education）”，以及信息技术方面的创新（如物联网、AR/VR和大数据等）。

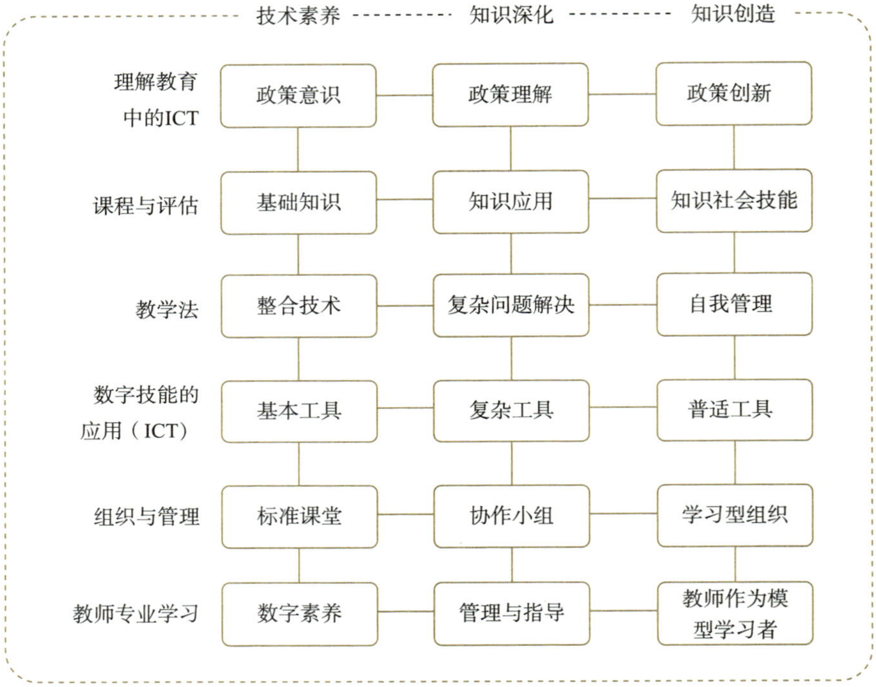

图5-2 联合国教科文组织颁布的《教师信息与通信技术能力框架（ICT-CFT）》2018版

（二）《ICT-CFT》框架[①]

《ICT-CFT》框架认为，学生不仅需要掌握学校科目的知识，还要了解如何以ICT为工具，产生新的知识。因此，教师仅仅具备ICT能力并把它们教给学生是远远不够的。教师需要使用适合不断发展的知识社

① UNESCO. UNESCO ICT Competency Framework for Teachers [R]. Paris, 2018.

会的教学方法，ICT能够帮助学生发展协作能力、问题解决能力和创造力。这样，学生才能成为未来社会的合格公民和优秀人才。因此，框架聚焦在教师工作理解教育中的ICT、课程与评估、教学法、数字技能的应用、组织与管理、教师专业学习六个主要方面，并对教师的能力指标进行描述。

《ICT-CFT》框架根据教师在教学实践中应用ICT的方式和水平，将教师在教学实践中应用ICT分成知识获取、知识深化和知识创造三个阶段。

（1）知识获取阶段。教师在这一阶段获取使用ICT的相关知识，了解在课堂上使用ICT的好处，能够为特定的教学方法选择合适的ICT工具以促进学生的学习并能够使用ICT开展终身学习和进一步的专业发展。

（2）知识深化阶段。教师在这一阶段已经获得了ICT能力，并能够合理应用ICT工具，创建以学生为中心、协作学习的学习环境，促进学生高级思维和问题解决能力的发展。此外，教师可以链接到国家和全球教师网络进一步学习。

（3）知识创造阶段。教师在这一阶段能够灵活使用各种ICT工具建立一个以学生为中心的协作学习社区，鼓励、引导、支持学生在社区中创造和谐、充实、繁荣的社会所需的新知识。

基于上述六个教师工作的方面和教师在教学实践中应用ICT的三个阶段，《ICT-CFT》框架建构了包含18个模块的教师能力框架，见表5-1，并对各个模块中的课程目标、教师能力、教师应达到的目标、方法样例等内容进行详细描述。下面将对前三项分别进行说明。

表 5-1　联合国教科文组织教师信息和通信技术能力框架

能力目标	技术素养	知识深化	知识创造
理解教育中的ICT	政策意识	政策理解	政策创新
课程与评估	基础知识	知识应用	知识社会技能
教学法	整合技术	复杂问题解决	自我管理
数字技能的应用	基本工具	复杂工具	普适工具
组织与管理	标准课堂	协作小组	学习型组织
教师专业学习	数字素养	管理与指导	教师作为模型学习者

1. 课程目标

提取18个模块下的课程目标，可以得到《ICT-CFT》框架关于教师在教学实践中应用ICT的三个不同阶段对课程目标的整体要求和描述，见表5-2。

表 5-2　《ICT-CFT》框架下三个阶段的课程目标

能力目标	知识获取	知识深化	知识创造
理解教育中的ICT	政策理解：教师将政策与课堂实践联系起来	政策应用：教师设计出贯彻国家政策和解决社会迫切问题的课堂实践	政策创新：教师和学校的工作人员积极参与教育改革政策的不断演化
课程与评估	基础知识：教师基本了解将一系列相关的ICT资源和工具整合进任何学科以支持教学和评估的潜在益处	知识应用：教师支持学生运用课堂知识，发表看法，提出解决方案以解决现实问题和社会迫切问题	知识社会技能：课堂不仅仅关注学校科目的知识，还明确包括知识社会技能，如问题解决、沟通、协作和批判性思维。教师支持学生确定自己的学习目标和学习计划。评估本身就是这个过程的一部分，学生必须能够对自己和他人的作品进行评价

续表

能力目标	知识获取	知识深化	知识创造
教学法	ICT增强教学：教师整合技术、工具和数字内容以支持教学	复杂问题解决：在基于项目的协作式学习中，学生深入探索某一学科的知识并将知识应用于复杂的、日常生活的问题、困难中	自我管理：学生在一个学习型社会中学习，他们不断参与创建知识，构建自身与他人的知识和技能
数字技能的应用	应用：教师在“安全使用”的框架内使用计算机、移动设备、可访问的软件和网络进行教学和管理	灌输：教师使用开源的技术工具来理解和教授关键概念	转型：教师和学生使用各种网络设备、数字资源和电子环境来促成和支持知识创造以及随时随地的协作学习
组织与管理	标准课堂：教师对课堂或实验室的空间位置做一些有用的和适当的调整，以便将ICT整合进课堂，促进全纳学习环境的形成	小组协作：课程周期和课堂结构更为动态，教师促进学生的小组协作和数字资源的使用	学习型组织：学校转型成学习型组织，所有行为者都参与到学习进程中
教师专业学习	数字素养：教师发展数字素养并使用ICT来促进职业发展	专业人际关系网络：教师使用ICT获取资源并发展专业人际关系网络	教师作为创新者：教师本身就是硕士研究生和知识生产者，他们参与创新，进而创造关于学习和教学实践的新知识

2. 教师能力

提取教师在教学实践中应用ICT三个阶段的教师能力部分并进行整合，可以得到《ICT-CFT》框架中对于教师能力的整体要求，见表5-3。

表 5-3 《ICT-CFT》框架下三个阶段的教师能力整体要求

能力目标	知识获取	知识深化	知识创造
理解教育政策中的ICT	能够阐明他们的教学实践如何与机构和/或国家的政策保持一致并予以支持	能够设计、修改和实施支持机构和/或国家政策、国际承诺（例如联合国公约）和社会迫切需求的课堂实践	能够对机构和国家教育政策做出评论，并能为政策修订提出意见，设计改进方案和预测政策实施之后带来的变化
课程与评估	能够分析课程标准并确定在教学中如何使用ICT以支持课程标准的实现	能够整合信息通信技术与学科内容、教学和评估过程以及年级水平，并创建一个信息通信技术增强学习的学习环境。在这个环境中，学生在信息通信技术的支持下能够表现出对课程标准要求的知识的掌握程度	能够在教学实践中最好地整合以学生为中心的学习和协作学习，以确保学生能够在这个过程中掌握涉及多学科的知识
教学法	能够为特定的教学和学习方法选择合适的ICT工具	能够设计信息和通信技术支持的基于项目的学习活动，并能够利用信息通信技术帮助学生创建、实施和监测项目计划，解决复杂问题	能够在为学生提供一个以学生为中心的和协作的学习环境时，鼓励学生自我管理
数字技能的应用	能够确定硬件组件和通用软件程序的功能，并能够使用它们	能够融合各种数字工具和资源，创建一个整合的数字学习环境，以支持学生的高级思维和解决问题的能力的发展	能够设计知识社区并使用数字工具支持无所不在的学习
组织与管理	能够组织物理环境以保证技术能够包容地支持不同的学习方法	灵活使用数字工具，以促进协作学习；管理学生和其他学习合作伙伴，并管理学习过程	能够发挥领导作用，为学校制定技术战略，将其转变为学习型组织
教师专业学习	能够使用ICT来支持自身的专业发展	利用技术与专业人际关系网络中的人员互动，以支持自身的专业发展	能够不断开发、实验、指导、创新和分享最佳实践，以确定如何通过技术更好地服务于学校

3. 教师应达到的目标

此外，针对各模块教师能力的整体要求，《ICT-CFT》框架还对教师应达到的具体目标进行了详细的描述，分别针对知识获取、知识深化、知识创造三个阶段建构了教师能力目标体系，见表5-4。

表 5-4　《ICT-CFT》框架中三个阶段教师能力目标体系

能力目标	知识获取	知识深化	知识创造
理解教育政策中的ICT	KA.1.a.　确定如何在课堂教学实践中实施政策。 KA.1.b　确定以安全便捷的方式在教育中使用ICT的原则	KD.1.a　在教师教学过程中，应用政策中阐述的在教育中应用ICT的原则。分析在实施这些原则的过程中会出现的问题与解决方法	KC.1.a　设计、实施和调整学校层面的教育改革计划。 KC.1.b　反思改革政策的影响和潜在影响。 KC.1.c　对现有的国家教育改革政策提出改进建议
课程与评估	KA.2.a　将具体的课程标准与特定的软件包和计算机应用程序进行匹配，并描述这些应用程序是如何支持相关课程标准的实现的。 KA.2.b　搜索并识别能够支持课程标准的实现的开放教育资源。 KA.2.c　选择合适的ICT来支持评估策略的实施	KD.2.a　恰当地使用ICT以达到课程标准。 KD.2.b　开发和应用基于知识和行为的评估标准来评估学生对学科关键概念的理解以及技能和方法的掌握程度。 KD.2.c　利用ICT支持替代性评估策略的实施，包括个人作品、图形组织者、复习和反思工具以及同伴评估。 KD.2.d　调整开放教育资源以支持当地情况和课程标准	KC.2.a　能够在分析课程标准，同时考虑学生的学习风格、能力和社会语言学技能之后，确定如何为学生提供机会帮助学生掌握社会知识技能和复杂认知技能。 KC.2.b　引导学生使用合理的ICT来获得搜索、管理、分析、评估和使用与课程相关的信息的能力。 KC.2.c　引导学生选择合适的ICT来获得推理、规划、反思和知识建构的技能。 KC.2.d　帮助学生使用信息与通信技术发展沟通交流和协作的能力。 KC.2.e　帮助学生开发评估准则，应用准则测试他们自身对学科关键知识的理解和ICT技能水平。帮助学生使用这些准则评价其他学生

续表

能力目标	知识获取	知识深化	知识创造
教学法	KA.3.a 在教学中选择适当的ICT使用方案来支持学生掌握学科知识。 KA.3.b 在课程计划中整合恰当的ICT支持的活动来支持学生获得学科知识。 KA.3.c 使用演示软件和数字资源来支持教学	KD.3.a 描述ICT如何支持基于项目的学习。 KD.3.b 确定一个支持项目式学习的真实世界的问题。 KD.3.c 识别和评估用于支持项目式学习的资源。 KD.3.d 设计学习活动让学生参与到推理、协作和真实问题解决的过程中。 KD.3.e 构建描述项目式学习的课程计划和学习活动。 KD.3.f 实施协作的、基于项目的课程计划，并为学生成功完成项目提供指导	KC.3.a 在教学过程中，向学生明确地示范自身的推理、问题解决和知识创造的过程。 KC.3.b 设计在线材料和活动，使学生参与到协作问题解决的研究中。 KC.3.c 帮助学生设计项目计划和活动，使他们能够参与协作问题解决的研究或艺术创作中。 KC.3.d 帮助学生创建支持他们自身学习和与其他受众互动的数字媒体资源。 KC.3.e 帮助学生反思自己的学习
数字技能的应用	KA.4.a 描述和演示常用硬件的使用。 KA.4.b 使用文字处理软件创建简单的文本文档。 KA.4.c 创建简单的演示文稿。 KA.4.d 创建简单的图形。 KA.4.e 浏览互联网。 KA.4.f 了解网络安全、媒体和信息素养的基本原则。 KA.4.g 使用搜索引擎查找课程资源。	KD.4.a 运行适合特定学科领域的软件包，鼓励学生进行深度思考。 KD.4.b 评估支持特定学科领域的网络资源和网络工具的准确性和实用性。 KD.4.c 使用编辑创作工具设计课程材料 KD.4.d 使用学校管理软件。 KD.4.e 使用数字通信工具支持课堂内外的学生协作。	KC.4.a 创建在线学习环境以支持无处不在的学习。 KC.4.b 使用数字工具支持学生与知识社区成员之间的在线协作。 KC.4.c 使用数字工具跟踪和评估学生对知识社区学习的贡献。 KC.4.d 鼓励学生开发自己的数字工具来支持学习

续表

能力目标	知识获取	知识深化	知识创造
数字技能的应用	KA.4.h　创建一个电子邮件账户并在日常生活中使用它。 KA.4.i　识别并使用辅导和练习软件来支持学习。 KA.4.j　识别和评估教育软件和网络资源，并将它们与课程标准和学生的需求相匹配。 KA.4.k　使用记录保持软件来保存学生的记录。 KA.4.l　使用通信和协作技术，包括移动技术。 KA.4.m　使用社交网络与更广泛的学习社区交流。 KA.4.n　当技术失败时能够解决ICT问题，确保对课程的干扰最小	KD.4.f　使用相互关联的数字设备建立一个由教师和学生组成的社交网络，使他们能够共享数字资源并协作开展课程活动。 KD.4.g　寻找和评估能够支持残疾学生和社会话语少数群体的数字工具，并确保在提供教育方面实现性别平等	
组织与管理	KA.5.a　在学习环境中组织学生和ICT来支持教学和学习。 KA.5.b　支持小组和个人（包括不同能力、年龄、性别、社会文化和语言背景的人）在课堂上使用数字设备。	KD.5.a　获取、评估和传播数字资源，以支持以学习者为中心的学习活动和社会交互。 KD.5.b　在技术增强学习的环境中管理学生的项目式学习活动。 KD.5.c　获取、评估、组织和传播数字资源，以支持残疾学生的学习。	KC.5.a　组织数字知识建设环境以加强教学和学习。 KC.5.b　确定并设置数字规划工具以支持学校的组织和管理。 KC.5.c　能够为实施全校范围的技术整合计划制定战略。 KC.5.d　通过学校沟通渠道促进所有学校利益相关者之间互惠信息的流通

续表

能力目标	知识获取	知识深化	知识创造
组织与管理	KA.5.c 确定适当的技术，包括移动设备，并与相应的社会安排进行配对，以支持学习目标的实现。明确为什么确保获取技术的挑战会受到性别和能力等因素的影响。 KA.5.d 监控和保护学校环境中的硬件和软件	KD.5.d 为其学科/部门制定ICT整合策略。 KD.5.e 建立数字通信机制，以便学校能够向更广泛的学校社区传播信息	
教师专业学习	KA.6.a 通过获取ICT技能来提高工作效率，从而促进专业发展。 KA.6.b 通过使用ICT获取学科资源并发现新的教学策略，从而促进学科领域的专业发展。 KA.6.c 识别和管理互联网行为和安全问题。 KA.6.d 建模数字公民的原则。 KA.6.e 分析和评估数字教学资源	KD.6.a 使用ICT网络获取和共享支持专业发展目标达成的资源。 KD.6.b 使用ICT网络访问外部专家和学习社区，以支持专业发展目标的达成。 KD.6.c 使用专业社交网络获取、分析和评估专业学习机会	KC.6.a 支持在课程和课堂活动中实施信息通信技术，展示随着信息和通信技术融入课程和课堂活动，他们的学校会变成什么样子。 KC.6.b 通过促进同事之间的持续学习来促进创新。 KC.6.c 持续评估和反思促进创新和改进的专业实践。 KC.6.d 通过专业社区分享和讨论教学方面的最佳实践。 KC.6.e 许可并将其原始教学资源发布为开放教育资源

二、中国中小学教师信息技术应用能力标准

为了提高我国中小学教师教育技术能力水平，教育部在深入研究和借鉴西方发达国家的相关标准和国内相关研究成果以及考虑具体国情之后，于2004年正式颁布了《中小学教师教育技术能力标准》。该标准包

括总纲、术语与定义和子标准三部分内容。其中，针对学校教育中三种类型的教师，共制定了三个子标准，分别为教学人员子标准、管理人员子标准和技术人员子标准。三个子标准均遵循“4（14）N（三级细节指标）”的体系结构（见图5-3），围绕着4个能力素质维度展开，共有14个一级指标，N个概要绩效指标（对于教学人员、管理人员、技术人员这三类子标准，N依次为41、46、44）。4个能力素质维度分别为应

图5-3　教育技术能力子标准的体系结构

用教育技术的意识与态度、教育技术的知识与技能、教育技术的应用与创新和应用教育技术的社会责任。

经过近十年的实施，我国中小学教师在信息技术教学应用能力上有了一定的提升。但与此同时，新的信息技术工具和教育教学理念、观念不断涌现，人们的信息素养观和教育技术观等发生了转变，对于信息技术在教育中的作用有了更进一步地认识，这就要求对2004年颁布的《中小学教师教育技术能力标准》进行更新和发展。2014年，教育部颁布了《中小学教师信息技术应用能力标准（试行）》，该标准的实施对于全国中小学（及幼儿园）教师信息化教学专项能力的提升、教育信息化的有效推进具有重要意义。

近几年来，中小学教师的信息技术能力发展广受关注，在多份教育部重要文件中均有所涉及。2018年3月，教育部印发的《教师教育振兴行动计划（2018—2022年）》提出要“实施新一周期中小学教师信息技术应用能力提升工程，引领带动中小学教师校长将现代信息技术有效运用于教育教学和学校管理”。2018年4月，教育部印发的《教育信息化2.0行动计划》也强调要“从融合应用向创新发展的高阶演进”“全面提升师生信息素养”。2018年9月，颁布的《教育部关于实施卓越教师培养计划2.0的意见》提到的其中一个培养卓越教师的重要举措就是要“利用大数据、云计算等技术，对课程教学实施情况进行监测，有效诊断评价师范生学习状况和教学质量，为教师、教学管理人员等进行教学决策、改善教学计划、提高教学质量、保证教学效果提供参考依据”，这就要求教师要具备相当的信息素养。

2019年3月20日，教育部印发《教育部关于实施全国中小学教师信息技术应用能力提升工程2.0的意见》，针对目前仍存在的信息化教学创新能力不足，乡村教师应用能力薄弱，支持服务体系不够健全等问题，以及大数据、人工智能等新技术对教师信息素养提出的新要求，提出9条主要措施，以期到2022年基本实现“三提升一全面”的总体发展目标。其中，“三提升”，是指校长信息化领导力、教师信息化教学能力、培训团队信息化指导能力显著提升；“一全面”，是指全面促进信息技术与教育教学融合创新发展。9条主要措施：①开展学校管理团队信息化领导力培训；②围绕学校信息化教学创新推动教师研训；③实施创新培训平台“三区三州”对口帮扶项目；④推进中西部地区“双师教学”模式培训改革；⑤促进教师跨学科教学能力提升；⑥加强智能化教育领航名校长名师培养；⑦提升培训团队信息技术应用指导能力；⑧创新信息素养培训资源建设机制；⑨构建成果导向、全程监测评价体系。下面针对《中小学教师信息技术应用能力标准（试行）》做详细的内容介绍。

《中小学教师信息技术应用能力标准（试行）》根据我国中小学校信息技术实际条件不同、师生信息技术应用情境的差异，对教师在教育教学和专业发展中应用信息技术提出了基本要求和发展性要求。其中，应用信息技术优化课堂教学的能力为基本要求，主要包括教师利用信息技术进行讲解、启发、示范、指导、评价等教学活动应具备的能力；应用信息技术转变学习方式的能力为发展性要求，主要针对教师在学生具备网络学习环境或相应设备的条件下，利用信息技术支持学生开展自主、合作、探究等学习活动所应具有的能力。根据教师教育教学工作与专业发展主线，本标准将信息技术应用能力区分为技术素养、计划与准备、组织与管理、评估与诊断、学习与发展五个维度。基本内容见表5-5。

表 5-5 《中小学教师信息技术应用能力标准（试行）》基本内容

维度	Ⅰ. 应用信息技术优化课堂教学	Ⅱ. 应用信息技术转变学习方式
技术素养	1. 理解信息技术对改进课堂教学的作用，具有主动运用信息技术优化课堂教学的意识	1. 了解信息时代对人才培养的新要求，具有主动探索和运用信息技术变革学生学习方式的意识
	2. 了解多媒体教学环境的类型与功能，熟练操作常用设备	2. 掌握互联网、移动设备及其他新技术的常用操作，了解其对教育教学的支持作用
	3. 了解与教学相关的通用软件及学科软件的功能及特点，并能熟练应用	3. 探索使用支持学生自主、合作、探究学习的网络教学平台等技术资源
	4. 通过多种途径获取数字教育资源，掌握加工、制作和管理数字教育资源的工具与方法	4. 利用技术手段整合多方资源，实现学校、家庭、社会相连接，拓展学生的学习空间
	5. 具备信息道德与信息安全意识，能够以身示范	5. 帮助学生树立信息道德与信息安全意识，培养学生良好行为习惯
计划与准备	6. 依据课程标准、学习目标、学生特征和技术条件，选择适当的教学方法，找准运用信息技术解决教学问题的契合点	6. 依据课程标准、学习目标、学生特征和技术条件，选择适当的教学方法，确定运用信息技术培养学生综合能力的契合点
	7. 设计有效实现学习目标的信息化教学过程	7. 设计有助于学生进行自主、合作、探究学习的信息化教学过程与学习活动
	8. 根据教学需要，合理选择与使用技术资源	8. 合理选择与使用技术资源，为学生提供丰富的学习机会和个性化的学习体验
	9. 加工制作有效支持课堂教学的数字教育资源	9. 设计学习指导策略与方法，促进学生的合作、交流、探索、反思与创造
	10. 确保相关设备与技术资源在课堂教学环境中正常使用	10. 确保学生便捷、安全地访问网络和利用资源
	11. 预见信息技术应用过程中可能出现的问题，制订应对方案	11. 预见学生在信息化环境中进行自主、合作、探究学习可能遇到的问题，制订应对方案
组织与管理	12. 利用技术支持，改进教学方式，有效实施课堂教学	12. 利用技术支持，转变学习方式，有效开展学生自主、合作、探究学习

续表

维度	Ⅰ. 应用信息技术优化课堂教学	Ⅱ. 应用信息技术转变学习方式
组织与管理	13. 让每个学生平等地接触技术资源，激发学生学习兴趣，保持学生学习注意力	13. 让学生在集体、小组和个别学习中平等获得技术资源和参与学习活动的机会
	14. 在信息化教学过程中，观察和收集学生的课堂反馈，对教学行为进行有效调整	14. 有效使用技术工具收集学生学习反馈，对学习活动进行及时指导和适当干预
	15. 灵活处置课堂教学中因技术故障引发的意外状况	15. 灵活处置学生在信息化环境中开展学习活动发生的意外状况
	16. 鼓励学生参与教学过程，引导学生提升技术素养并发挥其技术优势	16. 支持学生积极探索使用新的技术资源，创造性地开展学习活动
评估与诊断	17. 根据学习目标科学设计并实施信息化教学评价方案	17. 根据学习目标科学设计并实施信息化教学评价方案，并合理选取或加工利用评价工具
	18. 尝试利用技术工具收集学生学习过程信息，并能整理与分析，发现教学问题，提出针对性的改进措施	18. 综合利用技术手段进行学情分析，为促进学生的个性化学习提供依据
	19. 尝试利用技术工具开展测验、练习等工作，提高评价工作效率	19. 引导学生利用评价工具开展自评与互评，做好过程性和终结性评价
	20. 尝试建立学生学习电子档案，为学生综合素质评价提供支持	20. 利用技术手段持续收集学生学习过程及结果的关键信息，建立学生学习电子档案，为学生综合素质评价提供支持
学习与发展	21. 理解信息技术对教师专业发展的作用，具备主动运用信息技术促进自我反思与发展的意识	
	22. 利用教师网络研修社区，积极参与技术支持的专业发展活动，养成网络学习的习惯，不断提升教育教学能力	
	23. 利用信息技术与专家和同行建立并保持业务联系，依托学习共同体，促进自身专业成长	
	24. 掌握专业发展所需的技术手段和方法，提升信息技术环境下的自主学习能力	
	25. 有效参与信息技术支持下的校本研修，实现学用结合	

三、TPACK框架

《ICT-CFT》框架和《中小学教师信息技术应用能力标准（试行）》均对信息时代教师应该具备哪些知识和技能做出了系统、全面的回答，涉及了教师工作的多个方面，而教师工作的核心是常态教学。那么教师需要具备怎样的知识才能灵活、有效地将技术融入常态教学，实现信息技术与学科课程的有效整合？TPACK框架给出了答案。2007年，科勒（Koehler）和米什拉（Mishra）在舒尔曼（Shulman）提出的“学科教学知识（Pedagogical and Content Knowledge，PCK）”概念的基础上，提出了TPACK框架，即一种教师应具备的将技术有效整合到课堂的知识框架。自此，TPACK框架受到了教育研究者的广泛关注，成为信息技术与课程整合、教师教育的研究热点。

TPACK能力框架包含三个核心要素，即学科内容知识（Content Knowledge，CK）、教学法知识（Pedagogical Knowledge，PK）和技术知识（Technological Knowledge，TK）；四个复合要素，即学科教学知识（Pedagogical Content Knowledge，PCK）、技术学科知识（Technological Content Knowledge，TCK）、技术教学知识（Technological Pedagogical Knowledge，TPK）、整合技术的学科教学知识（TPACK）。具体如图5-4所示。

下面对这三个核心要素和四个复合要素进行详细说明。

（一）核心要素

1. 学科内容知识（CK）

CK是教师教授或被学习者学习的学科知识，主要包括与该学科有关的概念、理论、组织框架、证据和证明，以及为发展学科知识所进行的各种实践和探索等。不同的学科领域间存在着很大的差异，对学

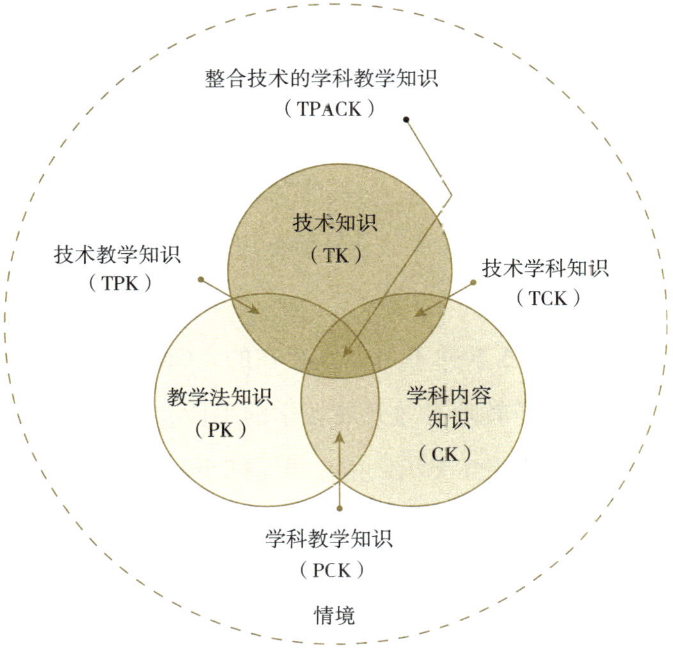

图 5-4　TPACK 能力框架

科内容知识的充分掌握是教师进行特定学科教学的基本前提和基础。学科内容知识不仅局限于约定俗成的专业领域的知识，还包括教师自身在网络、群体或教学实践中通过交流协作、头脑风暴和情景探索动态生成的知识。

2. 教学法知识（PK）

PK是教师个体对教学的认知，开展教学的实践、过程或方法等的知识，是能够被所有学科所通用和共享的一般教学法，包括教师根据教学对象的特征和对教学目标的理解在教学过程中所使用的教学方法、技巧、策略和评价方式等，教师所使用的教学法能够影响学生对知识的获取、理解和加工方式。

3. 技术知识（TK）

TK包括传统技术和现代技术。传统技术如粉笔、黑板、课本和投影仪等，现代技术包括计算机、电子白板、电视和网络等，技术知识是TPACK能力框架中最为灵活、不定和最具变化性的成分。由于技术更新换代十分迅速，使得技术知识总是处于动态变化的状态中。

（二）复合要素

以上的三个核心要素并不是孤立存在的，CK是教师教学得以开展的前提和基础，PK是教师有效开展教学的手段，而TK动态影响着CK和PK。三个核心要素相互交织，衍生出了四个复合要素。

1. 学科教学知识（PCK）

PCK是CK和PK的有效整合，学科教学知识涵盖多个学科领域，是在真实的教学情境中，教师运用一定的教学策略和知识表征形式，将学科知识转化为学生可以理解和适应的方式的一种能力，是具体学科知识教学转化的结果。PCK作为教师个体的知识建构领域，是一种教师在教学实践中逐渐产生和发展的具有生成性的知识表征，它不断转化成教师的基础知识，植根于教师的专业发展之中。

2. 技术学科知识（TCK）

TCK是具体学科知识和技术相互作用产生的，教师在进行学习和教学实践的过程中，不仅要注重技术本身的学习，还要关注技术与自身学科的契合，以便实现技术与学科知识的有效整合。学科知识和技术之间的影响是双向的：一方面指根据具体的学科内容，教师可以选择特定的技术手段；另一方面指技术的更新换代为知识的表征方式带来了更多的可能性，会对学科知识的来源范围、获取途径和加工方式等产生影响，如通过网络或媒体获取学科最新的研究动态和成果，利用虚拟实验模拟某种现实中较难操作的化学现象等。学科教师需要了解哪些具体的技术手段能够更好地适用于本学科教学之中，并且掌握这一方式是如何得以实现的。

3. 技术教学知识（TPK）

TPK是由教学法知识和技术相互作用产生的，技术和教学法知识在教学中都具有工具性的作用，一种技术在课堂中的使用能够产生新的教学方法，反之亦然。教师的教学方法和教学策略也会对具体技术的选择和应用产生影响。技术在教学中的运用并不是单一的工具手段，恰当的技术使用势必会引起教师的教学方式和思维方式在某种程度上的变化，如白板是一种功能性的设备，在教学中，若教师是传统的讲授式教学，那白板通常会被当作黑板来使用，而如果教师将白板用于“头脑风暴”，则教师会选用小组协作探究的教学方式。教师应克服功能固着的限制，根据教学目标创造性地对技术进行重设计。

4. 整合技术的学科教学知识（TPACK）

TPACK是学科内容知识、教学法知识和技术知识三要素综合而成的知识，其核心是三要素之间的动态平衡。一般认为，学科内容决定了教学方法和技术的选择、设计和应用，但信息技术融入课堂教学已成为一种趋势，学科内容知识、教学法知识和技术知识三者之间在动态平衡这一常态下，TPACK中某一元素的变化会引起其他元素变化，新技术的使用往往会引发教师对学科内容组织的重构和教学法的重新思考和组织，同时教学法也能够在一定程度上影响具体技术的选择和学科内容的组织，这便是学科内容知识、教学法知识和技术知识之间的动态交织和制衡的表现。教师要使用技术工具进行有效教学，不仅要熟悉各元素本身，也要了解各元素交织而衍生的知识，必须理解和把握各元素之间的相互关系，并能根据某一元素的变化适时做出调整，教师要能够根据教学情境的需要，综合考虑学科内容知识、教学法知识和技术知识，从而设计出合适的教学方案。

从对内涵的展开可以看出，TPACK能力框架具有以下三方面的特征①：

（1）TPACK是教师应当具备且必须具备的全新知识，它的贯彻、实施离不开教师。所以在推广、应用TPACK过程中，必须强调教师是教学改革的积极参与者，课堂教学的设计者、实施者；在教学过程中教师应起引导和监控作用。这种观点对教师教育和教师专业发展具有重要的指导意义。

（2）TPACK涉及学科内容知识、教学法知识和技术知识三种知识要素，但并非是这三种知识的简单组合或叠加，而是要将技术融入具体学科内容教学的教学法知识中。这就意味着：对TPACK的学习、应用不能只是单纯地强调技术，而是应当更多地关注信息技术环境下教与学的理论及方法。

（3）TPACK是整合了三种知识要素以后形成的新知识，由于涉及的条件、因素较多，且彼此交互作用，因此这是一种结构不良（Ill-Structured）的知识；这种知识将要解决的问题（信息技术整合于学科教学过程所遇到的问题）都属于劣性问题（Wicked Problem）——这种问题不存在一种适用于每一位教师、每一门课程或每一种教学观念的解决方案（确定的解决方案），相反，这种解决方案只能依赖每位教师的认知灵活性在三种知识的结合与交叉中去寻找。

---

① 何克抗. TPACK——美国“信息技术与课程整合”途径与方法研究的新发展（下）[J]. 电化教育研究，2012，33（06）：47-56.

第三节 技术支持的教师专业发展途径与方法

技术支持的教师专业发展，是指以技术，尤其是信息技术为环境、手段、途径、方式和方法，促使作为专业人员的教师，在专业知识、教学技能、职业态度等方面不断完善的一个系统的、动态的、复杂的过程，其目标在于帮助教师适应信息化教学，促进教师发展，进而提升教育教学质量。[①]在当前教育信息化的背景下，技术支持的教师专业发展已经成为教师专业发展的主要方式和途径，技术一方面是教师专业发展的重要内容，另一方面也为教师专业发展提供了良好的平台和环境。未来技术支持的教师专业发展呈现知识传播、知识创建、参与社群实践和集体知识建构四个阶段。[②]

一、在线学习与混合式学习

信息技术的迅速发展正在改变着教师工作和学习的方式，基于网络传递培训课程的在线学习逐渐成为教师专业学习的主要形式。网络技术弥补了传统面对面培训的不足，为教师提供了功能强大的学习平台、更为丰富的学习资源、实现同步和异步交流的在线社区等，使教师能够不受时间和地点的限制、自定步调地开展学习。依赖网络技术，教师可以通过在线学习以促进自身的专业发展；此外，为教师提供面对面交流和

---

① 焦建利，汪晓东，秦丹. 技术支持的教师专业发展：中国文献综述［J］. 远程教育杂志，2009，1：18-24.

② Laferrière, Thérèse, Lamon M, et al. Emerging E-Trends and Models in Teacher Education and Professional Development［J］. Teaching Education, 2006, 17 (1): 75-90.

远程学习组合的混合式学习，也是目前经常用于提升教师知识和技能的方法。

教师在线学习，是指教师在由互联网架构的虚拟环境中，利用数字化符号作为交流中介手段所进行的一系列学习意义建构与人际关系生成的实践活动。在该过程中，教师不只是简单的学会使用数字化学习工具，更是学习网络规范、处理人际关系和获得专业生命的教育实践。北京师范大学何克抗教授指出，混合式学习就是要把传统学习方式的优势和E-Learning（即数字化或网络化学习）的优势结合起来；也就是说，既要发挥教师引导、启发、监控教学过程的主导地位，又要充分体现学生作为学习过程主体的主动性、积极性和创造性。目前，在线学习和混合式学习是教师参与继续教育以谋求自身专业发展的主要形式。

教师实现在线学习和混合式学习的主要载体或方式包括大规模开放在线课程（Massive Open Online Courses，MOOC）、移动学习、基于知识地图的在线学习等。

1. MOOC课程

随着开放理念的传播，越来越多的学校和机构均开始致力于提供开放和共享的教育资源，MOOC逐渐产生。从2013年开始，国内许多一流大学也逐渐加入MOOC行列，为全世界的学习者提供在线课程。这种教育方式同时也促进了教师等职业教育的变革，而通过MOOC对教师进行培训，已经成为教师专业发展的有效途径和共识。MOOC作为在线教育的形态之一，不仅仅是网络课程学习平台技术的革新，更是一种新颖的教育模式，带来了学习方式、教育观念的变化。

越来越多的教师逐渐转向大规模的在线开放课程，以满足自身的职业发展。诸如Moodle等平台已经用于为教师专业发展提供微课程；一些比较大型的平台，比如Coursera、FutureLearn和欧盟校园网（EU Schoolnet）等大型MOOC平台也开始为教师提供课程，帮助他们实现专业发展。[①] 国内也有一些成型的平台为教师提供促进其专业发展的MOOC课程，如中国教师研修网、全国中小学教师继续教育网、学堂在线和学习元等平台。

2. 基于知识地图的在线学习

随着在线学习和混合式学习方式的逐渐普及，一系列的问题也伴随着产生。在线课程虽然内容丰富，但是随着资源内容不断增长，课程内容缺乏整体性和系统性，学习者无法辨识自己所学知识与在线课程的关联，无法选择合适的学习路径，容易造成知识迷航、知识碎片化和非良构状况。针对在线课程资源中存在的资源缺乏组织、分类不清晰的问题，基于知识地图的资源检索与导航方法，是一种能方便浏览、检索、共享和重用知识的技术方法，知识地图可以有效地促进知识的交流、共享和创新。

知识地图由英国情报学家B. C.布鲁克斯（B. C. Brooks）首次提出。他指出知识地图能够揭示知识的有机结构，同时，学科知识结构可以绘制成以各个概念为节点的知识地图。[②] 知识地图包含知识源及知识源之间的关系，既能够告诉学习者知识所在的位置，又能够帮助揭示知识之间的关系，并呈现知识之间的关系，有助于发现新知识。

知识地图在教师专业发展方面的应用，主要体现在对高校教师或中

---

① Laurillard D. The educational problem that MOOCs could solve: professional development for teachers of disadvantaged students [J]. Research in Learning Technology, 2016, 24: 01-17.

② Brookes B C. The Foundations of Information Science: Part I, Philosophical Aspects[J]. Journal of Information Science, 1980, 2 (5): 125-133.

小学教师的个人知识管理以及专业共同体的建设方面。例如，北京师范大学余胜泉教授创建的学习元平台，通过建立学科知识的语义关联、学习过程数据采集、知识地图可视化呈现，构建了面向教师和学习者的个性化知识地图，该知识地图不仅呈现了知识点及知识点间的关系，还对学习者的学习状态进行可视化表征，既作为知识管理和导航工具，又是学习评估工具。[①] 此外，马宁等人利用学习元平台知识地图功能，将教师微培训和知识地图相结合，开展了为期4周的新手教师培训。[②] 知识地图也为教学资源提供导航功能，能够为数字化学习中教学资源的可视化提供导航和检索作用。[③]

3. 移动学习

教师专业发展是一个持续不断的过程，而已有的非移动学习方式在中小学教师教学能力发展中存在着机会有限、持续支持缺乏、针对性不足、教师学习时间难以保障、教师主体性缺失等问题。因此，以移动通信技术和网络技术为基础，借助智能手机、笔记本电脑、平板电脑等移动设备，以方便学习发生的原则为前提，自主选择学习内容、学习时间、学习场所、学习方法以随时随地获取教育资源和学习资源、满足自身学习需求的移动学习，是一种有助于实现中小学教师学习日常化、突破时空限制的学习方式。

移动学习（M—learning）是学习者利用移动设备、多媒体技术及

---

① 万海鹏，李威，余胜泉. 大规模开放课程的知识地图分析——以学习元平台为例［J］. 中国电化教育，2015，5：30-39.

② 马宁，何俊杰，赵飞龙，等. 基于知识地图的新手教师微培训的个案研究［J］. 教师教育研究，2018，1：56-63.

③ 黄涛，施枫，杨华利. 知识地图模型及其在教学资源导航中应用研究［J］. 中国电化教育，2015，7：73-78.

移动互联网络，能够在任何时间、任何地点发生的体验和学习。移动学习所使用的移动计算设备必须能够有效地呈现学习内容并且提供教师与学习者之间的双向交流。基于移动学习的成人在职学习和培训模式，是当前学术和实践领域的热点课题。[①]移动学习强调能够帮助学习者实现Anyone、Anytime、Anywhere、Anystyle（4A）下进行自由学习，使得教师能够摆脱时间和空间的束缚，根据自身的实际需求进行学习、获取信息、与他人交流等。移动学习的便携性、灵活性和无线性的特点拓宽了教师学习的方式和范围，对其终身学习和持续性学习产生了巨大的推力。

一方面，移动学习能够帮助教师实现授课过程中的知识传递和反馈。例如：新加坡的MobiSkoolz系统、日本的BSUL环境和“雨课堂”工具等课堂即时反馈系统，通过系统收集到教师的即时反馈数据，教师能够及时诊断学生的学习情况，从而及时调整课堂。此外，基于内容推送的移动学习服务也逐渐成为常态，如Mobilearn项目、欧洲的Form E-Learning to M-Learning项目等。另一方面，移动学习能够支持教师的个体自主学习和协作学习，例如微信公众号的内容推送、博客等，能够帮助教师实现自主学习，提升自身的专业能力。

二、协同知识建构

随着网络技术的迅速发展，学习越来越具有情境性、建构性、联结性、社会性和创造性，学习是一个协作知识建构的社会过程，正在从关注知识传递向关注群体知识共建共享转变；知识建构是一项群体协作效

① 范新民，曾海军．基于移动学习的翻转课堂培训新模式的研究与实践［J］．中国电化教育，2017，7：73-78.

应，所有参与者都是知识建构的贡献者。[①] 教师研修方式也越来越注重教师群体间知识的共享、协作和转化。因此，开展以协同知识建构为核心的教师培训已经成为当前教师研修与培训的主要方式。

知识建构是一个创建、共享个体知识，通过创建公共认知目标、以小组协同讨论、协商互动的方式获得公共知识的过程，在不断修正公共知识的认知过程中，实现创建高级“集体智慧”。[②] 协同知识建构注重群体和个体的双重知识建构，强调学习者间的协作、交互和集体智慧制品的产生。G.斯塔尔（G. Stahl）的知识建构模型从个体和群体两个角度出发，通过个人知识建构和社会知识建构两个循环，呈现了协同知识建构的过程，如图5-5所示。

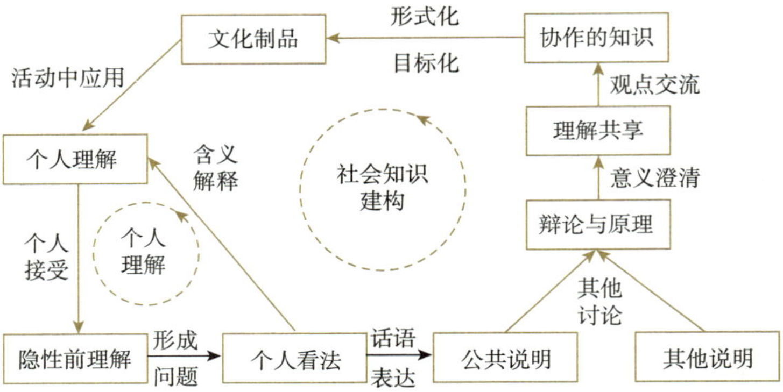

图5-5　Stahl的知识建构模型[③]

① Popp, J.S., Goldman, S.R.. Knowledge building in teacher professional learning communities: Focus of meeting matters[J]. Teaching and Teacher Education, 2016, 59: 347-359.

② Bereiter, C., Scardamalia, M. Learning to work creatively with knowledge.//E.D.Corte, L.Verschaffel, N.Entwistle, J.V.Merrienboer. Unraveling basic components and dimensions of powerful learning environments [C]. Oxford: Elsevier Science, 2003: 55-68.

③ Stahl, G.A Model of Collaborative Knowledge-Building.//B.Fishman, S.O'Connor-Divelbiss, Fourth International Conference of the Learning Sciences [C]. Mahwah, NJ: Erlbaum, 2000: 70-77.

教师通过日常的学习和经验，积累了大量的隐性知识，但是这些隐性知识未能显性化呈现出来，而协同知识建构能够帮助教师将隐性知识向显性知识转化，在一定程度上对教师的实践有着良好的指导作用。① 在协同知识共建过程中，知识建构共同体不仅实现了集体知识的建构，同时也发展了学习者个体对知识的深入了解和探究技能。良好的协同知识建构环境能够有效地促进个体和群体的共同进步。

现代信息技术的快速发展为教师专业发展提供了较为理想的网络技术环境，促进了网络环境下教师学习共同体的产生，为教师开展协作学习提供了一定的环境基础，这也使得基于协同知识建构的教师混合式培训成为可能。

1. 学习共同体

基于网络的学习共同体能够使得教师不受时间和空间的限制，形成区域协作学习空间，能够为教师实现个体学习和群体协作提供支持。教师以学习平台为基础，学习活动为核心，达到获取知识、合作交流并完成相应的学习任务，形成相互促进的人际关系。可见，网络环境下的教师学习共同体是实现教师专业化发展的又一有效途径。

常见的教师学习共同体的分类包括校内学习共同体、校际学习共同体和在线（虚拟）学习共同体三种，不同类型的学习共同体为教师的成长和发展提供不同角度的支持。例如，校内学习共同体大多是年级组、教研组、跨学科或跨教研组的组织，主要围绕着课题和活动两方面展开讨论与交流。校际学习共同体多以校外专家引领或项目合作等形式展开，帮助教师形成教育、教学、研究、学习为一体的生活方式，不断提

① 谢敏漪. 教师协同建构知识图谱的在线培训效果研究［D］. 北京：北京师范大学. 2017.

高教师的专业能力，促进教师的专业发展。在线（虚拟）学习共同体则相对更为开放、灵活，共同体成员不受地域、学历、职称等的限制，只要加入其中，都可以参与讨论。

2. 基于协同知识建构的教师混合式培训

基于协同知识建构的教师混合式培训模式是当前最常见的教师培训模式之一。协同知识建构体现了学习者主动建构知识的过程，将协同知识构建运用在教师混合式培训中，能够帮助教师实现个体知识和群体知识的共同增长。国内学者在借鉴G.斯塔尔知识建构模型的基础上，构建了以协同知识建构为核心的教师混合式研训模型，以促进教师的专业发展。例如北京师范大学马宁等结合教师实践性知识发展的特点，构建了以协同知识建构为核心的教师混合式研训模型，如图5-6所示。该研训模型包括准备、面对面研训和远程在线研训三个阶段。

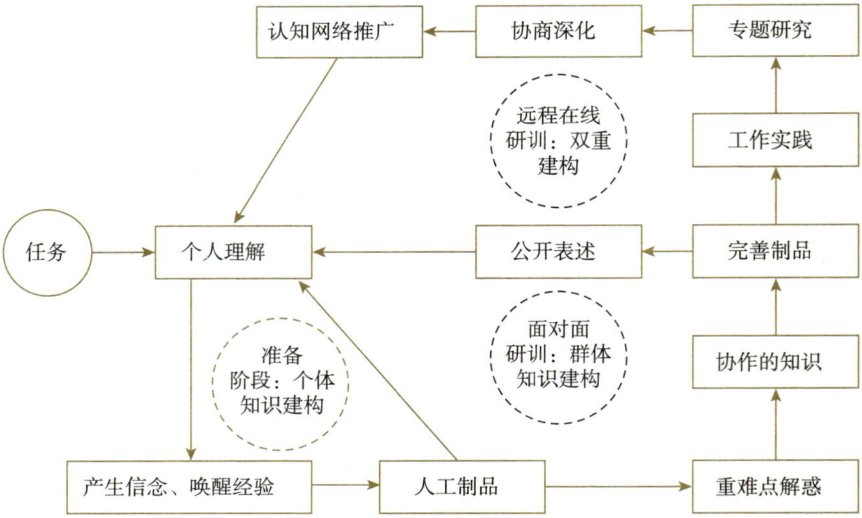

图5-6 以协同知识建构为核心的教师混合式研训模型[①]

① 马宁，吴焕庆，崔京菁. 以协同知识建构为核心的教师混合式研训模型研究［J］. 教师教育研究，2017，29（3）：31-38.

此外，有关学者依据知识协同建构的相关原则和策略，以相关知识协同建构模式为理论指导，将知识协同建构理论引入区域网络协同备课中。如北京师范大学陈玲等借助学习元所提供的协同编辑、微批注、评论等功能，通过实践探索，按照知识的外化、协作知识的建构和社会化、知识的实践化，以及知识的内化和组合化过程，归纳出基于学习元的区域网络协同备课的一般模式，如图5-7所示。该模式指出了技术、认知、内容和群体动力四方面的支持策略。

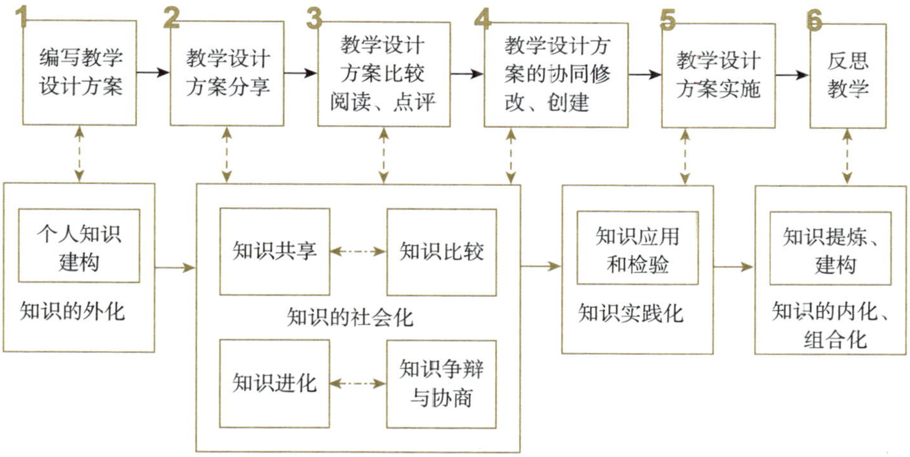

图5-7　基于学习元的区域网络协同备课的一般模式①

三、社交媒体广泛应用

新媒体是信息通信技术在一定发展阶段所诞生的产物，是指以现代信息技术为基础，以信息网络、无线通信网、卫星等作为平台，以有线和无线作为传送方式的一对一、一对多、多对多的传播媒体形态。它

① 陈玲，张俊，汪晓凤，等. 面向知识建构的教师区域网络协同备课模式研究——一项基于学习元平台的实践探索［J］. 教师教育研究，2013，25（6）：60-67.

以互联网和手机等新兴媒介为依托，正在逐渐改变着人们的社会交往、信息传递和传播的方式。其中比较典型的为社交媒体。常见的形式如QQ、微信、微博等。随着社交媒体的兴起和快速发展，人们之间的沟通和协作变得越来越快捷和便利。社交媒体平台依赖其强大的连通性，能够促进用户交互、使用户自组织形成社会网络、共享用户生成内容等，正在逐渐形成用户相互关联的知识生态系统，能够影响知识创造、选择、获取和共享的全过程。同时，这也为教师专业发展提供了新的思路。

社交媒体的重要应用主要体现在以下两方面：①社交媒体作为教师在线学习的社交化工具，帮助提升教师在线学习的效果；②社交媒体已经逐渐成为教学辅助工具，开始进入课堂，因此教师需要对社交媒体在课堂教学中的应用方式有所了解。

首先，社交媒体作为教师在线学习的社交化工具，能够帮助教师实现更有效的在线学习。教师在线研修共同体主要包含支持认知活动、促进情感交流和共享隐性知识三个作用。在远程研修过程中，由于教师的个体差异，会存在着教师对平台使用不熟练、讨论回复不及时等问题，这在一定程度上会使教师产生学习孤独感，从而造成教师学习效率低下、积极性下降，导致用户流失，甚至平台没落等问题。而社交媒体作为教师生活中常常使用的交流工具，具有操作简单、即时高效的特点，能够使教师方便、快捷地进行同步或异步交流，弥补了在线学习平台功能的不足。[①] 国内学者顾文玲就曾依托微信公众号，以秀米和金数据为

① 刘志家. 基于QQ群的教师远程研修共同体的构建［J］. 中国教育信息化，2013（12）：14–16.

辅助工具设计出基于微信的教师混合式教学模式，如图5-8所示，[①] 并通过实践应用指出该教学模式的优势，能够有效提升教师的兴趣和课程参与度。

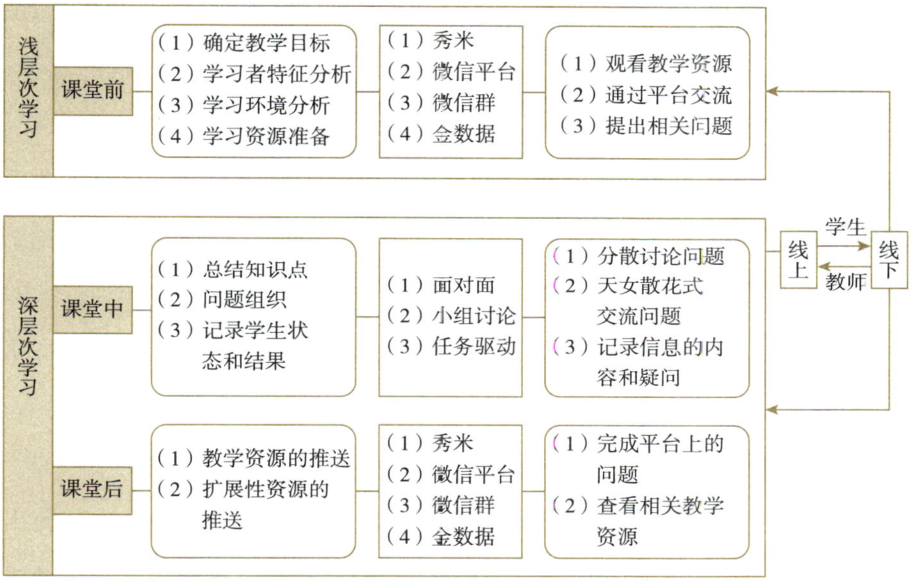

图5-8　基于微信的教师混合式教学模式

此外，作为教学辅助工具，社交媒体在课堂中有以下几方面的应用：在线流通平台能够帮助学生分享课堂笔记，满足不同层次学习者的需求；社交媒体能够帮助学生进行课堂创意演示与汇报；QQ等社交媒体能够帮助提升课堂互动。

四、自我反思与管理

教师专业发展是一种“自我引导”的结果，是其思想和精神的“自

① 顾文玲，郝建江，向芳玉，等．基于微信的“线上＋线下”混合教学模式设计与应用——以宁波市中小学高级教师培训为例［J］．中国教育信息化，2018，6：53-55.

觉”。一方面，教师专业发展的内在驱动力是自我发展的需求和意识。自我实现的需要是个体追求个人能力发展的内驱力，自我意识使教师能够把握自身和外部世界的关系，把自身的发展当作认识的对象和自觉实践的对象，并成为自我发展的主体，使自己成为自我引导型的学习者。自主意识包括自主发展的需要意识、对自己过去专业发展过程的意识、对现在专业发展状态和水平的意识，以及对未来专业发展的规划意识。在这种意识的驱动下，教师自觉地承担其专业发展职责，将自身专业发展状况作为反思的对象，通过自我反思、自我设计、自觉实施和自觉调整，不断更新自身内在专业素质及其结构。另一方面，教师作为持续的学习者，要有能力对自身的教育行动加以思索、研究和改进。以下将从教师自我调节的学习、教学反思和自我管理来讨论教师的自主发展。

1. 自我调节学习

自我调节学习的概念是由B. J.齐默尔曼（B. J. Zimmerman）提出的。他指出，自我调节学习，是指学习者在一定程度上从元认知、动机和行为方面积极、主动地参与自己学习活动的过程。[①] 其强调了学习者意识的主观能动性在学习中的重要作用。自我调节学习是学习者积极主动获得知识和技能的一种学习方式，能够帮助学习者认知自己的学习活动。

教师的自我调节、教学反思、自我管理与自我导向指导着教师的专业发展。自我调节学习对教师专业发展具有重要意义。首先，自我调节学习能够激发教师的内在学习动力，使得学习者能够在自我认知清晰的状态下，归因自身的成败，对自己的学习和教学实践有更深入的理解，从而进一步激发自己的学习和教学动机；其次，自我调节学习能够促进

① Zimmerman B J. A social cognitive view of self-regulated academic learning[J]. Journal of educational psychology, 1989, 81 (3): 329.

教师反思，教师能够通过自我调节中的反思获得深层经验；在教师培训中，自我调节学习能够帮助教师了解自我，促进教师学习的积极性，从而获得更好的培训效果；此外，教师的自我调节学习在一定程度上能够对所教授的学生产生影响，教师有效的自我调节学习是学生自我调节学习的榜样。

目前，能够影响教师进行自我调节学习的因素和方式有很多种。明确的学习目标是提高自我调节学习能力的重要途径之一，掌握目标可以促进人们对所从事活动的持久兴趣，促使人们不断地克服行动中的困难，表现出坚韧的行为，使人们取得更大、时效更久的成就。教师在制定自身的专业成长目标时，要以自身为参照物，不断突破、超越自我。而对教学和学习成果进行直接、及时地反馈是提升教师自我调节学习能力的重要方式，及时而有效的反馈能够帮助教师了解自身的优势和不足，从而对自身的活动进行有效地调控。此外，教师的自我认知和自我效能感也是影响教师自我调节学习能力的重要因素。

2. 教学反思

自20世纪80年代开始，教师的反思能力逐渐成为教师专业发展和自我成长的核心要素。美国心理学家G. J.波斯纳（G. J. Posner）将教师的成长与其对自己经验的反思结合起来，提出了教师成长公式：教师的成长＝经验＋反思。这表明教师需要在经验积累的基础上，对自身的经验进行剖析和研究。叶澜教授也曾指出，一个教师写一辈子教案不一定成为名师，如果一个教师写三年反思有可能成为名师。可以看出，教学反思对于提升教师专业化水平有重要意义。

国内外学者对教师反思的过程进行了一定的探讨和研究。其中，A. B.科顿和G. M.斯巴克斯-兰格（A. B. Colton & G. M. Sparks Langer）

提出的教师反思模式值得我们关注和研究。该教师反思模式包含以下环节：

（1）教师从教学实践中选择一个特定的问题，并从课程内容、教学实施过程、学生表现等各个方面广泛搜集资料。

（2）教师分析这些资料，形成对该问题的一般理解和认识（对这些资料的分析主要依赖于自己以往的教学经验、征求学生的意见、与同事进行交流或阅读理论文献等途径）。

（3）在理解和认识现有资料的基础上，制订改进计划或方案。

（4）实施行动计划，分析和审查行动结果。当教师对行动结果进行考察和分析时，也就开始了下一轮的反思活动。

可以看出，教师反思既是一个从发现问题到解决问题的过程，也是一个教师专业素质持续发展的过程。教学反思促进教师内在专业结构不断更新、演进和丰富，是教师专业发展的重要机制。

教师可以通过以下途径进行教学反思，例如教学日记法、描述—解释法、教学研讨法、观摩法、课堂调查法、阅读法等。

3. 自我管理

学校教育的成败在于学校管理，学校管理的中心是教学管理。教师作为教学的重要方面，除了作为知识的传授者，更是课堂和教学的管理者，其自身需要具备较高的自我管理能力。教师专业发展必须建立在教师自主与主动地寻求自我提高和发展的基础上，在发展过程中增强自主发展意识，强化自主发展行为并进行自我管理，在教育教学过程中培养终生学习和研究的意识与能力，才是教师发展的关键。

教师的自我管理表现在对自我发展的问题，能够进行分析、规划、设计、约束、激励、反馈等方面，也就是说，教师是专业发展的主体，而不是被动的客体，等待别人来管理。教师的自我管理，包括自我觉察、自我探索、自我开放、自我了解、自我悦纳、自我认同等主题。[①]教师的自我管理在认知上体现为教师要学会自我认识，包括自我分析和自我评价；在情感上教师要自我激励，主要是在精神层面上的内在激励；在行为训练上要自我修养、自我规划；在意志品质上教师要自我监督、自我控制和调节。

自我管理能够使发展行为有目标、有组织、有效率。教师有效地进行自我管理的第一步是为自己建立合适的长期或短期目标，要能够结合自身的状态和水平，确定好发展方向，如职业晋升、学历进修、教育技术能力提高等；[②]第二步是主动积极地融入学校的整体规划中，获取参加继续教育的机会，以实现自身的发展目标；第三步是能够根据自身的实际情况，及时地进行自我评定和调整。在这个过程中，教师要不断地进行自我评价和自我反思，总结经验和不足，及时地进行评估以实现自我的长期、有效发展。

五、学习分析的应用

随着云计算技术、智能手机、可穿戴设备等技术的逐渐成熟，人类行为所产生的数据都成为能够被记录和分析的数据，“大数据时代”正在走进人们的视野并逐渐走向成熟。在教育领域，在线学习平台、自适应教学系统、学习管理系统等应用的迅速崛起带来了海量学习者的学习行为数据。而如何有效地对这些数据进行挖掘分析以了解支持服务与学生个体需求间的差异则成为目前学习分析技术服务于教育教学实践最具

① 陆水，韦东. 教师自我管理的途径［J］. 管理科学文摘，2007，2：30-31.

② 杨馥卿，葛永庆，王京华. 自主意识、自主行动、自我管理——教师自主发展的必由之路［J］. 教育探索，2008，10：97-98.

价值的课题。学习分析技术是通过测量、收集、分析和报告有关学生及其学习环境的数据，以为学习者提供个性化的学习服务、为教学过程提供准确的改进策略。[①] 学习分析技术能够持续采集学习者的学习行为数据，跟踪学习者的学习习惯、学习风格、学习基础等，并以此作为精准服务的依据，提供适合学习者的服务。[②]

早在2012年，美国高等教育信息化协会的（EDUCAUSE）学习计划年会就将学习技术和高校教师专业发展列为一项专题进行研讨。一方面，教师作为成人在职学习者，更具差异性和多样化，更需要个性化的精准支持服务，比如结合自身量身定制的推荐、干预和指导等。[③] 这就需要依赖学习分析技术来分析教师培训过程中的数据，以开发出更能服务于教师个性化发展需求的策略，以针对性地提升教师的专业能力。常见的方式有基于教师专业发展差异化/自适应需求的个性化培训、促进教师专业思考和成长的精准教研策略。另一方面，教师作为课堂教学的实践者，更需要掌握学生的学习特点和需求，进而为学生开发更具适应性的课程，设计更加适合学生学习的环境，从而提升自身的教学实践。因此，教师也需要掌握相关的学习分析技术，以提升自身的专业发展，如在教育教学中常见的方法——课堂观察法。

可以看出在全球智能化的教育大数据时代，学习分析技术对教师专业发展方面的促进作用体现在以下两方面：一是提升教师作为学习者的

---

① 张进良，何高大．学习分析：助推大数据时代高校教师在线专业发展［J］．远程教育杂志，2014，32（1）：56-62.

② 吴南中．基于教育大数据的MOOC支持服务特质与形成研究［J］．中国远程教育（综合版），2015，12：49-55，79-80.

③ 冯晓英，宋琼，张铁道，等．“互联网+”教师培训NEI模式构建——基于扎根理论的研究［J］．开放教育研究，2019，25（2）：87-96.

学习效率；二是提升教师作为课堂教学实施者的教学效率。

1. 个性化培训

传统的培训常常将许多中小学教师集中在一起，表现出“一刀切”的特点，忽视教师已有的知识背景、个性化需要，难以调动教师的学习积极性。在互联网时代，教师的培训大多以自上而下的要求，以“大规模”的在线网络培训方式进行，以网络课程为基础、以教师自主学习为依托，缺乏有效的管理机制，以及面临教师在线学习落实到教育实践中的挑战等诸多因素的限制。这些培训模式已不能满足新世纪教师个性化发展的需要，教师培训模式需要新的改革。

为充分调动教师参加继续教育的主动性和积极性，满足教师的个性化学习需求，需要变革传统的教师培训方式，个性化培训方案逐渐产生并成为教师专业发展的重要途径。教育部印发的《中等职业学校教师专业标准（试行）》的通知中明确指出，教师专业化发展需要由被动向主动转变，由他塑向自塑转变；教师培训，由政府主导向教师主导转变，从集中统一培训向分散个性化培训转变，为教师提供多样化、个性化的培训服务。

个性化培训充分尊重个体的个性特征，强调在培训中发挥个体的主体性与选择性，有效配置培训资源，帮助个体实现自我成长。同样，个性化教师培训是依据教师自身的发展水平和环境对教师素质的要求，通过提供多样化、可选择的培训资源，充分发挥教师的能动性，促进每个教师的自我学习，从而实现个体发展、提高教师专业发展的教师培训活动。

教师个性化培训内容主要分为师德规范综合培训、教育理念培训、教育技术培训、学科教学培训和教师教育研究培训几大部分。培训形式可以分为校本培训、课题带动式培训、远程培训和线上线下混合式培训四类。

目前，国内外通过不断地探索逐渐形成了一些较为典型的个性化教师培训模式。如适应性学习系统的出现为教师提供了自适应教师培训方案，适应性学习系统由内容模型、学习者模型、自适应系统构成，采用推荐系统和导航适应策略，为学习者提供导航支持服务，同时也能监控学习者与系统的互动。[①] 陈（Chen，2017）[②] 等提出了一个泛在学习（U-Learning）环境下的情境自适应教师培训模型，如图5-9所示。该模型还提供了组内协作和组间交流的实践活动，以促进知识的协同构建

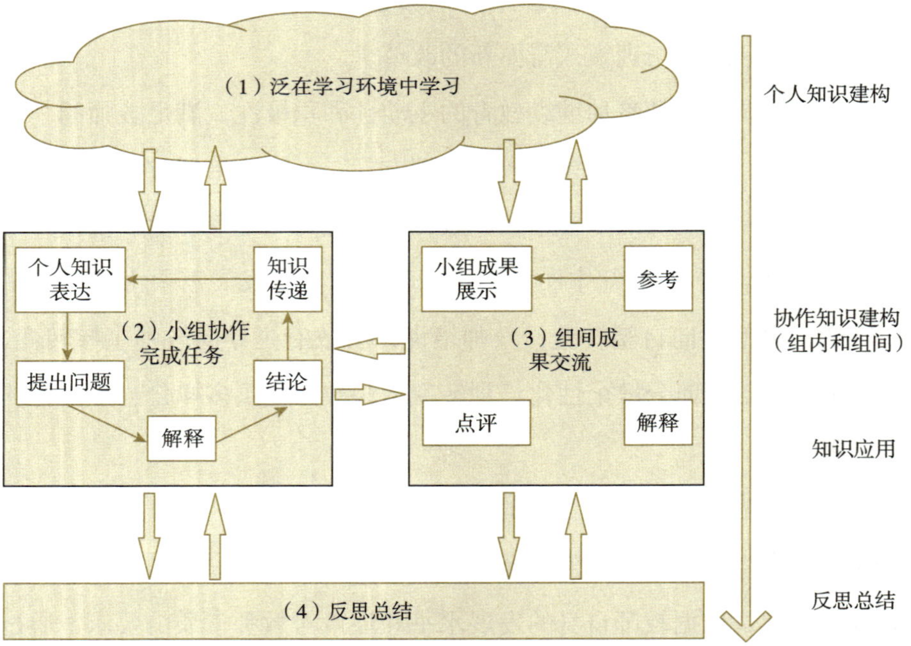

图5-9　泛在学习环境下的情境自适应教师培训模型

① Siemens G, Gašević D, Dawson S. Preparing for the Digital University: A Review of the History and Current State of Distance, Blended, and Online Learning［M］. Arlington, 2015.

② Chen M, Chiang F K, Jiang Y N, et al. A context-adaptive teacher training model in a ubiquitous learning environment[J]. Interactive Learning Environments, 2017, 25 (1): 113-126.

和应用，便于教师通过监督教师的评论和总结来提炼和反映知识。

此外，国内学者依据情境学习理论，通过借鉴系统化培训的模型，在强调1∶1交互的基础上，建立学习者与培训者之间的导师关系，构建了基于教学设计方案诊断的网络个性化培训模式①，该模型框架如图5-10所示。该模式包含对象分析、个性化诊断、个性化推荐、个性化评价四个阶段，是立足于真实的学习情境，即教师提交的教学设计方案，能够紧密结合教师的工作情境，满足教师的个性化需求，实现教师在知识和能力方面的双重提高，是一种有效的网络教师培训模式。

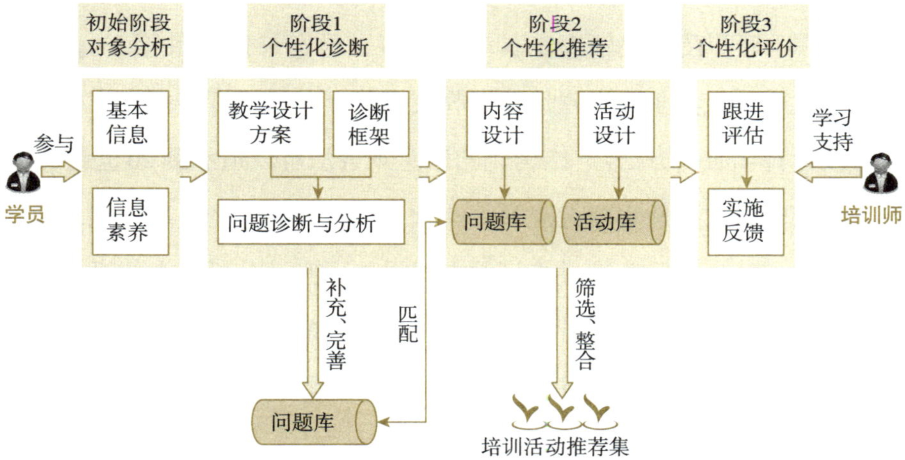

图5-10　基于教学设计方案诊断的网络个性化培训模式

2. 基于课堂观察的精准教研

课堂教学是学校教学中的重要组成部分，学生在课堂中的表现是评

---

① 李洁，马宁. 基于教学设计方案诊断的网络个性化培训模式研究［M］. 中国电化教育，2014，1：114-118.

估一门课好坏的重要指标。教学技能强的教师，能够通过观察学生课堂上的表情、行为、举止来评估学生对课堂所学知识的掌握程度和理解程度，然后采取相应的措施来提高课堂的效果。以课堂观察数据为支撑的精细化课堂教学行为研究日渐成为教师行为研究的热点。[①] 相比于传统通过板书、作业等方式来评价学生的学习效果，课堂观察经过相关研究人员的分工合作，可以细致、精确地分析学生的倾听程度、合作行为、自学情况等，发现平时容易忽略的教学问题，帮助学生改进学习方式，促进学生的发展和进步。因此，学会课堂观察，对在岗教师或职前教师的专业发展尤为重要。

课堂观察就是指研究者或观察者带着明确的目的，凭借自身感官（如眼、耳等）及有关辅助工具（观察表、录音录像设备等），直接或间接（主要是直接）从课堂情境中收集资料，并依据资料做相应研究的一种教育科学研究方法。[②] 结构化的课堂观察法可以追溯到20世纪50年代，学校开始系统地实施大规模的课堂观察。[③] 到20世纪70年代，弗兰德斯（N. A. Flanders）通过修订的方式提出了互动分析分类体系，提出了在课堂教学中记录和分析教师在教学情境中的教学行为和师生互动事件的分析系统。[④] 评价观察记录的工具也越来越系统化和定量化。

课堂观察法强调观察前注重观察目标的确定、观察中注重课堂行为

---

① 王庆超，孙芙蓉，袁娇，等. 我国教师教学行为研究热点及演进——基于949篇CSSCI期刊论文知识图谱分析［J］. 教育评论，2016，11：102-106.

② 陈瑶. 课堂观察指导［M］. 北京：教育科学出版社，2002.

③ Brophy, Jere, Good, Thomas L. Teacher behavior and student achievement.//M. C. Wittrock, Handbook of Research on Teaching（3rd ed.）［C］. 1986, 328-375. New York: Mcmillan.

④ Flanders N A. Analyzing teaching behavior［J］. American Educational Research Journal, 1970, 8 (3): 589-592.

的记录方式和规则技巧、观察后注重数据的分析和解读。按照课堂中资料收集的方式和资料的内容，课堂观察法可分为定量课堂观察法和定性课堂观察法。定量课堂观察法是以量化的形式来呈现数据资料，运用提前准备好的定量的记录方式在课堂中记录信息。一般需要确定观察的对象、时间、行为和类别，其具有实证主义的理论来源。定量课堂观察法是寻找事物间的逻辑关系，通过工具对它们进行科学论证。定性课堂观察法是以质化的形式来呈现资料。定性研究的目的不是企图通过对样本的研究而找到一个可以推广的普遍规律，而是对社会现象进行深入而细致地研究，再现其本质，从而为处于类似情况的人和事起到一种关照作用，通过认同而达到推广。[①] 定性课堂观察法既要认真而细致地观察、记录课堂中发生的事件，还要解释事件发生的原因和意义。

北京师范大学未来教育高精尖创新中心研发的听课数据分析工具“听课本”，将以纸笔为主的听课方式转变为基于移动设备App工具的听课记录方式，听课教师可以通过该听课工具用文本、音频、图片、视频等多媒体方式全面展现、个性化记录教学进程和反思，包括上课教师的教学问题、教学特色等。利用“听课本”工具对众多听课教师所提交的听课记录进行汇聚和分析，可以非常清晰地呈现授课教师在整个教学过程中的每个具体环节，从中可以发现授课教师的教学风格、教学亮点和教学过程中所存在的问题等重要信息。“听课本”App的部分功能界面如图5-11所示。

① 陈向明. 定性研究方法评介［J］. 教育研究与实验，1996，3：62-68.

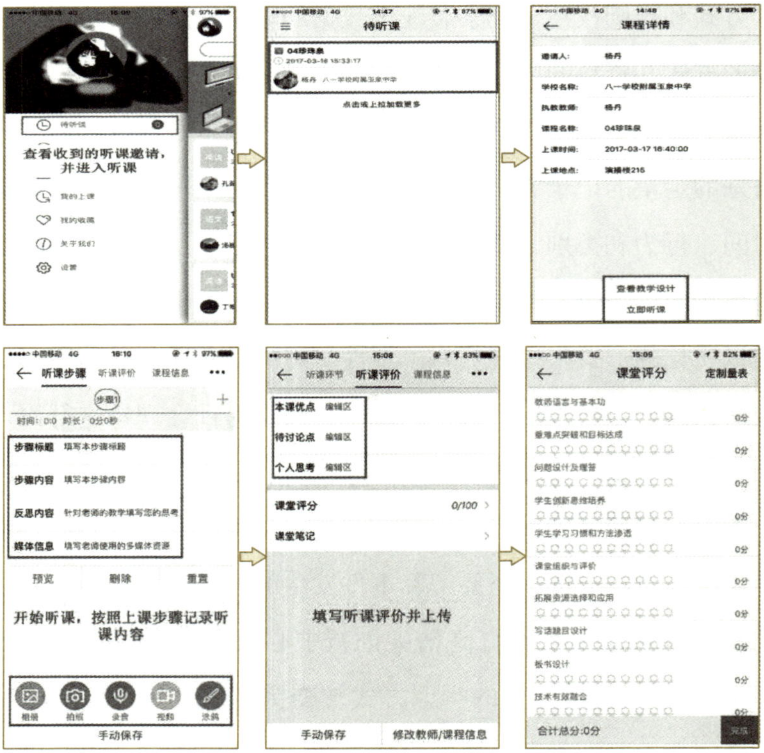

图5-11 “听课本”App的部分功能界面

听课本数据分析模块可以对课堂各环节中产生的信息和数据进行处理和分析，并形成教师个性化的教研分析报告，并以可视化的形式加以呈现，如图5-12所示。主要包括基本信息分析（登录次数、在线时长等）、教研环节内容分析（备课、上课、听课、研修、反思，教师可以自主选择需要呈现的模块）、人际网络分析（教师与其他用户间的交互关系）。此外，该模块还为教师提供了自我测评的功能，向教师提供丰富的问卷和量表（TPACK、ICT等），教师可以自主进行填写，并生成相应的报告，通过后续阶段性的填写，能够动态跟踪教师专业发展的情况，并根据教师的数据分析形成精准化的个人学习资源和活动推荐。

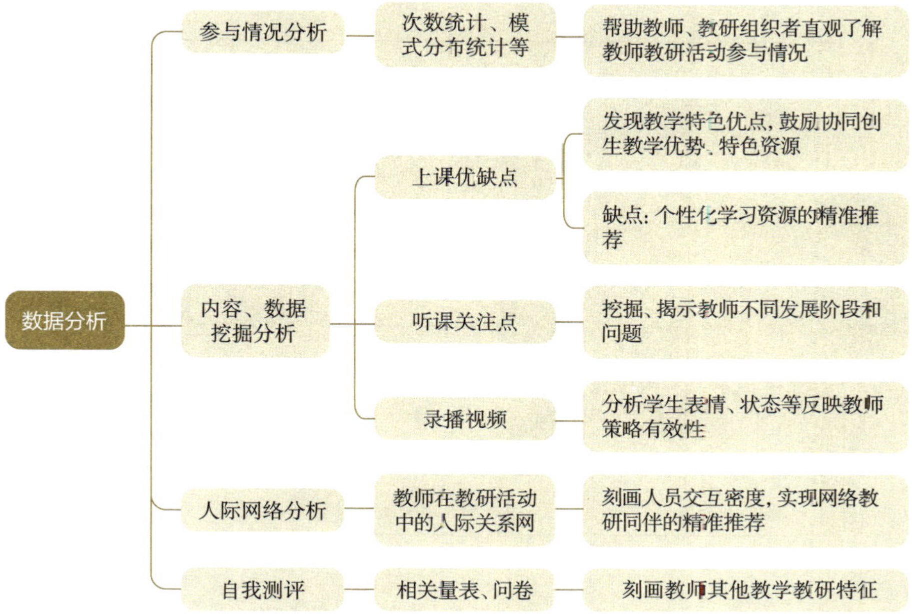

图5-12　教师课堂教学诊断报告

听课教师通过“听课本”App提交的所有听课记录、听课过程和思考可以上传到听课记录共享平台，融合到原始教学设计中，教师群体的个性化教学方法和建议一并共享。授课教师也可以通过该平台查看到听课老师对自己上课过程的评价，为自己的教学反思提供依据，如图5-13所示。

评课过程与听课过程直接相关，听课教师根据前一阶段的听课记录对执教教师进行点评。在交流过程分享彼此的教研智慧，研讨课程中最值得优化的流程点，产生更合适的教研方法，充分体现了教研智慧融合的过程，实现了对执教教师课堂的群体快速诊断，是精准化教研实践最重要的一部分。

精准评课对执教教师和评课教师专业能力的提升具有积极的促进作

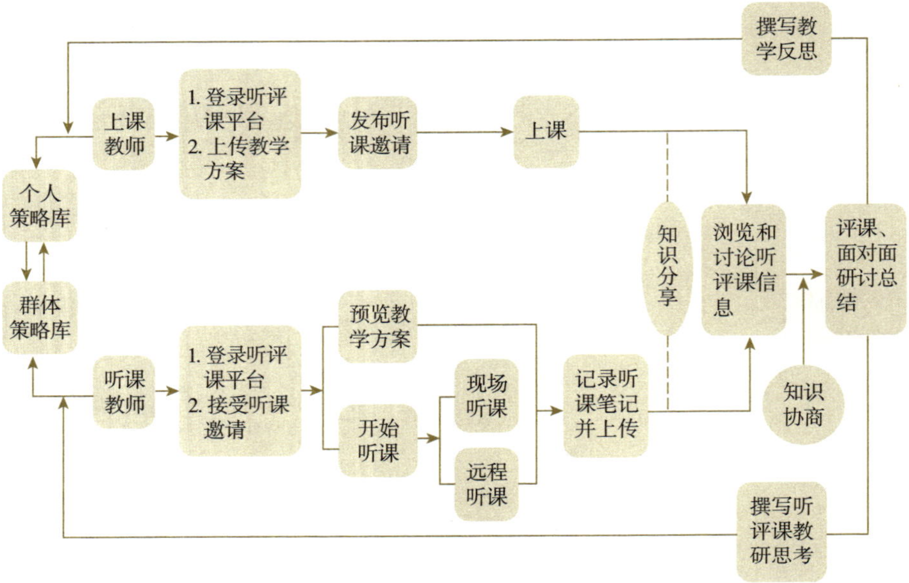

图 5-13　基于“听课本”App 的精准评课

用。首先，对执教教师而言，课后通过查看听课教师借助听课本工具所记录的并上传到平台上的听课记录，从听课教师对自己的评价当中可以发现授课过程中所出现的问题。根据听课教师对自己课堂的反馈不断改进教学，在这种不断的反馈和改进中逐渐提高自己的教研能力。其次，对听课教师来说，基于课堂听课的精准记录开展评课，在对执教教师可以群体精准诊断的同时，还可以诊断听课教师理论知识应用于实践课堂评价的能力，以及诊断教学问题提出改进方向的能力。

通过以上精准的听评课环节，可以实现对课堂的精准观察和诊断，及时发现课堂上所存在的问题，从而针对这些问题提出有效的解决方案。结合教研活动数据的采集和分析，个体教师的教学特点、长处与弱点将会得到较真实地反映，同时对于区域教师整体水平也能有明确的说明，这将为教研工作的持续发展提供很大的帮助。

第六章　新型教育服务业态及其监管

信息技术为教育形态及其服务业态的变革与创新带来了新的契机，尤其是随着市场机制在教育领域的引入，校外培训机构、教育科技企业等新型教育供给者层出不穷，在线教育、虚拟学校等由互联网和人工智能发展带来的教育供给新方式、教育服务新模式也迅速蔓延，并由此带来了整个教育行业组织形式的改变。2017年，国务院印发的《国家教育事业发展“十三五”规划》提出，需“制定在线教育和数字教育资源质量标准，推动建立数字教育资源的准入和监管机制，完善数字教育资源知识产权保护机制，鼓励企业和其他社会力量开发数字教育资源，形成公平有序的市场环境，培育社会化的数字教育资源服务市场，探索建立‘互联网+教育’管理规范，发展互联网教育服务新业态。”2019年，中共中央、国务院发布的《中国教育现代化2035》进一步提出，要“创新教育服务业态，建立数字教育资源共建共享机制，完善利益分配机制、知识产权保护制度和新型教育服务监管制度。”利用互联网、人工智能等技术推进教育服务变革与创新，并构建相应的教育服务监管决策、供给、评价和问责机制，是实现我国教育现代化的重要内容。

第一节 智能时代的教育服务业态特征①

社会在不同发展阶段对教育会有不同的需求。民众生活质量的普遍提高，会提出更加丰富、更高质量的教育需求。教育需求转型升级对教育质量、教育公平和教育综合改革提出了更高的需求。智能技术可以构建起具有“更多获得感”的教育公共服务供给体系，最大程度地汇聚社会教育服务资源，为民众提供符合其个性化需求的教育服务。智能技术在改变传统教育公共服务方式的同时，也在变革教育服务的业态。在智能时代，教育公共服务业态具有更多新的特征。

一、个性化

智能时代教育公共服务转向基于全学习过程数据的个性化、精准化教育。教育公共服务供给方式将从面向群体的供给到面向个体的精准、个性化、适应性的供给。精准教育服务供给的前提首先是要真正认识每个学习者个体，知道个体的优势、不足、兴趣、偏好、风格、知识缺陷、能力缺陷与发展目标等。其次，要汇聚海量的服务与资源，提供足够每个个体发展的环境、资源、活动、工具与服务等外部条件。再次，要根据每个个体的特征，从海量资源与服务中选择最合适的服务。教育大数据通过学习行为、教学行为数据的深度挖掘与分析，可以让学生和教师认识每个真实的“自我”，为每个真实的“自我”推送最合适的学习资源与学习服务。最后，通过学科能力分

① 余胜泉，汪晓凤．“互联网+”时代的教育供给转型与变革［J］．开放教育研究，2017，23（1）：29-36.

析了解学生学科发展的个性需求，为学生个性化的成长提供帮助，主要有学科能力分析帮助个体精准定位学科学习深度、学科能力分析助力个性化学科潜力和优势的发现、学科能力分析为个体建模提供系统支撑。

传统的教育公共服务只能面向广大群体的共性需求进行供给，个体的个性化需求常被忽视。根据长尾理论的观点，任何看似需求极低的产品，只要有人卖，就会有人买。这些需求和销量不高的产品所占据的共同市场份额可以通过智能化网络汇聚起来，形成与主流产品的市场份额相匹敌的市场能量。由此可以看出，消费者在面对无限的选择时，真正想要的东西和想要取得的渠道出现了重大变化，新的商业模式随之崛起。该理论同样适用于教育公共服务供给结构变革。利用智能技术推动教育公共服务供给的转型与变革，可以形成两端（低端和高端）需求的全覆盖结构。这种新型供给结构能够满足学生个性化、多样化的需求，如改进型需求、优势增强需求等，这实质上是一种消费驱动的变革方式；同时，新型的供给结构还将形成满足学生需求的社会教育与学校教育多元合作格局。而这种格局的变化需要从改变资源与服务治理机制入手，在新的治理理念指引下进行教育公共服务供给结构的变革。

二、虚实融合

智能时代的教育服务业态具有虚实融合特征。未来社会是人—机—物三元互联的世界（Human-Cyber-Physical Universe），人类社会、信息空间和物理空间融合贯通，相互交织在一起，形成虚实融合的智能社会空间。在这个空间中，知识的扩散不再是教师以教材为中介的单点对多点的传播，而是群体之间、多点对多点的互动与建构，更多地体现出知识建构、知识联通的特点。知识的讲解、传播与分享等变得更加灵活、有针对性，将会出现新的社会规律，以及适应新的社会规律的供给内容。

虚实融合的智能社会空间带来大量传统教育无法提供的新形态教育服务和内容，例如，自动批改、人工智能解题、社交化学习、学习成果动态、即时反馈、在线辅导、在线答疑、学习社区、网络直播、问题分答等。社会化协同合作在教育系统中的作用日益凸显，比如通过知识联通形成社会认知网络，不仅是教学的手段，更是发展的目标。学校等教育机构不再是封闭的社会单元，而是通过网络汇聚，形成集体智慧聚变的节点，是一个充满活力、人性化和高度社会化的地方；不再是静态知识的仓库，而是开放、流动、社会性、分布式、联通的智慧认知网络与个性化发展的空间。①

虚实融合的智能社会空间中，教育服务业态正在发生变化，新的教育服务业态正在涌现。智能时代新型的教育服务业态就是以学习者的需求和消费满足为核心出发点，通过智能技术供给丰富的教育资源、在线教师服务、个性相投学习同伴、促进思维发展的学习认知工具、权威的知识与信息源、促进社会性成长的学习社区等。从统一模式的学校教育供给到多元教育服务的精准供给，教育公共服务不仅发生在教室和学校里，而是终身、全面、按需获得的（见图6-1）。

① 余胜泉．推进技术与教育的双向融合——教育信息化十年发展规划（2011—2020年）解读［J］．中国电化教育，2012，5：5-14.

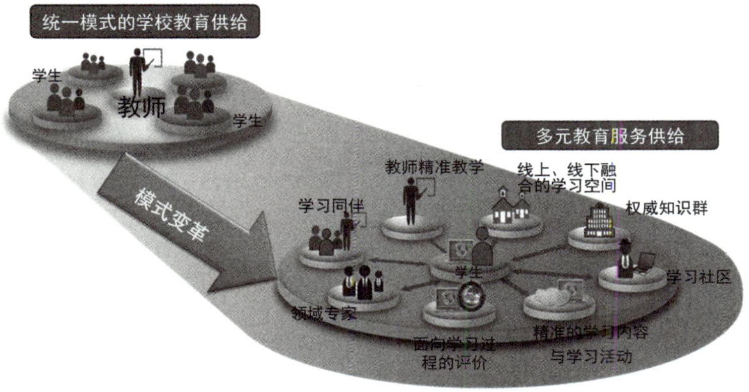

图6-1　教育公共服务供给模式变革

三、社会化

信息时代的教育服务供给形态将转向社会化协同的新型分工形态。随着智能技术在教育中的深入发展，学习内容的来源、学习方式发生了根本性变革，每个人既是知识的生产者，也是知识的消费者。学校围墙正在被打破，教育公共服务供给形态从传统的以政府和学校为主体的僵化封闭的供给体系转变为“可以在不同主体之间、组织之间、层级之间、领域之间，形成动态关联、高效互黏、相互监督、共同发展的社会化协同的新型分工形态。”① 这种社会化协同的新型分工形态将政府机制、社会机制与市场机制进行有效组合与相互协作②，实现各种人力和物力学习资源的汇聚和配置，打破社会组织服务的边界，为教与学提供

① 李奕. 基于“移动互联”的基本公共教育服务研究［J］. 中小学管理，2015，1：13-18.

② 吕普生. 以政府主导型复合供给推进义务教育优质均衡发展——来自浦东的供给经验［J］. 福建行政学院学报，2013，6：19-26.

新的分工形态。这种新型的分工形态能够兼顾儿童发展的多样性，使不同学习者获得及时的支持与评价反馈，并最终实现每个人都获得教育公平；新型的分工形态有利于教师的专业化分工，缩短教师的个体劳动时间，提升教师工作效率；新型的分工形态还能重构教育体系的核心要素。学习的消费者、内容的提供者、教学服务者、资金的提供者、考试的提供者和证书的提供者等都可能来自社会机构，企业、专业化的公益组织，专门的科研院所、互联网教育公司等社会机构将成为优质教育供给的重要来源。比如，北京市推动的开放性科学实践活动、开放型在线辅导计划等，就是一项有前瞻性和突破性的教育公共服务供给形态改革。它实现了教育资源的多元供给，社会机构、民办机构、科研院所为中小学提供教育服务，打破学校的围墙，使得优质资源能够辐射更大的范围，实现了教育智力资源的流动、流通。

四、智能化

信息时代教育服务业态转向基于数据的智能推荐、实时监管与预警，实现教育服务业态的智能化。信息时代下所有的设备、设施和活动都会数字化或物联化，所产生的数据能实时传递到数据中心，形成连贯、连续、覆盖师生全学习过程、工作过程的数据。在全面采集学生全学习过程数据的基础上，依据心理学、学习科学等原理与模型，基于大数据的智能系统可：①通过描述性分析，发现群体的状态、模式、规律和总体趋势，为教师准确、全面地了解大规模的学生群体提供支持；②通过诊断性分析，发现表象背后深层次的问题，精确定位学习者的问题、症结，并进行精准的定向支持；③通过预测性分析，为学生的综合素质、职业倾向、能力倾向做出辅助判断，帮助学习者深入了解自已，支持学习者适应学校与课程越来越多样化的内容，优化学习者的选择效果。[①]

数据在教育供给布局中将越来越重要。在智能化的教育服务监管方面，智能技术、大数据、学习分析等可以使教育公共服务供给监管方式从“经验主义”走向“数据主义”。大数据可以反映真实的服务质量，洞察纷繁表象背后的关键问题，摆脱经验主义的束缚，提供科学的指导和方向。教育公共服务供给监管的智能化主要体现在以下四方面：①从服务条件的监管到服务质量的监管。以前多关注教育机构的公共服务设施达标情况，如空间、设备、人员等，但服务条件不等于服务质量，在开放公共服务时，对服务质量的监管更为重要。②从结果监管到过程监管：以前只是对教育公共服务进行阶段性检查，而智能技术使得嵌入服务过程的伴随式监管成为可能。基于数据的伴随式监管重视过程性质量，可以在服务过程中及时发现问题，对服务进行动态调整。③从事后补救到实时预警：以前的教育公共服务问题，往往是事后发现的，事后补救无论是时间成本还是经济成本，都代价巨大，而且对学生成长的耽误，更无法挽回。基于大数据的监管，可以实现实时信息的采集分析，在问题出现前及时预警，及时干预或调整，实现稳定的公共服务。④从政府监管到多元主体监管：以前对教育公共服务实行只是政府主导的单一途径监管，监管信息不全，容易受主导者个人喜好误导而产生偏差。互联网是开放的体系，可以使监管主体从单一的教师变为师生共同参与，乃至学生家长、社会专业人士都可以加入，监管变得更客观、更全面，更反映实际需求。

---

① 余胜泉，王阿习. “互联网 + 教育”的变革路径［J］. 中国电化教育，2016，10：01-09.

教育服务业态的智能化还体现在智能推荐方面。①利用智能技术实现面向群体的数据挖掘和面向个体的数据建模，通过对数据聚类、分类、离群点、关联、相关性、判别、比较、偏差等参数的分析，了解群体的整体水平，形成面向不同群体的分析报告和面向区域的教育质量与教育资源地图。[①] ②根据区域的总体质量和个体的需求特征，汇聚相应的资源服务和开放辅导，形成可供个体选择的资源与服务池。通过分析个体的教育大数据，形成学习者个体的知识地图与能力地图，知识地图上展现不同核心概念的能力水平和学科素养水平，能力地图反映学生体质健康与心理认知能力。③通过建模分析，形成一个学习诊断与分析的报表，全面反映学生各方面的学习情况，同时表征个性化的学习需求。④智能推荐。根据基于数据挖掘的群体分析和基于数据建模的个体分析，智能推荐引擎从汇聚教育资源与服务的数据库中精准推荐学习资源、学习活动与学习服务。

五、泛在化

智能时代，数字化学习不断得到加强，移动学习、泛在学习成为人们主要的学习方式之一。由于泛在学习的永久性、可获取性、即时性、交互性、情景性、平静性、适应性、无缝性、沉浸性等特征[②]，再加上泛在学习环境对教育资源和服务的数量及质量的客观要求，使得教育服务和学习资源必然从目前的单向、静态和固化走向开放内容、协作

① 余胜泉，李晓庆. 区域性教育大数据总体架构与应用模型［J］. 中国电化教育，2019，1：18-27.

② Tsung-Yu Liu, Tan-Hsu Tan, Yu-Ling Chu. Outdoor Natural Science Learning with an RFID-Supported Immersive Ubiquitous Learning Environment [J]. Educational Technology & Society. 2009, 12 (4): 161-175.

共创的模式。为了适应移动学习、泛在学习的需求，未来的教育公共服务业态也将发生变化，泛在化的教育服务成为教育公共服务发展的一种方向。

泛在化的教育服务首先应该是分布式的。传统的单点集中式资源存储模式难以适应用户对随时随地学习和获得教育服务的需求，而分布式网络存储和提供教育服务，能够满足未来学习对服务和资源的需要。同时使分布在不同物理存储和组织机构内的教育服务和资源具备强联通性，让学习者可以方便地获取相关的教育服务和学习资源，提高服务于资源获取的效率。这个分布式的教育服务和资源网络能够更好地为泛在学习环境下的学习者提供满足个性化需求的资源服务，为无所不在的学习创造客观条件。其次，泛在化的教育服务应该由社会化的主体提供。教育服务的内涵包含从物化资源和人力资源提供的服务，随着资源的大范围共享、共创、共用的模式逐渐普及，在创作共享和应用的过程中自然会留下人的活动记录，进而形成人际交往的通道。在学习资源中附加上许多相关信息，例如为泛在学习资源添加元数据，说明资源内容的来源，告知学习者如何找到了解该方面内容的专家或教师，以促进移动学习者与专家 / 教师之间的社会性交互。[①] 再次，泛在化的教育服务具有交互性。教育服务的交互性是保证学习顺利进行的关键。在智能时代，学习者可以选择自己偏好的教育服务获取、处理与接受方式；允许不同的学习者选择不同的进入点，从而获取教育服务；教育服务可以动态更新，具有设备与情境自适应性，教育服务可被整合，融入学习者不同形式的学习方式中。最后，泛在化的教育服务是复合性的。随着技术的发

① 郑燕林，李卢一，王以宁．SECI模型视角下移动学习资源设计研究［J］．远程教育杂志，2010，3：20-24.

展和理念的不断深化，教育服务需要承载的不仅是学习内容的传递，还要包括与内容密切相关的学习活动设计和活动过程记录。使学习活动的各个阶段能够充分地展现出来，使得学习者能够感受学习发展的整个过程，同时取得更好的学习效果。[①]

① 程罡，徐瑾，余胜泉．学习资源标准的新发展与学习资源的发展趋势［J］．远程教育杂志，2009，4：06-12.

第二节 信息时代教育服务业态变革案例分析

信息时代的教育形态变革，势必将带动教育服务业态的变革，这种变革体现在以下三个层面：①一些校外培训机构、教育科技企业等新型的教育供给者不断涌现；②基于互联网、人工智能等技术的教育服务新方式、新模式不断产生；③由于新供给主体和新服务模式的出现带来的整个教育服务业态的改变。传统模式的公共服务供给主要以政府为主体，是一元化的供给模式，由于供给主体单一化，导致效率低，且由于政府职能控制，企业、社会组织难以介入，导致供给缺位或不足。在信息时代，政府逐渐放开供给主权，将社会组织、私营企业、科研机构等纳入教育公共服务供给体系，扩大供给主体范围，实现多元主体协同供给新形态。同时，智能技术的不断发展及其在教育中的广泛应用，实现技术与教育的深度融合，涌现出多种形式的教育服务供给。

一、虚实融合的教育空间

智能教育空间的形态主要表现在实现学习全过程的数字化与互联化，数字化技术与系统互联互通，信息系统贯通融合、互联和协作，虚实融合的信息生态环境，技术与教育服务的融合、人与技术的融合、实体空间与虚拟空间的融合等许多方面。这些融合能够极大地支持学习者学习，支持学习者建立社会网络关系，支持学习者在资源、工具和人员之间获取知识、加工知识、建立知识网络。通过分析用户特征与状态并提供个性化服务，技术与环境无缝融合使人们更加自然地交互。在2017年，教育部办公厅印发《2017年教育信息化工作要点》，着重要求以“一生一空间、生生有特色”为目标，推动“网络学习空间人人通”向普及应用发展。

人人通空间结合云计算、移动学习等技术，利用各种工具、服务，实现资源与资源、人与资源、人与人之间的联通，让人不管在何时、何地、使用何种设备都能够通过学习平台实现有效的学习，促进个性化学习。人人通空间模型（见图6-2）具有以下特征：①联通性。人人通空间的联通性能够建立学习者内部知识网络和外部人际关系网络，完成人与资源的完美融合。②个性化。个性化学习应该由平台提供支架及服务，让学习者按照自己学习的风格和习惯，利用自己最大的主观能动性进行学习。③集成性。人人通空间通过标准化接口将学习工具进行集成，为学习者提供方便的服务。④社会性。人人通空间给学习者设计和供应了多样的交互方式，实现学习者在学习活动中与他人及时进行有效地交流。⑤生态性。人人通空间呈现给学习者的资源、工具和服务需要按照一定的规则或规律进行增减，在适当的范围内处于一种动态变化状态中，实现动态平衡，让整个人人通空间具有生态性。

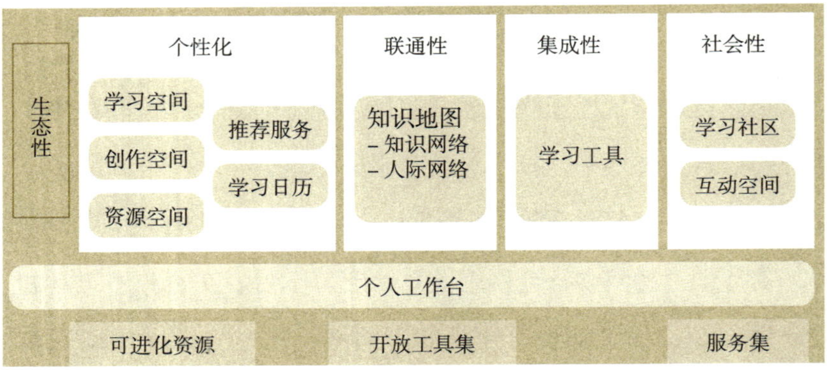

图6-2　人人通空间模型

北京师范大学余胜泉教授团队基于学习元理念开发了人人通学习空间（见图6-3）。人人通空间丰富多样的功能和服务依托于个人空间的实现。个人空间又分为用户基本信息、导航菜单、空间设置和功能区四部分。其中，用户基本资料部分显示用户头像及其他基本资料，用户可以查看。导航菜单包括学习空间、创作空间、知识地图、互动空间、学习日历、我的工具、资源库等功能模块。空间设置可以实现学习者对基本信息、个人工作台和空间模式的设置，功能区则用来呈现每个模块包括的具体功能。

图6-3　基于学习元的人人通学习空间

1. 个性化功能

学习元人人通的个人空间的个性化功能主要包括个性化工作台、学习空间、创作空间、资源库、个性化推荐、学习日历等。个性化工作台是学习者个性化学习桌面，能够大大减少学习者在庞大的功能菜单中寻找自己所需功能的麻烦，为学习者进入自己的常用模块提供便利，实现一步到位。个性化工作台默认为学习者提供了几个常用功能的接口，包括资源管理相关的创建学习元、我在学学习元、推荐资源，学习活动管理的审核、我创建的学习社区、学习日历，实现联通的好友互动和知识地图。学习空间主要呈现学习者的学习资源和学习状态数据。例如，在学习元或知识群中单击“加入学习”，学习者就可以在“我在学”看到加入学习的学习元和知识群，如图6-4所示。学习者可以在“我在学”页面看到每个资源的学习进度和开始学习的时间，以此能够掌握自己知识的学习情况。“创作空间”将学习者创建和协作的学习元、知识群和学习社区组织在一起，方便学习者对它们操作，如图6-5所示。创作空间有“我创建”和“我协作”两大部分。学习者自己创建的学习元、知识群和学习社区等在“我创建”列表中；学习者协作的学习元和知识群，以及学习者作为管理员或副管理员的学习社区都在“我协作”列表

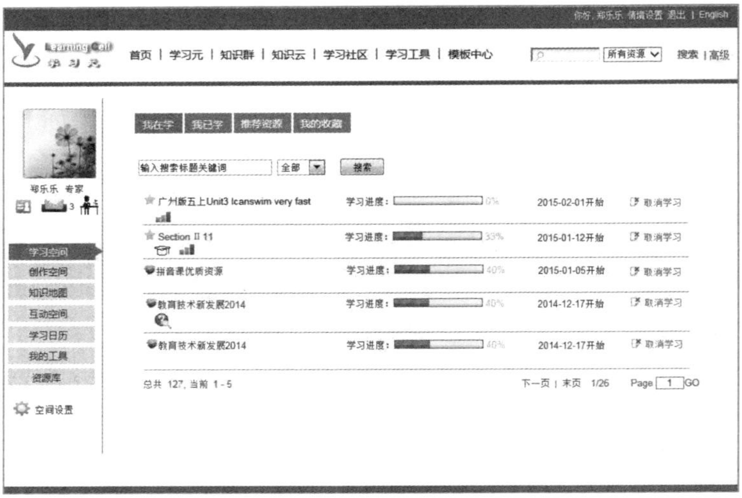

图6-4　学习元平台中的学习空间

中。学习者拥有的所有相关学习资源都可以在“资源库”中找到（见图6-6）。资源库中用户可以上传资源、下载资源、引用他人资源等，并将资源嵌入学习元中，或推荐给其他学习者。

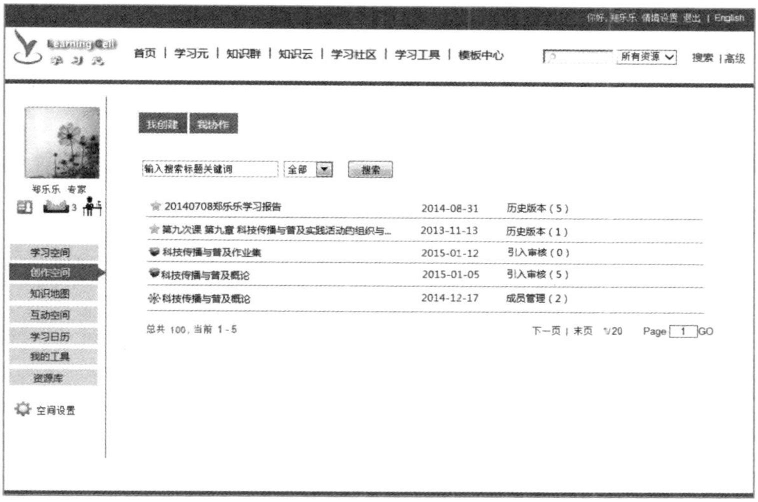

图6-5　创作空间

图6-6　资源库

2. 联通性功能

在学习元人人通空间中，通过人与知识、人与人的“关系网络”实现人人通空间的连通性。按照学习者与学习元的关系、学习者与学习者的关系来组织人和资源，建立学习者的社会性知识网络（见图6-7）。学习者在知识树中能够方便地看到创建过的学习元、正在学及已学完的学习元情况。不同颜色的学习元表示与学习者不同的相关状态，蓝色代表学习者自己创建的学习元，红色代表学习中的学习元，绿色代表已经完成学习的学习元。社会性知识网络中的用户有“加为好友”“进入空间”“发送站内信”“查看社会性知识网络”等功能，为学习者人际关系的建立提供了便利。此外，“我在学”和“我已学”中查看评价结果让学习者对自己学习过程和学习结果做出判断。

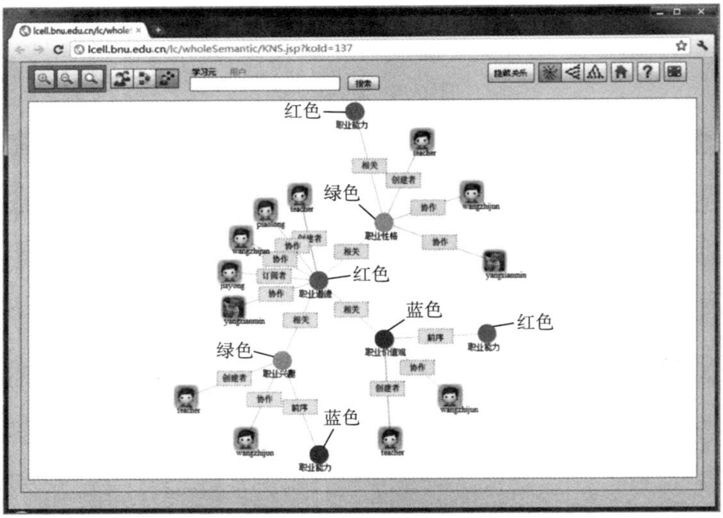

图6-7　社会性知识网络

3. 集成性功能

在学习元的人人通空间中，为用户集成了许多学习工具，帮助学习者对资源和用户关系进行管理。例如，“我的工具”包括“我的收藏”和“我的上传”两部分，实现学习者个性化工具的集成。“我的收藏”中有学习者收藏的小工具，学习者可以了解所收藏工具的基本信息，进行快捷使用、查看源文件地址、取消收藏等操作。“我的上传”列表是学习者上传小工具的集合，学习者能够对它们进行管理，包括直接查看、删除等操作。“上传工具”为学习者提供了上传小工具的入口，学习者按照上传小工具的标准，将系统外其他平台的开放工具引入个人空间，实现学习工具的集成。有较强开发能力的学习者还可以按照学习工具开发标准，开发自己的学习工具，将其上传到系统中。

4. 社会性功能

在学习元的人人通空间中，社会性功能主要体现在学习社区（见图6-8）和社会互动（见图6-9）方面。“社区”是学习者在人人通空间以学习社区为单位形成的特殊“群”。“社区”以学习者创建或加入学习社

图6-8　学习社区首页

区为单位，类似于发送群消息，使每个学习者在个人空间可以通过“发送站内信”和“发送邮件”的方式实现与整个社区成员的互动，在学习者的个人空间中为他们提高与其他用户互动的便利性，有助于社会性学习的实现。学习者在学习社区里面能够分享资源、进行各种各样的学习活动、完成学习任务等。而在个人空间中，也提供了学习者管理学习社区的相关服务，如在个人工作台，默认就设置了“我创建的学习社区”接口；在互动空间中，有以社区为单位的“社区圈”，可以使学习者与学习社区中的成员进行良好的互动交流。

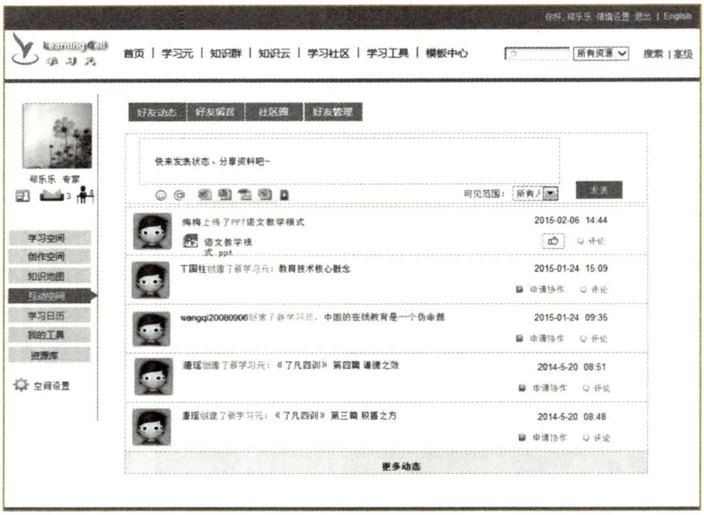

图6–9　互动空间

二、远程直播在线课堂

智能技术的发展，使学校课堂教学、在线教学模式发生了巨大变化，网络在线教学模式层出不穷，在与传统教学模式融合的过程中，衍生出新型的教学形态。例如，MOOC教学、小规模限制性在线课程

（Small Private Online Course，SPOC）教学、在线直播教学等。通过与传统课堂结合，为翻转课堂的教学模式提供有效支持，既能够适应学习者个性化学习需求，又能够满足师生、生生之间面对面的交流，克服在线教学中的交互不足。这些新的教学模式在发展非正式学习方面具有一定的优势。在信息时代，教学中比较重要的方面是学习者个性化学习提供教学产品、模式和平台，在教学实施过程中以为学习者提供学习前的自我评估、学习中的学习进度评价和学习效果评价，以及学习后的总结性评价为目标。

我国从2012年开始使用直播在线教育平台，随后直播在线教育平台就一直在持续不断地发展。2016年被业界称为“中国直播元年”，直播教育平台进入了大发展时期，比较流行的直播平台有花椒、映客、“一直播”等直播平台。[①] 在传统的网络教学模式下，教师将网络化授课当作是一场自问自答的教学，按照自己的教学思路进行解说，与学生没有交流、互动，不能满足不同接受程度学生的学习，而且对于其中的某个知识点存在不解的情况下也不能及时获得解答，对接下来的教学内容理解与记忆会出现一定的偏差。在线直播教学就解决了以上问题，采用直播的形式来讲解知识点，并通过与学生的实时互动将内容的侧重点、难点进行具有针对性的解说，弥补了传统网络课程缺乏互动的缺点（见图6-10）。[②]

双师型远程直播课逐渐走入学校课堂教学实践中，在双师课堂中，

---

① 张文霞，高腾玲．“模拟法庭”在线直播教学模式在“汽车法律法规”课程中的应用研究［J］．时代汽车，2019，6：67-68，97.

② 郭刚．多媒体环境下网络化教学创新研究——以App直播为例［J］．中国多媒体与网络教学学报（上旬刊）．2019，5：25-27.

远程教师在线直播教学，本地教师组织学生在教室内进行异地学习，如图6-11所示。本地教师组织学习活动，管理学生，辅导学生学习。双师型远程直播教学具有“同时性”和“四位一体”两大特征。① “同时性”体现在“同时备课”“同时授课”“同时作业”和“同时考试”四方面。“同时备课”，是指每周每一科目的远程教师与本地老师组织一次联网备课，在确定下周教学计划的同时，远程教师和本地教师之间、远程

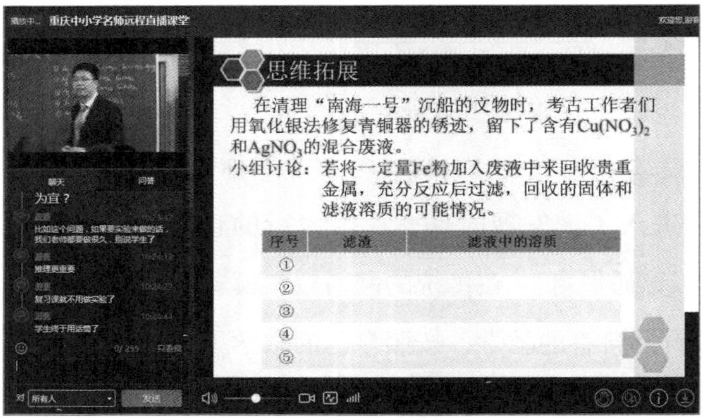

图6-10　远程直播课

（a）主讲老师直播授课　　　　　　（b）线下老师全程跟踪

图6-11　双师课堂型的直播教学

① 张春雨. 凉山州高中生物远程直播教学现状与对策研究［J］. 南充：西华师范大学，2017.

教师之间可以进行学法和教法的交流，从而促进两端教师的共同成长。“同时授课”，是指两端学校制定相同的时间作息表，保证远程学校能够异地同堂听课。“同时作业”，是指远程学校使用的教材、教辅资料和本地学校相同，并且本地学校授课教师布置的作业两端学生要在相同的时间内完成。“同时考试”则是两端学校在同一时间里使用相同的试卷并且花同样的时间进行考试。“四位一体”体现在远程直播教学中的每一门学科都是由“授课教师”“把关教师”“技术教师”和“学科教师”这四位教师相互协作完成的。

三、个性化学习诊断与服务①

在个性化学习实践中，北京师范大学未来教育高精尖创新中心自主研发的“智慧学伴”平台，完整呈现了个性化学习路径，主要包括个性化测评和个性化资源，平台为学习者设计了与其学习进度匹配的个性学习任务，包括作业、测评、微课资源等。同时，学生的单击行为、观看时间、停留学科等数据也被“智慧学伴”平台记录。由此，依据学生的学习行为数据分辨出隐含的关联，准确地预测学生的学习路径及其发展趋势，可为学生提供更具有针对性的课程资源、学习内容。“智慧学伴”平台在北京市通州区31所初级中学学校开展了教学实践，个性测评和资源激发了学生的测评和资源学习动力，从而实现了基于教育大数据的个性化学习。

大数据可以将大量融合学科能力的测评数据进行解码，形成个性化诊断报告和学业质量地图（见图6-12），并按照学习理解、应用实践和迁移创新的学科能力维度进行报告解析，实现跨学科的横向报告分析。

① 李晓庆，余胜泉，杨现民，等. 基于学科能力分析的个性化教育服务研究——以大数据分析平台“智慧学伴”为例［J］. 现代教育技术，2018，28（4）：20-26.

个性化报告主要指学生经过针对性测评之后得到专门的个性分析反馈，将多重编码的工具解码后，形成包含学业基本表现、学科能力、学科素养、学科成就的综合分析报告。

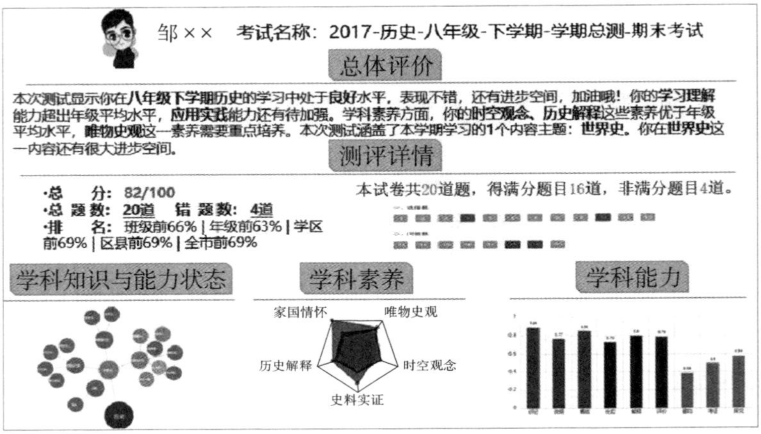

图6-12 “智慧学伴”平台中学生的个体诊断报告

随着大量学习数据的汇聚，“智慧学伴”将学生的学习数据转化为学科知识点与能力状态，学生学科知识图谱的节点逐步被点亮，如图6-13所示，可形成在该学段的个性化知识体系，针对知识点状态自适应推荐相应的学习资源。在学科能力分析体系的支撑下，个性化服务更加接地气。基于学科能力分析体系，“智慧学伴”提供了个性化双师和个性化学伴两个层面的人力服务。个性化双师服务，是指每位学生除了在校时间获得本学校教师提供的面对面实体教学服务外，还可以在课外借助网络对自身学科问题和优势的诊断，为每个学科配有在线教师，提供一对一的实时个性化在线辅导。个性化伙伴服务是站在同龄人的角度为学生推荐个性学伴的，同样按照学科能力分析体系来标识，根据学生在学科具体核心概念上的能力表现来匹配互动学伴。

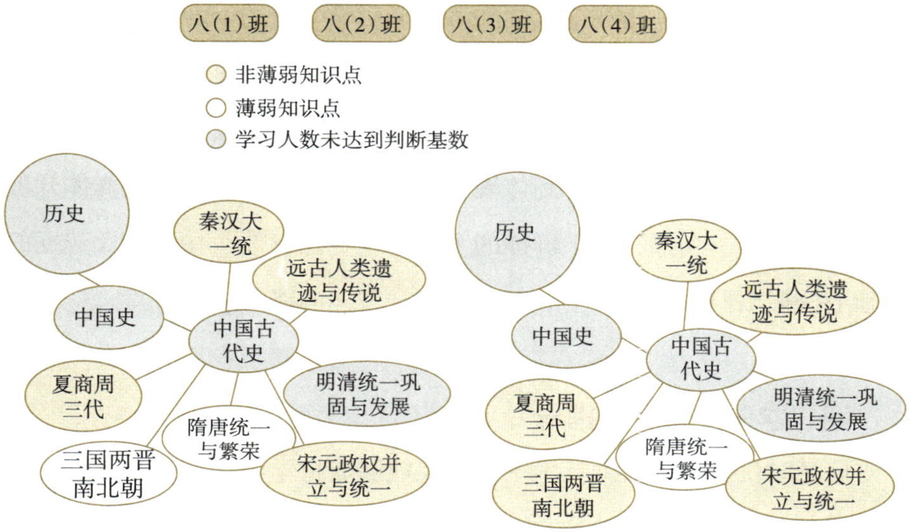

图6-13　学科知识图谱

学科能力表现支撑下的个性服务则为群体个性管理提供了支撑，更好地服务于班级、年级和学校，并从以下方面提供个性服务：①学科能力分析体系助力群体个性学科优势分析，便于个性化教学管理。学科能力分析体系可以个性化分析出群体的优势和弱势学科，有利于班主任协调班级的个性优势，重点突破；并可分析出擅长某几个学科的学生群体，利于开展群体分类教学，并逐点突破，针对不同类型的群体设计不同的活动和教学策略。②学科能力分析体系助力群体个性素质分析，便于个性化学习管理。对于同一年龄段学生群体，学科能力报告将反馈群体在学科上的具体表现，在一定程度上将揭示群体的个性性格、思维等心理倾向，折射出群体的素质。报告分析将把这类群体分析数据挖掘出来，按照群体素质特征部署学习方法、学习策略和学习任务等。③学科能力分析体系助力群体个性活动设计，便于个性化发展管理。学校所处的地区、学校师资、所在地域的经济都会影响学校的个性发展，再从学科能力分析的角度看学校个性，学生差异将会更加明显。在设计群体活动时，应依托学科能力分析体系设计教学活动，利用大数据实现个性发展管理，使学校个性服务得到体现。学科能力分析体系为不同群体开展个性活动提供了支撑，对于群体的个性管理更加有效。在群体大数据的基础上挖掘出群体特性，更利于全面提升群体的能力表现。

四、学生成长发展指导

信息时代，教师借助技术手段不仅能够支持学生学习，还能够支持学生成长，通过智能技术发掘学生的兴趣爱好，诊断学生的能力专长，为学生职业生涯发展做好规划。利用人工智能技术教师担当学生生涯发展顾问或规划师，帮助学生认识自我，发现自己的特长和兴趣，协助完成学生成长发展的智能推荐，适应中考、高考改革中所给予学生的越来越大的选择权。通过采集学生各个阶段的学业成就和心理、能力发展特征、测评学生整体特征和能力、识别学生个体、特长和优势，给出关键时期的学科选择和专业选择，以及未来发展的建议。虽然各级各类考试改革给了学生选择的权利，但学生选择的意识与能力仍然需要提升，要能对自身有正确、清晰的认知。学生的成长发展推荐不仅基于分数，还要关注学生的能力特征、心理状态、学习行为、传感数据，以及国家招生与录取政策、各学科的专业知识特点。在这个基础上通过建立数学模型来拟合，以此来推荐最适合学生的个性特征、能力特征和分数段的最合适的报考专业和方向，以及个人职业生涯的发展。

系统的实现路径如图6-14所示，通过采集学生的个人特征、学科能力，建立学生模型，再通过专业网络关系，以此形成科学的专业发展的推荐。该系统不仅仅考虑到分数，更要考虑专业能力，考虑到各个专业对能力的需求及学生的学科素养。

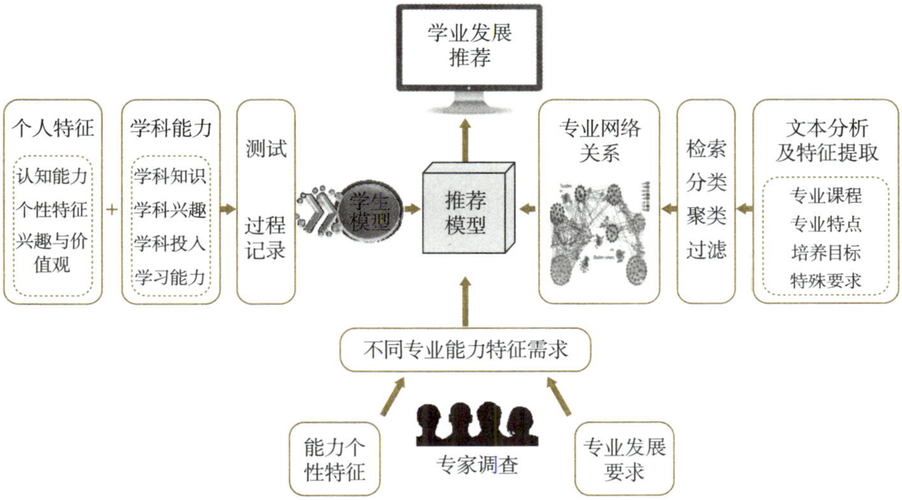

图6-14　学生成长发展智能推荐系统实现路径①

当前正在推进新一轮高考改革，旨在通过优化招生制度，为学生成长成才提供更多的机会和更大的舞台；“为每个学生提供更多的选择机会，促进学生发展学科兴趣与个性特长”是其核心。教会学生学会根据自己的兴趣、能力、个性来选择适合自己的学科与专业，让学生体验各行各业实际的工作与生活，以及了解各行各业能力要求，并引导学生正确认识自己，发现自己的特长，学会学习如何平衡人生历程中各种社会角色的关系，拥有一个好的人生，未来人工智能教师可以在这一方面发挥非常重要的作用。

① 余胜泉．人工智能教师的未来角色［J］．开放教育研究，2018，1：16-28.

五、社会化教育服务的汇聚

利用互联网促进教育服务开放，汇聚除学校以外的各类相关教育服务机构的服务资源。从教育内容提供者角度分析，社会化供给、群建群享的机制，为教育供给的消费者（学习者）提供了丰富的内容来源。利用互联网在信息共享、数据融合、业务协同和智能服务方面的优势，在建立科学的准入规范、评价规范、监管规范的前提下，促进多元利益主体间的协作与互补，建立面向全社会的教育服务供给统一战线，形成共建、共享、共治的教育公共服务体系。

建立新型的资源与服务治理机制，健全和完善教育供给投入体系。多样化教育需求的满足必须要有多样化教育供给的投入。从教育供给的责任主体（政府）角度分析，政府作为教育资金投入的唯一提供者的格局将被打破。信息时代，民间资本可以在教育服务领域发挥重要作用，政府需要进行制度创新，结合本地教育需求，向社会教育服务机构购买资源和服务，科学引导社会机构提供的教育服务满足公共服务的短板，实现教育公共服务全覆盖与智能教育服务产业发展的双赢。

为了促进学生全面健康成长，尊重教育规律和学生成长规律，2015年7月31日起，北京市中小学校各学科平均应有不低于10%的课时用于开展校内外综合实践活动课程，鼓励社会资源单位参与课程建设。综合实践活动课程包括学科实践活动、信息技术、劳动技术、研究性学习、社区服务和社会实践等，旨在使学生通过亲身实践，综合培养人文、科学素养，培育和践行社会主义核心价值观，提高综合运用知识解决问题的能力、交流与合作的能力、创新意识与实践能力；让学生有适当的劳动体验，通过出出力、流流汗，培养学生正确的劳动价值观。

北京市教育委员会（以下简称“北京市教委”）开发运行初中实践活

动管理服务平台，承担开放科学活动管理功能。学生、教师通过网络平台预约活动项目，记录、评价活动情况；区教委、学校通过网络平台监控、分析学生参加活动情况；社会资源单位利用网络平台进行活动项目发布、考勤、任务单上传等工作。同时，北京市教委作为管理部门，要求社会资源单位建立专门团队和工作机制，在师资、场地、设备设施和材料等方面精心准备，安排专人做好学校、学生活动咨询，做好活动实施、管理和改进，确保活动高质量实施。要求始终将安全放在活动的首要位置，做好安全预案和应急预案，采取多种措施确保学生参加活动安全。

为保障科学实践活动质量，今年北京进一步加强了活动的全过程质量监督。北京市教委相关负责人介绍，北京市教委针对初中开放性科学实践活动建立了专家巡回听评制度。组建专家指导组，抽取10%的项目进行前置活动质量提升指导，并在活动开展过程中，依据线上线下督查记录，定期开展针对性质量提升培训。

北京市教委通过购买服务方式征集一大批北京地区高校、科研院所、科博场馆、高技术企业开发科技教育活动项目，面向全市七、八年级学生提供开放式教育服务。每名学生每学年应参加10次活动，相关成绩计入物理、生物（化学）科目中考原始成绩。[①]

北京市初中实践活动的社会化供给（见图6–15），是基于“互联网+”汇聚除学校以外的教育服务资源的有效实践。在建立了科学的准入规范、评价规范、监管规范的前提下，北京市教委开发运行的初中实践活动管理服务平台促进教育多元主体间协作与互补的司时，汇聚的课程数据也有助于定期开展针对质量提升的培训。

---

① 施剑松. 北京：全过程监督初中科学实践活动［J］. 中小学电教，2017，11：77.

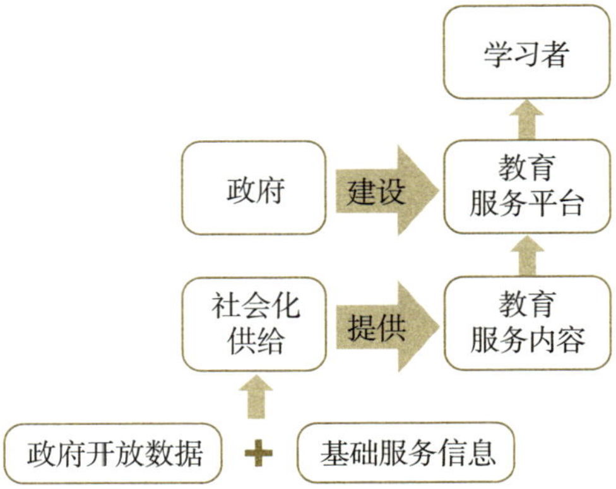

图6-15　社会化的教育供给

六、人工智能在线服务

智能时代，新技术改变的不只是师生在校内的教与学的方式方法，在课外和课余时间，新技术和新媒体也给学生的学习带来了很大的便利，打破了教师教学、学生学习的时间和空间的限制，从此教与学不只存在于教室里。各种教育学习类的软件让教师对学生的教育活动延伸到了课堂之外，如电子课堂、社群的建立，使得教师可以监督学生的作业完成情况；很多教育类App对教师教学，对学生做作业等也提供了丰富的智能化支持，如教师利用作文批改系统为学生提供精准化的、及时的作业批改及反馈；智能机器人为学生提供及时的在线答疑。

1. 智能批改作文

计算机技术和教育测量与评价的融合促使计算机辅助评价（Computer-assisted assessment，CAA）成为考核并评价学习者对知识、技能等掌握情况的有效途径。[①] 传统的CAA中，除客观选择题可以使用

① 姜振凤，刘力. 基于计算机辅助评价的主观题自动评测研究［J］. 重庆师范大学学报（自然科学版），2013，2：74-78.

机器评价外，主观题、口语测试、作文等都需要人工进行，需要耗费一定的时间和精力。随着语义分析、人工智能等技术的发展，对主观题、口语测试、作文测试等的评价越来越智能化。这一变革将评价者从烦琐、主观的评价中逐渐解放出来，将模糊评价变得更加精准。同时，为学习者的自评提供了契机，为学习者及时提供反馈，提出指导建议，帮助学习者改善学习。

智能批改系统的优点很多，能够使批改和评分过程更公平、更高效，因为计算机不会疲劳、厌烦、恼怒或者疏忽，它会比人更加细致地检查、分析每一篇作文，并且不带任何荒诞的判断、错误的信念或者价值偏见；计算机批改可以有效提高批改和评分过程的再现性、一致性、客观性、可靠性和高效性等；计算机能够为学生提供更多的反馈，在批改和评分过程中检测抄袭，降低消耗，改善学习过程等；[①] 智能批改系统批改及时，评分较准确，能够激发学生的写作兴趣，满足了过程学习的需求，达到了以评促学的目的。[②] 但是也有学者提出只有使计算机智能有效地辅助人工评估，才能真实地测试出学生的实际语言应用能力，并帮助学生有效地提高写作能力。[③]

智能批改系统所使用的技术涵盖了统计、自然语言处理、信息提取，以及文本聚类等技术。其中统计技术又包含简单关键词分析、浅层文本特征分析、潜在语义分析和文本分类技术。如美国杜克大学

① 葛诗利，陈潇潇．国外自动作文评分技术研究［J］．外语电化教学，2007，5：25-29.

② 蒋学清，蔡静，唐锦兰．探析自动作文评分系统对大学生英语写作能力发展的影响［J］．山东外语教学，2011，6：36-43.

③ 吴丹，张青妹．大学英语作文智能评估与人工评估的对比分析［J］．中国电力教育，2011，1：177-178.

的Ellis Batten Page开发的Project Essay Grader（PEG）系统中使用了基于统计的浅层文本特征分析技术；美国Pearson Knowledge Analysis Technology（PKT）在潜在语义分析的基础上开发的Intelligent Essay Assessor（IEA）系统，主要面向文章内容的自动评分；IntelliMetric集中了人工智能、自然语言处理和统计技术的长处，是一种能够内化专家级阅卷老师集体智慧的学习机。[①] 国内使用和研究比较多的智能批改系统主要有冰果系统、批改网等。例如批改网的批改系统能够从多个维度对学生的作文进行批改，给出一个整体反馈（见图6-16），并进行“按句点评”、指出每个句子存在的问题（见图6-17），同时该系统支持教师通过网络在线批改学生作文。教师在系统提示的基础上进行进一步地批改，系统还会详细记录学生每次修改作文的痕迹，教师和学生均可以对每次修改的内容进行对比。[②]

2. 在线答题测评

在传统的学习情境中，学习者通过大量做题来检测自己的学习情况，常常是花费大量的时间练习早就已经掌握的题目，以便发现自己不会的题目。传统的习题练习，学生只有通过与学习同伴或老师进行交互，并不能与书本习题进行交互，在没有答案、没有老师辅助的情况下，学生对自己的习题练习结果并不能清晰认识，因而也没有办法根据习题作业情况对学生的学习提供建设性的指导意见。以计算机为媒体的

---

① 陈潇潇，葛诗利. 自动作文评分研究综述［J］. 解放军外国语学院学报，2008，5：78-83.

② 蒋艳，马武林. 中国英语写作教学智能导师系统：成就与挑战——以句酷批改网为例［J］. 电化教育研究，2013，7：76-81.

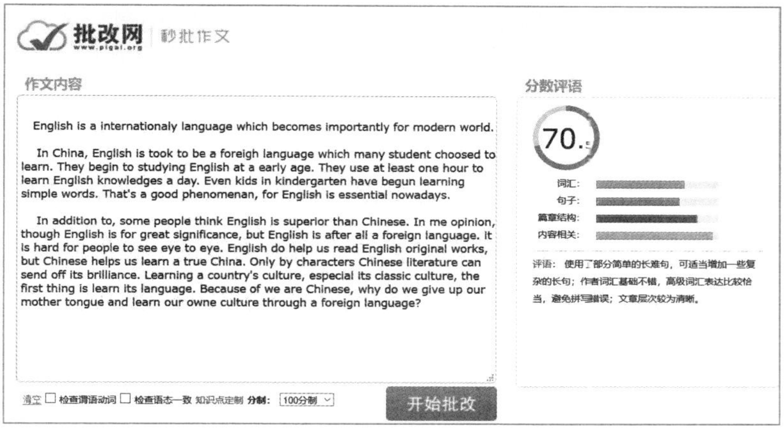

图6-16　批改网提供的反馈图

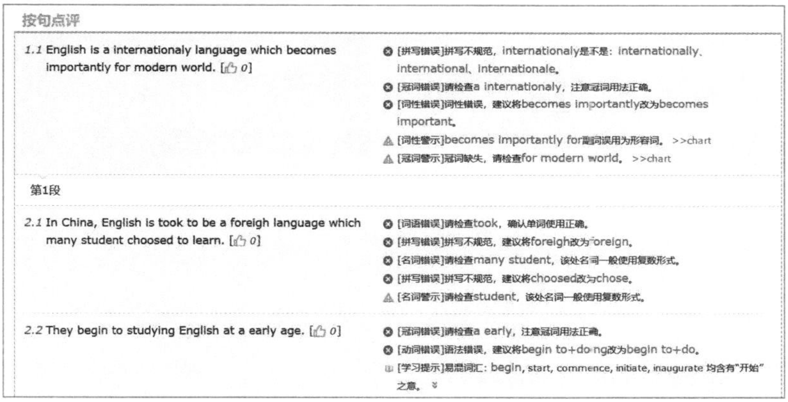

图6-17　批改网针对每一个句子给出的点评

教材实现了学习者与教材的双向交互化。[①] 这种具有交互性特征的教材逐渐在中小学普及，并在一定程度上延展了课程内容，是未来教材发展的主要方向。立体化课程不仅为学生打造数字化、智能化的课程，还为

① 张维忠，杨晓宏，薛荣．现代信息技术及其对课程发展的影响［J］．电化教育研究．1997，4：22-24.

学习者提供智能学习同伴，真正实现课程的立体化。2015年，在人机互动会议上，来自瑞士的研究者介绍了使用CoWriter机器人辅助学生学习的案例（见图6-18）。将带着二维码的字母排成一列，机器人努力把这些字母写在平板电脑上，小学生则帮助机器人学习，在纠正机器人的过程中，学习者不知不觉提高了自己的写字能力。CoWriter机器人可以通过设定相应的程序，让CoWriter表现出不同段位的学习水平。一般情况下，CoWriter设置与孩子目前所掌握的水平相当。在课程学习中，该种学习方法更利于提高学生的自信心。①

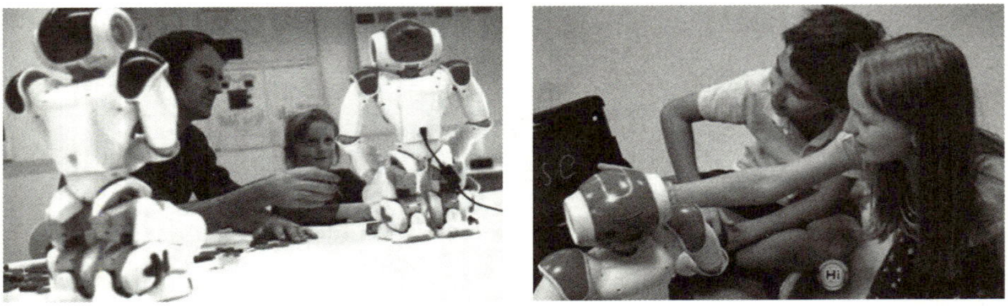

图6-18　借助机器人导学场景

七、同伴互助教研服务

名师网络工作室是名师工作室在信息化时代下的发展产物。名师工作室是“名师工程”的重要组成部分，2000年9月，《中共上海市卢湾区教育局委员会卢湾区教育局关于建立“名师、名校长工作室”的通知》的印发，开启了我国教育界“名师网络工作室”的时代。近年来，中小学名师网络工作室如雨后春笋般在全国涌现。实践证明，利用名师

① Ecole Polytechnique Fédérale de Lausanne. Kids and robots learn to write together [EB/OL]. https://www.sciencedaily.com/releases/2015/03/150304104512.htm, 2015-03-04.

的榜样示范作用带领青年教师发展，对改善教师的成长环境具有积极的意义，该工作已取得了一定的成效。教育部办公厅在2015年9月印发的《关于“十三五”期间全面深入推进教育信息化工作的指导意见》中强调要全面扎实地推进“三个课堂”（专递课堂、名师课堂和名校网络课堂）建设，组织特级教师、名师与若干名青年教师通过“名师网络工作室”等形式利用网络的优势形成教师在线研修共同体，目的就是要全面提升广大教师的教学能力和教学水平。

名师网络工作室建设实施的优势：首先，形成新的交流共享环境。教师都要将自己的业务档案建立在网络空间上，把自己的业务活动和成长经历展现出来，大家可以毫无障碍地互相交流，彼此发现对方的长处，取长补短。每一位教师都在发展和交流中寻找自己的“短板”和“最近发展点”，并在社区中寻找合作伙伴，尽快形成合作与共享。在发展的过程中，强调基础工作的扎实性和基本业绩的原始积累。其次，在两年一度的骨干教师认定中，将主要采用程序筛选法，对每一位骨干教师的各项业务业绩进行增量统计，业绩增量不足将自动取消骨干教师资格。当前的骨干教师的评选应该是善于发展和不断创新的骨干，不是单纯获奖数量的骨干，因此在这一平台上，更加看重合作、交流、共享和创新。我们所期待的“不待扬鞭自奋蹄”的状态就有可能实现。

近年来，各地在深化教育改革中不断加强对名师的引领，对相关经费和政策的扶持，坚持以信息化支撑引领教育现代化，构建信息化教育教学环境。一线城市和沿海城市这些教育发达地区更是抢占先机，纷纷开展名师网络工作室项目建设，为本地区的教育发展注入了新的活力。①

---

① 王桢，梁林梅．国内中小学名师网络工作室发展现状分析［J］．数字教育，2017，3：46-51.

例如，2017年，浙江省决定实施第二轮名师网络工作室项目，进一步发挥名师在学科理论研究、教学实践引领和教师专业发展等方面示范和辐射作用，推动全省教师专业发展，促进教师队伍建设。通过项目建设，全面展示全省500位浙派名师风采，培养5 000名学科带头人，带动50 000名学科教师专业成长；共建共享一批对教学改革和学科建设起示范引领作用的优质数字资源；运用互联网思维与技术探索与实践名师引领下的资源共享与网络学习共同体培养新机制。浙江省开发了浙江名师网，作为各级创建、管理、运行名师网络工作室和评定省级名师网络工作室的统一平台，实现名师资源的有效共享，避免形成信息孤岛。

在网络名师工作室建设发展趋势上，名师网络工作室发展迅速。近年来，教育工作者越来越意识到名师网络工作室的独特优势和重要作用，增加了对名师工作室建设的投入，工作室的数量不断增加。作为教育大省和教育强省，山东、浙江、湖南等省份的名师网络工作室涉及面广，分布均衡，协调发展。整体而言，工作室的建设重点在中小学阶段，相关机构对学前教育和职业教育重视程度不足，人力、物力、财力投入较少。

八、人机结合的教育治理

智能时代教育治理的发展趋势是人机结合的治理模拟与仿真。在工业时代，通过传感技术提供的大量物理信号和数据，人们实现了对于工业过程的控制。在智能时代，社会—物理—信息系统（cyber-physical-social system）的三元融合引发了数据规模的爆炸式增长和数据模式的高度复杂化，而互联网、物联网、移动互联网、云计算等新型技术，以及各种新兴社会媒体和自媒体产生的大数据也使得创新社会服务管理成为可能。就像由于控制不当会引发工业生产中的事故一样，在新时代对社会的引导和控制同样关乎国家发展。

互联网与人工智能的结合，可以实现教育业务关键流程的实时监控，动态监测与分析能够随时发现和诊断教育运行异常状况，实现教育危机预警，进而提出更具针对性的改进措施，从事后补救到事前洞察并干预。

基于此，已有学者针对复杂社会系统，构造人工社会系统与实际社会系统虚实交互、协同演化和闭环反馈的平行系统，通过对已发生及可能发生的事件进行试验和计算，为真实社会场景的管理与决策提供可靠支持。① 现代社会条件下教育的系统治理问题，涉及自然、社会、经济、技术等各个领域，具有系统性、复杂性的特点，因此教育系统被认为是非线性的复杂的大系统。教育治理模型的构建需要借助于如系统动力学、计算仿真等交叉科学的研究方法和技术支撑。根据已有数据建立模型，在预先建立模型的基础上，进行可重复、可复原、可验证的“仿真计算试验”，进行情景分析与政策模拟。通过模拟与仿真，可以充分展现假想情景下的系统演化，帮助我们进行情景分析与策略选择（What-If），并为制定相应的主动的教育政策或被动的教育事务应急方案提供科学的决策依据。在智能时代，开发仿真模拟系统，模拟系统的演变过程和行为，进而模拟决策对象或决策过程发展变化的规律已经成为可能。在专用设备上对决策对象或决策过程的全过程仿真模拟，实现人机结合的联合决策，可以切实规避风险，检验效果。

① 王飞跃，王晓，袁勇，等. 社会计算与计算社会：智慧社会的基础与必然［J］. 科学通报，2015，60（5-6）：460-469.

计算机模拟支持决策技术是近年来发展起来的一类综合性科学技术。通常地，决策对象和决策过程都不能通过真实的客观再现来进行分析，因此计算机模拟支持决策技术就成为一类研究决策过程的重要手段和途径。计算机模拟支持决策技术是对决策对象和决策过程进行系统模拟的一类技术，它通过构建系统模型，开发模拟系统，模拟系统的演变过程和行为，进而模拟决策对象或决策过程发展变化的规律，在计算机等专用设备上实现对决策对象或决策过程的全过程模拟。在计算机模拟支持决策的整个过程中，人们可以通过对模拟系统运行状态的跟踪和分析，研究被模拟的决策对象或决策过程的运行状态各项参数，以此来预测和推断实际决策对象或决策过程的真实演化规律，为人们的科学决策提供真实考虑的数据和依据。

计算机模拟是在宏观上进行基于数据的教育决策时不可或缺的一部分。计算机模拟是以相似原理为基础，以计算机和相关专用设备为工具，利用系统模型对真实的或设想的系统进行动态分析的一类综合性技术。计算机模拟综合集成了信息处理技术、系统科学、软件工程、图形图像技术、多媒体技术、计算机网络技术等。计算机模拟技术不仅是一种有力的科学研究手段，也是人们认识客观世界的新利器。例如，美国Sandia国家实验室开发的美国经济模拟系统ASPEN可以模拟美国多个行业的经济运行，而美国Maxis公司研制的模拟城市系统SimCity则可以帮助用户扮演市长的角色来规划和管理整个城市。此外，美国MathWorks公司开发的Simulink软件包可以支持用户对复杂系统的建模、模拟和分析，提供了强大的模拟工具。

教育系统治理模拟与仿真仍在探索中，但是相信其实现可以进一步提高行政效能，激发教育新生态的活力和创造力。教育作为公共服务最具影响力的领域之一，势必要突破仅提供有限的数据管理和查询的传统服务，教育管理者的决策不应仅依靠直观经验和简单的统计数据。在区域教育层面，已经有成功案例基于多元数据融合，利用数据挖掘技术和空间分析方法，为教育管理者提供全面客观的教育问题分析，并通过智能算法为区域教育政策的制定提供决策支撑模型，促进“基于数据说话”教育治理方式和“动态实时”教育治理模式的实现。辅助提高管理效能，促进区域教育均衡化发展，提高整体教育质量，并为公众提供更加优质、便捷的教育服务是未来发展的必然趋势。

比如“北京教育质量地图”系统支持教育热力图、质量图的查看，提供简单的学校、教育资源等收藏功能，支持对各区域学校的搜索查看。教育质量地图配合后台，支持对学区、学校、公共教育资源的信息创建及编辑，同时也支持对学校关系进行定义和调整，通过管理员角色来统一调控北京市教育质量地图的信息及服务。通过即时的、过程性的数据收集和分析，教育管理者可以通过实时动态掌握人口流动数据、学校分布数据、公共开支预算、城市发展规划、家长评价反馈等及时通过政策调整来实现区域教育资源的优质均衡配置。“北京教育质量地图”项目与其他区域的不同之处在于，该应用将北京市教育资源进行可视化呈现，支持学生和家长均等共享教育资源信息，有利于家长进行入学和升学学校查询，以及优质教育资源选择。

第三节　新型教育服务监管制度的建立

未来的学校教育机构将不再是传统的层级式管理架构，其内部组织管理体系和主要业务流程将全面优化和再造，更加强调广泛的民主参与、多元共治和扁平化管理，以实现教育管理结构的显著优化和管理水平的显著提升。变革教育管理体系，需从以下三方面开展行动：①推动管理信息化与教育教学相融合，促进个性化人才培养。强化管理信息化对教育教学过程的支撑作用，形成协同服务、互联互通的一体化教育服务体系，实现教学分析即时化、教学管理精细化、教学服务智能化，实现教学管理模式创新，促进个性化人才培养，为学生人生规划提供服务。②通过信息化优化学校管理流程，促进学校管理系统化。利用信息化手段推动学校管理规范化、科学化、精细化，支持学校业务流程优化与再造，提高学校办学资源利用率，提升学校管理效率与决策水平，提升学校办学能力和服务师生的水平，推进校务公开，促进学校管理系统化，支撑现代学校制度建设。③以管理信息化支撑管、办、评分离，促进教育管理现代化。充分发挥信息化在政府职能转变、教育管理流程再造中的作用，促进简政放权，创新管理方式，以管理信息化支撑推动管办评分离，促进教育管理体系和管理能力现代化。大力推动教育公共服务信息化，促进服务型政府构建。利用信息化实现政府部门、学校、家长和社会广泛连接与信息快速互通，提供及时、准确的教育信息，高效、便捷的教育服务，推动教育服务系统化、公共服务人性化，形成“管理即服务”的新型教育公共行政模式，促进服务型政府构建。新型教育服务业态的变革，除了要建立新的教育管理体系，更要建立新的教育服务监管机制，包括“民主参与”的教育服务决策机制、“多元竞争”的教育服务供给机制、“高效透明”的教育服务评价机制等。[①] 建立完善的教育服务监管机制，是保障教育服务质量的关键。

一、建立民主参与的教育服务决策机制

切实转变政府职能，是现代教育服务实现科学决策的基本条件，它将有效解决政府在教育公共服务过程中的“越位”“缺位”和“错位”等问题。构建新型的教育服务监管制度，必须坚持民主参与和科学决策的基本原则，建立教育部门、教师、学生、家长，以及社会各界广泛参与教育公共服务的有效机制；必须发挥各类新闻媒体与社交媒体的积极作用，扩大社会各界参与讨论的机会，引导公众关心和支持教育改革，建立政府和公众共同推进教育服务改革的良性循环；必须鼓励社区市民及专业社会团队参与教育服务决策，尝试开辟市民民主参与教育服务决策尤其是教育公共服务决策的渠道。例如，在重大专项教育投入、重大教育项目设立、教育收费调整、招生考试改革等重大教育公共决策的制定过程中引入公开听证、公众咨询、公众投票等制度，将听证咨询的意见和社会公众投票、直接受益群体投票的结果作为教育公共决策的重要证据之一。

建立民主参与的教育服务决策机制，还要促进教育服务部门与服务对象之间、学校与学生家庭之间、教育行政部门与教师学生之间、公共教育机构和社会公众之间的协商、交流和互动，增强公民对教育政策的

① 何鹏程. 教育公共服务体系构建研究［D］. 上海：华东师范大学，2012.

回应力，建立公民表达教育诉求和利益的畅通渠道。为此，需充分利用各种信息技术，搭建各类互动交流平台，建立各种行之有效的公众沟通对话机制、社情民意反映机制和公众民主参与决策机制，确保政府与公众进行无拘无束的真诚对话，形成政府和公民之间良好的信任与合作关系，共同促进教育公共服务的可持续健康发展。除了利用网络平台，建立教育行政部门与师生、公众，学校与学生、家长即时互动的渠道；还可尝试开展向广大市民开放的教育行政部门重要办公会议，开展向学生及家长开放的各级各类学校重要办公会议，允许市民、学生家长等通过申报登记的方式列席旁听。对涉及民生的重大教育决策执行情况，可尝试由独立专业的中介机构组织进行政策执行情况的效果评价，由第三方的专业机构向受益公众收集政策反馈信息。

二、建立多元竞争的教育服务供给机制

教育公共服务的模式要与社会经济发展的形势相适应，在社会主义市场经济的大背景下，教育公共服务模式不断创新，要以积极引入市场机制为动力，丰富教育公共服务的供给形式，要把形成公共服务多元供给主体、多元竞争主体作为新阶段教育服务发展的方向和目标，建立市场、政府和社会公民互相合作的多中心体制和互补机制，通过把多元竞争机制引入教育资源与服务的供给过程中来，从而提高教育公共服务的品质和数量，为社会公众提供更多更好的服务。

（1）要建立多元主体并存的教育公共服务供给机制，形成包括政府服务、政府购买、自由市场、特许经营、志愿服务、自我服务、各项补助等多元的公共服务供给方式。例如，采取政府购买服务、合同承包和补助等方式，适度引入专业社会机构、企业公司、社会团体等主体，

承担非义务教育阶段学校的管理经营任务；培育和发展非营利组织和机构，广泛调动社会各界力量积极参与非营利性质的教育公共服务，以适应不断增长的教育公共服务需求，建立对非营利机构的科学拨款和生态补偿机制。

（2）要鼓励更多主体成为教育公共服务的参与者和提供者，形成教育公共服务领域中多部门、多主体，以及多层次之良性竞争的局面，从而提高教育公共服务的供给效率。为进一步促进自由选择和公平竞争机制在教育服务领域中的应用，还需建立支持市场化主体及非营利组织参与教育公共服务供给的相关政策、战略规划等，形成政府支持、市场调节、社会组织参与的竞争机制，公平与效率并重、激励与约束并行、动力与压力并举的管理运行机制，以及范围广泛、上下联动的教育服务有序供给机制。

三、建立高效透明的教育服务评价机制

评价是教育服务体系中不可缺少的重要环节，为强化对教育公共服务的意见反馈和效果评估，不断提高教育公共服务的质量，建立科学规范、公平公正、高效透明的教育服务评价机制势在必行。智能技术为教育服务评价机制的建立提供了良好的技术支持，它们不仅可以帮助实现信息的透明化，还可以帮助实现记录的可追溯，进而增强评价过程与结果的客观性。信息技术的快速发展，不仅让教育服务的全过程跟踪成为了可能，而且让更多评价主体参与到教育服务的评价中成为了可能。

为促进教育公共服务评价效率的提高，建立公共教育质量的绩效评估体系刻不容缓，它包括公共教育资金使用的绩效评估体系、信息化教育环境建设的评估体系、数字化教育教学资源应用的评估体系等。鉴于

此，首先要建立教育专项经费投入和使用效率的评价制度，并将教育服务质量的评估结果作为教育资金投入的依据。其次，要建立教育服务质量的第三方评价制度，鼓励各学术团体、专业协会、民间组织等评估机构积极参与教育环境建设、教育资源应用、教育服务质量等的绩效评估，形成以中介评估为主导的多元教育质量保障体系。

教育服务评价机制的建立，一方面要提高教育服务评价的效率；另一方面还要保障教育服务评价的公平。充分利用信息技术，对教育公共服务进行全过程监督，实行教育公共服务信息全过程公开，特别是对教育经费投入与使用的相关环节进行重点监督，是防止教育服务过程中出现资源浪费及腐败行为的关键。这不仅需要建立教育信息的公开制度，如中考、高考等招生考试信息的公开制度，学校教务、政务信息的公开制度，公共教育经费、专项教育资金使用分配结果的公开制度等；还需要完善社会、媒体公开监督制度，尤其是要发挥相关协会、学术组织和利益相关者的监督作用，建立和完善社会监督员制度。

四、建立相互依存的教育服务问责机制

教育是一项复杂的系统工程，任何系统包含着既对立又统一的各个方面，它们相互矛盾又相互依存，并在一定条件下相互转化。改革开放以来，伴随着我国教育体制机制改革的不断深化，政府、学校和社会之间的关系逐步理顺，但依然存在着政府越位、缺位和错位现象，以及学校自主发展与自我约束机制不健全、社会参与教育监督和评价不充分等问题。信息技术的快速发展在给教育体制机制改革带来诸多机遇的同时，也带来了诸多挑战，在教育从管理走向治理的变革过程中，厘清管、办、评各自的职责，重构相互之间的关系，并在职权分明的框架

下，促进政府、学校、社会的协同发展，是实现信息时代教育之现代化发展的关键。

建立健全教育服务绩效问责机制，是推动教育协调健康发展的前提。首先，要建立共同协调的工作信息反馈机制，即建立政府和学校、社会专业协会、民间组织等之间良好的沟通渠道和合作关系，形成工作信息即时反馈机制，使各方在有效沟通的基础上改进自身的管理行为、提升教育的服务水平；其次，要建立相互制约的教育绩效问责机制，政府可通过建立教育服务标准、制定预算和财务管理要求、明确绩效评估标准，与学校建立绩效管理合约或与社会专业组织建立委托管理、购买评估、信息咨询等服务合约，并通过第三方机构评估服务水平，进而落实问责机制。

为促进公共教育服务质量的全面提升，各主体之间需要建立相互信任和支持的良好关系，并通过相互问责承认彼此之间的相互依存关系。首先，要进一步完善问责指标，对教育服务的问责要从强调对学生学业成绩的增值性评价向注重教师、学生和管理人员之共同发展的多方位评价过渡，从结果性评价向过程性评价过渡；其次，要落实问责主体多元化，尤其是要激发社会问责和民间问责，构建信息时代多元参与的问责体系；再次，要明晰和规范问责程序和准则，进一步细化发现、调查、处理、反馈、社会公布、执行问责等程序，对不同性质的违纪问题给予不同程度的问责；最后，要鼓励各单位利用各类新闻媒体向社会公布教育服务的效能，促进彼此之间的信息公开，将问责机制的内驱力落实到群众的监督权上来。

第七章　数字教育资源汇聚与供给创新

数字教育资源公共服务是实现基于信息技术的教育教学模式和教育服务的必备条件，是新时代推进教育教学现代化的必然要求，也是解决教育发展不均衡、不公平问题的现实选择。数字教育资源的供给水平极大程度上决定了信息化教学应用的发展水平。近年来，在国家教育信息化相关政策的推动下，我国的数字教育资源建设与应用水平日益提高，数字教育资源公共服务体系基本建立，但相对于国家教育改革发展对信息化的要求还存在一定的差距。在教育信息化2.0时代，要积极创新数字教育资源的供给模式，转变数字教育资源建设观念，科学引导供给主体的资源建设方向，激发市场活力，促进教育信息化的良性发展。

第一节　数字教育资源公共服务与教育现代化

教育现代化主要表现为教育的民主性和公平性、教育的终身性和全时空性、教育的生产性和社会性、教育的个性化和创造性。[①] 数字教育资源公共服务能够借助互联网的优势，发挥规模效应，对促进教育公平，发展全时空的、终身的、个性化的教育具有重要作用。数字教育资

① 顾明远. 试论教育现代化的基本特征［J］. 教育研究，2012，33（9）：4-10，26.

源正逐步成为基础教育公共服务的重要内容，将为学习者享有优质数字教育资源提供方便、快捷的服务，有效支持信息化教育教学的开展。

一、国家数字教育资源公共服务体系建设

国家教育资源公共服务平台是国家教育信息化“三通两平台”（三通包括宽带网络校校通、优质资源班班通和网络学习空间人人通；两平台包括教育资料公共服务平台和教育管理公共服务平台）工程建设的两个重要平台之一，其目标是探索“企业竞争提供、政府评估准入、学校自主选择”的资源建设新机制，促进信息化优质教育资源的汇聚与共享，推动信息技术与教育教学的深度融合。国家教育资源公共服务平台由中央电化教育馆具体负责建设与运营，该平台于2012年12月正式上线。目前，平台的资源建设已形成了“征集、汇聚、共建、捐赠”四种重要机制，教育资源建设初具规模。数字教育资源公共服务体系包括国家级数字教育资源公共服务体系和省级数字教育资源公共服务体系。国家体系是国家级教育资源公共服务平台和各省级数字教育资源公共服务体系经国家体系枢纽环境连接构成的逻辑统一的整体。平台、资源、空间是国家级数字教育资源体系的三大核心要素，其相互关系：各级平台作为体系的服务主题，遵循“标准规范统一、用户实名唯一”的要求为用户提供空间服务能力，形成多级协同；数字教育资源作为空间服务的主要内容，要形成“政府评估准入，企业竞争提供，用户自主选择”的教育资源公共服务新局面；空间是平台的基本组成单位，是为用户提供公共服务的教学环境，是平台推送教育教学资源的目的地、用户内容存储和应用情况数据记录的基础设施。国家级数字教育资源公共服务体系架构如图7-1所示。

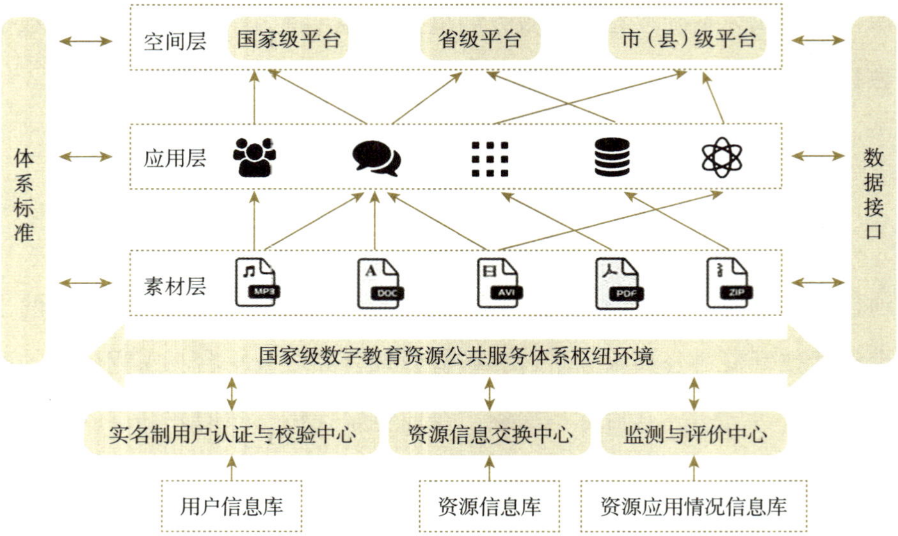

图 7-1　国家级数字教育资源公共服务体系架构

我国数字教育资源公共服务体系建设到2020年已初步建成覆盖全国、多级分布、互联互通的有中国特色的教育资源公共服务体系，实现了网络学习空间人人通，成为“人人皆学、处处可学、时时能学”的学习型社会的重要支撑环境，实现“全国一体系、资源体系通、一人一空间、应用促教学”的目标。当前国家级数字教育资源公共服务体系已基本建成，国家平台与省、市、县级平台互联互通的局面正逐渐形成，资源与应用接入种类不断丰富，同时探索了“教师选择使用、政府按使用情况后付费”的数字教育资源采购机制。未来工作中将继续以国家级数字教育资源公共服务体系建设为抓手，不断完善体系功能，探索形成体系协同服务的有效机制，深入推进体系建设应用成果转化和落地，并有序、规范地开展资源供给与服务。

二、数字教育资源服务与教育教学现代化

我国正逐步建立以个性化、智能化为核心的数字教育资源服务体系，形成“互联网+”的教育资源服务新业态、新模式，以期跨越传统教育层级、突破传统教育服务的边界，为师生提供丰富的智能化教育资源服务。[①] 数字教育资源服务对教育教学的支持主要表现在能够有效支撑教师教育教学活动和学生个性化学习的开展，推动教育教学的变革与创新。

1. 数字教育资源服务能够深化信息技术的教育教学开展

通过资源平台和网络学习空间，为广大师生提供教学素材、教学课件、网络课程、教学案例、教学工具等各类基础性资源，并提供信息化教学应用指导，帮助教师提高资源获取和应用能力，运用数字教育资源的备课，促进数字教育资源在实际课堂教学活动中的应用。当前，“教学点数字教育资源全覆盖”项目、“全国网络学习空间应用推广活动”“百区千校万课信息化示范工程”均致力于为各地区学生提供优质数字教育资源，保障各类学校基本的数字教育资源需求，实现线下线上相结合的新型教育教学。

2. 数字教育资源服务能够有效支持教师的网络教研

通过组织线上教研活动，参与协作备课，课例点评及视频研讨活动，借鉴其他优秀教师的经验，打破传统教师教研的时间和空间限制，提高教师教研效率。当前，国家教育资源公共服务平台通过网络协作教研、名师网络工作室等模式为教师提供网络教研服务，“一师一优课、一课一名师”活动引导教师积极晒课，形成覆盖各学段、全学科的生成

① 柯清超．教育信息化2.0的数字资源观与发展对策［N］．中国教育报，2018-09-01（3）．

性资源体系，满足不同层次教师应用资源的需求，提升教师自身教学水平与技能，促进教师的专业发展。①

3. 数字教育资源服务能够实现学生的教学诊断，支持学生的个性化学习

教育信息化2.0时代，数字教育资源的内涵不再仅仅是教育内容的载体，而是教育内容载体与教学过程大数据的融合。通过挖掘学生的潜在需求及偏好，创新各种教育资源的开发与建设，打造功能完善的资源体系，满足学生的多样化需求，为学生提供有针对性的资源服务。当前通过伴随式采集用户应用资源的行为数据，提高资源服务的应用能力与水平，实现智能化的教学诊断与个性化的资源推荐。

4. 数字教育资源服务能够大力推进德育教育现代化发展

将数字教育资源服务纳入德育教育领域，为实现创新开展德育教育活动提供新路径、新方法，建设一批方向正确、内容完善、具有示范性的中小学校本德育课程，展示学校优质校本德育课程的建设与应用成果，在信息技术支持下渗透立德树人的教育。当前“中国梦——行动有我”系列活动形成了一批具有示范性的德育活动案例，生成了一批故事性强、教育性强、具有启发意义的微电影，培养了中小幼学生的创作能力、语言表达能力和舞台表现力，推进了网络思想政治与法治教育资源的建设，实现了基于信息技术的德育教育的良性发展。

三、数字教育资源服务与教育公平均衡发展

教育信息化能够实现教育规模化和个性化的统一，是实现教育优质

① 柯清超，赵培培，吕晓红. 数字教育资源服务的内涵及其发展［J］. 中国教育信息化，2018，7：51-55.

均衡发展的重要支撑。通过扩大优质数字教育资源覆盖面，提供适配的数字教育资源服务是解决教育发展不平衡、不充分问题的现实选择。通过为农村地区提供数字教育资源服务能够保障农村学校开齐、开足、开好基本课程，缩小城乡学校的“数字鸿沟”和教学差距，且从长远来看，能够为农村地区的劳动力提供就业的基本技能，提供终身学习的保障。

1. 推动优质数字教育资源教学点全覆盖，保障农村学校和教学点开齐、开足、开好国家规定的课程

通过配置设备，收集制作适配的优质教育资源，远程输送优质数字教育资源到教学点。① 在不改变当地师资配置的情况下，通过技术让落后的农村教学点能够与其他学校享受同样的优质资源，包括教师资源和数字化教育资源，在一定程度上解决农村学校和教学点师资结构性短缺，开不齐课、开不好课的问题，帮助农村学校和教学点提升教学质量和教育水平。② 向教学点微观教育生态系统注入优质教育资源，确保其资源群体密度达到最适密度，使教学点、教师和学生发展进入良性循环。

2. 推动优质数字教育资源共享与应用，有利于缩小城乡学校的“数字鸿沟”和教学差距

数字教育资源能够有效传播，实现规模化发展，使城乡学校共享优质教育资源成为可能。基于此，可以开展各类信息技术教育应用，实现

① 王丽娜，陈琳，陈丽雯，等. 教学点“全覆盖”项目——信息化促进教育公平典型范例研究［J］. 中国电化教育，2017，12：26-32.

② 王继新，张伟平. 信息化助力县域内教育优质均衡发展研究［J］. 中国电化教育，2018，2：01-07.

“优质学校带薄弱学校、优秀教师带普通教师”的模式，搭建教师成长平台，打造教师专业发展联盟和教师学习共同体，充分发挥名师、名校辐射作用，促进城乡学校教师共同进步。同时，数字教育资源能够改变学习者获取知识的途径，以往学生只能从教师和学习内容获取知识，现在，学生可以从教师、学习内容、学习情境、学习伙伴和学习网络等多个渠道获取知识，拓展学习视野和信息技术应用能力，适应21世纪人才培养的要求。

3. 推动优质数字教育资源共享与应用，有利于促进偏远农村的就业培训和终身学习社会的形成

为广大乡村地区提供连续的、可持续的数字教育资源服务，促使农村学生更容易获得连贯的和可获得的数字教育资源。在提供适合学习者终身成长的数字教育环境基础上，培养乡村学生养成终身学习的习惯，在一定程度上有助于阻断农村贫困人口的代际传播。当前，远郊区县的师生可以通过学生的学籍号或者教师的继教号，实现数字图书资源的访问与获取。[①] 同时，政府建立的各类职业平台、在线精品课程和MOOC学习平台实现了老年教育、职业教育与青年教育资源的汇聚，方便开展全面阅读、家庭学习等活动，助力形成多元主体共同推进的终身教育资源服务体系。

---

① 吴筱萌. 以人为本的区域教育信息化促进校际公平应用策略研究［J］. 中国电化教育，2015，3：75-80，96.

第二节　新型数字教育资源建设与汇聚

在发展“互联网+教育”教学新模式、“互联网+教育”服务新业态的过程中，以师生为中心的知识创新与资源分享将成为数字教育资源供给的重要方式。越来越多具备知识创新能力的教师借助互联网参与到数字教育资源的建设中，教师和学生不再只是数字资源的消费者，也是数字内容的生产者。新时代的教育资源建设与汇聚，需要积极探索数字教育资源建设与汇聚的新机制、新技术、新模式和新应用，重新定义数字教育资源服务的内涵，打造“互联网+”数字教育资源新生态，进一步激活数字教育资源支撑教育变革的潜力。

一、新形势下数字教育资源的发展方向

长期以来，我国建设的数字教育资源主要是教材知识体系配套的教学课件，这类资源满足了教师“教”的需求，在一定程度上促进了信息技术在课堂教学的应用。但随着教育信息化的深入发展，各种网络化新型教与学模式不断涌现，当前需要积极发展各种适应网络教学应用的新型资源、知识工具与智能学习体，如移动学习App、AR/VR平台与资源、智能学伴等，促进信息时代学生数字学习方式的根本转变。[①] 教育信息化2.0时代，面向学习者提供的数字教育资源新形式主要包括以下三方面。

1. 移动化、智能化的数字教育资源

随着OER理念的深入人心，公民的全球化意识在逐渐提升，越来

① 柯清超. 教育信息化2.0的数字资源观与发展对策［N］. 中国教育报，2018-09-01（3）.

越多的人倡导“知识无国界”，优质资源全球化成为新形式下知识共享的重要趋势，① 并且随着无线网络设施和移动智能终端的普及，用户获取资源的场景也日益泛在化。在当前这一形势背景下，研发适配移动终端的数字教育资源和相关资源平台将成为未来重要的发展方向。通过对数据标记和人工智能推送技术等关键技术创新，提升用户获取教育资源的便捷性，推动数字教育资源服务在移动终端领域的应用深化发展，以新型的资源建设观念扩大优质数字资源的有效供给，构建以个性化、智能化教学应用为核心的移动资源服务体系，构建“人人皆学、处处能学、时时可学”的移动智能学习环境。

2. 虚实结合的数字教育资源

随着数字教育资源获取场景泛在化，随机场景中蕴含的大量信息能够与数字教育资源建立密切联系，形成基于场景情境的虚实结合的数字教育资源。同时，虚实结合的数字教育资源也为教学提供了更加丰富的可能性，用户和学习者得以获取在传统教学中极难体验到教学与学习场景。在基础教育领域，虚实结合的数字教育资源已经被广泛应用于物理、化学、生物和地理等多个学科的课堂教学中，如化学虚拟实验室中师生能够随意拖曳烧杯和试管等实验器材，并添加真实教学实验场景中会用到的各类化学试剂，同时其也能模拟教学中无法常规展示的化学实验场景，如试管炸裂、释放有毒性气体等。这类虚实结合的数字教育资源大大降低了实际操作教学的难度，使得学习者能够便捷、低廉地重复教学实验，节省了教育教学成本。此外，虚实结合的资源在高等教育、成人教育和职前培训中的应用也日益广泛，可见资源虚实结合化也将是

① 杨现民，赵鑫硕，陈世超.“互联网+”时代数字教育资源的建设与发展［J］. 中国电化教育，2017，10：51-59.

未来资源的发展形式。

3. 系统组织的数字教育资源

在当前数字教育资源的总量呈指数式增长、各类型资源日益丰富的背景下，数字教育资源的发展正面临着如何系统组织与高效管理数字教育资源的问题，以此促使用户能快速检索到自身所需且高质量的资源。而利用语义关联技术实现资源与知识的绑定是一条较为可行的管理途径。通过建立科学的教育资源语义模型，结合语义分类方法和语义阈值经验性获取方法，以此通过知识点将资源组织串联。根据用户的不同搜索条件定位相应的知识点，并实现教育资源的快速分解与合并，即可为用户推送基于某个知识点系列化的数字教育资源，将资源组织系统化。

二、数字教育资源建设与汇聚机制创新

丰富优质的数字教育资源及其高效利用是教育信息化向纵深推进的关键。当前，我国数字教育资源在建设与应用过程中主要存在资源供求失衡和整体应用水平不高等问题，严重制约了教育信息化的可持续性发展。上述现象的原因大部分是由于数字教育资源建设与汇聚的机制严重滞后于当前时代发展，无法满足当前用户的需求。为了形成体系完整、分工明确、组织有序的数字教育资源供给新局面，就需要加快对数字教育资源建设与汇聚的机制创新，突破体制障碍，激发各方创造活力。

1. 多元供给主体协同合作机制

政府和市场协同供给是数字教育资源服务未来发展的方向。但当前数字教育资源市场竞争的潜力没有被完全释放，服务多元供给中还存在着多元主体力量失衡、各主体权责不清晰、缺乏有效的协同互助等诸多问题，导致了数字教育资源供给质量不佳、资源重复性建设、资源服务

的分散化与碎片化。未来数字教育资源的多元供给主体协同合作机制的重点在于以下三方面。

（1）重构参与主体间的关系，激发各供给主体的活力。数字教育资源领域的多元主体协同创新要以转变资源发展方式为契机，加快对数字教育资源管理体系的改革，各主体要享有平等竞争的机会，实现数字教育资源服务的供给。

（2）监督准入、有序发展。逐步引入或强化对数字教育资源的准入质量监管、引用过程监管和淘汰筛选监管，可按照不同的条件对相关数字教育资源或应用实现汇聚管理或选用管理，以此提升数字教育资源生态系统的整体水平。

（3）明确各主体权责划分，提升资源协同供给效率与质量。积极推进与落实"基础性资源靠政策、个性化资源靠市场"的建设理念，实现不同主体建设的资源互补，避免对资源的重复性建设。当前，体系内各级各类数字教育资源主要通过征集、委托开发、共建和接受捐赠等多种渠道汇集的基础性公益资源，以及全社会企事业单位和广大教师积极参与建设的差异化、个性化资源。

2. 数字教育资源共建共享机制

数字教育资源共建共享有利于区域内数字教育资源的优化配置，是提高资源利用效率的必经之路，同时也是扩大优质教育资源、促进教育公平的重要途径。当前，缺乏完善的标准规范体系，资源目录繁杂，增加了用户资源共享、交换、检索的难度，且多平台形成了资源共享的壁垒。在共建共享机制方面应重点探索以下三个层面的创新。

（1）基于国家教育资源公共服务平台实现资源的大规模共建共享。以统筹规划建立资源共享方案为核心，以现有资源体系和新课程标准等为依据形成聚合性知识结构库，并不断充实新的优质数字化教育资源，建立丰富、友善、个性化的教育信息资源库，最大限度地共建共享优秀的教学资源，为师生的教与学活动提供更便捷、更有效的服务。

（2）区域内各级各类学校间的资源共建共享。鼓励各级学校基于区域教育资源平台进行资源共享及校际教研，创造学校师生能够自主选择资源及资源服务的机会，提供学校教师及企业合作开发资源的渠道，兼顾不同区域的特征，形成具有地域特色的数字教育资源与资源服务共享模式。

（3）区域间资源的无界共建共享。积极促进区域间资源与数据的标准化，促使资源有效跨区域共享，积极探索如MOOC等公共教育资源，实现数字教育资源无界共享。

3. 资源用户自主选择与购买机制

资源质量低、应用驱动不足阻碍了数字教育资源的发展。探索用户自主选择、使用后付费的资源购买机制，避免“一刀切”的资源购买服务，能够有效满足学校师生的个性化资源需求。为促进教育部门实现“以购代建”的教育信息化发展思路的转变，应加强资源用户选择与购买数字教育资源落地，具体可通过以下途径实现。

（1）增加数字教育资源便捷选择渠道。增加资源选择获取的渠道，使其朝向人性化、智能化、精准化、移动化、无缝化方向发展，提高资源及服务获取的便捷性，满足用户随时随地可以在海量的资源库中选择到所需要的资源服务。

（2）创新数字教育资源购买方式。探索外包制、点券制、积分制等学校自主购买资源的方式，保障学校能够按需购买资源。学校要鼓励师生根据教学需求自主选择资源，实现资源的按需付费，形成常态化应用数字资源辅助教与学的局面。

（3）增加数字教育资源应用满意度反馈。密切关注用户使用资源的特征和使用过程行为等反馈数据，可根据用户使用资源所表现出来的偏好对使用群体进行组分，以数据为支撑指导下一步资源建设工作，同时，也可依据相关数据作为资源购买市场的监管手段，实现资源的自然化优胜劣汰，保障用户良好的资源购买环境。

三、数字教育资源汇聚的技术创新

优质数字教育资源的甄选与汇聚，是实现全领域教育均衡，发展教育公平的资源基础。当前，教育领域面临着资源目录繁杂、缺乏统一的资源标准、跨平台获取难、资源之间关联性差、资源检索难度大、资源产权亟待保护等问题。创新基于海量、复杂的数字教育资源的汇聚与整合技术，实现学习资源服务由“专用资源服务”向“大资源服务”转变，是智能时代实施教育大资源共享的基础要求。

1. 基于“互联网+教育”大平台的数字教育资源汇聚

基于互联网能够实现教育资源的优化整合，为学习者提供了云存储、可离线、可移动、虚实结合的教育资源应用。随着教学过程数据采集和分析技术的不断发展，大量伴随式采集和实时分析产生的教育数据也已成为数字教育资源的重要组成部分。因此，在教育内容载体与教育过程大数据的不断融合发展趋势下，数字教育资源的汇聚需要建立规范而统一的“互联网+教育”大平台，集中处理教育资源的获取、存储、处理、分析与应用等内容。

数字教育资源汇聚的智能技术包括：①资源众筹众创技术。将基于资源的语义特征、知识主题等实现简单化聚合，在聚焦资源来源、类型等相关属性的基础上面向不同应用服务场景向不同用户提供知识聚合结果，从而进一步实现对知识的聚合。②资源与知识间语义关联技术。将多元来源的海量数字教育资源进行统一描述，使结构、类型等不同的教育资源具有统一标准，从而实现对资源基于知识体系的智能提取、标注及分类存储。由此完成教育大资源汇聚体系枢纽环境中各级各类平台资源向教育大资源平台的即时无缝对接，建成资源“一点接入、全网共享”的汇聚共享模式。

2. 基于区块链技术的数字教育资源汇聚

数字教育资源由于其自身的特殊性与教育领域的独特性与复杂性，其流通与共享的进展速度缓慢，对教育生态的整体发展与进步起到一定的限制作用。区块链技术具有去中心、真数据、自信任、可编程、共维护与准匿名六大特点，可以在“以学生为中心”的个性化教育理念指导下，将其运用于数字教育资源的汇聚与建设过程中。①

区块链技术在数字教育资源汇聚中可实现：①基于可信数据的资源存储。将数字教育资源封装成块，记录其产权、学习信息等相关数据，并使用数字签名验证其信息的有效性和完整性，可实现资源归属权的明确，防止信息丢失与被恶意篡改。②去中心化的资源评估。利用区块链去中心化的特点形成不同领域专家学者对数字教育资源的评估联盟，实现统一评价指标基础上的资源质量评估共识。③基于分布式账本技术的资源流通。借助分布式账本技术可实现用户与资源之间的直接联系，可简化资源的流通过程，降低资源汇聚成本，解决资源孤岛问题，从而促进教育资源的开放共享等，由此构建安全、高效、可信的数字教育资源开放新生态，从而实现全领域、全民参与的数字教育资源大汇聚。

---

① 金义富. 区块链+教育的需求分析与技术框架［J］. 中国电化教育，2017，9：62-68.

第三节　数字教育资源供给与服务创新

我国数字教育资源建设迎来新的发展机遇，互联网开放、共享、自由的特性充分激发数字教育资源发展的潜力，为资源开发、汇聚、供给、分享等环节提供了新思路、新方法。当前，互联网已经成为数字教育资源服务体系建设的重要载体和关键要素，助力我国数字教育资源的供给创新和服务创新，同时也为新时代的教育教学模式创新夯实基础。

一、数字教育资源供给创新

随着互联网和信息技术的发展，数字教育资源供给发生了重大变化，相比资源自产自销的传统供给方式，基于互联网的数字教育资源供给更加强调多元供给主体，强调面向全民的资源供给，个性化、精准化资源的供给，以及资源选择的自主性，以充分发挥各供给主体的协同效应，实现数字教育资源的迅速增长和有效供给。基于互联网的数字教育资源供给创新主要体现在以下三方面。

1. 优化供需关系，提升供需契合度

教育信息化的高速发展使得数字教育资源的需求日益增长，过去仅靠政府统筹的单一供给方式，已不能满足需求方对优质教育资源多样性和个性化的需求，而且容易造成数字教育资源供给流和需求流对接不畅，导致数字教育资源供需脱节。随着我国互联网的日益普及，供需双方可以基于互联网突破沟通屏障互相产生联系，供给主体能够更加全面、直接地了解需求方的实际需求，针对需求进行有效供给，解决了供需不匹配的问题，从而提升供需契合度。在供给关系的升级优化中，供给主体借助互联网趋向多元化、合作化，市场力量和公众参与主体也能够加入资源供给的队伍中，同时各供给主体基于网络平台打破地域限制互相产生更为紧密的合作关系，政企合作、校企合作、校校合作等现象越来越普遍。需求方借助互联网趋向规模化、均衡化，从师生延伸到全体社会公民，从小范围内共享扩展到全民共享，任何人都可以通过网络获取全世界范围内优质的教育资源，实现数字资源、优秀师资、教育数据、信息红利的有效共享。

2. 实现更高效的供给方式，提高供给效益

互联网时代下，各大资源供给主体需要不断引进新理念，利用新技术，充分发挥互联网开放性、共享性、自由性的优势，开发并创新更高效的资源供给方式。一方面供给主体可以借助数字化信息技术的发展和网络传输速率的提高，将数字教育资源以较低的成本快速输送到各个地区，包括农村、边远、贫困、民族地区，扩大资源的供给范围，提升资源利用率、流转率。另一方面需求方可以借助网络的优势，通过搜索引擎主动检索资源或在已建成的数字教育资源平台上以较低的成本快速获取优质数字教育资源，从而提高供给效益。

3. 提高供给精准度，实现个性化推送资源

精准供给是所有公共服务的本质要求，也是公共文化产品和服务的本质要求。[①] 数字教育资源本质上是一种公共物品资源，因此必须把提高数字教育资源的供给精准度摆在重要位置。基于数字网络技术能够全面汇聚和记录不同需求方如区域、学校和个体的资源使用情况，

① 巫志南. 公共文化产品和服务精准供给研究［J］. 图书与情报，2019，01：31-40.

再运用大数据和学习分析等技术分析其使用特点和习惯，使供给主体全面、准确地把握需求方的资源使用偏好，从而不断改进资源供给方式和内容，以最大限度地满足需求方的个性化需求，为其推荐个性化资源，减少需求方检索资源的难度，提高资源供给精准度。此外，该途径还有助于国家和管理者统筹资源配置，调整供需结构，促进教育均衡发展。

二、数字教育资源服务创新

我国的数字教育资源发展正经历从资源建设转向资源服务供给的关键时期。数字教育资源服务的目的是帮助教师与学生更好地利用现有的资源进行信息化教学活动。数字教育资源服务创新应以科学性、实践性、地域性和广泛性为原则，在深化的同时因地制宜地建设具有实践意义和推广意义的新型教育资源服务创新模式，提升服务的数量与质量，促进各类校本资源的建设与应用。

基于互联网的数字教育资源服务模式主要以政府、电化教育馆等相关事业单位、学校和企业为主体，依托线上服务与线下服务开展针对学校的针对性教育服务。其中，政府通过统筹规划，引导资源建设方向，对资源汇聚进行宏观调控；电化教育馆等相关事业单位积极配合政府工作，与各政府下属学校及企业协同开发优质教育资源，传达政府相关建设思路；下属学校在政府与电化教育馆等事业单位的带领下，共同建设数字教育资源公共服务平台，以期形成能够从线上与线下两方面服务的服务常态；企业主要针对学校提供相应的技术支持，帮助学校更快建设优质资源，实现资源的开发与汇聚。数字教育资源的校本服务模式创新如图7-2所示。

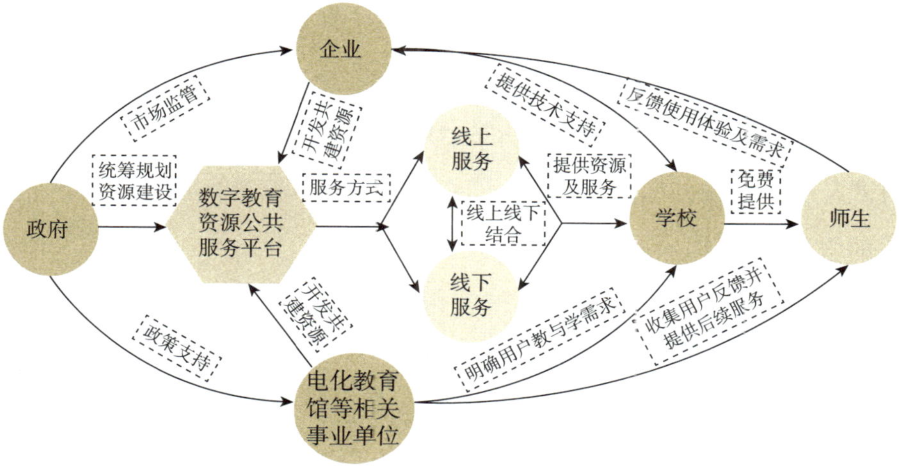

图 7-2 数字教育资源的校本服务模式创新

构建科学、合理的数字教育资源服务质量评价指标和方法是保障资源服务质量的重要措施。数字资源服务应采用专家评价和用户评价相结合的方法。政府审核实现数字资源的准入；专家从教学内容、教学设计和技术规范等维度对数字资源进行评价，保障资源质量；用户在资源共享和使用等环节对资源进行评价。一方面，缺陷资源经过优化再生转入专家审核评定环节，形成“准入—竞争—优化/淘汰—准入”的螺旋上升式资源评价机制。另一方面，明确各方职责和分工也是完善资源服务评价的重要保障，厘清各方数字教育资源建设与服务供给的着重点和主要任务，避免重复建设，重复供给的现象，提高资源供给与服务供给的效率，以最终形成有序的运行机制。

在未来发展方向上，人工智能技术的不断发展正不断改变着数字教育资源服务模式，并在未来将极大地影响资源服务的内容与构成。应用数据科学、新一代智能技术重构现有的数字教育资源服务，构建基于大平台、大数据、大服务的教育资源服务体系，实现工作重心从资源及资源平台建设转向提升数字资源教育教学服务能力。以国家教育资源公共服务平台为例，通过汇聚多方资源形成资源大平台，实现大数据的汇聚与管控。依托人工智能技术分析平台内容，形成更加科学、合理的管理方式与服务模式，在资源汇聚、网络教研和继续教育等方面提供更加优质的服务。

三、数字教育资源模型创新

20世纪末，为了解决教育资源的混乱无序、简单重复、缺乏共享、低效检索等问题，我国学者黎加厚曾于1997年率先提出基于小课件、小素材组合重用的“积件”概念，由此开创了教育资源共享研究的先河。21世纪以来，随着Web2.0、网格计算、云计算、普适计算等各种新技术的产生，以及社会建构主义、联通主义、分布式认知、情景认知等新型学习理念的出现，网络教学正在经历从接受认知范式到建构认知范式再到分布式情境认知范式的转变；支持传递、接受认知范式的学习对象正在面临新技术与新学习理念的双重挑战，迄今已无法满足泛在学习的实际需求。为解决这一国际性问题，国内余胜泉等学者在综合分析教育资源共享技术标准发展脉络的基础上，结合泛在学习的特点与需求，提出了一种能对教育资源的组织、共享形式和泛在学习方式起重要变革作用的“学习元”模型。

（一）学习元核心理念

学习元是一种支持非正式学习形态、满足泛在学习需求、适应学习资源的群建共享的新型学习资源描述和封装机制，具有开放性、生成性、进化性、联通性、内聚性、情境性、适应性和社会性的特点。[①][②]学习元是对学习对象的进一步发展，是在汲取学习对象、学习活动技术促进教育资源共享理念的基础上，针对现有学习技术在非正式学习支持不足、资源智能性缺乏、学习过程中的生成性信息无法共享、学习内容无法进化等缺陷，提出的一种新型学习资源组织方式。这种新的资源组织形式满足可进化发展、可支持随需学习、可支持学习过程信息采集和学习认知网络共享、具备对环境和用户的适应性等要求。其核心思路是将时间维度和人际认知网络引入学习资源的概念中，学习资源不再是一成不变的，而是随着时间不断进化的，具有生成性和成长性。资源进化过程中的版本更迭、历史记录、生成性信息都被保留，同时通过知识作为中介管道构建出人和人之间的关系网络，形成由知识和人组成的知识关系网络。这有助于学生的知识建构和理解知识的情境性，并共享知识演化过程中的集体智慧社会认知网络。

泛在学习深置于无缝学习空间（Seamless Learning Space）的情境网络之中[③]，它可以在合适的时间、合适的地点，为合适的学习者，以合适的方式提供合适的知识，为学习者提供一种智能的、无缝的学习支持，其最大特点就是泛在性和情境感知。泛在性，是指表面上学习无形，它们交织在日常生活中，无所不在，人们很难察觉出它们的存在；

① 余胜泉，杨现民，程罡. 泛在学习环境中的学习资源设计与共享——“学习元”的理念与结构［J］. 开放教育研究，2009，15（1）：47-53.

② Yu, S., Yang, X., et al. From Learning Object to Learning Cell: A Resource Organization Model for Ubiquitous Learning.Educational Technology & Society. 2015, 18 (2): 206–224.

③ Wong, L.H., Looi, et al. What seams do we remove in mobile-assisted seamless learning? a critical review of the literature. Computers & Education, 2011, 57 (4): 2364-2381.

情境感知意味着能够通过泛在智能技术从周围收集环境信息和工具设备信息，并为学习者提供与情境相关的学习活动和内容。要实现上述基本范式逻辑，无缝学习空间必须有泛在网络、具有情境感知能力普适计算终端，以及蕴含可进化的学习资源库、认知网络模型、学习设计、共同体网络、教育云计算中心等基本组成要素。如图 7-3 所示泛在学习模型中，通过“教育云计算中心”可以聚合权威的知识与领域专家，通过集体智慧的算法，聚合人与人、人与知识、知识与知识之间的社会认知网络（Social Knowledge Network，SKN），无数情境化的学习问题及其解答的领域专家相互联接形成领域知识资源库，形成的资源库在云计算技术与新媒体技术的协同下，可以构建出一种支持泛在学习的无缝学习空间，如图 7-3 所示。

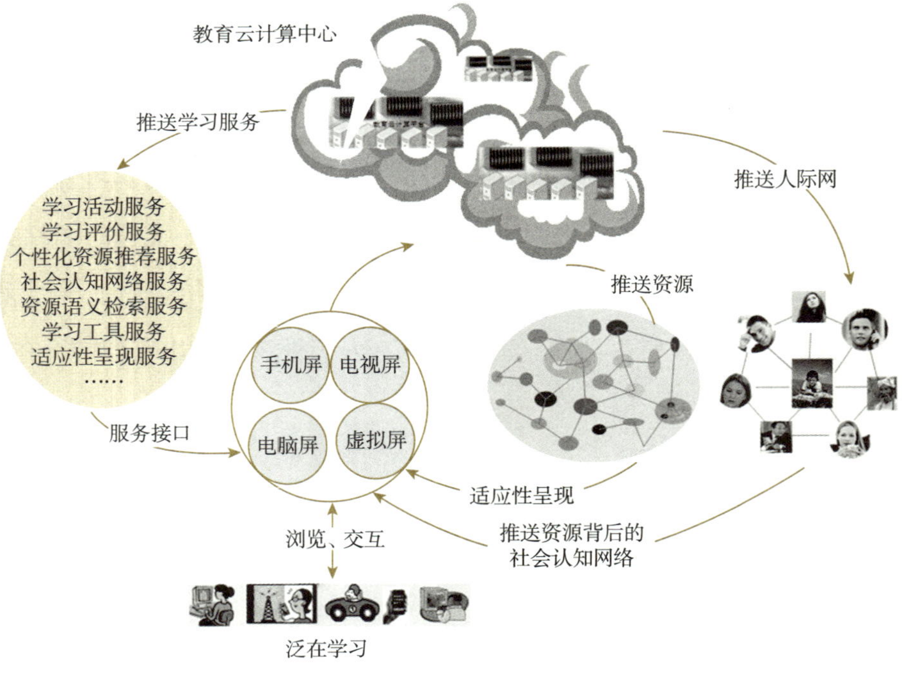

图 7-3　基于学习元的泛在学习模型

当我们在实际工作和生活中，任何时候、任何地点遇到了问题，或者对某些事物产生兴趣，利用与环境相关的情境感知智能终端设备可以随时感知用户在特定情境下的需求，并将这些情境化需求的信息通过无处不在的通信网络发送到“教育云计算中心”，教育云计算中心根据用户需求，以及个性化信息在知识库中进行检索、聚合、计算、变换，找到最适合用户需求的学习内容，同时将内容上附加的学习服务和知识关系网络与学习者联通。

学习元不仅为用户提供了和学习内容相关的资源，更提供了以内容为中心的一系列活动、工具以及社会关系网络。学习元对于学习者来说，已经不只是静态的学习资源，而是一个能持续获得信息和知识的管道。通过知识关系网络的联通，学习者与正在学习的学习者、编辑、专家等产生联系、联接，形成学习共同体，在此过程中不仅可以找到这个知识领域内最权威的知识，更重要的是找到了领域最权威的专家。这种学习不是传统课堂一个教师对多个学生模式的翻版，而是一对一甚至多对一的学习。

在学习过程中，学习者可以了解到学习内容使用的历史记录、关联内容、评估记录、编辑更新记录、附加的学习活动、学习工具等，通过学习者自身与内容的交互记录，学习者可以获得最适合自己的内容，实现按需学习。与此同时学习者通过完成资源中预设的学习活动实现对内容的理解与内化，完善内部认知网络，实现高层次的学习；从资源角度，学习者在获得信息的同时，可以通过协同编辑对学习内容进行补充和完善，将个体对知识的理解外化到学习的知识对象中，实现个体智慧向群体智慧的转化。

（二）学习元结构模型

学习元结构模型采用的是分布式云存储模型，学习内容的结构与学习内容本身在部署上是分离的，如图7–4所示。学习元是结构化的泛在学习资源，是一个动态的逻辑结构，包括元数据、聚合模型、内容、活动、评价、生成性信息、多元格式等部分，通过各种服务接口（包括协同编辑、学习活动、通信服务、学习测评等）与“教育云”产生联接。“教育云”中存在海量的学习资源，以及与资源有关的各种记录（包括活动记录、编辑记录、评测记录、使用记录、学习圈子、生成信息等）。学习内容的结构面向学习过程，描述学习的目标、条件、过程与学习内容需求，而学习内容本身可以存储在世界各地的资源服务器中，这些学习资源采用共建共享的方式建立，分布存储在不同的存储节点内，不同的存储节点之间依靠通信网络建立连接，而资源与资源则通过语义关系动态联系起来。当学习者进入泛在学习环境后，系统会根据用户的不同

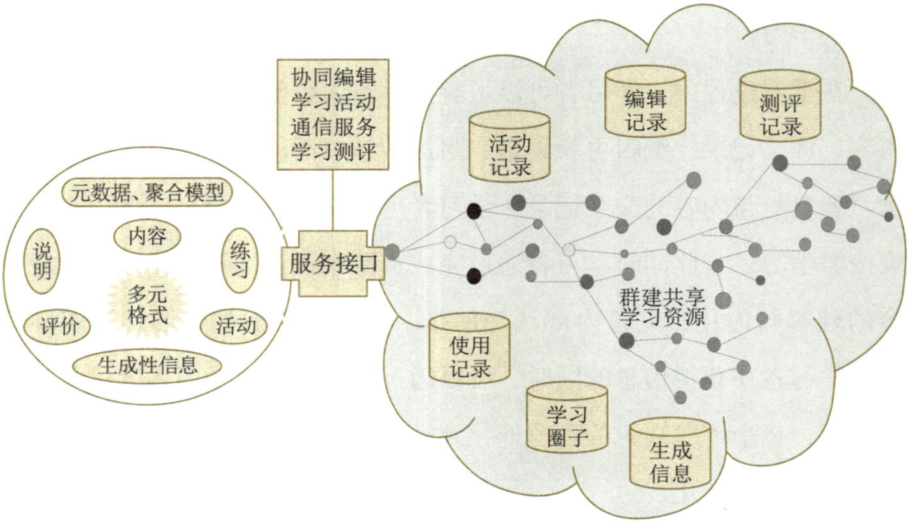

图7–4　泛在学习资源的云存储模型

需求，自动从各异地站点选择最适合的内容，动态聚合到学习元的逻辑结构中，从而形成一个实体资源提供给用户。访问学习元的情境不同，聚合的内容也不同，从而满足学习者个性化的需求。

学习元存储模型中，以情境为核心进行内容组织，支持泛在学习中的情境认知，满足学习与生活融合的需要；用户通过智能终端访问学习内容时，教育云服务系统根据访问内容的情境参数从云存储中获取适合该情境的内容对学习元结构模型进行填充，动态聚合成情境化内容聚合包，不同学习者访问同一资源时，生成的内容是不同的。从计算技术角度看，学习元是一种可远程访问的、通过URL寻址的学习服务，它根据用户所处情境，提供为情境而设计的学习内容与应用程序的访问。学习元面向具体的学习目标，既能自给自足、独立存在，又可以实现彼此联通，构建以学习者为中心的个性化知识网络，其内部包含元数据和聚合模型、领域本体、学习内容、学习评价、学习活动、生成性信息、学习服务接口等多个部分。

学习元的云存储结构体现了在互联网日益普及的背景下，分布式计算和云计算对学习技术产生的影响。未来的学习资源将改变所有内容一体化存储的状态，将学习过程中的资源进行广泛的分布式的存储，每个用户的终端都是一个资源节点，每个资源节点通过无处不在的泛在通信网络建立连接，而分布在不同存储节点的内容具备较强的联通性，可依靠丰富的语义建立动态关联，从而形成广泛的智能网络；而未来的学习管理系统需要能够查找和管理这些海量的、分布式的学习资源，并将合适的资源重新组织后提供给学习者。通过内容结构与内容本身分离，引入动态的分布式存储模型，使得学习内容的情境性适应成为可能。

（三）学习元的基本特征

学习元作为学习对象的进化，在保持学习对象的可访问性（Accessibility）、适应性（Adaptability）、可承受性（Affordability）、持久性（Durability）、互操作性（Interoperability）、重用性（Reusability）等特征的基础上，又具有自身独特的特点。其独特性主要表现在进化性、社会性、情境性等方面。

1. 进化性

传统的学习内容是固定不变的，既成的课程资源难以改造。SCORM课程包也只能实现对内容的重组和拆分，难以对内容本身进行二次编辑，也就是说，学习内容的生成是静态的。学习元即要改变资源一次生成难以更新的问题，让学习内容由“静”到“动”，在使用过程中根据反馈信息不断对信息单元进行重组改造，包括内容的更改和格式的变化。学习元在设计上借鉴了Web 2.0“以人为本，群建共享”的理念，内容的提供不仅依赖少数内容创建者，而且充分发挥群体的智慧和能动性，通过网络将分布式知识联结起来，实现其持续进化发展，最终创造一个人人贡献学习元，人人利用学习元的共创共享的新局面。与学习对象不同，学习元除了保存创建者预先设置的课程内容、练习、学习活动以外，还能保存学习者在使用过程中产生的生成性信息，如讨论、回答、对学习内容的评论、注释，以及学习者的学习进度和详细学习记录，将此信息作为促进资源和学习者共同进化的重要支撑。学习元在吸收生成性信息的基础上，为满足学习者的各种动态的、个性化的学习需求可以进行自身内容和结构的调整，以不断适应变化的学习环境。

内容是学习资源的核心要素，开放的内容组织可实现多用户参与下的协同内容编辑，从而实现学习内容的快速更新、持续发展。用户首先生产学习资源，然后对外发布，邀请协作者来编辑资源内容，由于资源对外开放，任何普通学习者都可以编辑已有的资源内容，添加图片、修改文字、嵌入外部的简易信息聚合（Really Simple Syndication，RSS）资源等。随着资源的生长，越来越多的用户开始接触到该资源，发表评论、写笔记、作批注等。用户基于该资源，在编辑、学习、评论、批注的过程中围绕当前的学习资源形成了一个微型的人际网。当更多的用户参与到资源内容的编辑完善中，更多的用户将会对更多的外部资源进行关联和附加，而网络中的人和资源也就越来越丰富。随着时间的推移和用户集体智能的不断汇聚，资源的版本不断升级更迭，最终形成高质量的、满足不同用户需求的学习资源。

结构决定功能，资源内部要素之间的关系及其组织方式构成了资源的结构，结构的不断完善能使学习资源的功效达到最优，学习者也将获得更好的学习绩效。学习资源在不断生长的过程中会与其他资源通过手动（用户在自己创建的资源间通过可视化关系编辑器建立语义关联）或自动（系统通过语义关联器自动在资源间挖掘语义关系）的方式建立某种语义关系，比如相似关系、上下位关系、前驱关系、包含关系、等价关系等。依据学习资源进化的定义，随着资源关联的不断生长，相似资源之间将依据资源进化的关联机制自动形成主题资源群，引导学习者总体了解某领域的知识关系。另外，用户还可以将具有语义关联的资源之间按照知识的内在逻辑组织成结构化的课程，用于学习者对某方面知识的系统学习。最终，所有的资源都将成为资源网的一个结点，在与其他资源结点的动态关联中实现自我发展。学习资源的关联进化如图7-5所示。

2. 社会性

在泛在学习过程中，学习者不仅是从内容中获得知识产生学习，在

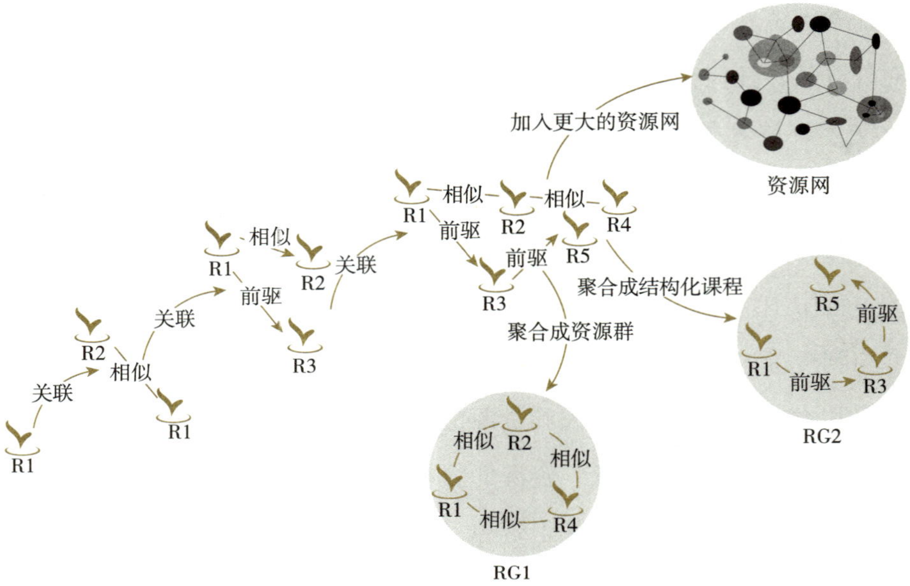

图7-5　学习资源的关联进化

R—Resource；RG—Resource Group；资源群

内容背后的人在学习过程中扮演着重要角色。泛在学习中的交互，不仅是学习者与物化的学习资源的交互，更重要的是在参与学习的过程中，吸取他人智慧，通过学习资源在学习者、教师之间建立动态联系的过程。这种趋势使得“人”也被纳入学习资源的范畴，成为一种重要的资源。

学习元不仅包括实体学习资源，还附加了在进化过程中形成的人际交互网络。学习资源是人际网络的中介，学习元通过内容管道来连接人，形成泛在学习空间中的社会认知网络。与Social Network界定的一般的交际网络不同，社会认知网络是由知识和人共同构成的网络，是由人与知识的深度互动过程中构建起来的。在社会认知网络中，一方面，学习资源作为一个独立完整的学习单元，通过语义属性建立不同学习资源之间的关联，如包含、属于、上下位、前序、后继等；另一方面，学习资源还可以作为学习者认知网络联通的中介点，学习相同或相似主题内容的学习者可以通过学习资源实现社会认知网络的构建，这与联通主义学习观所倡导的“联结和再造”价值取向是一致的。随着学习者之间的不断交互，便会逐渐形成一个具有相同学习兴趣和爱好，交互丰富的认知网络。每个学习者都是认知网络空间中的节点，可以与不同的学习者节点以学习资源或者其他学习者为中介建立连接，节点之间连接的强弱通过多因素复合的认知模型来表示，随着学习者不断的学习和交互，学习共同体网络中节点状态和联系也会得到持续更新。学习者通过社会认知网络不仅能获取所需要的物化资源，还能找到相应的人力资源，如通过某个学习内容，可以快速定位到该内容领域最权威的专家或适合的学习伙伴，从而从他们身上获取帮助，促进学习者学习。学习元的社会性知识网络如图7-6所示。

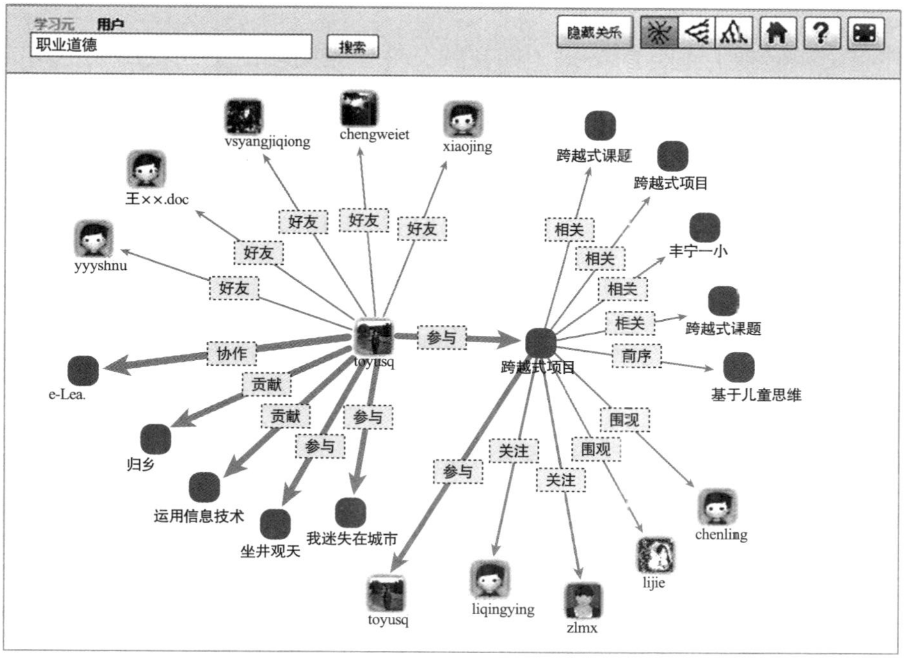

图7-6　学习元的社会性知识网络

3. 情境性

泛在学习的核心特征是学习的情境性（context aware），能够根据不同的学习情境提供不同的学习服务，即利用智能学习设备感知用户需求，根据用户需求提供最适合的学习形式与服务。要想实现这种理想化的情境认知支持的学习，除了要提升学习系统感知用户情境的能力以及适应性推荐的能力之外，还要对学习资源的聚合模型进行重新设计，使其具备根据不同上下文情境进行弹性调整的能力。

学习资源的情境性体现在以下两方面：①实现资源对学习终端的智能适应；②学习内容的适应，学习者需要什么就能获得什么，而且是以最合适的组织方式、表现方式、服务方式来获得，是一种按需学习（just in case）。学习元的情境性体现在以下两方面：①通过内置多元格式，实现资源对学习终端的智能适应，能针对学习者使用的不同终端，能将资源转换为适合的格式（如视频文件根据终端的不同转换成不同的文件类型、码率、解析度等）；②给资源附加语义信息，使其具备被机器识别和自动处理的能力，为智能检索、匹配、联结、发送等过程提供数据基础；③通过动态的资源结构，赋予学习内容调整的能力。

目前的学习资源的描述是基于静态结构的元数据模型，只能对最通用的属性进行描述，而无法根据不同的学科领域和应用场景予以更丰富的描述。对资源结构的组织，则采用线性或树形结构，只能表达最简单的资源关系。大部分学习资源只能提供静态的学习内容和知识结构，使得拥有不同的学习起点、学习进度、学习需求、学习风格和习惯的学习者都只能使用完全相同的学习资源。这种描述和组织无法满足泛在学习对学习资源情境性的高标准要求，无法实现根据情境语义动态适应，无法满足学生个性化的要求。要想实现学习内容本身动态聚合以及格式的自适应，需改变原有学习资源的静态化结构模型，使每一个学习内容既有固定的面向学习过程的逻辑结构，又能实现内容的动态表征和生成，即在感知用户情境性需求后，根据情境，利用网络服务技术，从分布于网络各处的学习资源中挑选最适合的资源，动态聚合形成个性化学习资源包提供给学习者。

第八章　教育公共服务模式转型与变革

当前，国际竞争日趋激烈，人才培养与争夺成为国际竞争焦点。为适应社会经济发展对人才的需求，许多国家和地区大力推动和发展教育事业，实施教育教学改革、课程改革以培养能够满足社会发展需求、具备21世纪核心素养的高端人才。改革开放以来，我国的教育事业取得了显著成效，教育投入持续增加，教育的规模化全覆盖问题基本解决。但随着社会经济的发展，人民对教育公共服务的需求也在发生巨大变化，在期待获得丰富的、高质量的教育资源的需求和多样化、个性化的学习方式的同时，对教育服务公平的诉求日渐强烈。当前，我国公共教育的实际供给很难满足人们日益高端化、多样化、个性化、自主选择的需求，地区之间、城乡之间存在教育公共服务布局的差异难以协调。① 这既是我国高质量教育供给总量性短缺和结构性短缺的直接体现，也是传统的教育公共服务已无法适应越来越多元的现代社会的结果表现。面临教育公共服务的新难题，借助新一代信息技术，用改革创新的办法变革教育公共服务模式，实现质量提升、均衡发展、教育公平，改善和丰富教育公共服务是缓解和解决现代化教育矛盾的出路，是满足人们对优质教育资源的需求和教育公平需求的出路。

① 李连芬，刘德伟. 我国公共教育供给短缺的原因分析［J］. 经济体制改革，2010，5：46-51.

第一节　教育公共服务转型与变革的诉求

随着技术的发展和全球化经济的到来，经济社会领域发生了巨大变革，教育对于国家和个人发展都变得更加重要。[①]21世纪的劳动力市场对人才有了更高需求，那些善于分析和解决问题，具有高度适应能力的知识工作者，积极的、受过良好教育的、能够熟练掌握新素养和21世纪技能的劳动人才能适应未来的竞争。[②]应对时代变革，扩大优质教育资源供给，提升整体国民素养，满足人们的精神生活需求，实现个人潜能最大发展，成为推动教育公共服务转型的基本动力。

一、新的教育矛盾对教育公共服务变革的诉求

习近平总书记在党的十九大报告中指出，中国特色社会主义进入新时代，我国社会主要矛盾已经转化为人民日益增长的美好生活需要和不平衡不充分的发展之间的矛盾。我国的社会主要矛盾表现在教育上就是，人民日益增长的高水平、高质量和多元化的教育需求与不平衡不充分的教育发展之间的矛盾。民众生活质量的普遍提高带来了更加丰富、更高质量的教育需求。中国正在大踏步迈向现代化，教育的需求正在从“追求成绩、追求统一、强调苦学、强调服从”向“追求质量、追求个性、强调幸福、强调尊重”转型升级，更加强调“以学生为中心”的理

---

① 姜尔林. 全球化时代OECD国家高等教育扩张的社会动力研究——教育需求的视角［J］. 教育与经济，2015，2：51-56.

② 邓莉，彭正梅. 通向21世纪技能的学习环境设计——美国《21世纪学习环境路线图》述评［J］. 开放教育研究，2016，22（5）：11-21.

念[①]，注重面向新时代的人才培养。

教育的不均衡不充分发展，根本原因是优质教育资源供给不足。为满足人们的教育需求，解决教育矛盾，就需要推进教育公共服务供给结构改革，增加优质教育资源与服务供给，优化高质量教育公共服务的均衡配置。[②]增加优质教育资源供给是解决教育矛盾的重要环节。建设优质教育资源，包括提高教育内容资源质量、提高优质教师资源数量、扩大优质教育资源覆盖面。

在教育内容资源建设方面。需要在课程教学中潜移默化地培养学生的知识能力和技能素养。以往课程建设和课程标准中较少关注关键能力的培养，并且存在许多问题，如理论与实际脱节；义务教育阶段和高中阶段课程体系改革脱节[③]；课程改革推进过快，执行变形，欠缺深度，课程改革评价系统不完善。[④]为了发展学生学科素养和关键能力，培育新世纪人才，必须在课程改革中体现关键能力的培养内容和目标，将关键能力融入课程标准中，融入课程体系中。[⑤]这要求在课程建设中要重新梳理课程标准的框架结构，设计体现学生未来发展所需关键能力的教学目标，制定促进学生形成关键能力的内容标准和机会标准，建立学生

---

① 余胜泉，汪晓凤. 互联网+时代的教育供给转型与变革［J］. 开放教育研究，2017，23（1）：29-36.

② 王创. 把握社会主要矛盾 努力办好人民满意的教育［J］. 语文月刊，2018，1：1.

③ 王嘉毅，赵志纯. 我国农村基础教育课程改革：问题与对策［J］. 教育研究，2010，11：25-30.

④ 李永婷，徐文彬. 基础教育课程改革研究的现状、问题与反思［J］. 当代教育科学，2016，19：16-21.

⑤ 刘晟，魏锐，周平艳，等. 21世纪核心素养教育的课程、教学与评价［J］. 华东师范大学学报（教育科学版），2016，3：38-45.

未来发展的质量标准。①

在教师资源建设方面。习近平总书记在北京市八一学校考察时指出：一个好老师对学生人生成长、学校发展、民族兴旺、国家强盛具有重要意义，并期望广大教师要做学生锤炼品格、学习知识、创新思维和奉献祖国的引路人。为了帮助教师更好地胜任“四个引路人”的角色，变革教师专业发展模式，使教师能够在理念、思维、行为和态度各方面发生转变，有意识地培养学生的关键能力。要想培养学生的核心素养，教师需要具备相应的专业知识和关键能力；要想培养学生的社会主义核心价值观，教师必须深刻理解并践行社会主义核心价值观。教师作为“培养人的人”，要适应学生的发展需求，不断提升自身的核心素养，成为学生发展的引领者；必须更新教学理念，转变以应试教育为目的的教育观，落实素质教育。②因此，培养学生核心素养对优质教师发展提出了新的诉求。

在扩大优质教育资源覆盖面方面。物理性的教育资源的生产和配置受制于时间和空间的限制，数字化教育资源超越了时空限制。一方面，运用互联网和现代数字技术建立教育共同体或教育发展联盟，组建教师学习共同体，开展跨区域教师研修、基于网络平台的协同备课、网络教研等活动，建立可持续的智力资源的输送与服务体系，缩小区域、校际、班际师资配置的差距等。另一方面，互联网环境扩大了优质教育资源的受众，帮助受教育者突破有形的教育资源的局限性。学生拥有大量

---

① 姜宇，辛涛，刘霞，等. 基于核心素养的教育改革实践途径与策略［J］. 中国教育学刊，2016，6：29-32，73.

② 孟宪乐，侯方静. “互联网+教育”背景下未来教师素养研究［J］. 河南教育学院学报（哲学社会科学版），2017，2：43-46.

的经过精心选择和设计的学习资源，可以从多种学习对象（包括本门课程的教师、同学和社会上的有关专家）和多种教学资源（如图书资料及网上资源）获取多方面的知识。借助信息技术，使学生获得丰富的信息资源和广泛的人际互动交流机会，为学生提供丰富优质的教育服务，从而逐步缩小与发达地区教育条件的差距，为各地区创新型人才培养提供技术、资源、环境和动力支撑。

二、教育公平需求转型升级对教育公共服务变革的诉求

社会公平是人类社会的共同理想和美好愿望，教育公平是实现社会公平的基础和必要条件。习近平总书记指出，发展教育任务繁重，要始终把教育摆在优先发展的战略位置，不断扩大投入，努力发展全民教育、终身教育，建设学习型社会，努力让每个孩子享有受教育的机会，努力让全国人民享有更好更公平的教育。[①] 党的十九大报告明确提出，让每个孩子都能享有公平而有质量的教育。推动教育均衡充分发展、实现教育公平，也是办好人民满意的教育的根本。在信息时代，充分发挥现代信息技术作用，变革教育公共服务模式，促进优质教育资源共享，为教育公平发展提供新机遇。党的十八届三中全会就提出的“构建利用信息化手段扩大优质教育资源覆盖面的有效机制，逐步缩小区域、城乡、校际差距”的战略部署。

教育公平的实现程度依赖教育资源的建设与配置水平，“基于教育过程阶段划分的教育公平的核心还是在于教育资源（机会、条件、师资等）分配”。我国教育公平面临的巨大挑战之一是传统资源配置模式造

---

① 中共中央宣传部，中央文献研究室. 习近平谈治国理政［M］. 北京：外文出版社，2014.

成的教育资源配置失衡问题严重。我国2010年7月颁布的《国家中长期教育改革和发展规划纲要（2010—2020年）》明确提出：促进教育公平的根本措施是合理配置教育资源。中共中央十八届三中全会通过的《中共中央关于全面深化改革若干重大问题的决定》再次强调：大力促进教育公平，健全家庭经济困难学生资助体系，构建利用信息化手段扩大优质教育资源覆盖面的有效机制，逐步缩小区域、城乡、校际差距。统筹城乡义务教育资源均衡配置，实行公办学校标准化建设和校长教师交流轮岗，不设重点学校重点班，破解择校难题等。分析这些重要的政策文件不难发现，教育公平政策主要涉及公共教育资源的配置，包括就学机会、财力、师资、信息技术等。

传统教育公平解决方案关注加强教育投入，加强教育资源建设、校园建设，推动校长、教师轮岗制，但是由于不能可持续地实施，在实施过程中出现资金断流、人员流失、人员参与积极性低等问题，不能从根本上解决教育公平问题。而借助于信息技术，可以推进优质教育资源优化配置，开发教育公共服务平台为城乡学校、教师、学生等提供网上优质资源；可以建立向贫困地区可持续输送教师智力资源与服务机制，实现跨区域协作；可以建立有效的多样化的沟通平台和弹性交互机制为教师专业发展，学生学习和问题解决等提供及时的、实时的指导和反馈。教育技术最重要的方面就是能够为学生提供平等的机会。①

教育公平的需求还表现在人们在教育方面获得的机会公平，强调每个个体都能获得与其个性、特长、能力相匹配的教育服务，使每个人都

① Office of Educational Technology Us Department of Education.Reimagining the Role of Technology in Education: 2017 National Education Technology Plan Update [R]. Washington，2017.

能得到充分的发展。每个学习者先天和后天的成长总是有差异的，所以基本的教育公共服务不是被动、消极、绝对的，而是主动、积极和相对的。传统的教育公共服务由于受到各种条件的限制，采用统一的步调为所有学生提供相同的教育资源，这种方式已经无法满足学生和家长对教育公共服务和教育公平的期待。

信息技术不但使学生能够便捷地获得海量的教育资源，而且随着信息技术的发展，学生可以最大限度地发挥自己的主观能动性，选择适合自己学习风格的教育资源和学习模式，提高学习效率和效果。因为技术的支持，过去处于不利地位的学习者也可以公平地获得优质学习资料、专业知识和技能、个性化学习和规划未来教育的工具。① 因为技术的支持，教育资源可以面向学习者进行个性化配置，基于信息技术的按需推送助力个性化教育信息资源主动服务，自适应辅导促进精准化的知识服务。信息技术还能够促进协作知识建构与迁移，优化教育评价方式和过程②，提升学习者的学习效果，促进学习者全面发展。

此外，教育公共服务改革不能仅在学校教育的框架内寻找政策突破，必须以开放的视野，集纳各方的力量，把各自发展的利益凑在一起，借助互联网，构建全新的教育体系，建立服务学生健康成长的统一战线，让每个人有更多的选择机会，让优质教育资源更容易获得，让人民群众有“教育获得感”。具体而言，教育系统要成为开放的、能够为

① Michele Molnar，Richard Culatta: Five Ways Technology Can Close Equity Gaps. Education Week [EB/OL]. http://blogs.edweek.org/edweek/marketplacek12/2014/11/richard culatta five ways technology can close equity gaps.html, 2014-11-13.

② 熊才平，丁继红，葛军，等. 信息技术促进教育公平整体推进策略的转移逻辑［J］. 教育研究，2016，37（11）：39-46.

学生提供诊断和精准的个性化服务系统。这种创新的教育系统能够实现教育公共服务的均等化、个性化，教育资源配置的合理化、公平化，进而缩小义务教育城乡、区域、校际之间的差距，让薄弱群体平等接受各级各类教育。但这种创新的教育系统不能单靠政府，需要借助外部的力量，鼓励民间资本或公益资本进入，在政府的监管下将消费性、创新性、个性化的教育服务通过市场来供给，实现多元教育服务供给的“统一战线”。

第二节　教育公共服务模式转型与变革

智能时代技术与教育的跨界融合，将推进信息技术深度融入教学、管理、评价等领域内的关键性业务。这一方面可以提高这些业务的效率；另一方面为这些关键业务提供完全不同的实施环境，优化这些业务的流程与模式，改变教育服务的基本流程、运作规则、运作形态，最终带来教学、管理与服务体制的变革，重构教育的生产关系，教育公共服务供给的结构、内容、主体、渠道、形式、决策与监管等都会发生意义深远的变革。

一、变革教育公共服务供给的结构

教育公共服务供给的结构变革就是从供给的要素出发改革教育服务供给，用改革的办法推进供给结构调整，优化供给要素配置，扩大有效的、高质量的供给，提高供给结构对需求变化的适应性和灵活性，提高全要素生产率，更好地满足广大人民群众的需要，促进教育事业持续健康发展。教育公共服务供给结构要素主要包含供给主体、需求主体、供给内容、供给体系等。为了有效培养学生的核心素养，要求供给端在学校空间布局上能够实现城镇学校与乡村学校协同发展相匹配、优秀学校与落后学校协同发展相匹配；在类型、层次和规模数量上与教育功能和人们的需求相匹配；在专业建设上与高精尖产业结构相匹配；在供给内容上与学生的认知发展规律相匹配；在供给体系结构的质量上与经济社会发展相匹配。扩大教育公共服务供给主体，引入社会组织、市场机制参与教育公共服务供给，变革原来的自上而下的供给结构为扁平化的供给结构。

在教育供给结构改革中，创新发展学区制，合理规划学校布局，打破优质资源集中现象，实现教育资源的公平化分布；通过集团化办学、校际之间合作办学、优秀高等院校创办基础教育学校，从而实现优质资源的重新分配和共享；通过政府购买服务将社会教育机构的优质资源引入学校，为学生提供优质的学习支持服务；通过构建优质教育资源贯通的立体网络，改变学生在学业上“分段消费”的现状，破解教育资源分配不均、择校热等社会问题。例如，在政府购买社会教育机构的优质资源方面，河南省嵩县引入好未来教育资源，有效提高了嵩县学校的教育质量。①

在学生学业选择和人才培养上开展供给侧结构性改革，将优质高中与高职结合，开通高职—高中的双向通道，实现高中、高职与本科教育贯通，形成新的培养链条，以使每一个学生都得到良好的个性化发展，真正实现培养学生的综合素质、关键能力，促进学生发展。例如，北京市大力推动学区制发展，完善中小学校城乡布局；实施一贯制学校建设机制，提高教育供给质量，促进学生个性化成长；打破单一的课程、资源、考试评价供给结构，发展一流学科，建设和共享优质教育资源，创新教育评价方式，构建丰富的、多元化的新型供给结构，实现从需求拉动到供给侧结构性改革推动的转变。②

教育公共服务供给结构要为需求结构服务，要保证教育供给结构与

---

① 李想. 好未来助力科技与教育融合发展［N］. 大河报，2018-04-18（AⅢ06）.

② 李奕. 北京“深综改”：基于供给侧结构性改革的整体性变革［J］. 中小学管理，2016，1：04-07.

需求结构的平衡发展，因此在教育供给结构改革上要协同教育供给各个要素，打通教育主管部门、学校、家庭、教师、学生、社会机构等各主体要素之间的联通与协作，实现教育供给结构的优化配置。协同教育供给结构的各个主体力量，促进教育部门、学校、家庭、社会力量多元化合作，建立良好的资源与服务管理机制，为学生提供符合其个性化发展的教育服务。建立企业提供、政府评估准入、学校自主选择的教育供给机制，形成政府购买公共服务与市场提供个性化服务相结合的教育供给结构。① 合理规划学区建设，统筹城乡学校布局，保证每个孩子能够就近入读优质学校。继续推动集团化办学、鼓励优质高校办基础教育，打造优质的基础教育学校。

二、变革教育公共服务供给内容

要缓解新时代下我国教育的主要矛盾，处于主要供给方的政府和学校需担负起这一历史使命，结合新时代特点，进行教育公共服务供给改革。目前，教育公共服务供给主要面临结构性调整和质量提升问题，从政府、社会和学校几个维度进行路径透视，有助于更好地推进高等教育供给侧改革，提高内涵建设质量。② 在数字教育资源和在线学习服务快速发展和极大丰富的智能教育时代，人们对资源的需求在不断发生变化，静态的、单一交互的资源逐渐被动态的、生成的、支持多元双向交互的资源替代，这使教育资源网、MOOC建设有了新方向。同时，人

① 杨文正，熊才平，江星玲，等. 公共服务外包视角下教育信息资源供给模式研究［J］. 电化教育研究，2013，11：92-97.

② 高雪春，王娇. 新时代高等教育供给侧改革的路径透视［J］. 教育文化论坛，2019，11（1）：132.

们对家庭教育服务开始关注，家庭教师供给逐渐进入人们的视野。智能机器人不仅作为智能导师，还作为智慧学伴，为儿童提供学习指导和帮助。

为有效培养学生的核心素养，促进学生发展，改革学校人才培养模式，为师生构建开放性的学习和实践空间，在资源建设、课程改革、人才培养等方面可以进行许多探索。在资源建设上重点支持学生能力发展。学习内容和教师是学生学习、知识获得和能力素养发展的重要学习支持服务。创建优质资源，扩大优质资源共享范围，将优秀教师的智力资源输送到边远薄弱地区的学校，对于促进学生关键能力和综合素质的培养，促进学生发展，尤其是帮助薄弱地区学校学生发展具有重要意义。

在课程改革上以学生未来发展的关键能力与综合素质指导课程建设。为加强学生综合素质的培养，在课程着力点上从主科课程管理向全科课程管理转变；在课程内容上体现跨学科意识；在课程目标上从“双基”培养转变为“四基”培养；在课程实施上挖掘课程知识蕴含的关键能力与学科素养。在人才培养模式改革中体现学生的认知发展规律，针对学前教育、小学教育、初中教育和高中教育，深化教育领域综合改革和完善教育新生态，重新思考人才培养目标，根据学生认知发展规律变革人才培养模式。在学前教育阶段引导和保护孩子的好奇心，培养他们的兴趣和想象力，提高其动手能力和自律能力。在小学阶段，把握孩子的成长节奏，承认不同，尊重差异，追求有质量的发展。初中教育要尽可能拓宽学生的视野，培养学生广泛的兴趣爱好。高中教育需要实现学校治理结构的活化、教育教学方式的活化、评价的活化、服务供给方式的灵活性、学生出口和成才通道的灵活。例如，某中学通过开设在线校本课程，为学生提供丰富的自选课程（见图8-1）。某实验学校开设了30多门选修课，包含艺术、棋艺、劳动、科技、政治、书法、普通话、历史、心理、电影、计算机等多种学科（见图8-2）。

图8-1 某中学开设的网络校本课程

图8-2 某实验学校的学生参加选修课

教育公共服务供给的改革在于改变传统的以校为单位自给自足的资源建设模式，形成一种新模式：以市级为单位统筹建设资源，区域内共建共享，区域间互换共享；引进市场机制，购买教育公司的优质资源和服务；建立教育资源建设和使用激励机制，推动优质资源共享。课程作为一种至关重要的教育资源，是教育公共服务供给侧改革的重点。为培养学生良好的综合性学习素养，为学生终身发展奠基，开发跨学科课程体系就显得非常重要。① 例如持续深入推进STEM教育，从基础教育阶段通过跨学科的课程实施来培养学生的学科素养和实践能力；拓展创客教育的实施范围，不仅在理科课程中开展创客教育，还在语文、英语、历史等文科课程中探索创客教育的实施方式和方法，培养学生的创新能力、创新思维和创新意识。② 跨学科课程的实施是当代课程改革的共同走向，在课程改革中，分析关键能力和综合素质在学科课程中的落脚点，寻找学科之间的共同知识点和相关知识点，打通学科之间的壁垒，实现学科之间的真实融合、无缝融合，在跨学科教学中培养学生的综合应用知识的能力、问题解决能力、实践动手能力等关键能力和综合素质。

三、变革教育公共服务供给渠道

互联网技术的发展与应用改变了传统以政府和学校为主体的封闭式的、单一的、线性的教育供给渠道，构建出在多元主体、组织、层级和

---

① 钱志刚，石培军．跨学科课程开发的尝试——以语文·英语融合性课程为例［J］．教学与管理，2017，4：36-38.

② 何克抗．创立中国特色创客教育体系——实现“双创”目标的根本途径［J］．中国教育学刊，2017，2：50-54.

领域之间动态关联、相互监督、共同发展的社会化协同分工形态，将政府、社会与市场有效组合、相互协作，实现多元主体之间教育资源供给渠道的网络化①，通过多种渠道向学校、教师、学生推送优质教育资源和人力资源，通过多种渠道为学生提供实践场景和活动，通过多种渠道构建学生协作学习和实践小组，通过多种渠道培养学生的学科素养、关键能力和综合素质。学生综合素质的培养和发展需要家庭、学校、社区和社会等多方参与，实施长久的持续的培养；需要打破壁垒，整合社会力量，打通社会化的教育供给渠道，建立服务于学生综合素质发展的统一战线。不仅在宏观层面以国家政策形式给予支持，还在学校、家庭、个人等微观领域推动多方协同合作，促进学校教育与家庭教育和全社会协同发展学生的综合素质和关键能力。

在智能技术支持下，在新公共服务理论指导下，政府逐渐放开供给主权，将社会组织、私营企业、科研机构等纳入教育公共服务供给体系，扩大供给主体范围，实现多元主体协同供给新形态。利用互联网，打造线上线下供给教育服务的新渠道，扩大教育供给范围，将发达地区的优质教育公共服务和教育资源通过网络传输到教育落后地区，实现教育资源均衡配置，促进教育公平发展。在这种社会化协同供给教育公共服务新形态下，由政府、社会、市场等组成教育公共服务供给的共同体，以发挥政府主导调控，市场自由引导，集中政府的强大公信力度和市场的激励机制推进服务供给高效实施，提高供给效率、质量和效益。

我国很多地区在教育公共服务供给渠道方面开展了很多改革试点工作，通过各种方式丰富教育供给来源，建立服务于学生关键能力发展的

① 余胜泉，王阿习.“互联网+教育”的变革路径［J］. 中国电化教育，2016，10：01–09.

统一战线，畅通教育供给渠道，全方位为学生综合素质和关键能力发展提供坚强的支持。例如，北京市实施开放性实践活动、开放性在线辅导计划等项目，将公办和私立教育机构、科研院校和研究所等纳入教育供给主体，将教育供给来源从单一的学校扩大为社会多元主体，拓展线上线下虚实结合的知识资源和人力资源共享渠道。我国在教育供给渠道改革方面打破了优秀学校独享优质资源的现状，开设优秀学校与薄弱学校之间的资源流转渠道，利用网络促进优质教育资源流动和流通。

以往的教育公共服务供给渠道是线性的，自上而下的，由教育部门投资，学校开发建设资源以自给自足，或教育机构开发建设资源，学校购买为主。这种模式下教育公共服务供给的渠道是单一的，供给的教育资源是静态的，学校没有后续力量去维护和更新已经开发建设的资源，对于购买的资源来说，一方面学校对资源的评价和反馈难以提供给生产商；另一方面生产商只负责提供资源而不负责更新。这种模式需要改革，改变线性的单向的教育渠道，变成立体的、网络化的、双向的教育公共服务供给渠道。学校自建资源，政府购买企业资源，区域内学校共享，区域间学校互换共享资源，打破信息资源“孤岛”，将资源群联通起来形成资源流动和共享的网络，实现优质教育资源的合理配置，真正发挥教育资源对教学和学习的支持作用，促进教育公平。

四、变革教育公共服务供给形式

在教育供给的形式上，我国利用智能技术，催生出了线上线下虚实融合的教育供给新形式。这种新形式将学校物理空间与虚拟学习空间相融合，打造跨越时空限制的立体化的育人空间；将物理空间中的教学活动与虚拟学习空间中的学习活动相融合，打造灵活多样的教学模式；将线下教师资源与网络学习资源相融合，打造丰富优质的学习支持服务。为学生提供良好的学习环境，提供优质的教育资源，提供个性化的精准教育服务，加强学生学习投入，切实提高教学效果，提高学生关键能力，促进学生发展。

我国教育部在《教育信息化“十三五”规划》《教育信息化2.0行动计划》和《国务院关于印发新一代人工智能发展规划的通知》等文件中提出：要建设教育管理公共平台、教育资源公共服务平台，加强教育资源公共服务平台和教育管理公共服务平台的融合发展，构建一体化的“互联网+教育”大平台。引入“平台+教育”服务模式，整合各级各类教育资源公共服务平台和支持系统，逐步实现资源平台、管理平台的互通、衔接与开放，建成国家数字教育资源公共服务体系。大数据技术、人工智能技术、教育公共服务平台的建设为精准化、个性化教育服务提供了可能和可行性，改变了教育供给方式，实现了基于全学习过程数据的教育服务供给，实现了基于学生综合素养发展的精准教学，实现了精细化管理学生。教育公共服务平台需要智能化，利用大数据技术实现数据采集，利用学习分析技术实现对学习者的精准分析和测评，实现人工智能技术实现对教育资源和服务对象的精准推荐，最大化地支撑学习者自主学习、个性化学习、协作学习，帮助学习者实现学习成功和个人发展成功。

为落实智能教育行动、教育信息化发展等要求，进一步深化教育领域综合改革，我国很多地区借助智能技术改革教育供给形式，利用在线学习和测评平台帮助教师开展翻转课堂教学模式、基于项目的教学模式、基于探究的教学模式、线上线下虚实融合的教学模式等。将线下教育资源数字化，形成可供线上传输和共享的教育资源，拓展线上教育供给形式，融合线下教育供给内容，为学校、教师和学生提供优质教育资源和智力资源，有效促进教育公平，提高教学质量，促进学生关键能力和综合素质培养及发展。例如，北京市利用教育公共服务平台“智慧学伴”，以智能技术和大数据创新教育供给服务形式，提供虚实融合的精准服务供给。借助“智慧学伴”平台可以采集并分析学生全学习过程中的各种数据，构建学习者认知模型，通过推理引擎诊断学生的认知水平，据此向学生精准推送个性化教育公共服务（见图8-3），有效支持教师综合运用多种教学模式，切实提高学生综合素质和关键能力的发展。

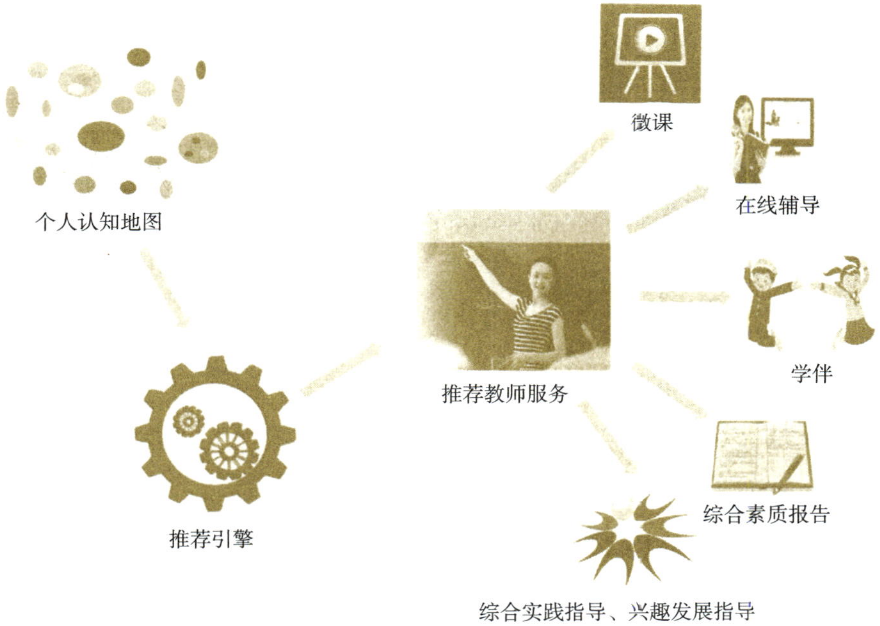

图8-3 精准推送个性化教育公共服务

借助互联网技术搭建网络学习空间，将教育资源数字化以辅助学生网络在线学习，通过网络拓展教育公共服务供给形式以适应学生多元发展的需求，适应学生个性化成长的需求（见图8-4）。为学生提供个性化的学习资源、学习路径、学习策略、学习活动、学习指导，帮助学生实现全面而又具有个性化特征的发展。以互联网技术为依托，教师在课堂教学中可以实施翻转课堂教学模式，实施基于网络的问题探究教学模式，实施基于虚拟仿真的实验探究教学模式，根据教学内容、学生特征有效开展教学活动，加强学生动手实践能力、知识建构能力、问题解决能力和批判性思维能力。建构网络学习空间人人通，支持学生开展移动学习、泛在学习、混合学习，综合多种学习方式以刺激学生学习兴趣，培养学生自主学习能力、自我管理能力、自我反思能力和实践创新能力等综合素质。

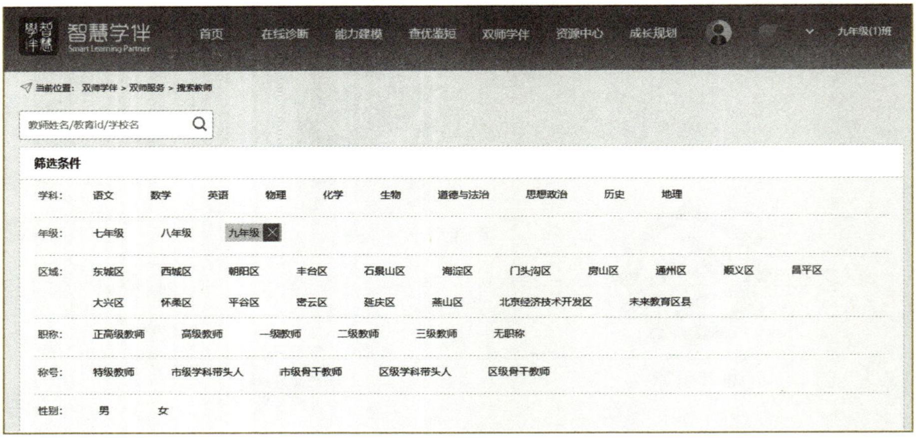

图8-4　学生可以筛选符合个性需求的在线教师

五、变革教育公共服务供给的评价机制

在教育公共服务评价改革方面，评价关注点不仅在于判断教育服务

行为是否实际发生，还要着重评估学生的实际获得，做到真实、客观地评价教育供给效果，评估教育公共服务的成果与质量。

监测与评价目前已经成为世界银行等世界组织进行政策管理最重要的工具，覆盖政策过程的全部环节。通过引入监测与评价，政策过程处于不断选择和改进状态，这不仅有效地保证了政策目标最大程度地实现，而且能从已有政策的制定与推行中获取经验和教训。然而缺乏监测与评估是中国公共政策过程的一大问题，教育领域也不例外。① 为推进“互联网+”时代的教育“放管服”改革，我们应建立独立、透明、基于数据、可信的第三方教育服务评估体系。从教育供给的质量评价角度看，社会性、第三方的服务质量评估机构将更多地介入教育领域，它们在融合大数据、社会信任计算等方面的先进评估方法，将为准确评价教育供给质量和效果提供客观、公正的数据信息；公开、透明、大数据计算的认证体系，不仅能规范和促进教育服务的良性发展，而且可以确保教育服务水平的稳定与持续，还可以基于过程数据评价质量，更容易形成消费驱动的动力。

案例8-1　美国STEM教育监测指标体系中的大数据应用②

近年来，美国加强对中小学STEM教育进行监测，其监测机构和组织形式也主要采用第三方、委托制和项目式。美国国家科学院领导和召集的“成功的K-12 STEM教育实施评估委员会”就是第三方专业组

---

① 路德维珂·科拉罗，胡咏梅，梁文艳．国际组织教育政策监测与评价体系的架构及其对中国的启示［J］．比较教育研究，2011，2：70-75.

② 许海莹．基于大数据的美国STEM教育监测指标体系：分析与启示［J］．教育测量与评价，2014，9：18-22.

织。具体到各州，比如说爱荷华州研制开发STEM教育监测指标体系的机构主要是爱荷华州政府STEM教育咨询委员会，以及由这个委员会召集的诸如爱荷华州立大学社会和行为研究中心、教育研究所、爱荷华大学评价评估中心、爱荷华测评项目组等智库。①

该指标体系建立在美国教育部国家教育统计中心（U.S.Department of Education's National Center for Education Statistics，NCES）、美国学校和师资调查统计（School and Staffing Survey，SASS）、美国劳工部调查统计（The Bureau of Labor Statistics，BLS）等全国范围大规模调查统计的数据基础之上。这些数据属于当前可利用和潜在可利用的数据，也就是可以从现有的数据库或者统计数据结果直接提取、修改或完善，使之可以为STEM教育监测可用。另一类是当前没有，但是需要的数据，需要重新建立调查统计系统并实施。

美国STEM教育监测指标体系对于大数据应用的路径和方式值得借鉴。首先，教育政策的顺利实施有赖于一个完善的数据收集管理系统，以达到通过规律地提供关于政策或项目执行情况的信息反馈来监测政策或项目过程的目的。数据信息采集通常是官方统计机构数据、政策执行部门日常管理数据和实地调查数据的有机结合②，因此应该完善我国各级各类教育数据的收集、分析和处理，打破数据壁垒，加强教育大数据相关技术和平台建设。

通过科学的公共服务评价机制，助推“互联网+教育”的供给新体

① 许海莹. 我国基础教育监测的现状考察及政策建议［J］. 教育测量与评价，2016，3：12-18.

② 路德维珂·科拉罗，胡咏梅，梁文艳. 国际组织教育政策监测与评价体系的架构及其对中国的启示［J］. 比较教育研究，2011，2：70-75.

系建设，可以实现教育基本公共服务由管理导向转变为服务导向，学科导向转变为学生导向，结果目标导向转变为发展目标导向，这是教育公共服务现代化的基本方向。

六、变革教育公共服务的供给决策

在教育公共服务供给决策方面，传统的管理方式是自上而下的一元供给，政府组织办学等公共服务，民众被动接受。一方面，这种管理方式容易出现错配现象，政府花费大量的精力和财力，建设很多的服务设施，但使用者寥寥无几，比如各地建立的资源库、云平台等，没有让民众有获得感。另一方面，民众普遍的需求又需要经过漫长的反馈途径才有可能转化为教育公共服务供给政策。要实现教育公共服务供给决策真正满足民众的切实需要，就要在现代教育治理理念的指导下，以民众获得能够解决实际问题的服务为核心目标，以消费驱动供给为核心，以多元主体参与为抓手，以互联网为手段，推动教育供给决策改革。新型的教育公共服务供给决策将采用分权管理，是多元主体的共同参与。但权力的下放不等于政府完全放弃管理服务体系，实际是形成一种新的教育治理结构和关系，将多元、跨界的主体进行重新融合，形成能够满足学生个性化需求的生态格局。

供给什么、如何供给的决策不仅是行政和专家的决策，更需要开放，引导学生、家长、社会机构等多元主体参与，让社会机构成为教育公共服务体系的有机组成部分，而不是公共服务的重复建设者、竞争者；让学生与家长成为公共服务的消费者，也成为公共服务的提供者，催生学生、家长、学校、社会的无边界互动，让基于互联网的教育服务穿越学校“围墙”的边界。

教育公共服务的供给要打破“唯身份论”，即体制内的服务不见得是最好的服务，体制外的服务未必都是陷阱。决策的依据不仅来源于经验与个人感情，更重要的是来源于数据，通过数据证明服务能否有效地帮助学生学习。数据在教育供给布局中将越来越重要。利用大数据可以使教育公共服务供给监管方式从“经验主义”走向“数据主义”。大数据可以反映真实的服务质量，洞察纷繁表象背后的关键问题所在，摆脱经验主义的束缚，提供更为科学的指针和方向。

教育作为公共服务极具影响力的领域之一，势必要突破传统的仅提供有限的数据管理和查询的服务范畴，教育管理者的决策也不仅仅依靠直观经验和简单的统计数据。智能时代教育决策将会越来越多地基于客观的大数据信息。教育管理者的决策也不仅仅依靠直观经验和简单的统计数据。将大数据应用于教育公共服务供给决策中，通过大数据分析，结合计算机仿真模拟教育公共服务供给系统，以真实的教育大数据为基础，观察教育公共服务供给的效果、效率和效益，同时洞察有效的教育公共服务的结构，从而穷尽公共服务供给过程中存在的所有可能性，为人们应对和解决教育公共服务供给可能遇到的问题提前做好准备和支持。在区域教育层面，基于多元数据融合，利用数据挖掘技术和空间分析方法，为教育管理者提供全面、客观的教育问题分析，并通过智能算法为区域教育公共服务供给改革提供决策支撑模型，促进“基于数据说话”教育公共服务方式和“动态实时”教育公共服务模式的实现，辅助提高管理与服务效能，提升服务质量与获得感。①

① 余胜泉，徐刘杰．大数据时代的教育计算实验研究［J］，电化教育研究，2019，1：17-24.

七、变革教育公共服务供给监管体制

随着大数据时代的到来，大数据应用于政府监管领域的思想得到认可，数据治理思维在逐渐养成，这在一定程度上推动了治理实践的科学化。在教育公共服务供给监管的现代化进程中，将大数据与教育监管相结合，能够促进教育公共服务供给的精准性、教育监管的实时性与科学性。同时，将教育数据公开，引入社会各界人士参与教育监管体制中，建设多元主体参与的教育监管。例如，美国无论是联邦教育部还是各州的教育局，都在其官方网站上公开各种教育政务和教育信息，开放教育教学基本数据，包括地区和学区的教育公共信息和基本业务，包括组织架构、使命和项目、教育预算和经费开支、年度报告、出版信息等，各个学校会在其网站公开校舍面积、教师数量、学生数量、教学设备、课程科目和教学资源等基本信息。但目前我国在教育公共服务供给监管的整体实施上，教育监管实践中对大数据的开发和利用程度还不够深入，尚难以有效促进教育监管的高效率与科学性。大数据应用于教育供给监管存在一些困难，例如，教育管理系统数据共享机制不成熟，信息相对封闭，不同教育系统甚至同一教育系统中的数据都无法流通共享，缺乏统一的数据标准和规范①，数据共享机制的滞后直接影响了大数据教育供给监管的实施。另外，由于证据的开放度总体不高，缺少相应的教育数据库与共享平台，未建立起利用证据发现并明确教育政策问题、推进政策议程过程中的论辩、监督评估政策过程的体制机制，这使政策制定者与利益相关者缺乏利用证据推动教育决策科学化的动力与空间。② 由

① 荣荣，杨现民，陈耀华，等．教育管理信息化新发展：走向智慧管理［J］．中国电化教育，2014，3：30-37.

② 李刚．走向教育的循证治理［J］．教育发展研究，2015，23：26-30.

此可见，我国教育供给监管实践并未与大数据紧密结合起来，以数据治理推动教育供给监管的现代化①。数据治理思维与实践的缺失或不足，必然影响教育供给监管活动的精准性。

大数据技术能够实现对海量数据进行智能化、自动化分析与处理，从数据中寻找出有用的信息，对教育公共服务供给全过程、全要素实施监管。在教育公共服务供给过程中，运用大数据技术可以根据政府行为数据、学校行为数据、社会数据、学生和家长行为数据等，综合分析影响教育公共服务供给质量的影响机理，对未来的教育服务供给质量风险作出预警，对学生发展作出预警，对学校管理、政府政策失真等作出准确判断和预警。基于大数据的教育公共服务供给管理、监管和预警，采用各类实际教育供给过程性信息挖掘出影响供给质量的模式和规律，学生发展模式和规律，政府政策运作、演化模式和规律等，对以往形成的教育公共服务供给进行修正和补充。例如，黑龙江省教育厅通过建设基于大数据的教育经费（资产）监管平台（见图8-5），通过对教育经费与资产相关的大数据进行收集、整理与分析，集成统一的基础信息管理系统、横向对比的会计核算体系、数据动态采集与分析机制，以及实时预警的动态监控规则，实现对教育经济运行的全过程、全方位监督与控制。② 大数据支持的教育公共服务供给监管实现了实时信息的采集分析，实现了从结果监管到过程监管，从事后补救到实时预警，在问题出现前及时干预或调整，实现稳定的公共服务。

---

① 陈良雨，陈建. 教育督导现代化：制度逻辑、现实挑战与行动策略——基于教育治理能力提升的视角［J］. 四川师范大学学报（社会科学版），2017，9：78-84.

② 齐天华，王智博，冯新宇. 教育经费与资产信息化监管平台的设计与实现——基于黑龙江省教育经费内控信息化管理［J］. 教育财会研究，2017，25（4）：75-80.

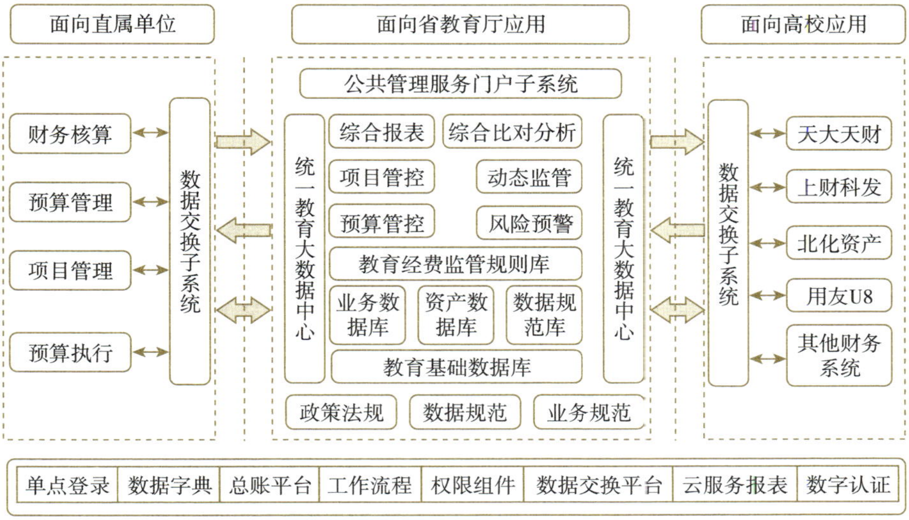

图 8-5　黑龙江省教育厅教育经费（资产）监管平台总体框架

教育公共服务供给监管变革包括以下四点：①从服务条件的监管到服务质量的监管。以前只关注教育机构的公共服务设施达标情况，如空间、设备、人员等，但服务条件不等于服务质量，在开放公共服务的同时，对服务质量的监管更为重要。②从结果监管到过程监管。以前只是对教育公共服务进行阶段性的结构检查，而互联网使得嵌入服务过程的伴随式监管成为可能。基于数据的伴随式监管方式更加重视过程性质量，可以在服务过程中及时发现问题，并对服务进行动态调整。③从事后补救到实时预警。以前教育公共服务出现问题，往往是事后发现的，事后补救无论是时间成本还是经济成本，代价都巨大，而且耽误学生成长，造成无法挽回的损失。基于大数据的监管，可以实现实时信息的采集分析，在问题出现前及时预警，及时干预或调整，实现稳定的公共服务。④从政府监管到多元主体监管：教育公共服务以前只是政府主导的单一途径监管，监管信息不全，容易受主导者个人喜好误导而产生偏差。互联网是开放的体系，可以使得监管的主体从单一的教师变为师生共同参与，乃至家长，社会专业人士都可以加入，使监管更客观、更全面，更反映实际需求。

从教育供给质量评价角度看，社会性、第三方的服务质量评估机构将更多地介入教育领域。他们在融合大数据、社会信任计算等方面的先进评估方法将为准确评价教育供给质量和效果提供客观、公正的数据信息；公开、透明、大数据计算的认证体系不仅能规范和促进教育服务的良性发展，而且可以确保教育服务水平的稳定与持续，还可以基于过程数据评价质量，更容易形成消费驱动的动力。① 在实施第三方评估的同时，政府、学校、学生、家长等评估主体必须明确各自的任务和职责，省市、区县教育行政部门要了解区域课程改革实施的整体发展趋势。为保证建立独立、透明、基于数据的可信的第三方服务评估体系，为保证教育服务评估体系健康良好地运行，必须保证基于国家标准的检测课程标准，这是实施监测和评估的基本依据，检测内容、程序、方式必须符合素质教育的理念。确保年报与公报制度每年确定检测的重点指标，通过系统分析，向社会和业内公布发展报告。要对监测和评估结果进行问责与干预。评价结果要作为评估教育及相关工作质量的重要基础。要对评价结果进行实际认定和应用，对不同层级的相关人员进行不同级别的安全反馈，对校长和教师提出教育教学工作建议，为各级教育行政部门提供决策依据。

---

① 余胜泉，汪晓凤.“互联网+”时代的教育供给转型与变革［J］. 开放教育研究，2017，23（1）：29-36.

第三节　教育公共服务典型案例分析

在教育方面，学生日益增长的个性化的、高品质的、灵活的、终身的教育需求和基于学校的、标准化的、班级的、单一模式的教育服务供给矛盾在不断深化，需要借助互联网推进教育公共服务的供给侧改革，积极探索基于互联网的个性化教育公共服务模式，满足学生个性化学习和扬长学习的需求；同时，教育公平是社会公平的基础，促进教育公平的根本措施是合理配置教育资源，而在所有教育资源均衡配置中，最难以均衡的则是师资资源的均衡，如何通过信息化手段扩大优质教师资源覆盖面、解决城乡之间教师有效配置是新时期我国教师流动机制变革和创新的新挑战。在这样的背景下，北京市推出《北京市中学教师开放型在线辅导计划》(以下简称“《开放辅导》”)，以智能技术和大数据创新教育基本公共服务方式，为学生提供精准化、个性化、多样化的在线教育服务供给，促进基础教育基本公共服务转型，实现个性化教育服务模式创新，满足学生个性化学习的需要，助力学科教学改革和考试招生制度改革。

一、《开放辅导》的实施流程

《开放辅导》项目的具体实施流程如图8-6所示，首先招募具备辅导资格的优秀教师，通过学校、区域、市级审核和认证后，并对教师的教学特长进行在线标记。学生通过学科知识点的精准在线诊断，可以智能推荐或自主选择满足其个性化需求的优秀学科教师，随时在线上获得多种形式的辅导：一对一免费在线实时辅导、问答中心非实时教师问题解答，自主学习教学重难点的微课课程，以及一对多的直播课程，实现优质教师资源的跨学校、跨区域的精准匹配，帮助学生解决学科问题，实现扬长和精准学习。最终根据教师服务的时间和质量（学生辅导评价）等维度对教师辅导绩效进行考核。

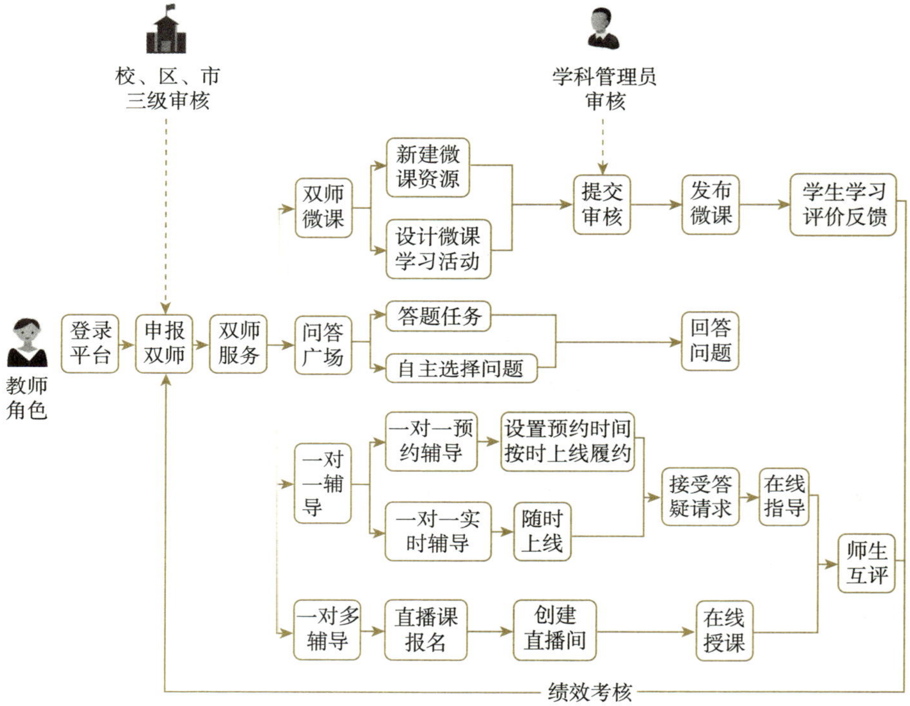

图8-6　项目实施流程

（1）一对一实时在线辅导。具体辅导的实施环境基于智慧学伴，由系统根据学生在智慧学伴平台前期学习数据（所在学段、学科、学习背景等）和学习过程数据（总测、微测、作业等）刻画出学生在学科各个知识点的网络状态，进而根据学生的知识网络状态及教师自身教育特长，实现精准匹配，为学生推送相关专长的辅导教师。教师端通过电脑、借助点阵笔工具或移动App提供辅导；学生端则通过手机、平板电脑（Portable Android Device，PAD）多终端，共同实现基于音频、图片和文本的师生互动和在线辅导。在线辅导工具及形式如图8-7所示。

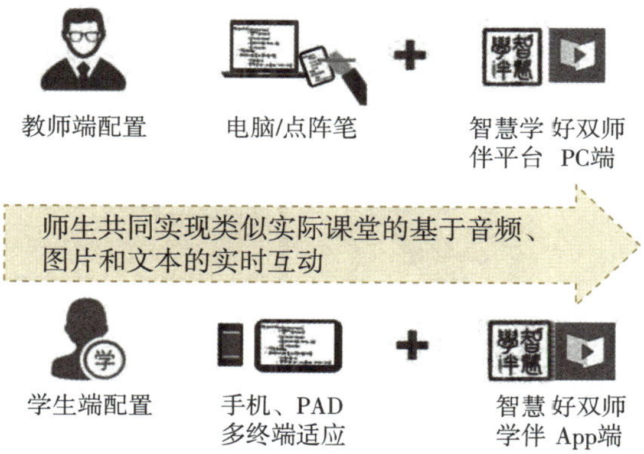

图8-7　在线辅导工具及形式

（2）问答中心。为了实现教师和学生的非实时问题解答，学生可以将问题以文字、图片或者小视频等方式上传到云平台，一方面由系统根据教师所填的学科特长为学生推送相应的教师；另一方面也可以由教师自主选择学生提出的问题进行回答。教师端和学生端问答中心界面如图8-8所示。

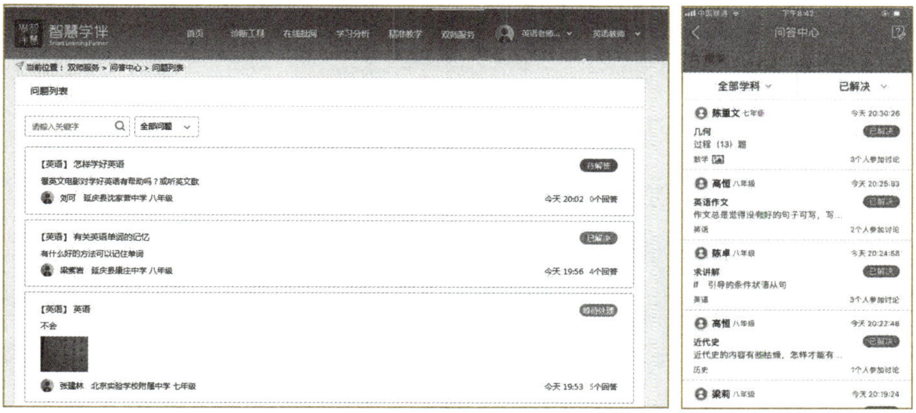

图8-8　教师端和学生端问答中心界面

（3）微课辅导。在非实时辅导情况下，在线教师可以将代表自己教学特长的微课上传到云平台，学生可以自由浏览、学习教师微课，教师可以跟踪学生的学习进度，指导学生开展基于微课的讨论、提问、微测等活动。微课学习界面如图8–9所示。

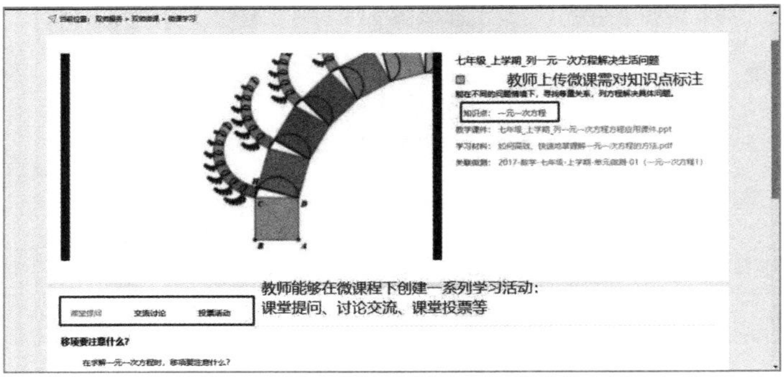

图8–9　微课学习界面

（4）一对多实时在线辅导（互动课堂）。教师可以通过提前设定在线辅导专题、设置直播时间，面向多名学生开展实时在线教学和辅导，且授课过程将会被录制成视频供学生回放学习。一对多实时在线辅导界面如图8–10所示。

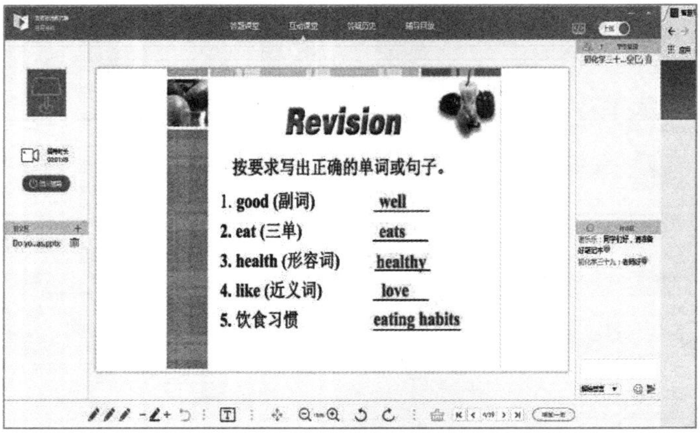

图8–10　一对多实时在线辅导界面

二、《开放辅导》试点实践

《开放辅导》项目鼓励中学教师发挥自身教育特长和优势，自主开放教学资源，提供多种形式的在线辅导服务，供全市中学学生根据自己的需求，提前预约、自主选择适合的教师开展在线学习，及时解决学生学习过程中的困难和问题，帮助学生补短板、发展兴趣和特长。以“互联网+”和大数据创新教育基本公共服务方式，实现教师服务属性精细化的萃取和在线流转，为中学生提供精准化、个性化、多样化的在线教育服务供给，增强全市学生及其家长的实际教育获得感。

项目由北京师范大学未来教育高精尖中心具体执行和推进。经过专家论证、专项调研，方案设计、功能开发，师生培训、推广应用，过程监控、答疑引导、平台迭代优化、数据收集与挖掘的过程，并不断对数据进行全面分析整理，包括师生平台数据、问卷数据和辅导过程数据，挖掘师生使用平台的反馈、辅导过程中师生的交互质量、各区各学科教师的参与特点、学生提问知识点分布等情况（见图8-11）。

图8-11　面向学生及家长进行入校培训

项目自2016年11月24日起在通州区试点运行，至2018年3月开始面向6个远郊区县运行，截至2019年7月，共有10 715名教师完成资质申报，覆盖北京市17个区（包括燕山区），面向通州、延庆、怀柔、密云、平谷和房山区6个区57 247名初中阶段全体学生开展开放辅导。在线辅导形态主要有：一对一实时在线辅导方面，共完成了477 795次有效在线辅导，累计辅导总时长103 240.75小时，学生对教师辅导的平均评星达4.57（满分5星）星；问答辅导方面，学生累计提问的224 166个问题教师给出了677 846个回答（部分问题有多个教师回答）；一对多实时在线辅导方面，累计开设了13 520个不同学科主题的直播课程；微课辅导方面共收集了19 362个微课资源，为学生提供了优质宝贵的学习资源，累计浏览次数超过100万次。

通过对辅导数据和调研结果分析，结合学生辅导前后的成绩对比分析，项目主要取得了以下几方面的效果。

（1）探索了个性化教育公共服务模式，解决了学生个性化问题，满足了学生课外个性化学习的需求。通过四种在线个性化教育服务形态，共解答6区学生共计近20万不同的学科个性化问题，通过后台数据分析和问卷反馈可以发现，课后个性化学科问题的解决既包括学生课上学习的难点和重点问题，也包括课本以外的学习兴趣点，甚至是个人成长的困惑等问题，从而让在线辅导成为学生课堂学习很好的补充和衍生，让学生扬长学习能够得到落实和体现。通过学生的问卷反馈发现，绝大部分学生对辅导评价的反馈都持正向、肯定的态度（见图8-12），如“提高我的学习，使较弱的科目提高了许多”“敢于问问题了，不会胆怯了”“使我更加开放自己，也明白了自己的一些弱点和不足”“我最大的体会是上了App在线

图8-12　学生评价分析

辅导以后，我的学习成绩越来越好”等。发现很多学生认为辅导让自己能更好地掌握知识，拓展自己的解题思路，同时让自己掌握了更多解题方法等（见图8−13）。

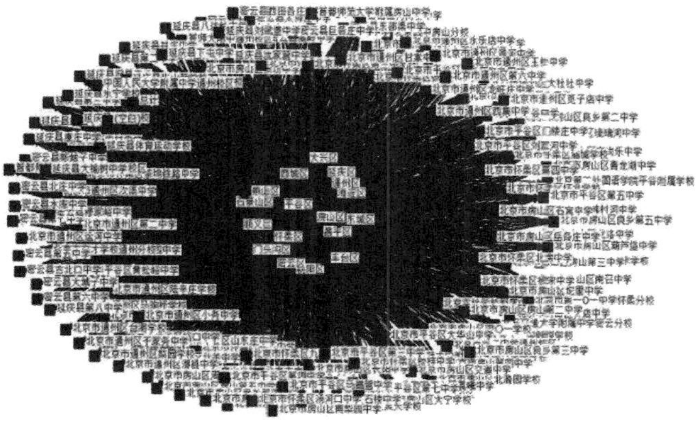

图8−13　各学校学生与各区教师社会网络交互

（2）促进了教师智力资源配置的均衡化，扩大了优质师资资源辐射范围。探索了一种基于互联网的师资资源均衡配置方案，为远郊区县学生提供了平等接触北京市各区优秀学科教师的机会，扩大了优质教师资源的影响范围，通过定向地面向远郊区县学生开放教师“走网”（指教师的智力资源在网络上流转）推动更多优质教师资源以线上流转的方式汇聚于郊区学生的学习时空之中，以低成本的方式提升了师资流转的效率。这种基于网络的线上教师资源配置并非是固化的，而是根据学生的需求不断变化、流动和重组的，而网络使得教师智力资源的整体配置成本降低，变换更为快速、灵活、精确和高效，在师资资源总量不变的前提下，基于互联网的这种快速、灵活的资源整合和配置方式、将会大幅度提升整个社会的教育公共服务能力和效率。这样既缓解了由于优质师资不足、师资配置不均所带来的教育不公平问题，又能通过优秀教师在开放空间提供和自己教学特长相关的个性化增值服务，穿越学校和区域的边界，提升了教师教育影响力和教育服务范围。

（3）开放辅导为家庭背景和自身能力基础不同的学生提供了平等接触优秀教学资源的机会，一定程度上消减了由于教育机会不均等带来的教育不公平问题。对北京远郊区县学生的父母受教育程度调研分析（21 795个学生接受了调研），发现接受调研的学生中75%的父母受教育程度均属于高中及以下学历，在线辅导为这些教育背景薄弱的家庭提供了多元辅导选择，作为学生课外学习的补充，在减少家庭辅导经费投入、缓解经济基础薄弱家庭经济压力的同时，能够及时有效解决学生的个性化学习问题，促进了教育公平。如通州区某中学学生王某，自幼丧双亲，与其祖父相依为命，在其课外学习遇到问题时，只有初中文化的祖父缺乏足够的能力为其提供辅导，通过开放辅导的帮助，王同学找到了自己喜欢的辅导老师，该辅导老师帮助她学习，解答她的各种学习困惑。通过课外教师的辅导，短短一个学期其成绩也从班级30多名进步到第23名。

（4）汇聚各学科的共性问题，后续为精准教学和学科教研提供支撑。通过对一对一辅导学生提问数据的整理分析，能提炼、透视出各个学科、各个年级学生提问知识点的分布情况，有助于挖掘出学生的学科共性问题，为后续精准教学和学科教研提供支撑，如图8-14所示。以通州区物理学科为例，在通州区期中考试之后，未来教育高精尖创新中心学科团队结合智慧学伴平台数据报告、2018年中考考试目标和要求，分析了通州区学生整体知识点对应核心概念的提问情况、期中考试前后提问知识点对应的核心概念，剖析了通州区初中生物理学习的薄弱点，与通州区教研团队进行教学研讨活动，帮助通州区实现区域教研的精准化转型，如图8-15所示。

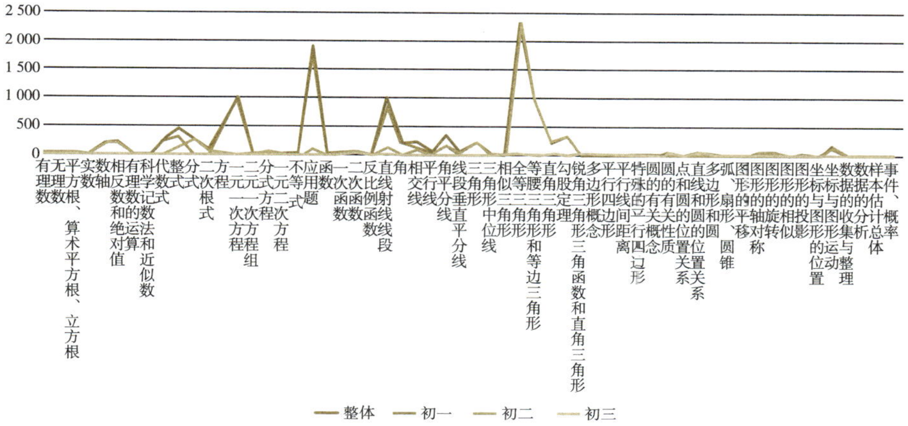

图 8-14　数学学科一对一辅导学生提问知识点分布

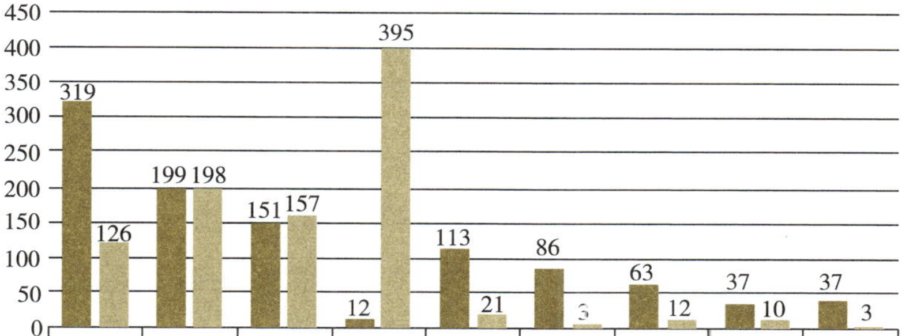

	简单机械	热现象	功和能	内能和热量	力	压强	其他	浮力	运动和力
期中前提问次数	319	199	151	12	113	86	63	37	37
期中后提问次数	126	198	157	395	21	3	12	10	3

■期中前提问次数　■期中后提问次数

图 8-15　通州区期中考试前后核心概念提问情况

（5）缓解了部分远郊区县的史地政生学科辅导压力，支持北京市新中考落地。北京市新中考改革将“史地政生”小学科纳入考试范围，使得学生关于史地政生学科方面的学习需求较为迫切，但由于目前北京市的远郊区县存在史地政生学科教师编制不足、非相关专业背景教师教授相关学科等问题，通过在线辅导能促进史地政生学科教师打破区域的在线流动，增强了学生的选择性，缓解了相关学科教师不足、现有教师辅导能力不足的压力。如双师在线辅导数据统计，在2018年4~7月，运行区域共计有5 542名学生对不同区域433名双师提了19 447个史地政生学科问题，满足了学生史地政生学科学习辅导的需求，进一步推动了北京市新中考落地。

三、《开放辅导》在教育公共服务模式转型与改革上的体现

公共服务的实质是应对公共需求进行公共资源的投入与配置，教育公共服务是由政府主导、惠及社会公众与满足社会教育共同利益需求的公益性服务①，公共性和公益性是教育公共服务的本质属性②。满足公共需求，提供教育公共服务，是现代政府的一项基本职责，既是衡量政府管理水平和能力的重要指标③，也已经成为衡量一国文明发展水平的重要指标。而开放辅导正是在倾听广大人民群众日益增长的师资资源均衡需求、学生个性化发展需求下的产物。《开放辅导》作为教育公共服务转型与变革的新探索，体现了以下几方面的特点。

1. 体现了共性需求和个性需求兼顾的教育供给结构的完善

《开放辅导》利用智能技术将教师资源（尤其是优秀教师）流转到网络空间，输送给农村学校和边远地区学校，发挥了技术在教师资源配

① 何鹏程，宋懿琛. 教育公共服务的理论探讨[J]. 教育发展研究，2008，9：39-48.

② 施雪华，朱晓静. 教育公共服务供给理论体系梳理与分析[J]. 理论探讨，2016，3：136-140.

③ 张茂聪. 我国教育公共服务体系的创新及构建[J]. 中国教育学刊，2009，5：10-12.

置中的重要作用。《开放辅导》对教师资源的重新配置，其实是对教育公共服务供给结构中要素关系的一种重构，打破原来教师属于固定学校的局面，扩大教师服务的对象，从更高层次将教师、学生和学校等要素进行一种扁平化的结构组织，使教师、学生和学校建构一种网络连接，而不是过去的树状连接。同时，《开放辅导》体现了共性需求和个性需求的兼顾。传统的课堂集体教学面向的是共性需求的群体供给形态，开放辅导则是面向学生课外个体需求的个性化供给形态，通过开放辅导，解决了传统应试教育产能过剩、素质教育结构性的有效供给不足的弊端。需要强调的是，开放辅导这种满足个体需求的供给形态和目前满足共性需求的课堂教学供给形态并非是一种竞争、掠夺的关系，而是一种共存、互补的关系。学校集体课堂教学满足绝大部分学生达到学科课程标准要求，而开放辅导则是对传统课堂学习有难度或某个学科有发展需求的学生支持和满足，学生可以根据自己的需求来自由选择合适的师资资源，让这些学生的个性化问题得到解决，自己的学科特长能够得到进一步地发展。

2. 体现了从线下供给到基于互联网的教育服务供给内容的转型升级

随着网络的发展和硬件普及，基于互联网的教育公共服务必将成为教育公共服务的有机组成部分①。针对师资资源不均衡的传统问题，开放辅导借助互联网提供了创新解决思路。通过教师走网，整合全北京乃至全社会的优秀师资资源，在线萃取教师的教学特长，让教师智力资源基于学生个性需求进行精准配置和流转，这种基于网络的线上教师资源

---

① 余胜泉，汪晓凤．“互联网+”时代的教育供给转型与变革[J]．开放教育研究，2017，1：29-36.

配置并非是固化的，而是根据学生的需求不断变化、流动和重组的，而网络使得教师智力资源的整体配置成本降低，变换更为快速、灵活、准确和高效，在师资资源总量不变的前提下，基于互联网的这种快速、灵活的资源整合和配置方式，将会大大提升整个社会的教育公共服务能力和效率。这样既缓解了由于优秀师资不足、师资配置不均所带来的教育不公问题，又能通过优秀教师在开放空间提供和自己教学特长相关的个性化增值服务，穿越学校和区域的边界，提升了教师教育影响力和教育服务范围。

3. 体现了供给渠道的创新

《开放辅导》项目旨在为学生：配备学校中的教师，这是线下教师；配备在线辅导教师，这是线上教师。线下线上教师协同为学生提供教学和学习服务，这种虚实学习空间的教师资源和服务的供给扩展了教育供给的渠道，使学生能够通过多种渠道获取教师服务。线下教师主要在校园内、课堂上、课外学习实践中为学生提供教学服务，线上教师主要在网络学习空间为学生提供学业辅导、课外学习辅导。同时，《开放辅导》提供了四种辅导形式：在线问答中心、一对一在线辅导、一对多直播教学、微课教学。不同形式的教学资源和服务丰富了学生学习方式，增加了学生接收教学服务的途径，学生可以使用电脑、智能手机、Pad等工具接收资源，接受教师学习指导。而且，学生可以实现随时随地地学习。《开放辅导》通过多渠道的教师服务和教育资源传输，为学生提供全方位的学习服务。

4. 体现了从面向群体的供给到面向个体的供给方式创新

提供多形态的教育公共服务供给，满足不同层次的教育服务需求，这已经成为当前许多国家公共教育体制改革的一个基本思路①。个性化教育是未来各国教育的发展趋势和关注重点，为保障公众利益，不应完全让市场来自行解决，而应纳入政府公共教育服务范畴，这样能够保障来自低收入家庭的弱势群体学生能够也获得和自己需求、能力相匹配的个性化发展。《开放辅导》以智慧学伴平台为依托，借助学生学习数据分析精确地了解每位学生个性化的学习需求，并通过对每位教师教学数据和教学特长的标记实现精准匹配和推荐，实现了学生个性化问题解决和精准扬长学习，帮助学生了解、增强自己特长和优势的同时，促进学生适应中考和高考增强自我选择性的需要，正是体现了由政府主导的、从面向群体的供给到面向个体的精准、个性化、适应性的供给方式创新。这样能让没有经济实力支付高收费课外辅导班的学生也能够享受优质师资资源和个性化服务供给，通过精准扶贫帮助缩小义务教育城乡、区域、校际之间的差距，这在减缓收费不菲的课外辅导班对社会分层的加剧等方面都有着积极的社会效应。

5. 体现了教育公共服务的评价机制创新

在《开放辅导》中，参照学科能力分析体系，以课程标准中的核心知识作为核心概念，延展形成一套以学习理解、应用实践和迁移创新能力活动为要素的3×3学科能力指标体系，并综合归纳国内外课程标准、重要考试评价中的能力要素，概括出各自学科的学科能力二阶要素模型（3×3要素模型），也是学科能力评价框架（见表8-1）②。《开放辅导》

---

① 蒋云根. 我国现阶段教育公共服务存在的问题及对策研究［J］. 天津行政学院学报，2008，1：53-58.

② 王磊. 学科能力构成及其表现研究——基于学习理解、应用实践与迁移创新导向的多维整合模型［J］. 教育研究，2016（9）：83-92，125.

系统中提供的学生个性化评价体系是教育公共服务评价改革的一种尝试和创新，并根据《开放辅导》中的评价为学习者设计了与其学习进度相匹配的个性学习任务，包括作业、测评、微课资源等。同时，学生的单击行为、观看时间、停留学科等数据将被《开放辅导》平台——“智慧学伴”记录下来。由此，依据学生的学习行为数据分辨出隐含的关联，准确地预测学生的学习路径及其发展趋势，可为学生提供更具有针对性的课程资源、学习内容。个性测评和资源会激发学生的测评和资源学习动力，从而实现大数据的汇聚。①

表 8-1 各学科的学科能力 3×3 要素

学科	学习理解	应用实践	迁移创新	学科	学习理解	应用实践	迁移创新
语文	识记	解释说明	鉴赏评价	生物	观察记忆	科学解释	复杂推理
	信息提取	分析推断	发散创新		概括	简单推理	远联系建立
	整体感知	感悟品味	解决问题		概念扩展	简单设计	创意设计
数学	观察记忆	分析计算	综合问题解决	政治	观察体验	综合归纳	迁移发散
	概括理解	推理解释	猜想探究		了解认识	分析解释	价值判断
	说明论证	简单问题解决	发现创新		记忆概括	搜集论证	行为倾向
英语	感知注意	描述阐释	推理判断	历史	记忆	解释	叙述
	记忆检索	分析论证	预测想象		概括	推论	论述
	提取概括	整合运用	批判评价		说明	评价	探究

① 李晓庆，余胜泉，杨现民，等. 基于学科能力分析的个性化教育服务研究——以大数据分析平台“智慧学伴”为例［J］. 现代教育技术，2018，28（4）：20-26.

续表

学科	学习理解	应用实践	迁移创新	学科	学习理解	应用实践	迁移创新
物理	观察记忆	分析解释	直觉联想	地理	观察和记忆	解释和实践	迁移和探究
	概括论证	推论预测	迁移与质疑		比较和关联	计算和技能	区域判断和定位
	关联整合	综合应用	建构新模型		概括和归纳	综合和推理	评价规划
化学	辨识记忆	分析解释	复杂推理				
	概括关联	推论预测	系统探究				
	说明论证	简单设计	创新思维				

6. 体现了基于大数据的多元主体参与的教育供给决策变革

教育作为公共服务极具影响力的领域之一，势必要突破传统的仅提供有限的数据管理和查询的服务范畴，教育管理者的决策也不仅仅依靠直观经验和简单的统计数据。《开放辅导》在设计、应用推进过程中，非常注重建立自下而上的需求表达机制，注重基于大数据的教育需求收集和分析，在双师试点前、过程中和结束后持续收集、整理教师、学生和家长多方需求。作为发挥教育公共服务职能的政府，虽然在双师推进过程中起到主导作用，统筹和监督开放辅导的运转过程，但是供给资源的组成、供给内容的输出方式和供给节奏则由教育研究者、教师、学生、家长乃至市场教育资源提供方共同参与和共同推进。从单纯供给什么就消费什么的供给观转型为双向互动的协商供给，体现了消费驱动教育公共服务的理念[①]。教育供给决策体现了政府主导下集体协同参与决

① 李奕. 教育供给应关注学生实际获得［N］. 人民日报，2015-04-02.

策的特点，所有参与方都有表达自身需求的机会，作为公共服务消费者的学生和教师，通过试点参与和反馈的真实信息影响开放辅导具体供给机制的设计。《开放辅导》项目在实施过程中，平台能够记录教师、学生行为数据、学生能力测评数据、学生心理数据等，通过大数据分析教师和学生的行为特征、心理特征和学习特征，总结教师和学生的行为规律和身心发展规律，据此教育管理部门可以设计干预手段，提出能够促进教师和学生积极参与《开放辅导》的措施，促进“基于数据说话”的教育公共服务决策改革。

7. 体现了基于数据实时跟踪和预警的供给监管创新

利用大数据可以使教育公共服务供给监管方式从“经验主义”走向“数据主义”。在开放辅导中，计算机会自动跟踪记录下每位老师每次在线辅导的时长和辅导过程，引导学生和教师针对每次辅导进行互评，并自动形成基于学生的教师参与行为、基于辅导内容的各纬度的开放辅导分析报告。其中，基于学生和教师的应用数据可以描绘出基于经验难以判断的问题或特点，可以即时反馈、调整或细化开放辅导供给机制。如在开放辅导推进过程中，通过每天辅导数据持续跟踪发现学生周五晚上很少在线寻求辅导，但是周五晚上线、愿意开展在线辅导的教师数量却很多。一线学生应用统计数据能够直接反馈、指导教师如何开展个性化辅导，及时分流教师，提升开放辅导效率。此外，公开、大量、实时的师生双向评价数据则体现了服务供给形态的过程性评价和监管。决定教师教学影响力及辅导绩效的不再限于其职称，更多的是学生对教师辅导质量评价的数据。其对教师而言，能检验并促进自身专业水平的提升；对学生而言，能规避教师个性化服务的故意滥用现象。

第九章　智能技术与现代教育治理

在以大数据、人工智能等为核心智能技术的支撑和推动下，人类社会正迈入智能时代，这是继农业文明、工业文明、信息文明之后的一种更为高级的社会形态。智能时代呼唤廉洁、高效的社会治理。教育治理作为社会治理的一个子集，是教育治理现代化乃至教育现代化不可或缺的基础。《中国教育现代化2035》将“加快信息化时代教育变革”作为面向教育现代化的十大战略任务之一，明确提出到2035年形成全社会共同参与的教育治理新格局。推进教育治理现代化包括以下四方面的具体任务，分别是“建立科学完善的教育管理公共服务平台、教育统计信息系统和学校教育教学信息系统，加快形成现代化的教育管理与监测体系，推进管理精准化和决策科学化”“制定教育公共信息资源开放目录，构建规范统一、互联互通、开放共享、安全可控的国家教育数据开放体系”“加强教育信息化数据与技术标准建设，消除信息孤岛”，以及“建立健全网络安全监管机制，探索建立对青少年数字化学习产品的评价审查机制，充分发挥社会和行业组织作用，加强对各种网络学习系统和资源的质量监管，构建安全有序的教育信息化环境”。智能技术是构建现代教育治理体系、推动现代教育治理科学发展的关键性力量，对整个国家教育现代化发展将产生深远的影响。

第一节　智能技术对现代教育治理的影响

一、智能技术的新进展

云计算、大数据、物联网、移动互联网、人工智能（以下简称“云大物移智”）等新一代信息技术的出现，颠覆了人类对整个世界的认知与想象。随着时间的推移和技术的不断升级，今天的智能技术逐渐演绎为以移动互联网、大数据和人工智能为核心，不断渗入社会的各个领域，改变着人类的生活与学习，正在引发链式反应。

移动通信领域的5G技术是4G技术的升级，具有连续广域覆盖、热点容量高，低功耗、大连接，低时延、高可靠等特性，凭借eMBB、eMTC、uRLLC三大应用场景①，其对各行各业产生了巨大影响，教育也不例外。5G技术的总体特征概括起来就是用户对技术的使用体验逼近了人类感知的自然捕获，这无疑为教育的应用场景创新提供了支持，包括资源应用、环境设计、课程开发、管理细分、教师培训、学生学习、评价优化等应用新场景。②比如在资源应用方面，5G技术的特性优化了用户对资源传输速度的感知体验；在环境设计方面，5G技术的传输速度特性延伸了课堂本身，实现超远距离双向实时交互，并把课堂之外的实景通过移动终端嵌入课堂的任何教学环节；在管理细分方面，由于5G技术而连接的多终端为管理带来了体量更为丰富、特性更为多样、

---

① ETSI.ETSI Annual Report 2017. https://www.etsi.org/images/files/AnnualReports/etsi-annual-report-april-2018.pdf, 2018-04.

② 赵兴龙，许林，李雅瑄. 5G之教育应用：内涵探解与场景创新——兼论新兴信息技术优化育人生态的新思考［J］. 中国电化教育，2019，4：05-09.

颗粒更为细微的数据，更容易为教师和学生进行更为细腻的画像，让管理与服务育人更为精准有效。

大数据作为智能技术发展的新趋势，具有海量的数据规模（Volume）、快捷的数据流转（Velocity）、多样的数据类型（Variety）、巨大的数据价值（Value）和真实的数据内容（Veracity）。[①] 大数据的核心应用价值是分析和预测，谷歌工程师成功预测2009年甲型H1N1流感爆发利用的便是大数据技术。在信息爆炸时代，对数据核心价值的再挖掘是大数据技术的本质。大数据技术的优势主要体现在：通过对海量数据进行模型构建，挖掘事物的变化规律，准确预测事物的发展趋势，并进行及时有效的干预。大数据与教育的结合已是时代发展的必然要求，通过与教育主流业务的深度融合，助力解决教育发展难题，包括驱动国家教育政策科学化、区域教育均衡发展、学校教育质量提升、课程体系与教学效果最优化、个体个性化发展等。[②] 比如，数据是国家教育决策科学化制定的有力武器，大数据在实际过程中的运作使数据的收集和分析更加方便、快捷、全面、准确，促使教育政策的制定更加依靠数据说话；应用大数据的动态监测可以准确把握区域教育发展动态和影响其均衡发展的关键因素，从教育环境均衡、教育资源均衡、教育机会均等、教育质量均衡等全面推进区域教育的均衡发展；[③] 通过应用大数据技术对借助各种智慧教学与管理平台采集而来的海量教、学、管方面的数据进行深度挖掘与分析，可以优化教育管理与服务，改变传统教学模式，

① 中国电子技术标准化研究院. 大数据标准化白皮书（2018）[R]. 北京，2018.

② 杨现民，王榴卉，唐斯斯. 教育大数据的应用模式与政策建议［J］. 电化教育研究，2015，36（09）：54-61，69.

③ 刘雍潜，杨现民. 大数据时代区域教育均衡发展新思路［J］. 电化教育研究，2014，35（5）：11-14.

开展基于数据的全面评价，进而提升学校教育质量。

人工智能概念诞生于1956年，在半个多世纪的发展历程中，其技术与应用的发展经历了多次高潮和低谷。人工智能的核心技术主要有机器学习算法（包括监督学习、无监督学习、强化学习、迁移学习、深度学习等）、计算机视觉技术（包括静动态图像识别与处理技术等）和语音及自然语言处理技术（包括语言识别技术、机器翻译技术、信息检索技术、知识工程技术、内容推荐技术等）。随着当前教与学数据呈现爆发式增长并且技术趋向成熟，人工智能逐渐介入教育领域，持续赋能学生、教师、学校等，影响着整个教育生态圈。根据目前人工智能技术的特点和优势，人工智能可以解决三个层面的教育问题，分别是面向特殊人群的补偿性教育、针对常规业务的替代式教育，以及服务个性发展的适应性教育。[①] 比如，在补偿性教育方面，利用自然语言处理技术和语音识别技术等可以满足特殊人群的学习需求（如为听障学生进行授课），利用机器算法和语音识别技术等可以提升特殊人群生活的便利性（如帮助视觉障碍者出行），利用人机自然交互技术等可以辅助特殊人群进行康复训练（如帮助自闭症患者进行康复治疗）；在替代式教育方面，以自然语言处理和机器学习为核心技术的智能批阅系统能够实现机器智能阅卷、作文自动批改，以语音识别测评技术为核心的语言类教育应用能够实现口语考试评分、口语练习纠错；在适应性教育方面，智能虚拟助手、智能导学系统、适应性学习平台等系统能够根据学习者的个人特点（如语言、学习风格、学习偏好等）创建个性化课程，支持学习者的个性化学习。

① 杨现民，张昊，郭利明，等．教育人工智能的发展难题与突破路径［J］．现代远程教育研究，2018，3：30-38.

二、智能时代的教育治理变革

智能技术为现代教育治理带来了新的机遇，使教育治理主体从单一管理走向多元共治、教育治理决策从经验主导走向数据驱动、教育治理模式从静态治理走向动态治理、教育治理信息从有效信息稀缺走向有效信息复现，以及教育治理情境从固定简单情境走向自主适应复杂情境成为了可能。

1. 教育治理主体：从单一管理走向多元共治

传统的教育治理大都是政府以行政手段进行教育管理，使管理成为自上而下的单向输出，导致不同主体的教育诉求不能得到充分地满足。智能技术的出现尤其是大数据在实际过程中的多向运行强化了教育治理对不同主体的依存关系，重塑了教育治理的主体地位。[①] 政府不再是教育治理唯一的数据供给源，学校、社会等教育治理主体也成为了数据供给者。因此，在教育治理数据的流通过程中，政府、学校、社会等主体互依共生，打破了政府的垄断地位，使其他主体成为了教育治理的重要参与者。此外，基于大数据技术与人工智能技术搭建的共享平台，其开放与自由的特性积极引导、支持学校和社会等不同主体参与到现代教育治理进程中，凝聚群体智慧，促使政府、学校和社会之间形成了一种新型关系，从而走向多元共治之路。

2. 教育治理决策：从经验主导走向数据驱动

教育决策是现代教育治理中的重要一环。传统的教育治理决策主要

---

① 陈良雨，陈建．大数据背景下的教育治理能力现代化研究［J］．现代教育技术，2017，27（2）：26–32.

是对抽样调查的片面数据和实践经验的提炼得出相关决议[①]，但数据的样本化与经验的主观性使教育治理决策偏离客观的诉求方向。随着大数据技术深入教育领域，以及各类教育科学决策服务系统的建设与完善，教育治理数据将被全面、全保真地采集，并实时存储在云端。通过深度挖掘与分析技术使教育治理决策依据全面的、完整的、客观的教育治理数据进行策略决断，极大地降低了根据有限随机样本与主观经验或直觉制定的教育治理决策的不确定性，缩小了教育治理决策存在的误差，增强了教育治理决策的精准性和科学性[②]，促使教育治理决策从经验主导走向数据驱动。

3. 教育治理模式：从静态治理走向动态治理

当下的教育治理模式更多的是一种静态的“谋而后动”，而非动态的“随动而谋”[③]。然而，这种静态的治理模式与目前复杂的、动态变化的教育问题不相匹配，不能很好地适应智能时代的发展需求，因而一种新的治理模式——动态治理应运而生。动态治理是智能时代技术红利的产物，凭借智能技术（5G技术、大数据技术和人工智能技术）对教育治理数据的实时采集、实时监控、实时存储、实时反馈的支持，教育治理的主体能够依托智能终端设备实时发出自己的利益诉求，并及时获得反馈与监测。同时，教育行政部门依据动态采集的教育治理数据，可以动态地针对教育热点问题、难点问题、社会民生问题等做出符合人民群

① 刘来兵，张慕文. 大数据时代教育治理现代化的内涵、愿景及体系构建［J］. 教育研究与实验，2017，2：30-35.

② 陈良雨，陈建. 大数据背景下的教育治理能力现代化研究［J］. 现代教育技术，2017，27（2）：26-32.

③ 姚松. 大数据时代教育治理转型的前瞻性分析：机遇、挑战及演进逻辑［J］. 现代远程教育研究，2016，4：32-41.

众利益的科学决策，实现教育治理的“随动而谋”与“利为大众”。

4. 教育治理信息：从有效信息稀缺走向有效信息复现

随着教育事业的发展，教育治理信息呈现几何级增长，但由于信息收集、筛选、归类和分析处理技术的不足，难以从庞大的教育治理信息中提取、挖掘出有效信息，遭遇了教育治理有效信息稀缺的困境。[①] 人工智能的智能处理信息优势为复现繁杂信息背后的有效信息提供了新的解决路径。首先，凭借智能化搜索引擎能够从海量的信息中自动筛选、协同过滤掉一些无效、零乱、低质量的信息；其次，利用机器学习等智能算法能对筛选出来的有效信息进行建模分析，预测相关教育治理业务的发展；最后，利用专家系统汇聚各种有效信息，模拟人类专家做出决策。

5. 教育治理情境：从固定简单情境走向自主适应复杂情境

教育治理体系可以视为一个以教育制度为核心的系统工程，该工程既包括以教育制度为导向的教育价值追求，也包括贯彻教育制度的政策行为。[②] 从这一层面来说，教育治理是一个极为复杂的系统，倡导系统与周边环境、内外部治理等相互渗透与融合。传统的教育治理囿于人力、技术等手段，治理往往能在固定的简单情境中发挥出良好的效果，一旦涉及多种情境融合、协同时，效果有些不尽人意。通过计算机智能识别系统辅助人们感知教育治理复杂环境，成为人工智能在教育治理系

① 侯浩翔，钟婉娟. 人工智能视阈下教育治理的技术功用与困境突破［J］. 电化教育研究，2019，40（4）：37-43，58.

② 陈金芳，万作芳. 教育治理体系与治理能力现代化的几点思考［J］. 教育研究，2016，37（10）：25-31.

统中发挥作用的重要方式。[①] 面对动态发展的教育治理业务，计算机智能识别系统能够动态识别各种情境的特性，分辨模糊的自然语言，兼容处理多情境中的文字、图像、音频等信息，使用知识的优先关系对复杂的教育治理难题加以推理求解，自动反馈有效信息与捕获动作，最终在多种复杂情境中发挥价值效用。

① 侯浩翔，钟婉娟. 人工智能视阈下教育治理的技术功用与困境突破［J］. 电化教育研究，2019，40（4）：37-43，58.

第二节　基于智能技术的现代教育治理框架

国家治理体系是一系列国家制度的集成，是由治理主体、治理客体、治理目标、治理方式等要素构成的完整体系。① 现代教育治理同样如此。智能技术的发展促使其与现代教育治理的深度融合成为了可能。通过厘清现代教育治理领域中人与物的关系，以智能技术、教育治理业务、教育治理目标和教育治理服务对象为核心要素构成了智能技术与现代教育治理融合的理论框架（见图9-1）。

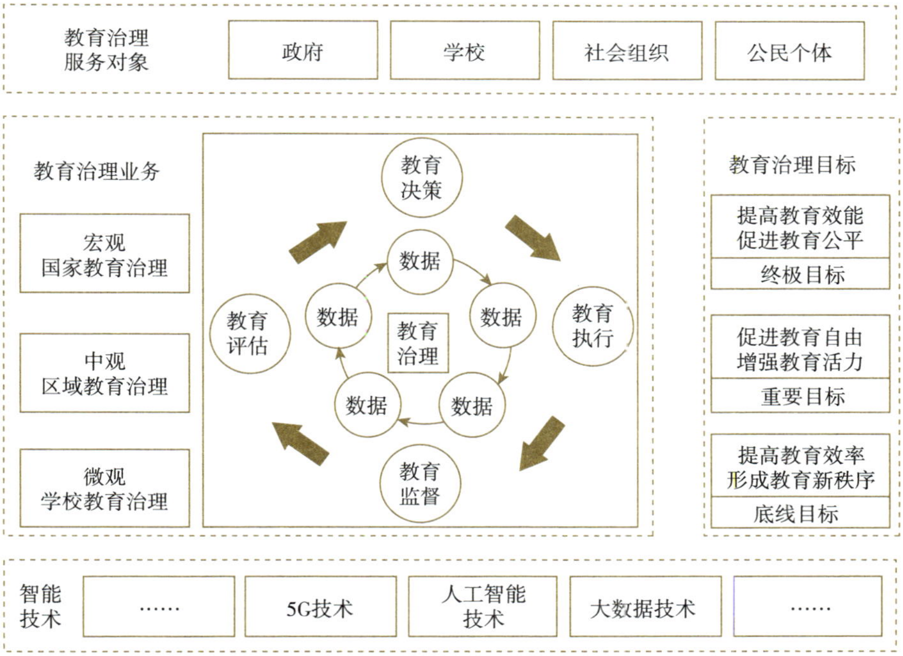

图9-1　智能技术与现代教育治理融合的理论框架

① 陈金芳，万作芳. 教育治理体系与治理能力现代化的几点思考［J］. 教育研究，2016，37（10）：25-31.

一、现代教育治理技术

智能技术与现代教育治理的融合强调了智能技术的底层支撑作用。通过智能技术在现代教育治理领域的运用，支持教育治理各种业务的有效运转，最终以可见的多样数据合力作用形成数据流，贯穿现代教育治理领域的细枝末节，指导教育治理主体做出科学决策。

智能技术助力现代教育治理的本质是基于数据的教育治理，包括教育数据、人口数据、经济数据、医疗数据等多种跨界跨领域的数据。其中，教育数据有教师行为、学生学习、课堂状态、作业情况以及家校沟通等数据；人口数据有总人口数、出生率、性别构成以及受教育程度等；经济数据有人员就业情况、家庭收入情况和家庭消费水平等；医疗健康数据有体质情况、病历记录和过敏药物等。将教育数据、人口数据、经济数据、医疗健康数据等不同类型的数据资源与教育业务进行深度融合，通过汇聚整合与关联分析，形成一个数据驱动的“教育决策→教育执行→教育监督→教育评估→教育决策”的正向循环，从而精准提升教育。按照教育治理范围的不同，可将智能技术助力的现代教育治理业务划分为三个层次，从大到小分别是宏观层面的国家教育治理、中观层面的区域教育治理和微观层面的学校教育治理。其中，国家教育治理主要是基于各级各类教育治理数据进行宏观调控与决策以优化资源配置、促进教育公平、完善教育政策、推进教育改革。区域教育治理主要是基于跨领域的各类数据最大限度保障区域教育公共利益，促进区域教育优质均衡发展，同时也保证区域教育治理的各类主体能够持续互动，建立一种系统科学的制度体系。[①] 学校教育治理主要是基于对各类教与

① 赵磊磊，梁茜，吴学峰．教育治理信息化：价值、结构及实施路径［J］．现代远距离教育，2019，1：77-82.

学的数据评测，促进教师专业成长、学生个性发展，提高教育教学的质量与为师生服务的效率。教育治理业务在不同层级范围有着不同的侧重点，但终归遵循的是“教育决策→教育执行→教育监督→教育评估→教育决策”的正向循环这一逻辑。

二、现代教育治理业务

值得关注的是，教育治理业务中包含着诸多教育治理客体，如教育政务（如教育管理、教育公共服务等）、教育服务（如择校、教育数据开放、教育数据共享等）、教育环境（如学校教育环境、教育网络环境等）等。《中国教育现代化2035》中提到，“推进教育治理方式变革，加快形成现代化的教育管理与监测体系、构建规范统一、互联互通、开放共享、安全可控的国家教育数据开放体系、消除数据孤岛、建立健全网络安全监管机制等”，这些所要变革的教育治理方式映射了教育政务中的教育管理与教育公共服务、教育服务中的教育数据开放与共享，以及教育环境中的教育网络环境的变化与革新。教育政务中的教育管理，是指教育管理要信息化，深化教育管理信息化应用，推进教师评职评优、学生学籍管理、综合素质评价、校园安全、教育资助、招生管理、学业水平管理、体质健康管理等业务流程优化再造，支持建立科学完善的特色化管理信息系统建设；教育政务中的教育公共服务，是指教育“互联网+政务服务”，深化教育领域政务的数字化转型，让数据多跑路，让人民最多跑一次，通过整合现有就业创业、新生入学、教育缴费等多元公共服务内容、数据与流程，提升教育公共服务的便捷化程度；教育服务中的数据开放与共享是要推进各种教育信息化管理系统的对接与改造，消除信息孤岛，实现数据共享与业务协同；教育环境中的教育网络环境包括网络安全监管、数字化学习产品的审核，以及网络学习资源与系统的准入等有关业务类型。不难看出，随着智能技术的介入，教育治理业务逐渐呈现信息化、智能化、数据化和动态发展的特性，符合教育发展的时代需求。

三、现代教育治理目标

教育治理的价值目标在于形成“高效、公平、自由、有序的教育格局”。褚宏启教授认为，现代教育治理的目标可以分为终极目标、重要目标和底线目标三类。教育治理的终极目标是“提高教育效能，促进教育公平”，通过有效的教育治理使教育促进人的全面发展和社会全面进步，促进教育的平等性公平、差异性公平和补偿性公平。“推进教育自由，增强教育活力”是教育治理的重要目标。现代教育是自由的教育，教育治理也是为了体现自由、扩大自由、发展自由和保护自由。教育治理的底线目标则是“提高教育效率，形成教育新秩序”。与教育效能、公平、自由等价值目标相比，教育效率和教育秩序具有价值中立性。因而，必须确立教育治理所追求的正向积极秩序和效率，即自由公平、充满活力、促进发展。①

四、现代教育治理对象与主体

现代教育治理主要以政府、学校、社会组织和公民个体为服务对象。同时，这些服务对象又是教育治理的主体，具备双重身份属性，完全符合“教育治理强调多元主体共同参与治理”的理念。政府、学校、

① 褚宏启．教育治理：以共治求善治［J］．教育研究，2014，35（10）：04-11.

社会组织和公民个体共同参与教育治理，强化了现代教育治理的功能。政府在现代教育治理中扮演着“元治理”的角色，统筹兼顾全局，实现宏观调控，从总体上把握发展方向，改善教育现状，促进安全可控的国家教育数据开放体系的建立，能够以更快速度形成现代化的教育管理与监测体系，推进管理精准化与决策科学化；学校参与现代教育治理，成为独立自主办学，建设自主管理、民主监督、社会参与的现代学校；社会组织参与现代教育治理，发挥评价作用，动员社会群体或者组织参与支持监督教育事业发展，有利于建立健全网络安全监管机制、青少年数字化学习产品的评价审查机制，以及加强各种网络学习资源和系统的质量监管，保证教育改革的公开透明和信息化现代教育治理环境的安全有序；公民个体参与现代教育治理，使利益诉求能够得到最理想的回应，并且能够对教育行政部门的教育决策等行为进行监督以适应教育发展的需要。

注意：教育治理中的多元主体之间是相互协调、相互协作、相互制约和相互促进的，进而形成一种互动的模式和机制，最终共同发展。

第三节　智能技术在现代教育治理中的应用

大数据、人工智能等智能技术在提供教育科学决策服务、提升教育质量、优化教育管理、解决教学问题、监控与防范校园安全、促进教师专业化成长与学生个性化发展、提升学校教务管理能力等方面的价值潜能巨大。近年来，国内外已出现一些较为成功的典型应用案例，大体可以分为宏观层面的国家教育治理、中观层面的区域教育治理和微观层面的学校教育治理。

一、宏观层面：智能技术助力国家教育治理

教育现代化在任何发展中国家都是一项极其复杂的社会工程，在中国这样一个幅员辽阔、人口众多，且地区差别极大的国家尤其如此。中国教育现代化的进程，不仅存在时空上的参差不齐，而且在结构上也是错综复杂，同一个概念（如“人民满意的教育”），在不同地区往往有非常不同的含义。[①] 面对这一现实，摆脱依赖常识、直觉和经验的教育决策，构建以数据和证据为导向的教育决策体系，如何实现教育治理和教育决策的现代化就尤为重要。

当前，智能技术助力国家教育治理主要是为其提供教育科学决策服务，这一层面尤以大数据技术的介入最为突出。“国家教育决策支持统计服务系统”是我国教育部在大数据时代背景下探索如何利用新一代信息技术推进教育治理现代化和提升政府治理能力的产物。系统上线至

---

① 童世骏. 教育现代化离不开教育决策及其研究的现代化［J］. 教育发展研究，2015，35（1）：1–3.

今，在数据比较、教育规划发展和教育目标与指标监测方面取得了较好的效果。该系统深度融合教育与人口、经济、产业发展等方面的数据，以“问题和任务”为导向，深度挖掘数据资源，发挥监测评价、预测预警功能，立体反映出各级各类的教育进展，基本实现了支持国家教育科学决策、监测教育现代化进程的预期目标。

智能技术助力国家教育治理既基于数据，又超越数据，基本构建了规范统一、互联互通、开放共享、安全可控的国家教育数据开放体系，通过时空维度的数据整合，为教育的科学决策服务提供高质量的凭据，这能为《中国教育现代化2035》中教育治理方式的变革（教育数据开放与共享部分）提供借鉴与参考。智能技术支持国家教育治理将逐步发展为提供一种决策服务，包括科学决策、民主决策和依法决策等，并最终走向一种成熟的机制。国家教育治理是一个庞大的系统，决策服务只是其中一小环，智能技术支持下的国家教育治理在国家教育资源配置、国家教育质量水平、国家教育地位、国家教育服务等方面成效甚微，这也是今后国家教育治理需要加大投入的地方。

案例9-1　国家教育决策支持统计服务系统

我国的教育决策支持统计服务系统从2012年开始筹建，2015年在教育部内网正式上线运行。该系统不仅整合了全国教育状况和各省教育状况，而且整合了世界教育状况。在数据类型上，整合了新中国成立以来的教育统计数据，并把统计数据、教育监测数据和教育预测数据整合在一个平台上，以高度可视化的方式呈现在决策者和研究者面前。

该系统包含十一个功能模块。分别是首页，基于地图服务的各国、各省、各市（县）教育发展和经济人口相关指标数据展示；全国状况，全面展示和分析全国各地区各级各类教育状况的基本指标数据；各省状况，基于地图服务，从省的角度分析展现教育状况和经济状况的相关指标；统计发布，基于统计指标分析基础上的统计信息和资料，包括公开的传统媒体和网络信息，也包括大量教育部系统内部管理和决策需要的信息；决策应用，将各类统计数据信息用于特定的教育管理和决策需要；动态监测，监测国家教育规划、重大项目、各级各类教育发展指标进展及目标实现的程度，实时反映教育部内各业务系统的进展情况；教育与社会，对教育与晋级社会关系进行分析；国际比较，以全球视角观察世界各国、各区域教育和人力资源进展情况；规划发展，规划预测我国及各地区中长期教育和人力资源发展目标；定制服务，按照管理决策和政策需要，按需形成统计指标应用范式；查询分析，为用户提供便利的数据查询。

二、中观层面：智能技术助力区域教育治理

智能技术在区域和学校教育管理中具有广阔的用途。①运用教育大数据规划学校布局与资源分配。通过分析学生人口学数据，得出本地区学龄人口变动趋势，从而科学规划本地区学校布局与资源分配。②改进学校绩效评估办法。基于学校整体与学生个体学业数据，评价学校的办学质量或项目实施质量，分析学校的优势与弱势领域。③推动家校合作。通过使用课堂反馈工具，教师可以实时上传本节课的学生名册，本节课学生课堂表现和任务完成情况，学校和家长借此可以及时了解并与校方交流学生情况。④提高学校管理效率。在学生出勤、用餐和校车运营等活动中使用学生管理软件，自动记录并通过数据分析提出改进方案。⑤改革教师评聘方式。通过分析教师任教学生的学业成绩、教师的

职业信仰、专业发展、社会服务等指标，科学评估教师专业水平与发展潜能。

我国一些地区，如北京、江苏、浙江等，已经将智能技术运用于区域教育治理中，具体表现在区域教育质量提升、区域教育管理优化与区域教学问题解决三方面。区域教育质量提升方面，北京师范大学未来教育高精尖创新中心与北京市教委、北京市通州区和房山区政府多方进行协作互助、积极探索，持续架构了区域智慧化教育服务体系，包括“智慧学伴”平台、“开放辅导”平台和区域教育质量地图，以及评估数据质量的核查系统等部分，有效推进了北京市现代教育治理的进程。浙江省宁波市教育地理信息系统（Geographic Information System，GIS）通过大数据挖掘分析引擎，按照相应的计算模型，根据各区域人口的出生率、死亡率、迁入迁出率及现有人口情况的数据，经过科学公式计算得出并分析结果，提供“学区人口预测”“学区合理性”“学区可达性”等诸多功能，从而实现区域教育管理优化。[①] 以学区人口预测为例，浙江省宁波市教育地理信息系统根据公安部门户籍登记的人口数据和教育局登记的学校学生信息，进行空间化和基于年龄结构的人口矩阵预测，计算每个学区未来若干年适龄儿童数量，有效帮助教育管理部门和学校提前了解未来若干年的入学儿童数量，进而指导班级学生数量设置、班级管理制度和教师资源配置。江苏省徐州市教育局利用智能巡课系统在全市中小学推行“学进去、讲出来”的教学行动计划（以下简称“学讲计划”），形成了对全市各校日常课堂教学状况的全景描述来解决区域教学

① 张曦，王磊，叶赛君．数据互联互通 助力教育管理向教育治理转变——以宁波教育GIS系统为例［J］．中国教育信息化，2018，15：32-35.

问题。[①] 借助智能巡课系统，江苏省徐州市教育局从六方面进行数据应用分析，为解决各校教学问题提供了第一手的“课堂观察”资料。自2013年年底，徐州市推行“学讲计划”以来，智能巡课系统已成为徐州市提高教学管理水平与推进课程改革的重要抓手，有效解决了全市各校课堂教学中存在的共性与个性问题。

区域逐渐成为现代教育治理的重要阵地，各种教育管理公共服务平台、教育统计信息系统的建立及应用为《中国教育现代化2035》中教育治理方式的变革（教育管理、教育公共服务部分）提供了借鉴与参考，有利于加速形成现代化的教育管理与监测体系。区域教育质量提升、区域教育资源配置、区域教育公平保障、区域教育管理优化，以及区域教学问题解决逐渐成为智能技术助力区域教育治理的发展方向。尽管智能技术支持下的区域教育治理涉及面较广，但实践探索尚显不足，目前仍处于试点先行阶段，还未形成区域性大面积推广。此外，区域教育扶贫扶智、区域教师队伍建设也是智能技术助力区域教育治理需要探索的重要方面。

案例9-2　美国科罗拉多州区域教育治理

美国科罗拉多州教育局有着长期教育评价的历史。2008年，该州技术顾问委员会（TAP）采用科罗拉多州增长模型（Colorado Growth Model）来监测本州教育发展。通过对学生、教师和学校信息的采集和汇总，评估学生、学校或学区一年内的增长情况，把握该州的教育均衡发展现状，帮助处于落后地位的学区或校方改进教学水平、促进学生的学业进步。

① 杨现民，田雪松，等. 中国基础教育大数据（2016—2017）——走向数据驱动的精准教学［M］. 北京：科学出版社，2018.

同时，为了使公众了解学生学习状况和学校教育情况，科罗拉多州教育局2009年建成了“学校视图（SchoolView）”网站（见图9–2），可以查看科罗拉多州公立学校的增长数据，包括个别学校和学区报告。

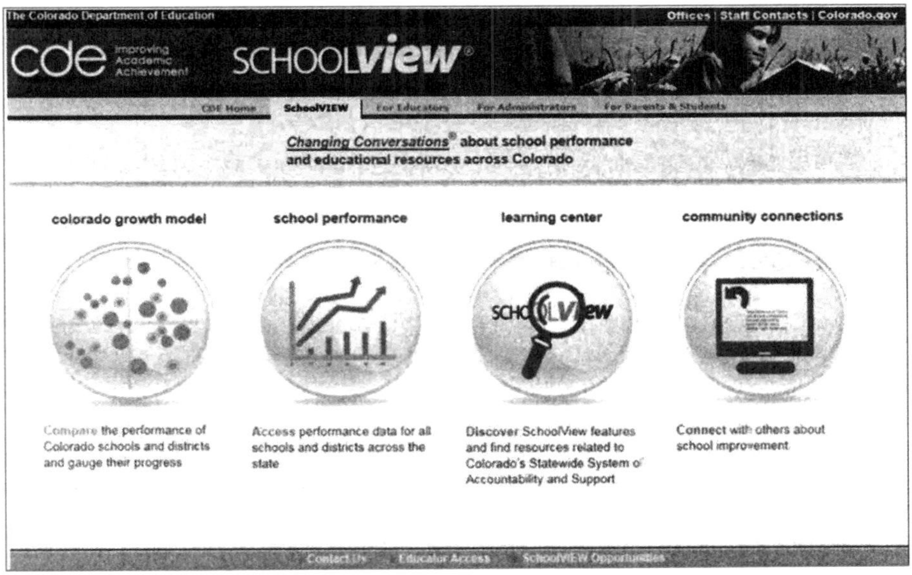

图9–2　科罗拉多州SchoolView网站

可以用交互性图表的形式展现科罗拉多州教育发展情况，图9–3就是以气泡图的方式展示不同学校的教育情况。该图以学生的学业进步程度和掌握程度作为横轴和纵轴，按照数学学科的表现，将该州的学区划分为四个类别，分别是高成就、低增长（Higher Achievement，Lower Growth），高成就、高增长（Higher Achievement，Higher Growth），低增长、低成就（Lowe Growth，Lower Achievement），高增长、低成就（Higher Growth，Lower Achievement）。单击代表学区的特定气泡图形，将获得更加详尽的教育数据，包括该学区的毕业率与辍学率、存在经济困难问题和身体残障的学生比例、性别及种族构成情况以及更多学科的成绩等，可通过对不同类别学区在不同指标间的分析和比较，进一步了解区域内存在的教育政策、教育方法和教育管理不均衡状况，确定影响学业成绩的主要因素，从而为不同的学生群体提供定制化的教学指导和支持。

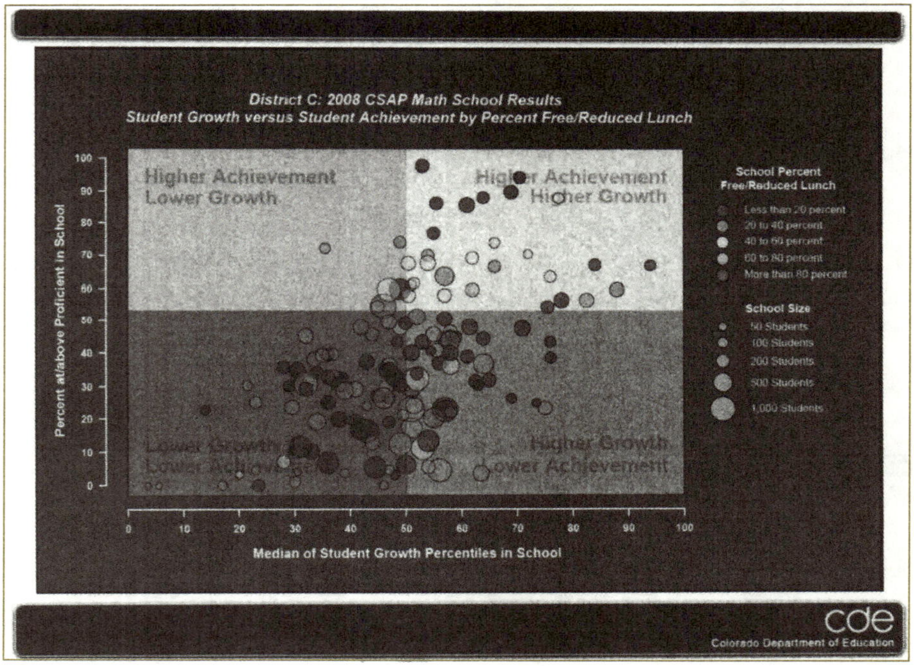

图9-3　SchoolView数据展示

三、微观层面：智能技术助力学校教育治理

当前，校园安全的监控与防范、教师专业化的成长、学生个性化的发展、教务管理能力的提升，以及“一站式”服务的提供是智能技术助

力学校教育治理的主要方面。关于校园安全的监控与防范方面，江苏省某小学使用物联网感知技术和技术防范系统建设了校园安检系统。① 校园安检系统通过遍布校园重要区域的摄像头和感应点，全面收集校内人员的活动数据，自动对在校园中活动的人员进行身份区分，并对进入重要区域的可疑人员进行重点监控，确保校园安全。该系统采用视频智能分析设备，对重点区域进行智能分析，对不安全因素进行报警，有效遏制校园暴力等犯罪事件的发生。

在促进教师专业化成长方面，首都师范大学数字化学习实验室开发的数字化课堂的大数据分析应用已经在扬州、常州等地中小学校的200多个班级进行了多个学期的系统性试点应用，促进了教师的专业化成长。② 在数字化课堂教学过程中，可以对学习过程进行数据形式化采集和描述，并基于课堂单元和学期单元进行学习过程的大数据挖掘和分析。教师通过这些数据和分析结果，可以即时进行教学控制和教学反思，从而助力教师专业发展。

关于学生个性化发展方面，深圳某实验学校借助互联网平台，关注到每个学生，用数据记录和反馈帮助教师为学生提供及时反馈、指导和服务。③ 该学校开发了在线平台和移动终端App，平板电脑、智能手机已成为采集数据源的主要方式。每个学生无论在何时何地通过何种方式所做的任何事情都有记录。这些来源于师生、家长的多源数据，包括了学习、活动、社团、竞赛等记录，反映了学生的知识储备、综合素质、兴趣爱好、情感态度和进步情况，有利于发现学生的优劣所在，进而发展优势，弥补劣势，助力学生个性化发展。

①②③ 杨现民，田雪松. 互联网+教育：中国基础教育大数据［M］. 北京：电子工业出版社，2016.

在教务管理能力提升方面，某人工智能排课系统依托智能排课算法引擎（ICS）和智能分班引擎（ASC）支持智能排课与分班①，解决了一班一课表、一人一课表的难题，为其实验学校应对新高考的教务管理提供了新的技术解决方案，极大地提升了学校的教务管理能力。

在学校提供“一站式”服务方面，上海复旦大学基于云计算、大数据和“互联网+”技术的环境，以前期信息化建设为依托，制定了“一站式”服务总体规划方案，建立了面向服务的云计算平台，形成了层次化的数据服务与管理体系，创新了信息化“一站式”服务模式。②“形成层次化数据服务体系，实现分层管理”是数据发生作用的关键。该体系以此为指导，通过有效的框架满足了校领导、职能部门、院系、师生个人的各种需求。其中，校领导主要关注综合校情数据展示分析，数据指标涵盖多个职能部门的管理范畴；职能部门主要注重主题数据分析；院系侧重数据查询统计；师生个人则重视数据的唯一性与复杂性等。通过加强学校云计算平台、层次化数据服务体系和网上办事大厅（eHall）的建设，上海复旦大学深化了“一站式”服务体系。现今，依托信息化建设起来的高校一站式服务越来越多，包括华中师范大学、常熟理工学院等，这些一站式服务虽各具特色，但具有共同的服务宗旨：通过沉淀数据、激活数据、运转数据来为高校师生提供高效率、便捷化的服务，以一个不容忽视的微方面反映学校教育内部治理的状态。

学校作为现代教育治理中的一个重要角色，有着天然的教育治理需

---

① 杨现民，郭利明，晋欣泉，等. 大数据助力新高考改革：框架设计与实施路径［J］. 电化教育研究，2019，40（2）：32-39.

② 教育部科技司. 教育信息化优秀案例集（2017）［M］. 武汉：华中师范大学出版社，2018.

求，各种教育教学信息系统的建立与完善，以及系统间的融合互通、教育信息化数据与技术标准的统一规范为《中国教育现代化2035》中教育治理方式的变革提供了借鉴与参考，有利于推进学校管理精准化与决策科学化。将学校的内部教育治理和学校的外部教育治理相结合是今后智能技术助力学校教育治理的发展态势。目前，校园安全预警、教师专业成长、学生个性发展、教务管理能力提升、一站式服务提供映射了智能技术支持下的学校教育治理几个微方面，但是资源合理配置、课程改革创新、部门协调有序等学校运转过程中的方方面面仍需借助智能技术的驱动力，以促进学校教育治理的进程。

第四节　智能技术推动现代教育治理的未来发展

一、面临的挑战

智能技术的出现将对社会各个领域产生深刻影响，教育领域也不例外。教育治理在智能时代面临着从传统管理向现代治理转型的新机遇。而今，由于现代教育治理的复杂性、长期性，以及相关利益主体的多元性、特殊性，使之在制度、主体、人才、条件、研究五大方面面临着诸多挑战。

1. 制度层面：智能技术应用的体制机制不健全

现代教育治理的实现需要用法治来引领、以法治为保障、靠法治来奠基。[①] 要实行法治，必须具备完备的体制机制。然而，时下智能技术应用的体制机制尚不健全，阻碍了智能技术推动现代教育治理的进程。一方面，总体上缺少大数据、人工智能推动现代教育治理发展的顶层设计，缺乏对多元教育治理主体的权利、义务及责任划分的规章制度，致使教育治理主体之间的权责不明晰，难以形成稳固的教育治理合力。另一方面，缺乏有关5G技术、大数据技术，以及人工智能技术应用、管理、安全等问题的法律规范。比如，由于缺乏有关教育数据应用、安全、伦理等方面的法律规范，致使教师、家长和学生的个人信息泄露问题时有发生，不利于大数据在现代教育治理领域充分发挥其作用与价值。总而言之，在智能技术助力现代教育治理的道路上，需要以制度、法律法规先行为保障，确保各方面工作有序开展。

---

① 教育部. 全面推进依法治教 为加快教育现代化、建设教育强国提供坚实保障［R］. 北京，2018.

2. 主体层面：教育治理主体的数据素养不足

多元治理主体共同参与教育治理是大势所趋。但是，当前教育治理主体的数据素养水平较低，集中体现为两方面：①对大数据的认识不足，数据意识淡薄。治理主体受传统的教育治理思维和决策习惯的影响，忽略了教育治理数据之间的内在联系；对大数据的敏感度不够，缺乏对教育大数据相关政策、国际动态及应用的了解。②运用大数据推动现代教育治理的理论和实践能力不足。对教育行政部门、学校及教育机构，其运用数据进行科学决策的能力仍有待提高；对于教学者，其缺乏运用数据解决教学问题的思维方法，如问题导向思维、跨界思维和批判辩证思维。此外，受数据分析、数据解读、数据应用等能力不足的限制，教学者未能突破“数据即分数”的局限，一定程度上阻碍了现代教育治理的进程。

3. 人才层面：掌握智能技术的专业性人才短缺

近年来，智能技术蓬勃发展，教育正在转变为一个智能生态系统，在这个生态系统中，不仅教育者能对教育领域进行研究，还包括大数据领域及人工智能领域的专家。但是，作为一个新兴的领域，智能技术与教育的深度融合，尤其是大数据、人工智能与现代教育治理深度融合方面的专业性人才仍然欠缺。现代教育治理本身是一个极度复杂的社会问题，加之教育大数据的采集、处理与分析等技术要求相关人员既要掌握常规的大数据技术、人工智能技术等应用技能，又要深谙教育发展的各项业务需求。纵观现代教育治理领域的运行现状，教育行政部门等机构中以管理人员、普通技术人员、普通职工为主，而具备双重属性的专业性人才寥若星辰。因此，掌握智能技术的专业性人才资源短缺一定程度上无法满足《中国教育现代化2035》中提及的“建立健全网络监管机制、探索建立青少年数字化学习产品的评价审查机制以及加快网络学习系统和资源的质量监管”教育治理方式变革的需求。

4. 条件层面：教育大数据基础平台不够完备

目前，国家、区域和学校层面都已开始建设教育大数据基础平台，以便更好地为教育发展服务。在现代教育治理领域，应用教育大数据基础平台助力达成现代教育治理的目标需解决以下两个问题：①教育基础数据的伴随式采集和全国互通共享问题还存在，国家、区域和学校之间的平台联系未能实现很好地接洽，阻碍了纵向信息的流通；②现代教育治理是一个系统庞大的领域，不仅涉及教育，也包含社会民生的方方面面，但当前教育大数据基础平台尚不能与其他领域的数据实现无缝对接，一定程度上影响着现代教育治理在某些方面的科学决策。

数据已经成为区域、国家乃至国际教育治理和政策制定研究的一个关键焦点①，但由于教育大数据基础平台的不完备、各类数据的割裂或分散而产生的数据孤岛成为制约现代教育治理发展的难题，这同时反映了《中国教育现代化2035》中教育治理方式变革中一方面任务的需求。首先，使用旧数据建模方法采集而来的数据与使用新数据建模方法采集而来的数据之间存在标准不统一、格式不规范、体系不完整等问题，致使数据之间互不兼容，共享难度较大；其次，各行政部门之间独立运行、各自为政，导致部门之间的数据在横、纵向之间无法互通共享，造成教育治理效率低下；最后，数据开放与共享的机制、路线不明朗，以致教育治理数据拥有者“不会开放、不敢开放、不愿开放、不能开放”，限制了数据应有价值的体现。

---

① Christopher Grinbergs.Europeanizing education：governing a new policy space.International Studies in Sociology of Education，2014，3：327-330.

5. 研究层面：智能技术推动现代教育治理研究薄弱

虽然大数据技术、人工智能技术、5G技术被广为提及，但教育治理研究层面却鲜有涉及。以最先发展的大数据技术为例，把“大数据与教育治理”作为主题词在中国知网中进行检索发现，截至2019年4月，相关CSSCI期刊文章仅21篇，最早关于该主题的研究始于2014年，由此可见当前学术界对该领域的研究处于起步阶段。通过对文章的深入剖析，发现其在理论研究与实践经验两方面的研究较为薄弱。一方面，缺乏大数据推动现代教育治理的理论研究。比如缺乏对教育治理数据的分析能力研究①。虽然我国的教育数据资源种类多、数量大，但由于缺少必要的实证研究，严谨收集、分析数据的意识薄弱，导致规范化、高质量的可用数据极少。另一方面，缺乏大数据推动现代教育治理的实践经验。就实际而言，关于利用数据驱动现代教育治理全国各地都处在探索阶段，且集中在信息化发展水平较高的地区，比如北京、浙江、江苏等，但这些地区的实践探索尚未形成可以推广的实践经验。

二、未来努力方向

（一）实施制度优化工程，夯实智能技术推动现代教育治理的制度保障

1. 完善顶层设计，增强宏观统筹教育治理数据的能力

完善顶层设计，强调规划先行是实施制度优化工程的根本。作为顶层设计的描绘者，政府部门应注重制度的顶层设计和智能技术应用于教育的顶层设计。就制度的顶层设计而言，政府部门需要建设持续并且长

① 姚松．大数据与教育治理现代化：机遇、挑战与优化路径［J］．湖南师范大学教育科学学报，2016，15（2）：76-80.

期有效的教育治理经费投入制度、全面的教育治理横纵向沟通制度、科学合理的教育治理人员供给制度、完善的多元主体参与教育治理机制，以及均衡平等的教育治理资源配置制度等。就智能技术应用于教育的顶层设计而言，政府部门要重视智能技术在现代教育治理中的巨大价值，将智能技术上升为教育发展战略，形成专业的、规范的智能技术发展规划（如教育大数据发展规划、教育人工智能发展规划等）。

此外，政府作为顶层设计者，还需不断增强宏观统筹教育治理数据的能力。国家需要继续加大投入完善各种教育管理公共服务平台、中小学生学籍管理信息系统、全国教师管理信息系统、国家人口库系统、新高考录取平台、教育考试综合管理平台等。比如完善国家教育决策支持统计服务系统，开展二期、三期工程等建设，进一步统筹规整、优化系统各项功能，整体提升国家对我国教育领域数据的把控能力；省级政府需要充分利用好国家教育决策支持统计服务系统以服务于地方教育的发展，借助系统各项功能统筹地方教育数据，并依据数据做出符合人民大众的科学决策，进而加快形成现代化的教育管理与监测体系，推进管理精准化和决策科学化。

2. 健全法律法规，完善智能技术的使用规范与惩戒制度

智能技术的使用需要遵守相应的规范，避免逾越红线。制定与大数据以及人工智能等有关的数据优化、隐私保护与数据变现的法律法规是现代教育治理的内在要求[①]。国家应重视教育数据泄密的风险，在智能技术助力现代教育治理中加大数据挖掘和使用的法律法规建设，防止数据被盗用、滥用，让教育数据的挖掘与应用步入法制化轨道，比如制定

① 美桑尼尔·索雷斯. 大数据治理［M］. 匡斌，译. 北京：清华大学出版社，2014.

《教育大数据隐私保护法》《教育大数据应用发展指导意见》《教育人工智能应用发展指导意见》等。同时地方政府应在顺应国家推动智能技术发展的浪潮之下，制定适宜地区发展的教育人工智能、教育大数据应用管理办法与规定，使智能技术的应用、教育数据的获取有法可依，比如制定《教育人工智能应用管理办法》《教育人工智能安全管理办法》《教育大数据应用管理办法》《教育大数据安全管理办法》等。

教育数据开放法律法规的健全同样值得关注，它为构建规范统一、互联互通、开放共享、安全可控的国家教育数据开放体系提供了保障。教育数据开放的法律法规健全应涉及中央、地方、各主体、市场。① 第一，中央需提供顶层制度设计，修改目前已有的《政府信息公开条例》，制定专门的《教育数据公开法》，指导地方政府制定相关法律法规。第二，一方面要对教育行政部门、学校、教育培训机构等教育数据开放主体的权利和义务进行规定；另一方面要对社会各组织机构、企业、社会民众等的权利与义务进行规定。在整个教育数据的生命周期内，明确双方义务，推动教育开放主体与社会各层面关系的和谐发展。第三，我国应修改并完善《中华人民共和国保守国家秘密法》，制定《教育数据安全法》，厘清我国向其他国家开放的教育数据内容，明确个人、学校、企业等利益相关者的保密责任。

此外，建议相关立法部门（国家、地方）加快出台《教育数据伦理规范》《教育人工智能伦理规范》等伦理道德法律法规，防止教育治理主体在使用智能技术时触犯伦理道德的红线。

① 杨现民，周宝，郭利明，等. 教育信息化2.0时代教育数据开放的战略价值与实施路径［J］. 现代远程教育研究，2018，5：10-21.

（二）实施数据素养提升工程，强化教育治理主体基于数据的治理能力

1. 开展专题培训，提升数据素养水平

能否掌握一定程度的大数据技术，决定着教育治理能力的高低。对于当前教育治理主体数据素养水平较低的问题可通过开展专题培训加以解决。首先，进行大数据、教育治理、大数据与教育治理以及教育信息化政策的宣讲解读，帮助多元教育治理主体了解基本理论、价值内涵、发展态势等；其次，开展分层分级的大数据知识技能培训，有针对性地提升教育行政管理人员及一线教师教育治理主体的数据意识和能力，帮助他们在实践中运用大数据解决各种纷繁复杂的现实问题；最后，推进线上和线下相结合的混合式培训。在线上课程资源支持下，学习相关知识与技能；并通过线下专家讲座、现场咨询，解决疑难点。

2. 建立绩效与考核机制，强化基于数据的治理能力

大数据技术既是在大数据时代对教育数据进行收集、整理、分析、应用以处理各种现实问题的关键，也是教育治理主体的核心素养之一。智能技术驱动现代教育治理是以高数据素养的人才为基础，但数据素养的提升不仅需要一定的知识基础，而且需要长期的实践锻炼。基于此，一方面，要不断完善考核和奖励机制。建议相关管理部门将教育者的数据素养纳入年终绩效与考核中，作为职位晋升的评价指标之一，以激励其在工作的同时持续提升自身的数据素养；另一方面，要建立长效的推进机制。建议相关管理部门设置不同层级水平的数据素养认证机制，不断激发教育行政管理人员、教师和学生等创新应用教育数据的动力和智慧，为智能技术支持下的现代教育治理增添一丝活力。

（三）实施基础平台建设工程，搭建教育数据汇聚、分析、应用与开放平台

大数据平台是大规模数据存储和信息流通的阵地，可以实现应用系统之间的数据融通，为数据共享提供服务①，有利于消除信息孤岛、数据孤岛。平台建设前期，政府、企业以及学校之间需形成合力，共同打造一个集数据汇聚、数据分析、数据应用和数据开放为一体的智能技术大平台（主要为大数据技术和人工智能技术）。政府需要统筹领导、把握全局、制定建设规划，企业提供适切的大数据技术与人工智能技术支持，学校积极参与建设并提供必要的教育数据资源。平台建设后期，应着力于平台维护与相关数据开放目录、数据规范和技术标准的制定。第一，建议组织专业技术人员定期对教育大数据平台进行检查与维护，确保平台的正常运转，为智能技术助力现代教育治理提供基本服务；第二，建议制定标准化的数据开放目录与统一的数据运行标准、数据技术标准，以实现不同部门间的数据传输与共享；第三，建议构建并完善教育治理的数据体系，将不同层次、不同来源、不同类别的泛在数据整合成系统的数据体系，并拓展数据汇聚的方式，实现教育基础数据的动态汇聚与深度挖掘分析。

（四）实施研究引领工程，促进教育治理科学化发展

1. 开展政企学研多方合作，协同推进智能技术助力现代教育治理的进程

智能技术助力现代教育治理既是政府及相关教育部门的利益诉求，也是社会大众、组织、公民个体等多元治理主体的希冀。智能技

① 徐超超，陈世超，赵鑫硕，等. 区域教育大数据中心平台建设探讨［J］.现代教育技术，2016，26（11）：05-12.

术助力现代教育治理是一项长期而又艰巨的任务，唯有“政企学研”多方协作，才会取得显著的成效。首先，政府要高度重视教育治理的进展，提供政策支持，建立健全相关制度保障体系，继续加大对教育治理的资金扶持力度，为智能技术支持下的现代教育治理提供全方位的保障。其次，企业作为重要的教育治理参与者，要加强教育大数据产品、人工智能产品的设计与研发，加大产品的供给力度，为政府购买服务提供支持，从而提升教育治理服务的质量；同时，企业要创新技术发展，为解决现代教育治理面临的社会问题提供优质的智能技术解决方案。最后，学校和科研院所作为现代教育治理理论与实践的前沿阵地，需要持续对现代教育治理中存在的问题进行调研与分析，借鉴国际、国内的实践经验，率先探索数据驱动的教育治理理论，不断丰富其内涵，并将之运用于学校教育治理，进而上升至区域教育治理乃至国家教育治理中，拓宽智能技术助力现代教育治理的实践范围。

2. 组织多学科交叉协同交流，开展教育治理前沿探索与完善研究机构设置

现代教育治理不仅涉及教育领域，而且涵盖社会发展的经济领域、医疗卫生领域、人口分布等。因此，要使智能技术推动现代教育治理的效果更好，需要综合运用管理学、大数据科学、教育学、计算机科学、统计学、社会学、人体工程学、脑科学和心理学等方面的知识。具体而言，一是高等院校及科研院所要开展多学科交叉融合的前沿研究，打破学科壁垒，通过跨学科跨领域的交叉合作，吸引不同学科、领域的顶尖人才，构建交叉理论基础，探索人机物融合社会协调发

展[①]，推动智能技术助力现代教育治理研究的继续前行；二是建议相关部门设立跨学科交叉科研机构，研发学科交互性的智能技术与教育治理工具，促进多领域、多学科的交流与创新研究，破解现代教育治理进程中的难题。

（五）实施教育系统网络环境改善工程，构建安全有序的信息化现代教育治理环境

教育系统网络是国家行业网络的重要组成部分。实施教育系统网络环境改善工程是《中国教育现代化2035》中“推进教育治理方式变革”的要求，建议从教育系统网络安全监管、数字化学习产品审查、网络学习资源和系统的质量监管三方面入手。一是建议有关部门贯彻落实《中华人民共和国网络安全法》，围绕提升意识水平、完善网络安全监管机制、强化智能技术支撑、深化日常管理四个重点，引入各类新型安全防护技术和设备，进一步减少现代教育治理信息安全薄弱环节，以网络态势可感知、网络攻击可预判、网络事件可管控为目标，确保教育系统网络的安全性、完整性。二是教育行政部门及学校要引入智能技术尤其是人工智能技术对数字化学习产品进行评价审查，因为人工智能技术能够自动识别包含色情暴力、网络游戏、商业广告等不良信息的数字化学习产品，并自动处理。与此同时，相关部门借助智能技术的技术红利要加强研究，不断完善数字化学习产品的内容要求、审查标准和监管办法等，最终建立基于智能技术的青少年数字化学习产品的评价审查机制。三是建议建立全国统一的教育网络学习资源和系统治理协同机制，借鉴直播平台相关管理要求，允许社会及行业组织参与进来对网络学习

---

① 北京师范大学未来教育高精尖创新中心. 人工智能+教育蓝皮书［M］. 北京，2019.

资源和系统的质量进行监管。此外，建议质量监管部门利用K−均值聚类算法对各种网络学习资源和系统进行自动分类，通过支配关系对聚类后的资源和系统进行评价，引入优胜劣汰机制筛选优质网络学习资源和系统。①

① 叶海智，程清杰，黄宏涛. K−均值算法支持的优质网络学习资源筛选方法研究［J］. 中国远程教育，2014，10：62−66，96.

第十章　基于大数据的国家义务教育质量监测

开展基础教育质量监测是一项国家重大战略任务，是促进政府职能转变、强化国家教育督导、推进教育治理体系和治理能力的重要抓手，是关乎我国基础教育改革和发展全局、关系国家和民族未来的复杂系统工程。完成此项系统工程需要综合全方位的制度保障，覆盖全国的体系建设，以及科学有效的监测手段和方法。《中国教育现代化2035》进一步提出，要“推进教育治理方式变革，加快形成现代化的教育管理与监测体系，推进教育管理精准化和决策科学化。”利用互联网、大数据和人工智能等技术推进教育管理变革与创新，并构建相应的教育监测体系，依据数据开展科学的督政和督学，提升教育质量和促进教育公平，这是实现我国教育现代化的重要内容。

第一节　国家义务教育质量监测概述

一、基础教育质量监测的背景

（一）教育质量的界定

国际组织和各国政府，从不同角度、不同层面对教育质量进行界定。经济合作与发展组织（OECD）于1995年提出的教育质量框架包括教育背景（人口学背景、社会经济学背景），成本、资源、学校过程

（教育支出、人力资源、教育参与）和教育结果（学生结果、系统结果）三方面。此外，联合国教育、科学和文化组织、欧盟等组织从不同角度、不同层面对教育质量进行了不同的界定，其核心均直接指向学生的学习结果，即学生所获得的知识和认知能力；并认为能在学生身上体现出的这种学习结果才是基础教育质量的关键问题，它对整个社会经济发展水平起着至关重要的作用。

（二）教育质量监测引入

如何对学生所获得的知识和认知能力进行测量？如何获取与之相关的各种信息？如何对整个基础教育质量进行全面、深入的分析？如何有效诊断基础教育质量问题及根源？如何为政策制定者及教育密切相关的各级各类群体提供有用的反馈并促进其不断改进？

为了解决这些问题，亟须引导社会树立正确的教育质量观，建立基础教育质量监测制度，探索以学生所获得的知识和认知能力为测量的核心内容，因此基础教育质量监测开始在各国兴起，并逐渐发展起来。

（三）各国基础教育质量监测概况

20世纪80年代后期到20世纪90年代，越来越多的国家和地区开始关注教育质量，深刻认识到教育质量的意义，尝试开展大规模的基础教育质量监测活动，在监测目的、组织模式、测评学科和年级、数据采集分析及结果应用等方面积累了大量宝贵的经验。

1. 国际数学和科学成就趋势研究（TIMSS）

国际数学和科学成就趋势研究（Trends in International Mathematics and Science Study，TIMSS）是由国际教育成就评价协会（International Association for the Evaluation of Educational Achievement，IEA）发起和

组织的国际教育评价研究和评测活动。TIMSS评价每四年组织一次，测试具体领域由数学、科学成就和影响因素两部分组成。TIMSS于1955年发起，是当今世界参与国家最多、影响最广且最严格的国际比较教育研究。

2. 国际阅读素养进展研究（PIRLS）

国际阅读素养进展研究（Progress in International Reading Literacy Study，PIRLS）是由国际教育成就评价协会（IEA）主持的大规模地对学生的阅读素养进行评价的国际比较研究。PIRLS从2001年开始，以四年级学生的阅读素养为评价核心，包括阅读成绩、阅读行为和阅读态度。PIRLS第一次评估在2001年举行，有35个国家参与；第二次评估在2006年举行，有45个教育系统参与；第三次评估在2011年举行，有55个国家参与；第四次评估在2016年举行，有61个对象参与评估，包括50个国家及地区、11个基准实体（某个国家的一个地区或来自参与国的其他阶级或语言团体）。

3. 国际学生评估项目（PISA）

国际学生评估项目（Program for International Student Assessment，PISA）是一项由经济合作与发展组织统筹的学生能力国际评估计划。国际学生评估项目主要对接近完成基础教育的15岁学生进行评估，测试学生能否掌握参与社会所需要的知识与技能。

4. 美国国家基础教育测评

美国国家教育进步评估（National Assessment of Educational Progress，NAEP）也称为“国家成绩报告单”，是美国国内唯一长期且具有全国代表性的教育评价体系，在美国教育领域占据着独特的地位，在世界范围内也产生了重要影响，成为其他国家建立教育质量监测体系的榜样，被多个国家借鉴和模仿。

NAEP的实施首要目标是向美国公众报告中小学的教育状况，促进教育质量和学生学业成就的不断提高。自1969年正式开始实施以来，NAEP已经在美国开展40多年，为美国各州和联邦政府提供一个常规的学生学业质量标准，对评估美国全国范围、各州以及不同地区的基础教育质量，促进成绩较差的学校和学区改进教学方式，提高学生成绩方面起到了显著的效果。

5. 其他基础教育测评

英国于2010年4月1日开始，针对国家课程体系进行评价，要求公立学校中处于关键阶段末的学生必须参加，并由资格与考试管理局负责评价监管，保证评价公正、高效实施。法国国家测评根据国家基础教育发展目标，了解全国学生整体学业水平的发展状况与趋势，获得教育发展状况图景，进而评价教育政策的效能，为教育决策服务。德国国家教育质量监测体系由参加国际学生测评项目、基于德国国家教育标准的国家考试、各联邦州开展全州范围内的测验系统等三个层级组成，通过学生在国家考试中的成绩反馈给各级教育行政部门、学校、教师和学生，实现通过对基于标准的教育考试来改善德国教育质量。

澳大利亚和新西兰均开展了国家基础教育测评。澳大利亚的国家评估项目（National Assessment Program，NAP）是澳大利亚政府于2008年启动的全国性评价项目，由联邦政府采用招标的方式委托澳大利亚教育研究所（ACER）和澳大利亚考试中心（EAA）等机构分别承担。NAP评估内容主要分为学术成绩评估、非学术成绩和能力评估两大部分，在教育公平化、课程改革等方面的相关研究结果引起澳大利亚政府的重视，引发政府对本国教育的反思和改革。新西兰国家教育监测项目

（National Education Project，NAMP）由新西兰教育部提供资金，委托奥塔哥的教育评估研究团队负责国家教育监测项目的具体运行。项目主要监测学生的学业成就，提供关于学业成就的可靠和全面信息，全面反映新西兰教育情况。

亚洲的日本、韩国也进行了相关工作。日本国家基础教育质量监测全国学历调查，旨在审查教育政策的成果和问题，以提出相应的改进措施。它以小学六年级和初中三年级的学生为调查对象，考查学生对《学生指导要领》内容的掌握情况，同时收集学生生活等方面的信息，其测评结果对日本教育产生重要影响。目前，韩国已形成比较完备且具特色的基础教育监测评价体系，以基础教育阶段学生为对象的测评有：全国小学三年级基础学历诊断评价和全国学业水平测试，并在测评结果应用上，韩国基础教育质量测评体系体现出多样性和实效性。

二、基础教育质量监测的必要性

（一）我国基础教育外延式发展

2019年7月24日发布的《2018年全国教育事业发展统计公报》中指出，我国共有义务教育阶段学校21.38万所，招生3 469.89万人，在校生1.50亿人。

全国共有普通小学16.18万所，比2018年减少0.52万所，下降3.11%。另有小学教学点10.14万个，比2018年减少0.16万个。招生1 867.30万人，比2018年增加100.74万人，增长5.70%；在校生10 339.25万人，比2018年增加245.56万人，增长2.43%；毕业生1 616.49万人，比2018年增加50.59万人，增长3.23%。小学学龄儿童净入学率达到99.95%，如图10-1所示。

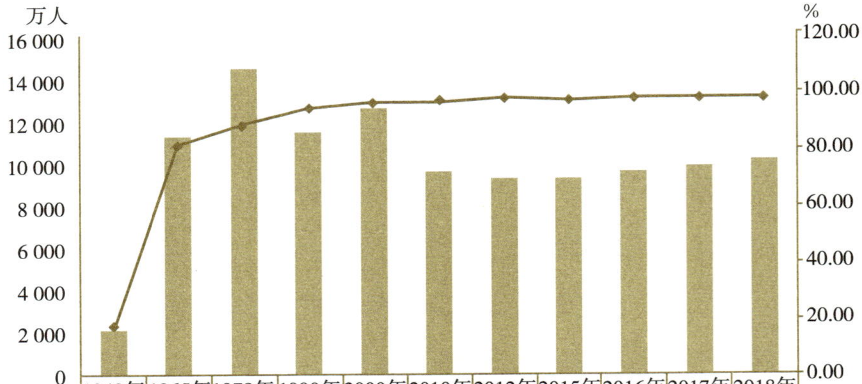

	1949年	1965年	1978年	1990年	2000年	2010年	2012年	2015年	2016年	2017年	2018年
在校生	2 439	11 621	14 624	12 241	13 013	9 941	9 696	9 692	9 913	10 094	10 339
净入学率	20.00	84.70	94.00	97.80	99.10	99.70	99.85	99.88	99.92	99.91	99.95

图10-1　小学在校生与净入学率

全国共有初中学校5.20万所（含职业初中11所），比2018年增加88所，增长0.17%。招生1 602.59万人，比2018年增加55.37万人，增长3.58%；在校生4 652.59万人，比2018年增加210.52万人，增长4.74%；毕业生1 367.77万人，比2018年减少29.70万人，下降2.13%。初中阶段毛入学率100.9%，如图10–2所示。

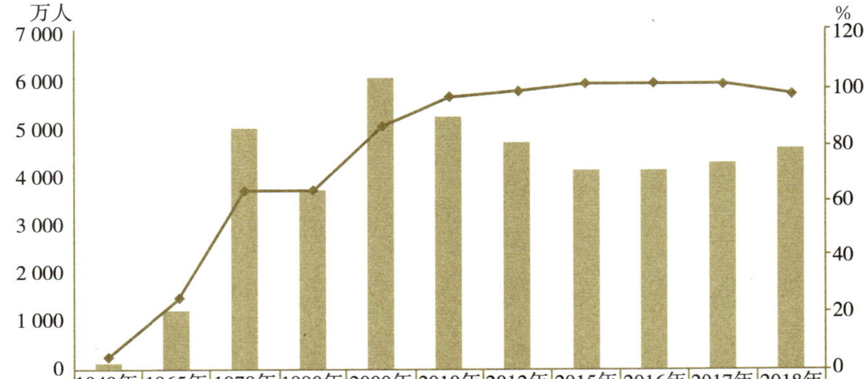

	1949年	1965年	1978年	1990年	2000年	2010年	2012年	2015年	2016年	2017年	2018年
在校生	95	1 171	4 995	3 917	6 256	5 279	4 763	4 311	4 329	4 442	4 653
毛入学率	3.1	22	66.4	66.7	88.6	100.1	102.1	104.0	104.0	103.5	100.9

图10-2　初中阶段在校生及毛入学率

现阶段，“有学上”问题基本解决，我国教育正在经历从“有学上”到“上好学”、从追求规模到追求质量的内涵式发展转变。

（二）基础教育质量有待提高

（1）学生发展现状堪忧。素质教育全面实施十多年来，其理念已深入人心。但在学校和家庭的教育实践中，往往难以深入实施，学生全面发展、个性发展得不到真正落实。学生课业负担过重、健康体质状况下滑、社会责任感缺失、创新精神不足、实践动手能力差等问题，已成为困扰我国基础教育改革发展的“顽症”。有关数据显示，全国58%的学生存在严重的考试焦虑情绪，八年级学生中有抑郁倾向的超过30%，近视率达42.6%，22%的学生不愿意上学，15%的学生有严重厌学情绪。这些问题触目惊心，直接影响到亿万儿童及青少年的健康成长，影响到每一个家庭的幸福，影响到我国人力资源开发的水平。针对这些问题，国家已采取了诸多干预措施，但至今未能有效缓解。其中一个关键原因是对基础教育质量状况缺乏科学、全面、深入的诊断，导致所采取的政策措施缺乏针对性，实施效果不佳。要想真正走出素质教育的“困境”，必须建立基础教育质量监测体系，在学生发展各个阶段，对其德、智、体、美等发展情况进行“体检”，科学诊断问题，揭示问题背后的深层次原因，为制定相关政策和实施质量改进提供科学依据。

（2）长期以来，受传统计划经济思维模式和行政模式的影响，我国教育存在管办评严重不分现象。以下三方面问题突出：一是政府职能定位不清，存在缺位、越位现象；二是学校办学自主权落实不到位，缺乏办学活力；三是社会力量参与和监督办学的积极性、主动性没有充分调动起来。解决上述问题，必须推进政府职能转变和简政放权，按照“政府管教育、学校办教育、社会评教育”的原则，实现管办评分离。构建基础教育质量监测体系，由相对独立的第三方对教育质量作出评价，是在基础教育阶段推动管办评分离的重要举措。《国家中长期教育改革和发展规划纲要（2010—2020年）》明确提出，要“明确各级政府责任，规范学校办学行为，促进管办评分离，形成政事分开、权责明确、统筹协调、规范有序的教育管理体制”“完善监测评估体系，定期发布监测评估报告”。党的十八届三中全会通过的《中共中央关于全面深化改革若干重大问题的决定》特别强调，要“深入推进管办评分离”。落实上述决策部署，必须构建基础教育质量监测体系。

（3）教育内涵式发展质量不足。随着各级各类教育普及程度明显提高，我国基础教育改革发展的主要任务已经从“扩大规模”转变为“全面提高质量、促进内涵发展”。到了这个阶段，“有学上”的问题基本解决，“上好学”的矛盾越来越突出。相应地，政府和学校的工作重心必须聚焦到提高管理水平和改进质量上来；必须改变过去粗放的质量管理模式，及时、全面、深入、细致把握基础教育质量状况，为有关教育管理行为和教育决策提供科学依据，以便更加合理地安排和使用教育经费，更加有针对性地组织实施教育重大工程项目，更加有效地采取质量改进和干预措施，推动教育管理由“粗放式”向“精细化”转变，推动教育决策由“经验型”向“科学化”转型。

（三）提升基础教育质量的要求

从分析影响教育质量的基本要素出发，提升教育质量有三个基本途径，即改善资源（学生、师资队伍、学校设施）、提升内涵（学校课程、学校文化、校外力量）、优化行为（教育、教学、管理、教研）。理性表明寻求提升教育质量的基本路径和策略，必须先要回答好三个基本问题，即教育质量的发展状况如何？影响教育质量的基本要素相互之间的联结关系是什么？这些基本要素对受教育者的作用机制是什么？正是由于教育质量自身的复杂性，以及对教育质量的认识还存在局限性，现实中面临的困难在于“发展状况众说纷纭，联结关系错综复杂，作用机制迷雾重重”，教育过程的“灰箱”阻碍了提升教育质量行为的专业性。

基于数据的学业质量监测则具有以往基于经验的教育研究所不具备的独特的技术手段和思维方式，因而为回答上述三个基本问题提供了可能（见图10–3）。基于数据的学业质量监测的专业性体现在以下四方面：①“以数为据”。教育质量监测可以依托教育质量监测大数据，让教育研究从经验走向实证，用数据说话，科学解释教育规律、教育现象和教育问题。②“以智赋能”。教育质量监测可以依托先进的教育评价理念和教育测评技术，促成监测“大数据”与教育评价的快速融合，利用监测大数据揭示的教育规律，通过“大数据”的有效运用为教育行为和教育决策赋能。③“精准诊断”，有别于传统的考试，它从分数走向因素，从孤立走向联系，从表象走向追因，可以准确发现教育现实生态中存在的问题，并进行预判预警。④“靶向改进”。教育质量监测结

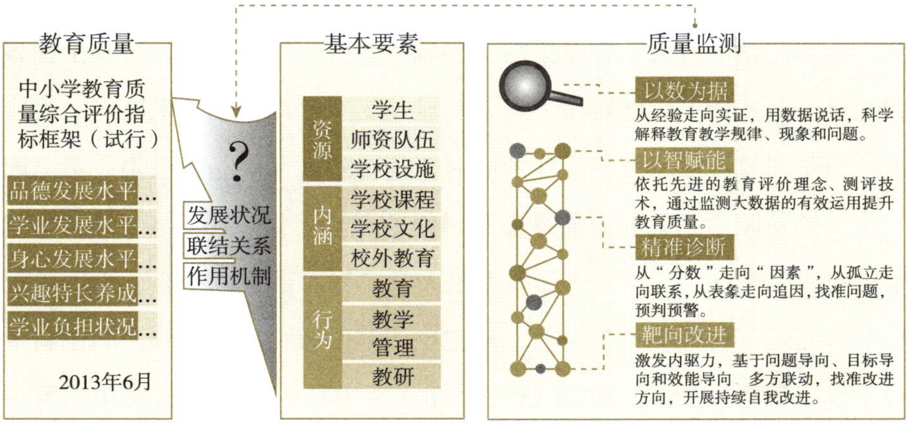

图10–3 教育质量与教育质量监测的关系

果的运用可以通过“问题导向、目标导向和效能导向”，将“压力传导”变为“压强传导”，一方面通过多方联动实现协同改进，另一方面通过激发教育实体自我发展的内驱力，实现持续的自我改进。

教育质量监测可以为教育生态提供客观公正、快速高效、科学准确、全面系统的教育质量健康体检，可以让教育过程的“灰箱”可视化。

党和国家高度重视教育质量评测。党的十八届三中全会通过的《中共中央关于全面深化改革若干重大问题的决定》中提出“深入推进管办评分离，强化国家教育督导，委托社会组织开展教育评估监测。”国家教育体制改革领导小组在《关于深入推进教育管办评分离 促进政府职能转变的若干意见》中提出“支持专业机构和社会组织规范开展教育评价，推进依法评价，建立科学、规范、公正的教育评价制度。”

三、我国基础教育质量监测制度的建立

教育部基础教育质量监测中心由中央机构编制委员会办公室（以下简称“中编办”）于2007年9月获批，11月30日在北京师范大学揭牌成立。依靠北京师范大学在全国教育领域的资源优势，组织、协调全国各相关单位、各相关领域科研力量，建设一支专兼结合的专家队伍，在实施全国基础教育质量监测工作的同时，指导各地开展基础教育质量监测工作，推动国家基础教育质量监测网络的逐步建立。2012年7月，由北京师范大学牵头，联合5所部属师范大学、教育部考试中心、中国教育科学研究院、科大讯飞公司等，成立中国基础教育质量监测协同创新中心（以下简称“质量监测中心”）。2014年10月，该中心被成功认定为国家协同创新中心。质量监测中心是为落实十八大提出的推进国家治理

体系和治理能力现代化的精神要求，保障国家义务教育质量监测事业而布局成立的。

（一）建设使命

质量监测中心旨在通过多学科融合、人才汇聚和技术集成，通过高校、政府、企业、教育一线协同联动，完成国家基础教育质量监测亟须的制度设计、标准工具开发、数据采集与分析平台建设，以及基于监测结果的决策支持和质量提升等核心任务，从而构建具有中国特色、国际可比的国家基础教育质量监测体系，科学、准确、及时地“把脉”全国基础教育质量状况，推动教育管理和决策的科学化，引导全社会树立和践行科学的教育质量观，推动我国基础教育质量水平不断提升，促进亿万儿童青少年全面、个性化发展，全面提升我国人力资源开发水平，为建设教育强国和人力资源强国奠定坚实的基础。

（二）发展目标

总体目标：经过十年的建设，将中心建设成为国际领先的基础教育质量研究中心；国内权威的基础教育质量监测实施机构；具有社会公信力的国家基础教育质量信息发布与共享平台；国际一流的基础教育质量高端人才汇聚与培养中心；国家基础教育质量决策支撑平台。

（三）具体任务

1. 科学研究方面

紧紧围绕中心目标，明确五大科研攻关任务，在基础教育质量基础研究、关键技术、标准与工具研发、数据采集与分析、监测结果应用等方面，组织开展持续深入的研究，解决基础教育质量监测面临的重大理论问题、技术问题和实践问题，为实施基础教育质量监测提供科学理论的依据和方法技术支撑，如图10–4所示。

图10-4　质量监测中心科学研究任务的总体设计

2. 学科建设方面

明确两个建设方向：一方面，致力于提升教育学科服务国家重大需求和基层教育教学实践的能力，促进教育学科的转型。另一方面，加强基础教育质量监测学科群建设，建立“教育统计、测量与评价”二级学科，发展计量教育学、教育数据挖掘、教育媒体学等新型交叉学科，为持续深入开展基础教育质量监测提供学科平台。

3. 人才培养方面

一是培养百余名教育测量统计与评价方向的高端研究型人才；二是培养千余名能解决教育重大现实问题的监测领域应用型人才；三是培训万余名能够熟练运用教育监测结果指导教学实践，改进教育效能的督导、教研和管理人员。

4. 社会服务方面

一是承担并高质量完成国家层面部署和委托的基础教育质量监测任务；二是帮助省、市、县各级加强基础教育质量监测能力建设，满足地方基础教育质量监测需求；三是建立国家基础教育决策支持系统，发挥教育监测的决策服务功能；四是建立健全基础教育质量监测信息的公开公告制度，正确引导社会舆论，营造良好舆论氛围；五是推进教育管办评分离，探索加强教育督导的有效途径；六是总结推广基础教育质量改进方面的先进经验；七是为基层教育行政部门和学校提供深层次咨询服务。

此外，团队建设、资源汇聚和体制机制的探索和建设也是中心的重要工作。

第二节 国家义务教育质量监测的进展

围绕国家基础教育质量监测这项核心工作，质量监测中心通过搭建平台、共育人才、合作研究、共享成果等方式，与国家相关部委、地方政府、教育行政部门、兄弟院校、科研机构、企业、社会媒体之间建立了有效的协同机制，在监测制度建设、监测标准与工具研发、数据采集与分析、监测结果发布与应用等领域取得了一系列重大成效。

一、国家义务教育质量监测制度建立

2015年4月，由质量监测中心协助教育部起草完成的《国家义务教育质量监测方案》（国教督办〔2015〕4号），通过教育部新闻发布会公开发布，标志着我国义务教育质量监测制度的正式建立。该方案明确了国家义务教育质量监测的目标、原则、学科、对象、周期、时间、内容等，如图10–5所示。该方案同时为推动教育督导制度的变革和转型、建立“督政、督学、评估监测”三位一体的教育督导体系提供了重大支撑。《国家义务教育质量监测方案》内容概览如图10–5所示。

“国家—省—区县”三级教育质量监测网络基本形成。在国家层面，着重从部门职能整合优化、管理机制和制度建立完善、人才培养培训等多方面不断推进国家监测机构建设，以全局的视角统筹组织各方面、各层次的资源和力量，构建运转高效、保障有力的国家教育质量监测网络。在省域层面，中国基础教育质量监测协同创新中心积极帮助和指导各省建立省级监测机构、开展区域教育质量监测，在质量监测中心认定以后，通过人员培训、业务指导、技术咨询等方式，先后扶持9个

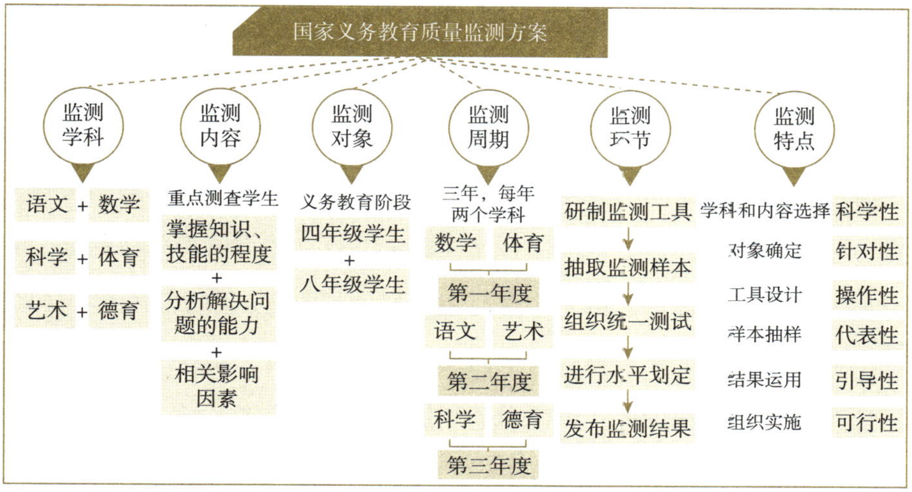

图10-5 《国家义务教育质量监测方案》内容概览

省份建立了省级监测机构，我国目前建立省级监测机构的数量达到28个。在区县层面，以“教育质量综合评价”为依托，指导区县开展教育教学改革与改进行动，引领教育评价理念与方式变革，不断推动区县教育质量评价能力和水平的提升，为建立完善区县教育质量监测网络提供了重要支撑。全过程质量监控与保障机制基本确立。整个监测工作过程被切分为研究研发、数据采集、数据分析、结果应用四大环节，每一个环节又进一步细化为具体的工作项目，每一项工作的目标、要求、负责人、时间节点等均严格确定，每一项工作的进行和完成均要接受检验、质询与审核，实现了对整个监测工作的科学化、精细化管理，从而确保了监测工作的质量。通过构建全方位协同推进监测的工作机制，逐步厘清了国家教育督导机构、国家监测中心、地方各级教育督导机构的工作职责，形成了各司其职、各守其责、相互支撑的良性互动局面。

二、监测标准和监测工具的研制

1. 研制了涵盖学生德智体美劳的监测标准体系

由百余名专家研发完成的数学、语文、科学、德育、艺术、体育与健康六大学科的监测标准体系通过了教育部审定。该标准体系具有权威性、科学性、可操作性、国际可比性四个特点。尤为值得关注的是，教育质量监测将德育、艺术、体育与健康列为与语文、数学、科学同样重要的监测学科，引导和推动了全面发展理念在地方和学校的实施。在这一监测导向下，不少地区将艺术监测的内容纳入中考范畴，很多中小学校甚至将体育与健康监测的有关运动项目作为校园体育活动的重要组成部分，对学生体质健康、艺术素养的提升起到了很好的促进作用。此前，国内尚没有完整、系统、权威的义务教育质量监测标准，这一监测标准有效填补了我国教育质量监测领域的空白，破解了困扰我国教育评估领域多年的教育质量难以量化的难题，为在全国范围内开展大规模教育质量监测奠定了坚实的基础。

2. 研制了多形态、标准化测查工具

面对测量工具的缺乏，中国基础教育质量监测协同创新中心研制了六大学科的多形态标准化的测查工具，见表10-1。其中，既包括传统的纸笔测试工具，也包括表现性操作测试工具，还有基于信息技术的新型监测工具（具体将在下节介绍）。其中，艺术、德育的监测工具在国际教育质量监测是非常少见的、难度系数也较高，中国基础教育质量监测协同创新中心的技术突破引起了一些国际组织的高度关注，他们纷纷寻求与该中心进行经验交流、技术探讨及相关合作，国际上很多监测评价专家、学者还多次参加了中心主办的各类国际会议，对中心在有关监测领域上取得的突破和进展给予了高度评价。联合国教科文组织全球教育监测报告项目主任马诺斯·安东尼斯说到：该中心的发展态势让我感到惊叹，尤其是你们发挥自身优势特色取得了创造性成果，并能慷慨地与其他同行机构分享，这点尤为值得称赞。监测工具、类型和监测内容见表10-1。

表10-1　监测工具、类型和监测内容

类型	监测工具	监测内容
传统监测工具	纸笔测试工具	数学、语文、科学等学科能力
	操作测试工具	体质健康、科学实验能力
新型监测工具	基于语音技术的演唱测试系统	音乐演唱能力、英语口语、汉语交流
	基于人工智能的游戏化测评系统	空间思维、创造性思维、解决问题能力
	基于人机交互、机器学习的测评系统	科学探究能力

三、建成国家义务教育质量数据采集、存储与分析平台

1. 建立了高效的数据采集及数据质量监管系统

目前，已建立健全包括国家义务教育质量监测、国际学生评价项目（PISA）中国区测试、个体实施动态监测等多个数据采集系统。尤其是在研究网络测评与纸质测评的等价性基础上，研发了针对学生、家长、教师、校长的网络调查系统，通过内设逻辑判断功能，极大地提升了数据采集的效率和数据质量，避免了大量的纸质资源浪费；基于任务流和多层次的业务流转模型，研发了严格规范的数据可视化采集监管系统，实现了同时对多个项目的监督与管理，以及对监测前准备、监测中进展、监测后反馈等全过程的动态监控与实时指导，有效提升了监测组织实施的管理效率和质量。

2. 建立了自动化的数据存储与分析平台

基于云技术建成了数据存储平台，实现了对纸笔测试数据、在线问卷调查数据、语音测试数据、机器自动评分数据等多形态数据的有效存储；基于测量学理论方法与人工智能融合技术研发了大数据自动清理系统、大数据结构化处理分析系统、学生学业质量标准划定系统等，极大地提升了数据清理和分析工作的效率与质量。如早在2016年艺术学习质量监测中，利用音乐演唱测试系统在全国同一天对5万余名学生进行了音乐演唱数据采集，并采用语音识别、机器学习的客观评价技术，对学生的音乐表现进行了自动化多维度评分，评分准确率达到99.9%。音乐电子化测试系统实现了语音数据采集、数据储存、结果评分的一体化和智能化。

3. 建立了我国首个义务教育质量数据库

根据近五年对全国1 112个区县的教育质量监测，建立了目前国内唯一的包含中小学生在语文、数学、科学、体育与健康、艺术、品德等多领域全面发展结果及来自个体、家庭、教师与学校等多层面影响因素的数据库。该数据库实现了我国义务教育数据的以下三个转变：①从投入数据到过程数据。质量监测中心设计实施面向学生全面发展结果的系统监测，获取了学生德、智、体、美、劳等方面发展状况的一手数据，填补了我国基础教育统计数据长期围绕经费、硬件、设施、资源等办学条件状况，而缺乏学生学习结果数据的空白。②从区域监测数据到全国监测数据。国家监测数据具有全国代表性，其在全国层面抽样误差小于1%，在各省层面抽样误差小于4%，克服了我国长期存在的基础教育质量评价数据局限于部分区域、全国代表性缺乏的缺陷。③从横向数据到纵向数据。通过等值技术的运用，能对我国义务教育质量进展变化进行纵向追踪和趋势分析，实现教育数据从横断数据到纵向数据的重大转变。

四、监测结果为教育决策提供科学数据

质量监测中心基于监测数据撰写了多份国家报告、省级报告和区县报告，并不断创新监测结果的运用方式和渠道，为国家和省级基础教育改革发展的相关政策制定提供了有力支撑。

1. 研制我国首份《中国义务教育质量监测报告》

2015—2017年，质量监测中心共向教育部报送关于学生数学、语文、科学、体育与健康、艺术、德育六个学科共24份国家监测结果报告。2018年7月24日，质量监测中心通过教育部门户网、“微言教育”公众号和《中国教育报》正式发布了《中国义务教育质量监测报告》。报告系统反映了我国学生在德、智、体、美、劳等方面的发展状况，在义务教育应当“培养什么人”和“如何培养人”方面发挥了重要的“指挥棒”作用，科学引领了义务教育健康发展；同时能对国家和地方义务教育质量发展状况进行全面“体检”，为政府教育政策调整、实现精细化管理提供科学依据，为义务教育教学改进提供有针对性的指导和建议。

2. 国家监测结果成为国家督导评估的重要指标

2017年，教育部印发《县域义务教育优质均衡发展督导评估办法》。它明确将国家义务教育质量监测结果作为一项重要指标，要求参评优质均衡发展的区县在国家义务教育质量监测中，相关科目学生学业水平达到Ⅲ级以上，且校际差异率低于0.15。引入国家有关教育质量监测结果作为国家教育督导评估的核心指标，这在我国教育督导历史上尚属首次，有效突破和解决了对教育质量进行督导评估的难题，为科学、

准确评估区域优质均衡发展提供了重要支撑，有助于进一步提升教育督导评估的权威性和专业性。同时，这也标志着国家义务教育质量监测结果在国家层面得到了重大应用，进一步彰显了监测的重要价值和作用。

五、指导地方开展教育质量监测结果应用

1. 为地方反馈、解读监测结果

基于国家监测数据结果，质量监测中心向各样本省提供了多份省级教育质量监测结果报告、区县教育质量监测结果报告，并组织开展监测结果反馈、解读活动，指导地方将监测结果用于教育决策调整和教育教学改进工作中。例如，质量监测中心通过聚焦课时超标、课业负担重等问题，向北京市提出了进一步减轻学生课业负担的建议。据此，北京市出台了多项政策措施，并联合各部门建立了专项督导检查制度，开展中小学生课业负担情况常态监测和专项督导，有效遏制了学生课业负担过重的势头。质量监测中心接受浙江省委托开展的2016年中小学教育质量综合评价监测结果发现，浙江省半数中小学生睡眠不达标，中小学生每天吃早餐的学生人数也有待提升。为此，浙江省教育厅出台了《关于在小学施行早上推迟上学工作的指导意见》(浙教基〔2018〕11号)，在全省范围内实施推迟上学作出部署，提出具体要求。质量监测中心基于监测结果，组织专家就安徽省合肥市包河区部分学科教师入学学历不达标、专业不对口、教师结构性缺编等问题提出了相应的政策建议，当地教育部门据此采取了包括优先补充音、体、美、英学科教师、引进体艺专业人才、建立区艺体和外籍教师服务中心等系列举措，有力促进了相关问题的解决。通过帮助和指导地方运用监测结果，进一步提高了地方教育决策的针对性和有效性，提升了地方教育管理精细化水平，推动

地方补齐制约教育质量的短板和不足，有助于从整体上促进教育质量不断迈上新台阶。

2. 应地方需求持续开展教育质量监测评价培训

通过监测实施培训、监测结果反馈、区域监测专题讲座等方式，质量监测中心帮助监测人员提升了开展教育质量监测的技术水平和专业技能，帮助行政领导提升了基于客观数据的科学决策能力，帮助教育督导提升了基于监测结果开展督政督学工作的能力，帮助教研人员、校长、教师等读懂监测结果并将其用于指导教育教学改进。质量监测中心自认定以来，直接培训各级监测人员5 000多名、各级督导人员30 000多名，教研人员、校长和教师等40 000多名，覆盖31个省市（自治区、直辖市）和新疆生产建设兵团。同时，质量监测中心为全国各省教育质量监测机构的建立提供了重要的专业支撑。在质量监测中心认定以后，通过人员培训、业务指导、技术咨询等方式，先后扶持9个省份建立了省级监测机构，我国目前建立省级监测机构的数量达到28个。

3. 建构了推进区域教育质量提升的综合模型

通过全面科学的教育质量监测，发现区域教育质量存在的主要问题及影响区域教育质量的关键因素，质量监测中心指导和推动区域开展教育质量提升行动，成功建构了高校与地方协同、基教—督导—教研部门联手共同推进区域教育质量提升的综合模型，即高校与地方联合把脉诊断、基教—督导—教研部门共同制定整改方案、督导部门跟踪推进问题整改、教研部门指导教育教学改进。这一模型充分发挥了高校专家研究与引领的优势与地方专家教育教学实践与研究的特长，打破了各个教育部门原有分工的边界，建立了监测—诊断—整改—改进的全过程质量提升体系，极大提高了区域教育治理能力，有效促进了区域教育优质均衡发展。目前，该实验模型服务范围已覆盖全国29个省、200余个区县、5 000多所学校，有近20万名教育局局长、学校校长、教师和近30万名学生从中获益。

第三节　信息化支持的国家义务教育质量监测

信息时代，教育测评需要进一步升级，建立一套科学、系统的教育评价体系与标准。新兴的智能技术，如5G、云计算、大数据、语音识别、机器学习、数据可视化技术等，使得评价比以往更能接近学生的真实能力与水平，使得基础教育质量评价从理念、方法到技术均在发生着变革与重构。

依托于大数据、人工智能、语音核心技术，运用“互联网+”的思维方式和大数据云计算、人工智能等新一代技术，以教育质量监测为基础，以教育数据的汇聚、分析为核心，全面打造网络化、智能化的监测评价云平台，推动国家义务教育质量监测工作的创新与变革，实现对基础教育阶段学生的学习质量和身心健康状况，以及影响学生发展的相关因素进行全面、系统、深入地测评，实现教育质量监测从传统的纸笔测试逐步过渡到基于互联网的自适应测试，最终实现基于大数据挖掘技术的个体化实时监测。

一、新型监测工具

1. 演唱测试系统

为了更好地全面贯彻落实九年义务教育全日制音乐教学大纲中的要求，改变以往演唱测试录像视频数据采集方式，质量监测中心在2016年应用人工智能技术，研发演唱测试系统，实现语音数据的数据采集。该演唱测试系统已成功应用于2016年和2019年的国家义务教育质量监测中。

演唱测试系统采用专用耳麦进行音频采集，基于所采集的测试数据，依照专业评分标准，在一定数量的专家评分数据的基础之上，建立计算机评分模型，进行大规模机评工作。通过国家义务教育质量监测演唱测试后台监控系统对回传音频进行逐校逐个的监控，以保证测试数据完整、及时地回收。

演唱测试系统的应用，不仅有助于掌握学生四年级、八年级音乐表现性水平，而且体现了电子化测试的先进性，使信息化技术在国家监测层面得到大面积应用和体现。由此不仅可以加强对音乐表现性进行大规模电子化测试的评价导向，而且对教育质量监测起到示范、引导的作用。演唱测试系统演唱练习界面如图10-6所示。

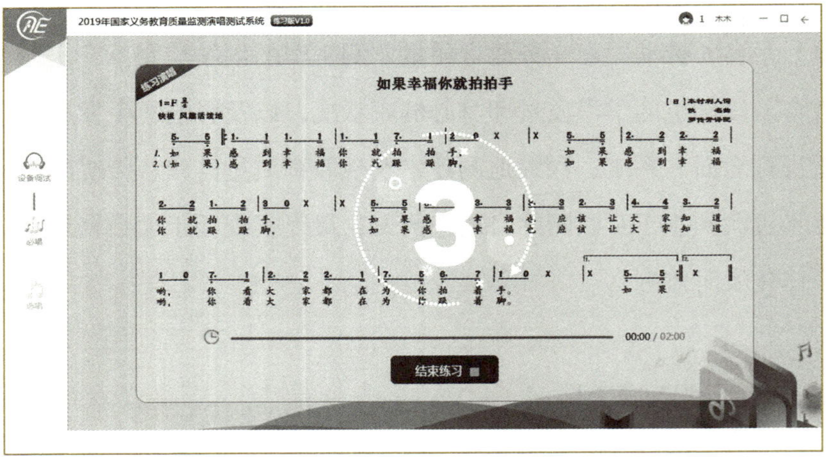

图10-6　演唱测试系统演唱练习界面

2. 创造力测评系统

关注测评领域的新进展，利用游戏营造虚拟的、系统的、有趣的高级认知能力测评环境，质量监测中心研发了一组聚焦21世纪技能（21st Century Skill）的游戏测评系统——创造力测评系统。包括测量创造力（Creativity）、复杂问题解决能力（Complex Problem Solving）、批判性思维（Critical Thinking）、信息素养（ICT literacy）等游戏，将实现学生实际能力的发展与学校教学、学习与应用紧密相连。

例如，测量创造力的“野外历险记”，如图10-7所示，延续了传统的发散性思维测验逻辑（Torrance Tests of Creative Thinking，TTCT），以证据为中心的设计（Evidence Centered Design，ECD；Mislevy，Steinberg，& Almond，2003）为测验开发框架。在原始时代的2D（Dimensional，维度）虚拟游戏场景中，学生面临各种各样的原始人生存的“目标”和“困境”，通过操作游戏界面上的人物、动物、自然生物组成故事。游戏开发时，研究者预设了几百种动画剧情、几十种不同方法供学生探索。“野外历险记”引导学生寻找环境中的信息，从多个角度思考问题、解决问题，从而测量出学生在“真实情景”中的创造力。创造力测评学生探索界面如图10-7所示。

图10-7　创造力测评学生探索界面

3. 科学交互式测评系统

为进一步从简单的评价过渡至有效地评价学生的科学认知、推理、归纳、演绎和探究能力，质量监测中心研发了交互式科学能力测试系统，借助计算机测试系统和人机互动技术的支持，通过完成不同程度的科学实验任务，收集学生在进行科学实验探索过程中的过程和结果数据，实现对学生高级能力的测评。科学交互式测评系统项目简介界面如图10-8所示。

图10-8　科学交互式测评系统项目简介界面

4. 写作能力测试系统

写作能力测试系统基于LTP的Python封装（Language Technology Platform，PYLTP）分词包对学生写作文本进行分词、分句、语义分析、词性标注、命名实体识别、句法分析、语义角色标注，提取学生写作文本特征，建立作文自动评分预测模型，实现语文写作能力网络化测评。写作能力测试系统解析界面如图10-9所示。

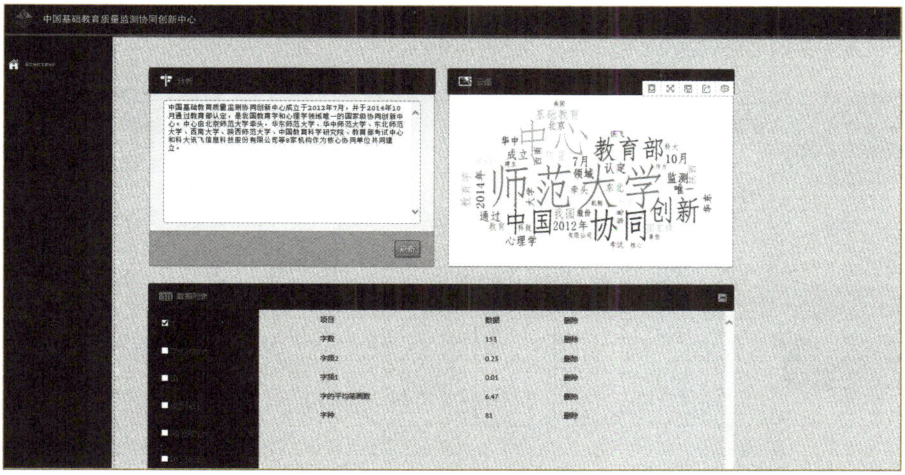

图10-9　写作能力测试系统解析界面

二、国家义务教育质量监测数据采集

国家义务教育质量监测范围为全国31个省市（自治区、直辖市）和新疆生产建设兵团，利用信息化手段快速、准确地实现监测过程中数据采集工作，实现全国监测样本抽取，实施监控把关，研发基于网络的自适应问卷调查系统，实现采集数据零缺失、零异常值，提升数据的准确性。

1. 信息上报及抽样系统

信息上报与抽样系统主要用于完成监测过程中的三阶段分层不等概率的抽样工作，目的是根据各级上报信息（如教育部发展规划司提供的全国所有区县信息、样本县提供的学校信息和样本校提供的学生信息）抽取对全国或者对全国31个省市（自治区、直辖市）和新疆生产建设兵团有较好代表性的样本，以便全面、准确、高效地了解与把握基础教育阶段全国学生学业质量及相关影响因素的基本情况。信息上报及抽样系统区县样本框概览页如图10-10所示。

图10-10　信息上报及抽样系统区县样本框概览页

2. 实施进展管理系统

国家义务教育质量监测实施进展管理系统（以下简称“实施进展管理系统”），对教育质量监测实施过程中涉及的工作环节规范化、标准化，使得工作任务落实到具体的执行人，翔实地保留工作成果，将工作进度精确计算并直观呈现，以达到监测实施工作高效无误、有条不紊地开展为目的。

该系统采用Web端+移动App端的方式建设，Web端重在完成复杂工作任务操作，移动App重在完成对工作结果质量的审核和完成进度的查看，既满足了工作的严谨性，又兼顾了移动办公的便捷性。实施进展管理系统省级实施进度监控界面如图10-11所示。

3. 问卷调查系统

国家义务教育质量监测问卷调查系统（以下简称“问卷调查系统”）以实现国家义务教育质量监测问卷测试为目的，了解四年级、八年级校长、教师、班主任的背景状况及相应信息，为进一步全面了解义务教育阶段多方面信息提供技术保障，使信息化技术在国家监测层面进一步得到应用和体现。问卷调查系统的采用解决了以往教育评价方式存在的调查手段单一、实时性差等弊端，实现测评方式低碳、绿色、环保。2017年首次大规模应用，实现电子化作答代替纸笔作答。教师数据信息化的采集减少了分拣扫描工作，很大程度上优化了数据采集、转化、清理工作。问卷调查系统角色选择界面如图10-12所示。

图10-11　实施进展管理系统省级实施进度监控界面

图10-12　问卷调查系统角色选择界面

三、国家义务教育质量监测数据处理与分析

数据分析及处理即挖掘大数据背后隐藏的数据特征，经过数据处理后获得价值信息，通过搭建数据分析与处理平台，集赋分、权重计算、指标合成、链库等功能于一体的大数据结构化处理，提供多功能、全方位的大数据分析处理，为报告分析提供基础数据库。

1. 基础数据报告系统

国家义务教育质量监测基础数据报告系统（以下简称“基础数据报告系统”），采用Python语言研发，内置基础数据表格算法，用户只需上传编码手册和调整系数，通过与Office交互，实现自动生成国家义务教育基础数据报告。基础数据报告系统批量生成界面如图10-13所示。

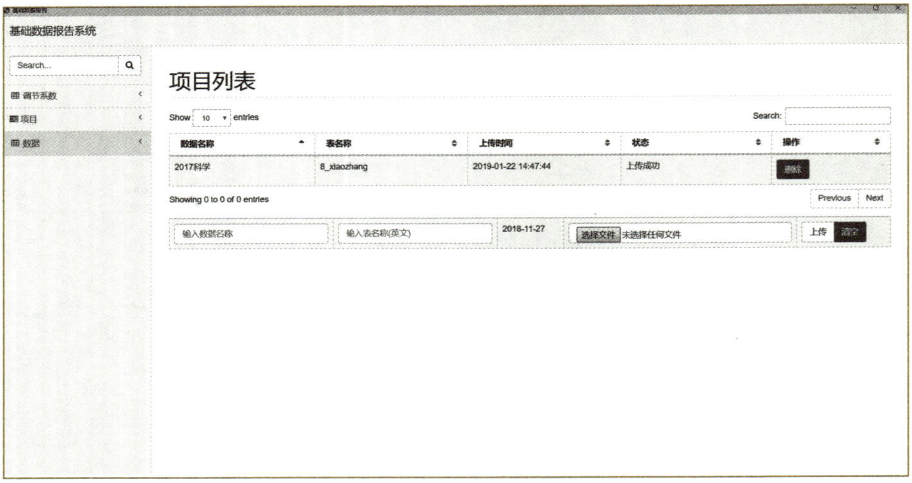

图10-13　基础数据报告系统批量生成界面

2. 自动化报告系统

国家义务教育质量监测自动化报告系统（以下简称“自动化报告系统”），采用Python语言开发，是基于Office插件机制实现的自动化报告

生成系统。通过与Office软件进行调用和数据交互，可以将不同类型的报告转化为报告模板，以供批量生成，从而提高教育质量监测结果反馈的效率。

自动化报告系统能够同步处理国家、省、区县各级各类数据，并将数据算法及显示逻辑内置到报告文档中，快速模板化报告内容（图片、表格、文字），从而实现报告模板的个性化定制。自动化报告系统新建报告项目界面如图10-14所示。

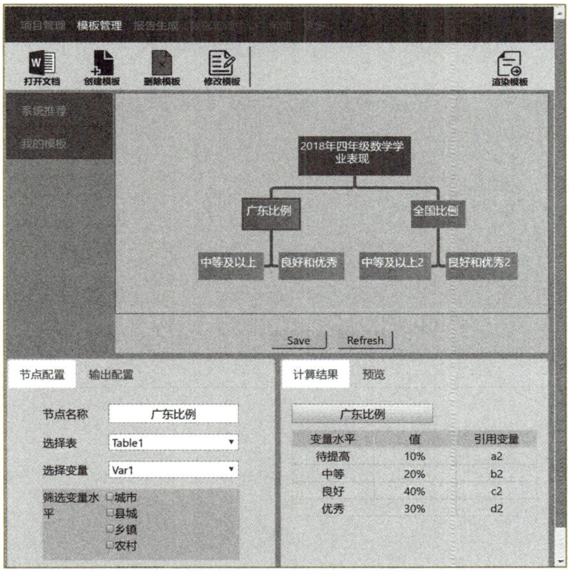

图10-14　自动化报告系统新建报告项目界面

四、国家义务教育质量监测结果应用及可视化

为科学、准确、及时“把脉”全国基础教育质量状况，推动教育管理和决策的科学化，一要解决面向教育决策者需求，从纷繁复杂的数据中抽取关键信息。质量监测中心基于云计算、大数据、移动技术等研发

系统，集成全国基础教育质量所有数据，构建反映我国基础教育质量状况的系列指数和可视化的基础教育质量地图。二要利用整合数据，构建理论和数学模型，开展国家重大教育政策实施前模拟预演，实施教学过程实时监控和效果评估研究，为各级教育工作者提供精细化服务。

1. 质量地图系统

国家义务教育质量监测质量地图系统（以下简称“质量地图系统”）将GIS的理念与技术应用到区域教育信息管理中，形成集数据收集、查询、分析为一体的区域教育信息管理服务系统。

该系统包含2008—2017年的全国基础教育质量监测数据，涵盖了学校、校长、教师、学生等多层次、多维度数据，从多个角度对全国、具体某省、某年的教育质量状况进行可视化分析。

该系统中的热图可以在多个地理区域显示某个教育指标的表现状况，区域颜色越趋近于绿色，表明该区域在该指标上的表现越好；区域颜色越趋近于红色，表明该区域在该指标上的表现越差。这种数据可视化的展现方式可以使区域教育决策者更加直观和高效地了解到本区域的指标表现状况、均衡状况，及其与其他区域的差距。

2. 教学过程动态监控系统

国家义务教育质量监测教学过程动态监测系统（以下简称“教学过程动态监测系统”）基于大数据与人工智能等核心技术，运用深度神经网络与决策路径分析法对学业水平、负担成因、压力来源、教学方法等进行相关性分析；依托大数据给出关键性测评指标，满足区校两级展开针对性教学改进与优化、教学改革与教学实验效果的科学验证，并运用回归分析进行闭环分析，促进区、校“教与教”“教与学”“学与学”的全面提升与改进。国家义务教育质量监测教学过程动态监测系统界面如图10-15所示。

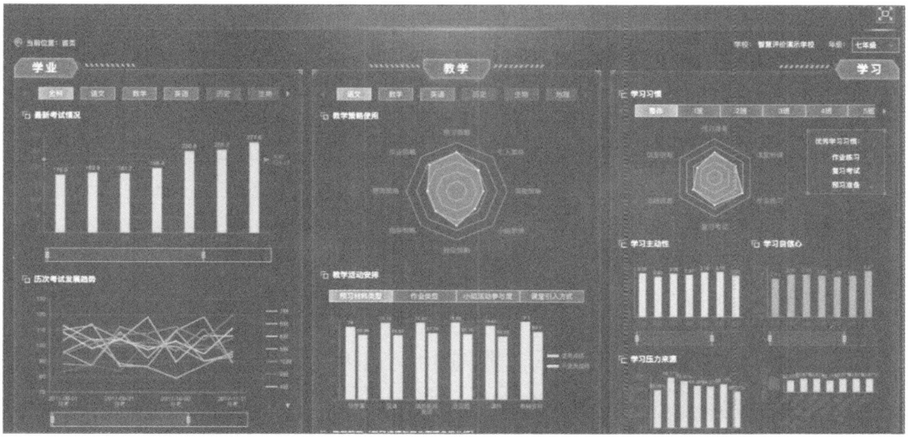

图10-15　教学过程动态监测系统界面

3. 课堂智能分析平台

国家义务教育质量监测课堂智能分析平台（以下简称“课堂智能分析平台”）基于新一代人工智能技术，覆盖全国部分定点学校，涵盖了语文、数学、政治、科学等学科，对教师、学生的课堂表现进行多维度、多视角的挖掘分析，实时展示对教师教学行为的分析，学生的参与程度等趋势，实现课堂教学的智能联动。课堂智能分析平台教学动态监测界面如图10-16所示。

图10-16　课堂智能分析平台教学动态监测界面

第四节　以监测评价推进教育治理方式变革——苏州市的实践

跟随国家层面基础教育质量监测工作的推进，江苏省苏州市教育质量监测中心（以下简称“苏州市教育质量监测中心”）于2015年9月启动了苏州市义务教育学业质量监测项目。在项目实施中，苏州市全程按照中国基础教育质量监测协同创新中心的监测工作流程、规范和标准开展监测工作。经过4年的实践探索，初步构建了具有国际视野、国家标准、苏州特色的义务教育学业质量监测体系。

一、成立背景

苏州市教育质量监测中心是在国家深入推进教育管、办、评分离，构建督政、督学、评估监测三位一体教育督导体系，促进教育治理体系和治理能力现代化的大背景下成立的。主要负责组织实施全市各级各类教育质量监测工作，指导各市、区及基层学校开展教育质量监测工作，构建基于大数据的苏州市教育质量评估监测体系。

苏州市教育质量监测中心自成立以来，以“苏州市义务教育学业质量监测”为主打项目，在教育部中国基础教育质量监测协同创新中心的支持下，面向苏州市开展义务教育学业质量监测，并进行监测结果的反馈和运用。2015年9月，该中心首次启动了对全市七年级学生的学业质量监测，4年以来，实现了面向全市初中学生的连续追踪监测，参测学生累计达到了100万人次，积累监测数据超过1.8亿条，累计发放4 000余份针对苏州市各县市区和各初中学校的监测结果报告，包括《基础数据报告》《学科数据报告》《学生相关因素报告》和《教师相关因素报告》，并于2018年起，为全市所有小学提供《监测结果追踪反馈报告》。

二、目标追求

苏州市学业质量监测遵循的教育评价理念是从“育分”走向“育人”，从“应试”走向“适合”。适合的教育才是最好的教育，即“适合的教育＝适切学生＋适宜时间＋适度负担＋适应未来”，这个公式隐含着学业质量监测的价值取向，即“尊重差异，追求适合；激励增值，促进发展”，其根本目的是“让孩子们的努力更有价值”。

高品质的学业质量监测必须同时具备“四高”特征，即高境界的监测目标、高信度的监测数据、高质量的监测报告和高效能的结果运用。

（1）高境界的监测目标可以发挥学业质量监测的导向功能，是一盏指引教育质量的“航向灯”。教育质量监测要蕴含科学的教育质量观，要对教育质量有正确的价值追求，“航向灯”可以为教育质量提升提供方向指引，可以照亮教育者前行的航道，帮助教育者避开“暗礁”。

（2）高信度的监测数据可以发挥学业质量监测的评价功能，是一把评价教育质量的刻度尺。教育质量监测本身必须是一把高度精准的刻度尺，通过对受教育者学习起点和发展状况的准确测量，由“单一分数”到“多元指标”、由“水平判断”到“增值评价”的准确评价，帮助区域或学校找准位置、明确增量、发现变化。

（3）高质量的监测报告可以发挥学业质量监测的诊断功能，是诊断教育质量的体检仪。学业质量监测作为打开教育过程这个“灰箱”的体检仪，它可以为区域和学校的教育现状提供全面、便捷、快速、高效的健康体检，最后的监测数据及分析结果都需要落实在一本高质量的教育质量“健康体检报告”上。

（4）高效能的结果运用可以发挥学业质量监测的改进功能，是提升教育质量的助推器。学业质量监测的终极目的是为了改进，助推器意味着学业质量监测要在既防止缺位又防止越位中，找准自身的职能定位——为教育者自我改进提供动力，为区域决策管理提供依据，为学校改进工作提供参考，促使监测结果运用发生在教育的“第一现场”，从而助推教育质量的全面提升。

三、监测体系

1. 明确学业质量监测的基本价值取向

学业质量监测的基本价值取向（见图10-17）不是为了甄别、排序和评判，而是为了解释、诊断和预警；不是为了找出决定因素和因果关系，而是为了找出相关因素和作用机制。因此，学业成绩要看“优质均衡”，教育质量要看“全面发展”。优质即“基于起点看增值”，以发展的眼光看待优质；均衡即“基于差异看变化”，以公平的眼光看待均衡；全面即为“结合学业看素养”，以立德树人的眼光看全面；发展即为“结合投入看效能”，以效率的眼光看发展。

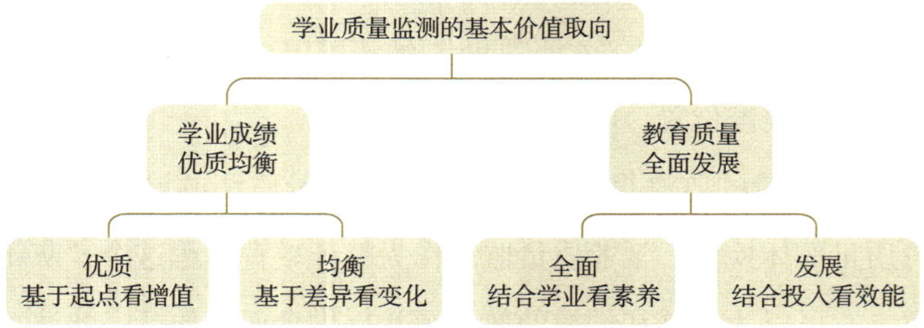

图10-17　学业质量监测的基本价值取向

在这样的理念指引下，苏州市的学业质量监测试图让教育评价从传统的“考分排序”走向“多元评价”，全面呈现教育教学过程中各类参与者的理念、行为和水平，厘清群体间关联与因果作用逻辑；试图通过“低利害、轻问责、重改进”的教育评价，促进教育生态的渐进优化。同时，对监测的价值和局限也始终保持清醒的头脑，不妄下结论，不滥用结果。

2. 设计全学段、追踪式的监测方案

2015年，苏州市教育质量监测中心与中国基础教育质量监测协同创新中心正式签订“帮扶放——区域教育质量监测体系建设”三年合作协议，共同规划设计了苏州市初中学段学业质量跟踪监测项目。这一项目既严格按照国家标准规范实施，又基于苏州区域层面对学业质量监测的独特需求开展实践探索。它不同于国家层面选取两个年级、每次监测两门学科进行的切片式的监测，具有以下三个鲜明的特点：①全学段连续追踪（见图10-18）。按照这一设计，七年级的监测实际上可以把六年级的小学学段末监测与初中七年级的起点监测合二为一，同时，通过对初中学段学生的连续追踪监测，为学业质量监测进行横纵对比，实现增值评价奠定基础。②干扰少、可信度高。监测的时间固定在每年9月中旬，这时，学生刚刚过完暑假，因此监测考查的是学生经过两个月遗忘后，依然牢固掌握的知识和稳定增长的能力，相当于体检中的“空腹验血”，这样获得的监测数据最为稳定，可信度更高。③同时监测语文、数学、英语、科学四门主要学科和相关因素，实现了对学业质量过程和结果的全面诊断。

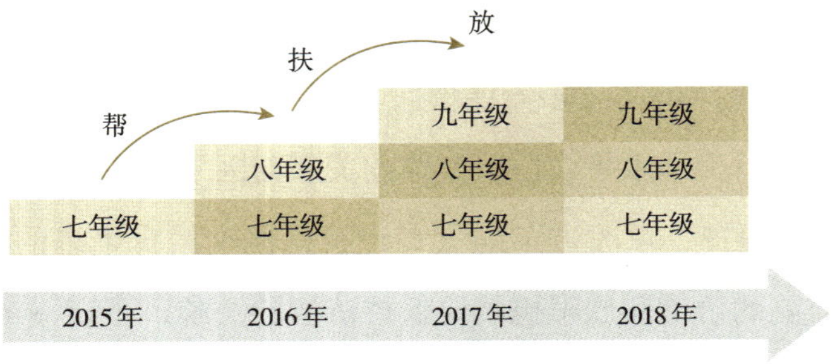

图10-18　苏州市义务教育学业质量监测年级追踪模式

3. 打造适合苏州教育的增值评价模型

理性评价一所学校的学业质量需要用发展性评价的理念。苏州市学业质量监测从监测数据加工技术入手，在实践中形成了统计描述、追踪比较、横向比较、关联归因这四种基本的数据加工算法模型（见图10-19），从而初步构建了一套适合苏州市教育的学业质量增值评价模型。

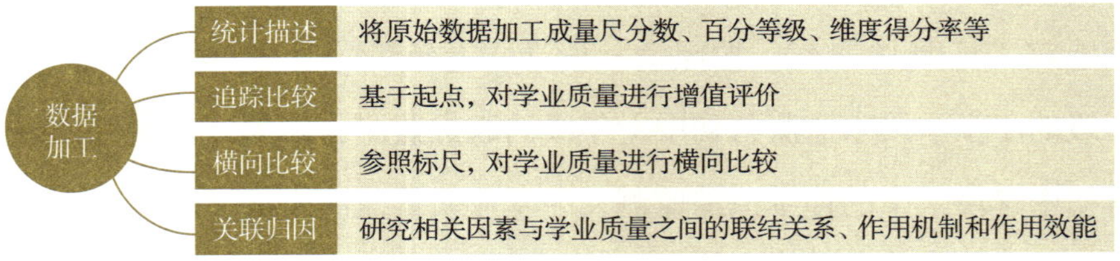

图10-19　苏州市学业质量监测的数据加工算法模型

统计描述是对学业质量进行增值评价的基本准备，统计描述首先要解决的技术难题是如何把各次不同的监测结果放在同一把尺子上，让各次监测数据具有可比性。对学科数据，构建了量尺分数、百分等级、维度得分率的统计描述方法，解决了不同测试、不同学科分数之间的可比性问题。对相关因素数据，采用国际流行的指数研究三步法展开，即概念化→指标化→指数化，研究过程中先明确其概念，然后从概念中依据一定的逻辑建立层层递进的指标体系，之后依据指标体系收集数据并折算成具有常模参照的指数，最后用可视化的“地形图”比较各维度的差异。

追踪比较就是为了找出学业质量的起点和终点的差异，从而进行增值评价。已经设计出量尺分增值、百分等级增值、四水平增值等增值评价工具，从不同的角度描述一所学校学业质量的增值发展情况。

横向比较时构建和优化了多维度的苏州市常模、县市区常模、优质学校常模，从而为每一类教育群体找到可以横向比较的参照标尺。

关联归因时尝试使用多种分析方法，研究学业质量与相关因素之间的关联关系和作用机制，并开发可视化工具直观表现不同因素之间的关系。

在学业质量增值评价模型研发的过程中，基于大数据的教育质量监测的背后是价值理性和工具理性的统一，价值理性体现在每个测评行为背后都需要不断地自我追问：为什么要这样做？这个数据背后的意义是什么？这个问题后面改进的指向是什么？工具理性则体现需要不断探索和创造测评技术，并创设数据应用的场景和可视化工具来呈现监测结果。

4. 研制“基于课标，关注素养”的学科监测工具

高质量的学科监测工具是学业质量监测发挥效能的起点，从完善指标体系、强化命题原则、优化研发流程三方面保证学科监测工具的高质量。

首先是不断完善学科监测工具的指标体系，前三年的实践基于“遵循课标、注重能力”的原则，参照国家监测的指标体系建立起苏州市的监测工具指标体系，使监测指标和监测工具能够全面、准确地反映苏州

市义务教育阶段学生的学业水平。自2018年起，在已有“内容+能力”的指标体系中增加了“素养维度”，建立起“基于课标，关注素养”的监测工具指标体系，加强了对学生核心素养的考查，测试学生在真实生活情形中的问题处理和解决能力。

监测工具的研制坚持“评价所学习、评价促学习、评价即学习”的教育评价理念，重视在试题中体现“情境性”“思维性”“创造性”和“情感性”（见图10–20）。“评价所学习”即依托监测指标体系中的知识、能力维度，考查学生所学知识掌握情况，测量学生运用知识的能力和解决问题的能力；“评价促学习”即依托监测指标体系中的素养维度，创设基于真实生活情境的试题，引导学校推进以发展“学生核心素养”为目标的课程改革；“评价即学习”即在监测工具中隐含对学生学习情感、思维品质、学习策略的考查和培养，通过创设情境化、情趣化、整合的试题，让学生在运用和建构知识的过程中完成评价任务，从而获得思维能力和全面素养的提升。

图10–20　苏州市义务教育学业质量监测学科工具研发原则

在提高监测工具的研发质量方面，不断强化工具研制流程的系统性，优化监测工具的研发流程，通过“构建测试框架”“编制监测题目”“两轮预试分析”“工具修订”和“工具定稿”五个环节的有序流转、无缝衔接形成严密的监测工具研发系统（见图10–21）。这五个环节中保障工具质量的核心环节就是有“两轮入围+两轮预试”，除了保证有300~500人预试规模，还对所有预试的试题出具《试题质量分析报告》，用严格的试题质量分析指标对试题和试卷进行质量把控，剔除指标差的题目，修改指标不理想的题目。正式监测完毕，仍会使用试题质量分析指标，分析监测工具质量，对影响整卷质量的题目进行技术调整，从而充分保障监测工具的质量。

图10–21　苏州市义务教育学业质量监测学科工具研发流程

5. 推进监测结果运用，提升监测效能

仅有大数据和堆积如山的报告离成功的质量监测还相距甚远，高效能的结果运用是监测工作的“最后一公里”。监测结果必须转化成区域和学校自我改进的动力，才能真正发挥其价值。基于此，苏州市教育质量监测中心于2016年专门成立课题组，紧紧围绕监测结果运用这个中心目标开展行动研究，以探索监测结果在区域层面的运用路径和模式。

首先创新报告形式与反馈模式，为区域和学校提供个性化服务。根据阅读对象的不同，撰写不同类型的监测报告，如大市报告、区域报告、学校报告，学校报告又细分为基础数据报告、学科数据报告、相关因素报告、综合分析报告、优质学校报告等，分别供市、区域行政部门、学校领导、年级组长、教研组长等不同对象阅读。为了健全监测结果的反馈机制，苏州市教育质量监测中心每年还为参测的区域与市直属学校提供监测结果深度反馈服务，构建了“反馈+培训模式”“社会发布模式”“上门反馈模式”和“一对一反馈模式”等，根据不同主体、不同需求提供个性化服务，帮助各地、各校读懂监测数据，为下一阶段监测结果的有效应用开启起点、搭建桥梁。

质量监测属于新生事物，区域和学校普遍缺乏对于监测工作的认识和理解，如果仅依靠苏州市教育质量监测中心自身的力量，难以推动监测结果运用这项重要工作的落实。因此，在前期监测结果运用中，需要依托行政和教育督导力量，将监测结果运用与一定程度的“问责制”有机结合，把监测结果的改进效果纳入督导部门的政府教育目标责任考核范围。2017年发布了《关于对2017年度全市义务教育质量监测结果运用实施对标管理考核的通知》，要求各区域依据年度监测的结果，自选2~3个标杆数据，确定对标管理目标，并用一年的时间来积极落实和改进对标管理目标值，最终接受督导部门考核。随着监测结果的常态化使用和学校对监测结果价值的认识，政策导向逐步从强调“适度问责”走向强调“自主改进”，推动区域和学校将监测结果运用转化为以内需为驱动的自觉行动。

通过监测结果运用优秀案例评选活动，推动教育教学精准自我改进。自2016年开始，苏州市教育质量监测中心每年开展全市义务教育学业质量监测结果运用优秀案例评选活动，以此作为深化监测结果运用、推动教育教学精准自我改进的重要举措和抓手。经过三年的案例研究和行动改进，《基于学情着力推进初中语文智慧学习校本课程建设》等一大批优秀案例脱颖而出。为表彰先进、推广经验，苏州市教育质量监测中心每年召开全市义务教育学业质量监测结果运用优秀案例分享会，对表现突出的案例进行公开表彰，并邀请优秀代表进行经验分享与交流，宣传推广优秀案例的经验与做法，推动区域和学校建立过程性自我诊断机制，促进区域和学校教学管理水平的提升。